JN418147

바로 읽는

서양 역사

차하순 감수

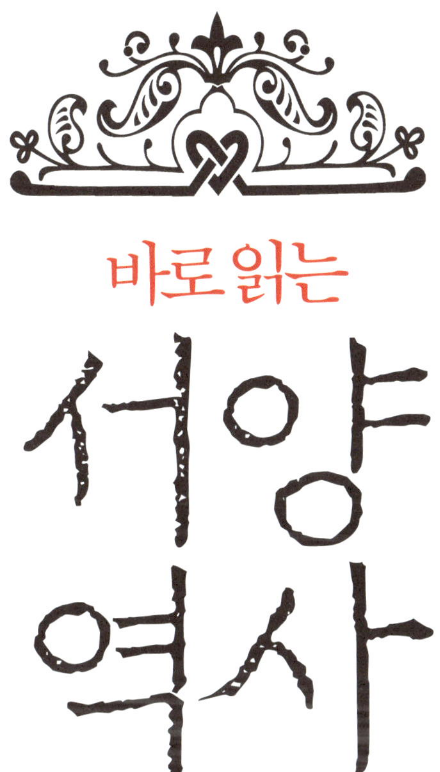

장득진 박병욱 오선정 편저

탐구당

■ 감수의 글

지금 우리는 국제적으로 생활권이 확대되고 동·서양을 아우르는 '하나의 세계'에 살고 있다. 서양은 이러한 세계의 주요한 축으로서 인류의 역사적 발전을 담당해 왔다. 이 점에서 서양에 대한 지식은 비단 서양 그 자체 뿐 아니라 인류 역사를 이해하는데 필수적이다.

그 동안 『서양사 총론』은 대학 사회는 물론이거니와 일반 독자층의 적극적인 호응을 받아왔다. 그러나 다루어야 할 시대적 범위가 매우 넓고 국가와 민족의 수가 많아서 서술의 분량이 크게 늘어났고 당연한 결과로 전체상을 파악하기에 어려운 점이 없지 않았다. 그래서 핵심을 잃지 않으면서도 서양사를 전체적으로 이해할 수 있도록 『서양사총론』을 간추려야 할 숙제가 남아 있었다. 이 과정에서 고등학교 역사 교육 경험이 풍부한 장득진, 박병욱, 오선정 등 세 분이 참여했으며 필자가 감수로써 마무리하였다.

그럼에도 이 책은 『서양사총론』의 단순한 요약이 아니다. 접근성 있는 문체, 새로운 도판의 배정, 적절한 편집 등으로 그 자체로서 특색 있는 책으로 다시 태어났다고 할 수 있다. 학생은 물론 일반 교양인들에게도 좋은 읽을거리가 될 것으로 믿는다.

끝으로 출판계의 어려운 여건에도 불구하고 이 책의 출판을 의욕적으로 추진한 탐구당 홍정수 대표와 이한장 부장을 비롯한 편집부 직원 여러분, 그리고 디자인포름의 전은옥 실장에게 감사의 말을 전한다.

2013월 10일

차하순

■ 이 책을 읽는 분들에게

현대를 살아가기 위해서 세계화는 필수적인 요건이다. 세계화로 말미암아 지구는 하나의 생활 단위가 되고 상호 의존할 수밖에 없다. 이러한 세계 속에서 살아남기 위해서는 나라마다의 문화와 각 지역의 가치를 존중하고 다양한 역사적 경험을 이해할 필요가 있다. 그럼으로써 민족·인종·종교·계층 및 지역 간의 차이를 극복하고 새로운 시대에서 살아남을 수 있다.

특히 과학기술의 발달과 인터넷의 보급으로 지구상 거의 모든 국가는 한 울타리에서 살고 있다는 느낌을 갖는다. 세계에서 벌어지는 사건은 이제 시간의 속도를 잊게 해 줄 정도로 금세 전 세계에 퍼진다. 이러한 시대에 살면서 다른 나라의 역사와 문화를 이해하는 것은 필수적인 요소이고 이를 대신해 주는 것이 역사책이다. 이 책은 이러한 욕구를 해결해 주는 데 도움이 된다.

2012년 기준으로 해외로 여행을 다녀온 사람이 1400만 명에 달한다. 그리고 우리나라 국력의 신장으로 기업의 해외 지사가 생겨 가족을 포함해 해외에 나가 있는 사람들도 적지 않은 숫자다. 그리하여 이들에게 투표권을 주는 현실이다. 이러한 변화에도 불구하고 우리나라에서는 외국의 역사를 알려주는 책이 매우 적다. 그 나라에 가서 그 나라의 문화를 알려면 역사를 아는 것은 필수적 요소이다. '역사'라는 매개체를 통해 그 나라 사람들과 친근감을 느낄 수 있기 때문이다. 이런 측면에서 세계사를 이해하는 것은 매우 중요하다.

이러한 세계의 역사 이해의 중요성이 대두되는 가운데 이 책이 탄생하게 되었다. 이 책은 차하순 교수의 『새로 쓴 서양사 총론 I·II』(2013년

6월 탐구당 발행 3판, 3쇄)를 줄인 것이다. 『서양사 총론』은 1970년대부터 사학과의 전공 교재로 쓰인 정말 오래되고 훌륭한 우리나라 서양 사학계의 바이블이다. 아직까지도 이 책 없이는 서양의 개괄적인 역사를 알 수 없을 정도로 독보적인 위치를 차지하고 있다. 특히, 이후 개정판에서 20세기의 역사를 많이 추가하여 21세기를 살아가는 사람들에게 자신의 삶의 교훈을 얻기 위기 위한 도움을 주었다. 하루하루 다변하는 사회에서 가장 가까운 20세기의 세계사를 이해하는 것은 필수적인 요소이다.

근래 우리의 정체성을 찾기 위한 한국사 교육의 강화가 이루어지고 있다. 물론 중요한 일이기는 하나 우리의 역사는 세계사적인 관점에서 함께 이해하여야 한다. 우리의 역사와 문화를 비교 문화사적인 관점에서 보아야하며 그래야만 국가와 국민 상호 간의 원만한 관계가 이루어질 수 있다. 지식과 정보는 이제 한 울타리에 있다. 다른 나라의 역사에 대한 배려가 없이는 소통이 어렵고 상호 발전할 수 없다. 대한민국은 이제 세계 10위권의 경제적 대국이 되었다. 대한민국의 슬펐던 역사도 중요하지만 이제 이를 극복하였고 세계 속의 대한민국으로 거듭나고 있다. 이러한 현실을 바라보고 세계사적 위치에서 우리를 바라보는 일은 이제 필수적인 일이다.

처음 탐구당 측에서 청소년을 위한 서양사 책을 내고자 하며 차하순 교수가 저술한 『서양사 총론』을 현재 고등학교 교과서와 비슷한 분량인 약 350쪽 내외로 줄여 달라고 했다. 이에 박병욱(여수공고), 오선정(숭신여고) 두 분의 교사와 더불어 장득진(국사편찬위원회) 연구관이 작업을 추진하게 되었다. 처음에는 교과서 체제로 목차를 바꾸어 만들려고 했으나 한계에 부딪혀 다시 차하순 교수님의 책을 그대로 하되, 글의 대중성을 높이고 시각 자료를 추가하였다. 특히, 350쪽 내외로 글을 줄인다는 것은 내용을 크게 손상시킬 우려가 있어서 2/5만 덜어내는 데에 그쳤다. 아쉬움이 많이 남는다.

이 작업이 시작된 지 거의 2년이라는 세월이 지났다. 자라나는 학생들에게 좀 더 쉬운 세계사를 알리려는 목적에서 시작되었기에 이 책에 이름을 내지 않으려고 했고, 그것이 당연 마땅하다. 그러나 차하순 교수님의 배려로 이름을 넣게 되었다.

끝으로 이 책은 저자인 차하순교수의 최종적인 감수를 거쳤음을 밝힌다. 감사할 따름이다. 거듭 우리나라 서양사학계의 산 증인이신 선생님에게 깊은 감사를 표한다.

2013년 10월

장득진, 박병욱, 오선정

Contents :: 바로 읽는 서양 역사

제3장

고대 그리스 문명과 로마 문명

1. 고대 그리스 문명

2. 헬레니즘 세계

3. 고대 로마 문명의 전개와 발전

4. 로마 제정의 성립과 서로마의 멸망

5. 로마의 문화

6. 그리스도교의 발전

제4장

봉건 사회의 성립과 발전

1. 게르만 민족의 이동과 유럽

제5장

유럽 근대 사회의 성장과 확대

제7장

전후 세계의 발전

• **일러두기**

인명, 지명, 국명 등 고유명사는 원음(原音) 원칙에 따라 표기하였다. 그러나 원음의 한글 표기는 획일화하기 쉽지 않고 각급 교과서와 상이한 경우가 많기 때문에 대체로 관용되고 있는 현행 외래어 표기법을 따른 경우도 많았음을 밝혀둔다.

1
인류 문화의 기원

BC 440만 년경

고생인류(Ardipithecus ramidus: 에티오피아, Aramis) 출현

BC 360만 년경

아우스트랄로피테쿠스 아파렌시스('루시': 탄자니아, Laetoli) 출현

BC 190만 년경

호모 하빌리스(Homo habilis: 탄자니아, Olduvai 계곡) 출현

BC 170만 년경

호모 에렉투스('자바인': 인도네시아, Trinil) 출현

BC 20만 년경

호모 네안데르탈렌시스('네안데르탈인': 독일 Neanderthal 계곡) 출현

BC 10만 년경

호모 사피엔스 출현

BC 7000년

중동의 촌락(도시) 공동체 형성

BC 7000-4500

식물 재배 시작, 가축, 농업, 신석기 시대

선사 시대는 수백만 년 전에 시작되어
대략 1만 년 전까지 계속되었으므로
인류 역사의 대부분은 사실상 선사 시대라 할 수 있다.
이 기간에 인류는 직립보행과 도구의 제작을 거쳐
사고 능력을 가진 인간으로 거듭 발달하였다.
이러한 구석기 시대를 지나
인간들은 신석기 시대를 맞이하게 된다.
농경과 가축의 사육이라는 신석기 혁명을 통해 점차
정착생활을 하게 되었고 도시가 형성되었다.
이는 더욱 복잡한 사회생활로 나아감으로써
인류 문명의 탄생에 이르게 된다.

1
인류의 기원과 진화

원시 인류의 출현

19세기 후반 찰스 다윈(1809-1882)은 『종의 기원』(1859)과 『인간의 계보The Descent of Man』(1871)를 출판하여 인간과 원숭이는 같은 조상에서 갈라져 나왔으며 인류의 선조가 아프리카에 있다고 주장하였다.

1959년 이래로 동아프리카의 올두바이 계곡에서 작업을 한 루이스 리키(1903-1972) 부부와 고고학자들은 여러 종류의 인류의 뼈를 발견하였다. 그 이후로도 고고인류학적 발굴이 계속되는 가운데 인류의 기원을 점차 위로 소급하는 것이 학계의 일반적인 동향이다. 현재로서는 최초의 인류가 아프리카에서 나타났으며 점차 아시아와 유럽으로 퍼져갔다는 견해가 옳은 것으로 보인다.

선사 시대의 문화

선사 시대라는 용어는 19세기 전반 프랑스 학자에 의해 처음 사용되었다. 인류의 직접적인 조상이라 할 수 있는 현생인류現生人類 homo sapiens는 10만 년 전에 나타나기 시작하여 4만 년 전 비로소 널리 지구상에 퍼지게 되었다. 고고학적 분류에 따르면 선사 시대의 문화적 단계는 보통 석기 시대와 금속기 시대로 구분되고, 다시 석기 시대는 구석기 시대와 신석기 시대로 갈라진다. 그리고 금속기 시대는 청동기 시대와 철기 시대로 나눈다. 구석기 시대는 석기 시대 전체의 90% 이상을 차지하며 지금으로부터 1만 년을 전후하여 끝났다.

신석기 시대의 시작과 끝은 지역에 따라 차이가 커진다. 예컨대 메소포타미아와 이집트의 경우 B.C. 9000-6000년경 신석기 시대에 들어섰고 B.C. 4000년경에 끝났다. 이에 비해 영국에서는 신석기 시대가 B.C. 1세기까지 계속되었고 일부 멕시코에서는 무려 A.D. 14세기까지 계속되었다.

신석기 시대로의 변천은 이란에서부터 팔레스티나 남쪽의 오아시스에 이르는 지역에서 제일 먼저 시작되었다. 이 지역에서는 B.C. 8000-6500년 팔레스티나의 예리고를 비롯해 터키의 할리차르와 차탈회유크, 이라크의 자르모와 테페 가라, 시리아의 에블라, 이란의 테베 야야 등에서 농사를 짓고 가축을 키웠던 유물과 유적이 확인되었다.

구석기 시대의 인류 생활

구석기 시대의 생활은 수렵과 채집 문화였다. 구석기인은 떠돌아다니면서 주로 사냥이나 고기잡이를 하고 나무 열매, 뿌리 등을 먹고 살았다. 자연 동굴이나 삼림 속에서 비바람과 추위를 피하며 매우 간단한 옷을 걸치고 지냈다.

▲ 라스코 동굴화(B.C. 15000~13000년경) : 선사 시대 사람들은 동굴 내부를 아름답게 장식하기 위해 그림을 그린 것이 아니라 사냥에서 동물을 많이 잡을 수 있기를 바라는 마음에서 그렸다.

구석기 시대의 인류는 처음에는 깬석기를 사용하다가 차츰 뗀석기로 자신들의 생활에 알맞은 도구를 제작하였다. 이와 같이 구석기 시대의 인류가 돌로 도구를 만들었다는 사실은 인간이 환경을 인위적으로 변화시키는 수단을 가지게 되었음을 의미한다.

구석기 시대 인간의 가장 두드러진 점은 그들이 지적으로 발전했다는 데 있다. 네안데르탈인들은 사람이 죽으면 시체를 매장하였으며 삶은 계속된다고 믿고 먹을 것을 시신과 함께 놓아두었다. 구석기 시대 후기가 되어 비로소 인류는 예술적 창의성과 종교 의식을 형상화하기 시작하였다. 예를 들면 동굴 벽에 사냥 광경을 그리고 임산부 모습을 흙으로 빚어 조각하였다. 특히, 남프랑스 지역에서 1895년에 발견된 라스코 동굴 벽화, 1994년에 발견된 쇼베 동굴 벽화 등이 유명하다.

▲ 1994년 프랑스 남부에서 발견된 약 2만여 년 전으로 추정되는 '쇼베 동굴' 벽화

이러한 모든 동굴화는 주로 크로마뇽인의 작품이었다. 그들은 늑대·사슴·말·매머드·들소 등을 그렸으나 인체 묘사에는 거의 무관심하였다. 왜냐하면 그림의 목적이 예술 그 자체보다는 사냥의 성공을 기원하는 주술적 의미에 있었기 때문이다.

신석기 시대의 사회와 문화

신석기 혁명이라는 용어는 영국의 선사학자 고든 차일드(1892-1957)가 이름 지은 것인데 한마디로 농경과 목축의 시작을 의미한다. 신석기 시대에 들어와서 인류는 농경 생활에 접어들었는데 처음 시작된 곳은 흔히 메소포타미아로 불리던 지역이었다. 처음에는 밀만 심었으나 차츰 새로운 종의 곡식도 심었다. 생산된 수확물들은 흙으로 만든 토기나 도기 또는 광주리를 만들어 따로 저장하고 관리하였다.

집단 생활에도 변화가 왔다. 농사를 지으면서 정착 생활을 하게 되자 그들은 공동의 조상을 모시는 혈연 공동체로서 마을을 형성하였다. 그리고 노동이 전문화되고 분업이 시작되었다. 식량 생산이 늘면서 인구도 점차 증가하였다. 한 통계에 의하면 기원전 1만 년 전에 인류는 3천만 명 정도였으나 B.C. 3000년경에는 1억 명으로 증가하였다고 한다. 인구가 늘어남에 따라 마을은 차츰 문명을 갖춘 도시로 발전하였다.

▲ 뷜렌도르프의 비너스(B.C. 28000-23000년경): 높이 11센티미터의 이 작은 여신상은 구석기 시대의 작품으로 풍요와 다산을 상징하는 비너스 상이다.

신석기 시대에서도 여전히 석기를 사용했으나 전의 것보다 더 정교하고 날카롭게 되었다. 또 새로운 도구인 괭이·호미·낫 등을 만들었다. 석기와 함께 뼈로 만든 골각기와 토기를 사용했으며 베아마류를 재배하여 옷을 만들어 입었다.

신석기 시대 초기에는 나무나 진흙을 말려 움막집을 짓

▲ 스톤헨지(Stonehenge) : 영국 남서부에 있는 거석 숭배의 유적

거나 땅을 파서 구덩이를 만든 뒤 지붕을 씌우는 방식이었다. 그러나 시간이 지남에 따라 진흙을 불에 구워 만든 벽돌로 집을 지었다. 사냥이나 고기잡이를 계속하긴 했으나 날이 갈수록 가축을 기르는 일이 중요해졌다. 집에서 키운 최초의 동물은 개지만 후에는 털이나 젖을 공급해 주는 양이나 산양이 더 중요한 가축이 되었다.

농경 사회에서는 땅의 생산성이 큰 관심거리였다. 이 생산성은 큰 엉덩이와 가슴을 가진 여인상으로 표현되었으며 당연히 여성의 중요성도 인식되었다. 당시에 여신의 중요성은 초기 농경 사회의 모계 사회의 존재와 관계가 있었다.

신석기 시대의 종교는 해나 큰 바윗돌에 대한 경외심이나 물·구름·번개·천둥에 대한 공포심 또는 삼림·수목 등의 정령을 믿는 정령숭배 Animism의 형태로 표현되었다. 종교 문제가 점점 복잡해짐에 따라 전문직 사제에 대한 사회적 존경도 높아졌으며 자신들을 지켜주고 마을을 보살펴 주는 신령에게 많은 재물을 바치는 의식을 치르게 되었다.

2

고대 동방 문명의 전개

BC 4000-2000

청동시대; 수메르인 지배

BC 3200-2800

수메르 문명 시작; 설형문자(3200)

BC 3100-2200

이집트 고왕국(1-5왕조): 나일 강 하류
멤피스 중심

BC 2000-1580

크레타 중기 미노스 문명

BC 1792-1750

함무라비 바빌로니아 통일;
힉소스 민족의 이집트 정복

BC 1300-900

히브리 민족의 가나안 지배;
모세의 이집트 탈출(1275)

BC 1200-1100

아시리아의 대두

BC 722-612

아시리아 제국

BC 612-539

칼데아 제국과 신바빌로니아 왕국;
네부카드네자르(604)

메소포타미아 지방을 중심으로 기원전 8000년경
신석기 혁명이 일어났다. 신석기 혁명의 결과 하천을
중심으로 도시 국가들이 형성되었으며, 기원전 3000년경에는
청동기 문화를 기반으로 수메르 문화가 발생하였다.
메소포타미아 지방은 개방적 지형과 다신교적인 특성을
기반으로 많은 국가들의 흥망성쇠가 이루어졌다.
그보다 약간 늦은 시기에 나일 강 주변에서도
이집트 문명이 시작되었다. 이집트는 폐쇄적인 지형의
특성상 자체적으로 많은 왕조들이 계승하면서 파라오를
정점으로 하는 독특한 문명을 형성하였다.
이러한 두 문명의 중간 지대에서는
페니키아·히브리·페르시아 등이 자신들의 독창적인
문화를 이루었다. 한편으로는 에게 해를 중심으로
미노스 문명과 미케네 문명이 전후 관계를 이루면서
그리스 문명의 토대를 구축하였다.

1
메소포타미아 문명

문명의 발생과 특징

메소포타미아는 터키 아르메니아 지방의 산맥에서 시작하여 페르시아 만으로 흘러 들어가는 티그리스와 유프라테스 두 강 사이에 있는 비옥한 삼각형 지대이며 이른바 '비옥한 초생달 지대Fertile Crescent'라 불리는 곳이다. 메소포타미아는 'meso중간, 사이'와 'potam하천, 강'이라는 그리스어에서 유래한다. 성서에는 '파단-아람Paddan-Aram'이라 적혀 있고 아랍인에게는 '알-자지라Al-Jazira'로 알려진 곳이다.

메소포타미아에서는 B.C. 5000년경 관개 농경법이 시작되면서 최초의 도시들이 생겨났다. B.C. 4000-2500년에는 금속으로 된 도구와 무기를 사용하는 기술을 익히면서부터 구리가 사용되기 시작했다. 보다 단단한 청동기가 나오게 된 것은 이보다 상당히 늦은 B.C. 3000년경이었다. 이후 고대 동방의 청동기 시대는 B.C. 1200년경 철제 도구가 사용되기까지 지속되었다.

메소포타미아는 개방적인 환경 조건을 갖고 있었기 때문에 유목 민족들이 침입하기 쉬웠다. 그 결과 이후 많은 민족이 흥망하고 여러 국가가 성쇠를 거듭하는 복잡한 정치사가 전개되었다.

수메르인의 도시 국가

셈어를 사용하는 유목 민족이 먼저 아카드지금의 바그다드 근처의 지역을 차지했으며 B.C. 4000년경 북방으로부터 침입한 수메르인은 남메소포타미아 지역수메리아에 정착하여 농업에 종사하였다. 그리하여 B.C. 3100년경부터 성립한 우르·라가슈·우루크·움마 등 10여 개의 부유하고 인구가 많은 도시 국가들이 B.C. 2400년경까지 안정과 번영을 누렸다.

수메르인은 이곳에서 금속으로 만든 도구와 무기를 사용하였고 계산을 하거나 행정을 문서로 알리기 위해 문자도 창안하였다. 도시는 인구가 밀집된 성 안의 중심지와 계곡을 둘러싼 주변 농업 지역 등 두 부분으로 구성되어 있었다. 당시 최대 인구를 가졌던 도시 국가 우르는 귀족과 성직자·평민·노예의 세 계급으로 나누어진 사회였다.

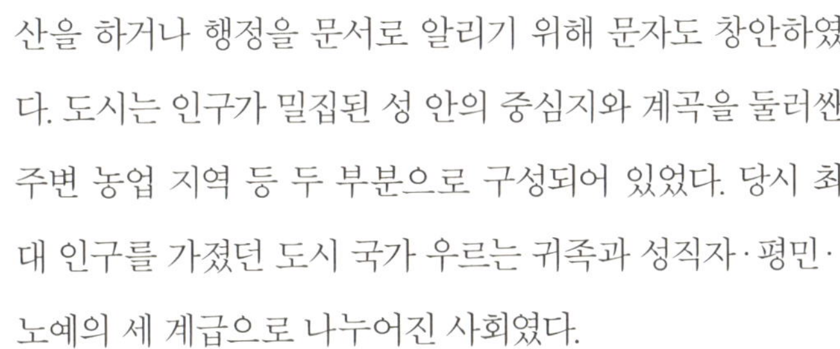

▲니푸르에서 출토된 수메르 문자(위)와 그림(아래)

왕은 신의 대리자로서 도시 중심에 있는 신전 겸 궁전에 거주하며 생산과 징세 등을 기록하고 전체 주민을 지배하였다. 왕의 지위는 확고했으며 세습되었다. 왕을 보좌하기 위해 남녀 사제·군인·전문 관리 등이 있었다. 그 밑으로는 농업·상업·수공업에 종사하는 평민들이 있었으며 각 도시들은 인근 지역을 정복하여 주민을 노예로 지배하였다.

▲우르의 군기(B.C. 3000년경) : 행진용 깃발로 사용된 것으로 추정된다.

아카드 제국

셈족은 아라비아 반도와 시리아 사막에서 메소포타미아로 이동해 들어온 민족이다. 그들은 같은 언어를 사용했으며 아카드·아모르·가나안·아람(지금의 시리아)·히브리·아랍이 여기에 속하며, B.C. 2400년경 그 중에서 아카드 민족이 수메르 북쪽에 침입하여 도시 국가를 건설하였다.

처음으로 아카드 제국의 기틀을 세운 지배자는 사르곤 1세(B.C. 2370-2315)였다. 그는 수메르 도시 국가들을 복속시켰을 뿐 아니라 멀리 아시리아와 시리아에 이르기까지 지배 영역을 확장했으며, 수메르인의 문화와 경제를 대부분 계승하여 마침내 메소포타미아를 통일하였다. 사르곤 1세가 수립한 아카드 제국은 후계자들에 의해 B.C. 2200년까지 지속되었다.

▲사르곤 1세의 두상

고바빌로니아 왕국

B.C. 22세기 중반 아카드 제국이 붕괴되자 다시 수메르

인들이 메소포타미아를 장악하였다가 B.C. 1830년경 이란에서 침입한 엘람 민족에 의해 정복되었다. 엘람 민족은 델타 지대를 철저히 파괴했으며 우르Ur를 소각하고 많은 주민을 죽였다. 거의 같은 시기에 셈어족에 속한 아모르 민족이 아라비아 사막으로부터 메소포타미아로 침입하여 바빌로니아를 세웠다. 바빌로니아 역시 수메르 문화를 거의 그대로 계승하였다. 그들은 수메르인의 종교를 받아들이고 거기에 만물의 창조주인 마르두크를 새로 추가하였다.

B.C. 18세기 전반 바빌로니아는 함무라비(B.C. 1792-1750)에 이르러 전성기를 맞이하였다. 그는 각지를 정복하여 페르시아 만에서 지중해에 달하는 지역의 여러 민족들을 정치적으로 결속시키는 데 성공하였다.

함무라비 시대에 이르러 메소포타미아의 정치사는 네 가지 특징을 나타냈다. 첫째, 왕권은 하늘로부터 받는다는 왕권신수사상을 바탕으

함무라비 왕 시대 바빌로니아

로 하는 중앙 집권 체제의 확립이었다. 둘째, 관료제와 직업 군인의 발달이었다. 셋째, 문자를 사용하여 행정 기록을 보존하고 또 법령을 체계화하였다. 넷째, 외국과의 무역을 매우 중요시하여 활발한 무역 활동과 이를 뒷받침하는 상인 계급이 성장하였다. 함무라비 법전은 이러한 상업에 대한 이해 관계를 뚜렷이 예증하는 것이었다. 그러나 B.C. 1700년경 인도-유럽어족에 속한 카시트 민족이 마침내 바빌로니아를 무너뜨리고 그 후 약 4세기 동안 메소포타미아를 지배하였다.

메소포타미아의 사회

메소포타미아의 사회 계급은 귀족·평민·노예의 3계급으로 구성되어 있었고 계급간의 관계 및 각 계급의 권리와 책임은 자세하게 법으로 규정되었다. 지배층 귀족은 관리와 군인이 되었으며 농토의 상당 부분을 차지해서 노예를 통해 경작하였다. 평민은 자유 신분으로 땅을 소유하고 매매할 수 있었다.

노예는 대부분 외국인이거나 전쟁 포로 출신이었으나 일부는 범법자거나 채무 노예였다. 채무 노예는 3년이 지난 후에는 법에 따라 해방되었으나 다른 노예들은 소유자가 마음대로 처분하였다. 노예는 낙인이 찍혀 동물과 같은 취급을 받았다. 그럼에도 일부 노예는 장사를 할 수도 있었고 자유 신분을 살 수도 있었다.

메소포타미아 사회는 남성 중심의 사회였다. 심지어 남자는 부채를 갚기 위해서는 여자와 아이들을 노예로 팔 수 있었다. 결혼한 여자에게 간통죄는 죽음을 의미하였다. 남자는 간통 현장을 목격하지 않았다 하더라도 여자를 간통으로 고발할 수 있었다. 여자는 자신의 혐의를 벗기 위해 강물에 투신해야 했다(함무라비 법전 5조).

메소포타미아의 경제와 종교

메소포타미아에서는 청동기를 사용하고 바퀴 달린 보습으로 밭갈이하는 등 농업 기술이 발달하였다. 비옥하고 관개된 밭의 생산성은 크게 향상되었다. 농토는 귀족 계급이 소유하는 대규모 농장이며 소작인이나 노예들이 경작하였다.

다른 지역과의 교역도 활발하게 이루어졌다. 메소포타미아는 당시 국제무역의 대중심지로서 인도와 시리아에서 목재, 아라비아에서 향신료, 페르시아에서 금속과 석재, 이집트에서 황금 등을 수입했으며, 이런 활발한 교역으로 화폐가 일찍부터 유통되었다.

종교는 자연 현상을 숭상하는 다신교가 성행하였다. 본래 수메르인이 다신교를 숭상하기 시작했는데 여기에 아카드인과 바빌로니아인이 더 많은 신들을 추가하였다. 여러 남녀 주신과 수많은 잡신이 숭배되었고 신들은 위계가 정해져 있었다.

▲에블라의 진흙판(B.C. 1800년경) : 종교의식 장면이 부조되어 있다.

'신인동형설'은 메소포타미아에서 시작되었다. 신은 인간과 같은 모습을 했지만 사람과 달리 강하고 영원히 죽지 않으며 그 외에 신과 인간은 전혀 다르지 않았다. 이러한 신들은 대개는 각 지방이나 도시의 보호 신이었다. 지방 신이나 도시 신은 그 지방이나 도시가 정치적 패권을 장악하게 되면 전국적인 신으로 승격되었다.

▲수메르인의 이나나 여신(B.C. 3500-3000)

예를 들면 바빌론의 신Marduk은 통일 후 바빌로니아의 국가 신으로 숭상되었다. 농사를 업으로 삼는 사람들의 마음을 끈 신은 다산과 풍요의 여신이었다. 이 신은 수메르인의 이나나 여신이며 후에 셈 민족은 이슈타르라 불렀다. 메소포타미아 종교는 현세 중심적이었다. 그들의 내세는 비참한 암흑 세계여서 죽은 후에는 행복한 삶이 있다고는 생각하지 않았다.

메소포타미아의 문자와 교육

수메르인은 인류 사상 최초로 문자를 고안한 사람들이었다. B.C. 3000년경 신들에게 바칠 가축과 곡물을 기록하기 위해 그림으로 된 문자(그림 문자)를 만들었다. 그 후 그림 문자를 바탕으로 약 350자의 쐐기 모양의 글씨(설형 문자)를 완성하여 널리 사용하였다. 그들은 이 문자를 진흙판에 새겨 햇볕에 말리거나 불에 구워 단단하게 만들었다. 수메르인의 설형 문자는 후에 아카드인과 바빌로니아인에 의해 채택되었다. 설형 문자는 매우 복잡한 체계를 가지고 있었기 때문에 전문적인 서기가 있어

설형 문자

1842년 프랑스 영사가 티그리스 강 부근의 언덕에서 아시리아 왕궁 터를 발견하면서 설형 문자는 학계의 주목을 받게 되었다. 그것은 화살촉 모양 또는 쐐기 모양의 문자의 집합체였다. 이 문자는 고대 메소포타미아 사람들이 끝이 삼각형인 송곳칼을 써 진흙판 위에 눌러 찍은 것이었다. 고대사가 롤린슨을 비롯한 학자들이 이 문자 판독을 위해 수년 동안 애썼다. 판독이 어려웠던 이유는 당시 사용되었던 여러 고대어들이 섞여 있었기 때문이었다. 그러나 이집트 문자 해독 때와 마찬가지로 아시리아어, 메디아어, 페르시아어의 세 가지 언어로 쓰인 명문이 발견되었을 때 페르시아어가 단서가 되어 판독하는 데 성공하였다.

▲ 이집트 상형문자

야 하였다. 그들조차도 여러 해가 걸려서야 비로소 설형 문자를 완전히 익힐 수 있었다.

B.C. 2500년경 글쓰기 학교들이 수메르 전역에 많이 세워졌다. 대부분 학생들은 부유층 자제들이었고, 교육은 엄격했다. 이후로도 수메르 학교 제도는 메소포타미아 교육의 기준이 되었다.

▲ 길가메시

메소포타미아의 문학과 조형미술

풍부한 서사 문학은 구전으로 전해져 후에 기술되었는데 대표적인 작품이 길가메시의 서사시였다. 우르크의 왕 길가메시는 대홍수 때 사람들과 동물들의 생명을 살린 보상으로 영원한 삶을 받았다는 우트나피시팀을 찾으러 나섰다.

처음에는 길가메시를 비웃던 그도 마침내 동정심으로 영생불사의 약초를 찾을 수 있는 곳을 말해 준다. 마침내 길가메시는 "신들은 사람을 창조하셨을 때 죽음은 인간의 것으로 하고 삶은 자신의 것으로 하셨다"고 한탄하면서 뱀에게 그 약초를 먹이고 자신은 영원한 어둠 속으로 들어갔다. 이러한 수메르인의 문학은 천년 후 히브리인의 구약성서에 영향을 끼친 것으로 추정된다.

메소포타미아 지역에서는 갈대와 진흙을 재료로 만든 흙벽돌이나 구운 벽돌이 주요 건축 자재로 사용되었으므로 지금까지 완전한 형태로 전해지는 건축이나 유적은 그다지 많지 않다. 신전 건축 양식 중 가장 주목되는 것은 테라스를 겹겹이 쌓아 올라가면서 최상층에 지성소를 만드는 지구라트라는 거대한 벽돌탑이다. 지성소는 그 도시의 수호

▲ 우르에 있는 지구라트(B.C. 2100-2000년경) : 아카디아어로 '꼭대기'를 의미하는 지구라트는 신이 나타나는 장소로 인식되어 있었다.

신을 숭배하는 신전이었다. 신전이나 분묘 내부는 부조한 조각물로 장식되어 있고 신과 왕의 모습 그리고 수렵이나 궁정 생활이 주된 내용이었다.

메소포타미아의 법률과 과학기술

메소포타미아 문명의 가장 독특한 특징은 법제 발달이었다. 메소포타미아 법제는 형사 문제 및 민법과 상법에 관한 영역을 광범하게 규정하는 놀라운 정밀성을 보였다. B.C. 25세기에 둥기Shulgi(B.C. 2456-2409) 왕은 고대 수메르인 이래의 관습과 법을 모두 합쳐 성문법으로 체계화하였다.

리피트-이슈타르 법전은 B.C. 1900년경 수메리아와 아카드를 통치한 이신이신시의 왕 리피트-이슈타르(B.C. 1934-1924)가 제정한 것으로 함무라비 법전보다 앞선 법전이었다. 현재 전문과 발문이 전해오고 있으며 38조는 부분적으로 흩어진 채 남아 있다.

> **리피트-이슈타르 법전**
>
> 9조: 남의 과일밭에 들어가 절도 현장을 들킨 자는 은화 10세켈을 지불한다.
> 14조: 주인에게 2배의 신분 보상을 한 사실이 확인되면 그 노예는 해방된다.
> 28조: 남편이 첫째 부인을 소박하지만… 그 부인이 집을 나가지 않은데 그가 좋아하는 여자를 둘째 부인으로 삼았을 경우 첫째 부인을 계속 먹여 살려야 한다.
> 34-37조: 황소에게 상처를 입혔을 경우 부위에 따라 배상금을 차등 지불한다.

메소포타미아 법제의 특징으로는 다음 네

▲ 태양신 샤마시에게서 법률을 받고 있는 함무라비

가지가 지적될 수 있다. 첫째, '눈에는 눈', '이에는 이'라는 동일한 형태의 복수법lex talionis이었다. 둘째, 준사형準私刑 원칙을 들 수 있다. 피해자 또는 그 가족이 가해자를 법정에 데리고 와야 하며 법정은 그들 사이에서 조정이나 중재 역할만 하였다. 셋째, 불평등 원칙이다. 귀족·평민·노예 계급 간에는 형벌의 차이가 있었다. 끝으로 고의적 범죄와 우발적 사고에 차별을 두지 않았다. 그러므로 사고로 인한 살인도 사형을 면치 못하였다.

B.C. 18세기 전반 함무라비 왕은 즉위 38년에 법전을 반포하고 그 내용을 비석에 새겨 주요 도시의 신전 입구에 세워 일반에게 널리 알리도록 하였다. 비석에는 "재판을 받기 위한 자는 이 비 앞에 와서 읽고 따르라. 이 비는 그대들에게는 법을 명백히 가르치고 권리를 지켜줄 것이다. 함무라비는 나라의 주인으로 국민의 아버지이니라"는 말이 조문에 앞

함무라비 법전

현재 파리 루브르 박물관에 소장되어 있는 검푸른 원주형의 비석은 1901년 프랑스의 모르강(1857-1924)이 지휘한 페르시아 탐험대가 수사에서 발견한 것이다. B.C. 12세기에 아람인이 바빌론 시를 약탈했을 당시 함무라비 법전비를 전리품으로 가져가 수도 수사의 아크로폴리스를 장식했던 것이다. 높이 2.5m, 둘레 1.8m의 탑형 법전비에는 앞뒤로 44칸 3천 행의 설형 문자로 모두 282조의 법조문이 새겨져 있다. 법전비의 윗부분에 함무라비 왕이 태양 신Shamash으로부터 법전을 받는 광경이 부각되어 있다.

서 선포되어 있다.

메소포타미아의 과학기술은 실용적 목적으로 발달되었다. 우선 농업상의 필요 때문에 천체 운행의 관측과 과학기술이 발달하였다. 태양과 달을 관측하고 성좌에 이름을 붙이고 태음력을 창안하였다. 특히, 수학에서 60진법을 사용해서 원주를 360도, 1분을 60초, 1시간을 60분, 1일을 24시간으로 정하고 해시계나 물시계로 시간을 계측하였다. 1주는 7일로, 1년을 12개월로 정하였다.

수학 교과서는 표와 문제 풀이 두 가지로 구성되어 있었다. 순수 수학을 다루는 문제집도 있었지만 어떤 교과서는 관개 수로를 어떻게 설계하는가하는 구체적 문제를 다루었다.

2
소아시아의 고대 문명

B.C. 2000년경 인도-유럽어족에 속한 민족들이 흑해 및 카스피 해의 북쪽으로부터 서남쪽으로 이동하여 중앙 유럽·지중해 및 에게 해 일대로 퍼져나갔다. 그들의 문화 수준은 메소포타미아보다 낮았지만 우세한 무력을 앞세워 B.C. 1750년경에는 고대 동방 지역을 휩쓸었다. 그 중에서도 카시트 민족, 히타이트 민족, 미탄니 민족이 고대 동방의 역사에서 중요한 역할을 하였다.

히타이트

B.C. 2000년경 소아시아에서 가장 두드러진 세력은 히타이트 민족이었다. 히타이트는 1907년 수도 하투샤쉬(지금의 터키 보카즈코이) 유적지에서 금석문이 발견되면서 비로소 그 역사가 밝혀지게 되었다.

◀히타이트의 전차병(이스탄불 고고학 박물관)

본래 목축을 주로 하는 기마 민족인 히타이트인은 철제 도구와 무기를 사용한 최초의 사람들로 간주되고 있다. 히타이트 왕국은 B.C. 1600년경 하투샤쉬를 수도로 한 단일 왕국으로 통일되었다. 그들은 B.C. 13세기 말 시리아에 대한 패권을 둘러싸고 이집트와 약 20년간에 걸친 치열한 전쟁을 치렀다. 결국 양국은 승패를 가리지 못하고 B.C. 1279년 카데쉬 휴전조약으로 전쟁은 일단 중지되었다.

B.C. 13세기에 들어서면서 히타이트 왕국은 서아나톨리아 지방에서 일어난 반란으로 약화되더니 B.C. 1190년경 에게 해 쪽에서 쳐들어오는 해상 민족에게 완전히 붕괴되었다. 문화적으로 그들의 전설이나 종교적 설화는 메소포타미아에서 유래한 것이 대부분이었으며 소아시아의 트로이에 영향을 끼친 것으로 추정된다.

아시리아

셈어족에 속하는 아시리아인은 B.C. 3000년경 아라비아 사막으로부터 티그리스 강 상류로 이동하여 정착한 이래 농업과 목축에 종사하고 있었다. B.C. 2000년대를 전후한 수세기 동안 바빌로니아의 지배를 받았으며 끊임없이 여러 민족의 침입을 받았다. 그래서 아시리아인은 그 위협에 대처하기 위해 정치적으로 단결하고 군사력을 강화하여 역사상 가장 호전적인 민족의 하나가 되었다. B.C. 1000년경 새로운 철기 문화와 전차를 도입한 아시리아는 고대 동방에서 가장 강력한 군사 국가로 발전하였다.

아시리아 제국의 시조는 티글라트-필레세르 3세(B.C. 745-727)였으나 후계자 사르곤 2세(B.C. 721-705)에 이르러 많은 정복 활동에 성공하고, 북쪽으로는 메소포타미아에서 이집트에 이르기까지 세력을 확장하였다. 제국의 건설을 뒷받침한 것은 철저한 공격 정신과 군국주의였다.

아시리아

아시리아의 역사는 19세기 중반의 고고학적 발굴로 비교적 상세히 알려지게 되었다. 현재 니네베의 아수르바니팔 도서관에 소장되어 있는 약 2만 장의 설형 문자 점토판과 그 밖에 아시리아 도시들의 유적에서 나온 금석문은 귀중한 자료이다.

대내적으로는 군대를 배경으로 공포 정치

▶ 아시리아의 유물들(이스탄불 고고학 박물관)

아시리아 제국 전성기의 영토

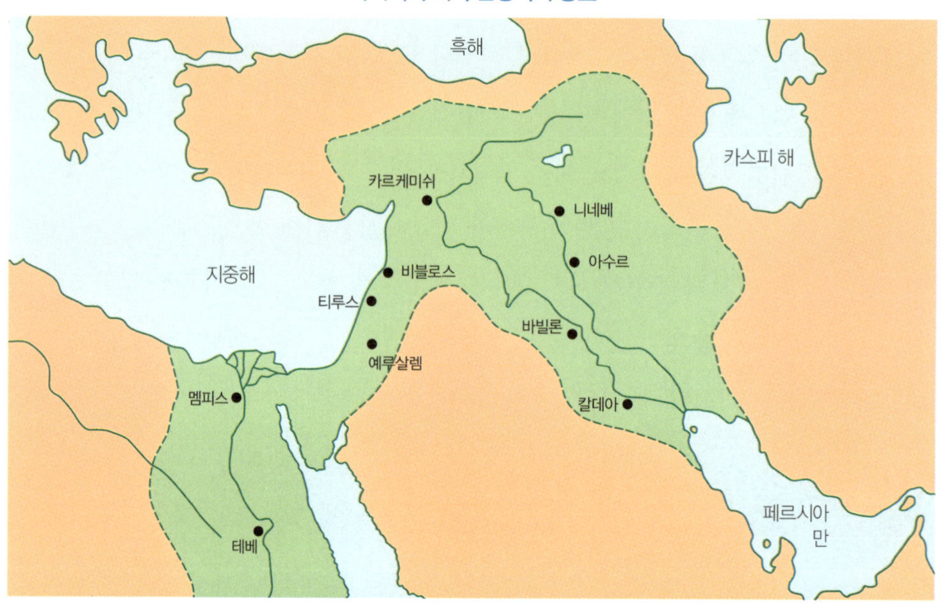

를 실시하고 대외적으로는 정복 민족으로부터 공납을 받았다. 대량 학살·고문·시체 전시 등은 흔히 있는 일이었다. 아시리아는 수도 니네베를 중심으로 철저한 중앙 집권 체제를 수립하여 교역과 상업을 발전시켰다. B.C. 650년경 아시리아 왕은 그야말로 '세계의 지배자'가 되었다.

그러나 아시리아의 지배는 오래가지 않았다. 무거운 세금과 지나친 무단 통치는 이민족의 반발을 샀고 부단한 전쟁으로 자원이 고갈되었다. 이리하여 B.C. 7세기 말부터 각지에서 반란이 일어나 마침내 B.C. 612년 아시리아의 수도 니네베가 메디아·칼데아·스키티아의 연합군의 공격에 함락되고 아시리아는 멸망하고 말았다. 그 후 고대 동방에서는 칼데아·메디아·이집트·리디아 등 네 나라가 서로 대립하였으나 칼데아인이 세운 신바빌로니아가 수도 바빌론을

▲ 신아시리아의 앗수르나시르팔 2세(B.C. 883-859)의 부조상

중심으로 제일 강한 나라가 되었다.

아시리아는 바빌론과 수메르 문명을 정복 지역으로 널리 전파했다는 점에서 그 문화사적 의의가 있다. 역대 왕들은 아수르, 니네베와 같은 도시들을 대대적으로 건축하였다. 아시리아의 종교는 수메르 문화를 바탕으로 초기의 메소포타미아를 계승하였다.

신바빌로니아

아시리아가 멸망한 후 메소포타미아의 가장 강대한 국가는 신바빌로니아였다. 그들은 본래 남메소포타미아에 정착했던 셈어족에 속한 민족이었다. 아시리아를 멸망시킨 후 수립된 신바빌로니아 왕국은 네부카드네자르 2세(B.C. 605-562) 시대에 전성기를 맞이하게 되었다. 그는 시리아와 팔레스티나를 정복했을 뿐 아니라 유대 왕국을 멸망시켜 예루살렘을 파괴하고 다수의 유대인을 포로로 잡아 바빌론으로 끌고 왔다. 또한 그는 수도 바빌론을 재건하여 성벽·신전·궁전을 건축하였다. 종교

고대 동방의 문명 전파

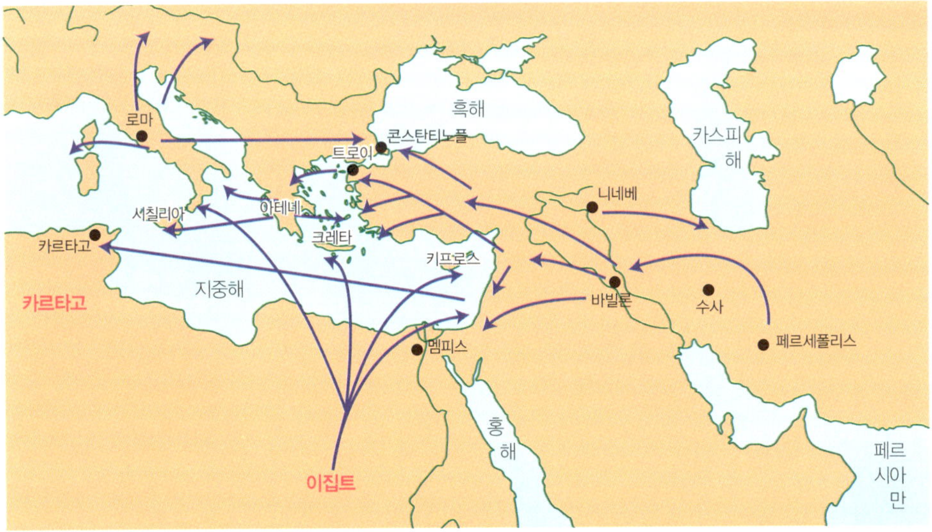

▲ 네브카드네자르 2세 때 제작한 '이슈타르의 문'에 새겨진 용과 수소의 부조

적으로는 마르두크 신을 숭배하였다. 그러나 그의 후계자들이 무능했기 때문에 결국 페르시아에 의해 B.C. 539년 멸망하였다.

페르시아

고대 동방을 통일한 세력은 최종적으로 페르시아였다. 페르시아인은 본래 인도-유럽어족에 속한 민족으로 B.C. 2000년경 페르시아 만 동쪽의 산악 고원 지대에 살고 있었다. 페르시아Persia란 명칭은 그리스인이 이란 서부를 페르시스Persis(Parsa, 지금의 Fars)라고 한 데서 유래하였다.

아시리아가 멸망한 후에 메디아의 제후 중 하나인 키로스 2세(B.C. 590-530)는 B.C. 559년 메디아 왕을 폐위하고 왕국을 차지하였다. 이것이 페르시아의 아케메네스 왕조(B.C. 700-560)의 시작이었다. 키로스 2세는 수도를 파사르가다이에 정했으나 이후 수사, 페르세폴리스 등으로 바뀌었다.

▲ 키로스 왕의 무덤(위)과 페르세폴리스 전경(아래)

그 뒤를 이은 다리우스 1세(B.C. 522-486)는 성공리에 소아시아에 있는 그리스 식민시들을 복속시키고 소아시아

다리우스 대왕 시대의 페르시아 제국(B.C 490년경)

대부분을 장악하였다. 계속된 그의 정복 사업 결과 페르시아는 지중해 동부에서 동쪽으로는 인도의 인더스 강 유역까지를 정복하여 최대의 제국을 형성하였다. 그는 자신의 제국을 20개의 주로 나누고 총독을 파견했으며 이들을 감시하기 위해서 관리들도 파견하였다. 또한 각 지역을 연결하는 '왕의 길'이라 불리는 도로와 역驛전제를 구축하여 강력한 중앙 집권 체제를 확립하였다.

그러나 페르시아는 B.C. 499년 지중해 연안에 있는 그리스 식민지에서 일어난 반란을 계기로 그리스와 3차에 걸친 전쟁을 치렀고, 이 전쟁에서 패배함으로써 쇠퇴의 길에 들어섰다. 결국 다리우스 3세(재위: B.C. 336-330) 때 내란을 겪은 페르시아는 B.C. 330년 마케도니아 출신 알렉산드로스 대왕에 의해 마침내 멸망하고 말았다. 이로써 유럽 역사의 중심이 고대 동방에서 서쪽의 그리스로 옮겨가게 되었다.

페르시아는 도량형을 표준화하고 화폐를 유통시켰으며 세제를 정비하였다. 농산물로는 보리·밀·포도·올리브 등이 재배되었고 소나 양을 목축하였다. 페르시아는 도로·항만·선박·우편 제도 등을 정비 또는

◀ 다리우스 1세(앉은 이)와 그의 아들 크세르크세스(다리우스 1세 바로 뒤편)(B.C. 5세기. 페르세폴리스)

확장하여 페니키아·아라비아·그리스·인도 및 라인 강이나 다뉴브 강 유역으로까지 통상 범위를 확대하였다.

페르시아는 각 정복지의 관습과 문화 및 종교를 존중하고 자치를 인정하는 국제적 성격을 띠었다. 역대 왕들은 수사와 페르세폴리스 등 수도에 거대하고 화려한 왕궁을 건축하였다. 또한 각 민족의 언어를 공용으로 사용하였으며 쐐기 문자를 이용한 페르시아 문자도 만들어 사용

베히스툰(비슈툰) 비문

바빌로니아와 메디아를 연결하는 교역로에 위치한 이 비석은 다리우스 대왕의 업적을 새긴 것이다. 2006년에 유네스코 세계 유산으로 지정된 비슈툰 비문은 높이 100m 이상의 석회암 절벽에 새겨져 있다. 높이 15m, 넓이 25m의 크기로 새겨진 비문은 양각된 부조와 설형문자로 구성되어 있으며, 같은 내용의 비문이 고대 페르시아어, 엘람어, 바빌로니아어로 쓰여 있다. 자신에 대한 왕위 찬탈과 반란을 진압하고 이 영광을 아후라 마즈다 신에게 돌린다는 내용이다.

▲ 조로아스터교의 선의 신 아후라마즈다(왼쪽)와 침묵의 탑(야즈드의 조장터, 오른쪽)

하였다.

페르시아에서는 조로아스터교를 숭배하였다. 조로아스터교는 B.C. 7세기에 조로아스터가 이원론적 세계관을 바탕으로 창시한 종교였다. 조로아스터는 페르시아 이름 자라투스트라가 그리스 식으로 바뀐 것이다. 조로아스터교는 불을 신의 상징으로 삼았기 때문에 중국에 전래된 후 배화교 또는 요교라 하였고, 인도에서는 파르시교가 되었다. 파르시교는 이교도와 혼인을 하지 않는 등 배타성이 강한 종교로서 흙·물·불 등을 신성시하며 매장 대신 풍장風葬이나 조장鳥葬의 관습을 갖고 있다.

히브리의 정치적 변천

셈어족에 속하는 히브리 민족은 유목민으로서 대체로 함무라비 왕 때인 B.C. 1800년경부터 메소포타미아 남쪽에서 팔레스티나 지방에 이르기까지 각지를 떠돌아 다녔다. 이집트로 간 히브리 민족은 B.C. 13세기 후반 람세스 2세의 지배를 벗어나 모세 영도 아래 시나이 사막을 거쳐 가나안에 정착하였다. 그 후 히브리 부족들은 사울 왕이 기초를 닦아 놓은 통일 국가를 약 1세기 간 유지하였다. 이어 다비드 왕

(B.C. 11-10)에 이르러 팔레스티나 지방을 장악한 뒤 예루살렘에 수도를 정하고 중앙 집권적인 신정 정치를 펼쳤다.

솔로몬(B.C. 970-933) 왕에 이르러는 이른바 '솔로몬의 영화榮華'를 누리게 되었다. 그러나 솔로몬 사후 각 부족 간의 반목으로 B.C. 933년 두 개로 분열되었는데 북부 10부족은 이스라엘 왕국을 세우고 남부 2부족은 유대 왕국을 세웠다. 그러다가 이스라엘 왕국은 B.C. 722년 아시리아에 의해 멸망하였고, 유대 왕국은 신바빌로니아의 네부카드네자르 2세의 공격을 받아 B.C. 586년 멸망하였다. 이 때 예루살렘은 점령되고 신전이 파괴되어 다수의 유대 왕국 사람들이 바빌론 시에 끌려가 수용되었는데 이것을 '바빌론 유수幽囚'라 한다.

그 후 B.C. 538년 페르시아의 키로스 2세가 신바빌로니아를 멸망시켰을 때 비로소 히브리인은 해방되었다. 그러나 히브리 민족은 그 후에도 정치적 독립을 회복하지 못하고 세계 각 지역에 흩어지게 되어 이른바 '민족 이산Diaspora'이 시작되었다.

유대교의 성립과 발전

유대교의 발전에서 가장 중요한 인물은 모세였다. 모세의 영도 아래 이집트를 탈출한 히브리인은 그를 예언자로 삼아 야훼Yahweh, Jehovah만을 숭배하고 야훼의 십계명에 따르기로 맹세하였다.

이 모든 역사를 입증하는 구약성서는 여러 필자들이 역사적 전설·민속·법령·도덕적 교훈·예언 등을 여러 세대에 걸쳐 편찬한 책이다.

이처럼 유대교는 B.C. 6세기 중반 이후 확립되었다. 처음에 야훼는 히브리의 신에 불과했으나 시간이 지남에 따라 유일신이며 보편신이라고 간주되었다. 그러나 히브리 민족은 선민사상에 따라 유대교를 다른 민족에게도 전파해야 한다는 의무감을 갖지는 않았다. 따라서 유대교는 고대 동방에서 널리 전파되거나 영향을 미치지 못하였다.

▲ 모세가 임종한 느보산에서 바라본 이스라엘 방면 풍경

페니키아

B.C. 1200년경 페니키아인은 레바논 산맥 서쪽에서 비블로스·시

▲ 홍해를 건너는 모세와 아론(245년경)

◀ 아히람 왕의 석관에 있는 페니키아 문자(베이루트 국립박물관)

돈·티로스·베이루트 등 독립된 도시 국가를 건설하였다. 그들은 에게 해, 흑해 및 지중해에 진출하여 크레타 이후 지중해 무역을 실질적으로 독점했을 뿐 아니라 각지에 식민지를 건설하였다. 이 가운데 북아프리카 지중해 연안에 세운 카르타고(지금의 튀니스)는 B.C. 800년 페니키아 본국이 멸망한 후에도 오랫동안 상업과 무역을 바탕으로 지중해 문명권의 중심이 되었다. 그러나 페니키아는 B.C. 6세기 초 아시리아와 리디아의 협공으로 멸망하였다. 페니키아인은 이집트, 바빌로니아 및 크레타 문자를 기초로 하여 만든 독특한 표음 문자를 사용하였다. 이 문자는 후에 그리스를 거쳐 로마 문자로 발전되어 오늘날 유럽 대부분의 국가의 문자인 알파벳이 되었다.

▲ 비블로스의 페니키아 유적

▲ 페니키아인들의 에츠모운 사원(시돈)

▲ 티르의 페니키아 유적

3
이집트 문명

이집트의 지정학적 위치

메소포타미아 도시 문명이 형성되기 시작한 비슷한 시기에 이집트에서도 역시 도시 문명이 시작되었다. 이집트 문명은 과도기적으로는 메소포타미아의 영향을 받아 발달되었다고 추정되지만 나름대로의 특이하고 독창적인 문화를 이룩하였다. 이집트는 상 이집트와 하 이집트로 나누어지며 기후는 각각 열대와 아열대에 속한다. 이집트의 고온 건조한 기후는 일상 생활이나 기록 보존에는 매우 적합하였다.

이집트 문화는 나일 강과 밀접한 관계를 가지고 전개되었다. 나일 강은 적도赤道 아프리카에서 시작하여 지중해로 흘러 들어가는데, 폭포가 거의 없이 흐르기 때문에 통상과 교통을 위한 편리한 수단이었다. 또한 나일 강은 해마다 거의 정기적으로 물이 불어나고 줄기 때문에 계곡

양쪽에 비옥한 '검은 땅'을 형성하였으며 이는 풍요한 농업 생산을 위한 터전이 되었다.

B.C. 5000-4500년경 나일 강 계곡에 농경 생활이 시작되었다. B.C. 3200년경에는 약 40여 개의 공동체들이 하나의 국가로 통일되어 사회·법·종교가 발달된 왕조 시대가 시작되었다. 나일 강 양쪽 깊은 계곡과 주위를 둘러싼 사막이 방패막이 역할을 하였다. 다만 북쪽 지중해 방면만이 외부에 노출될 뿐이었다. 이러한 지리적 여건으로 이집트는 힉소스 민족의 지배시기를 제외하고는 외부 민족의 침입을 거의 받지 않고 오랫동안 통일된 정치 세력권을 유지할 수 있었다.

고대 이집트

이집트의 정치적 변천

이집트의 정치적 변천은 왕조의 구분도 명확하지 않거나 중복되는 경우가 많다. B.C. 5000년경 작은 왕국들이 세워졌는데 이 시대는 왕조 이전 시대라 하며 B.C. 3100년경에 끝나고 이어 한 사람의 강력한 군주의 지배 아래 통일되었다. 왕은 파라오라고 불리게 되었다. 파라오는 이집트어 per-o(큰 집 혹은 왕궁을 의미)에서 유래하였다. 전설에 따르면 고왕국 시대를 시작한 최초의 파라오는 메네스였다고 한다.

역대 파라오는 세습적인 절대 전제군주였다. 이집트인은 태양신 호

▶ 카프레와 그의 아들 멘카우레(제4왕조, B.C 2500년경)

루스가 인간의 모습으로 나타난 것이 파라오라고 믿었기 때문에 파라오를 신격화하였고, 영원한 삶을 누린다고 여겼다. 파라오는 모든 국토와 국민을 소유하고 치수·관개와 토목 공사를 지휘하였으며 강력한 중앙 집권과 관료제를 실시하였다. 그러나 점차 왕으로부터 분봉된 강력한 지방 귀족들의 세력이 커져 이른바 지방 분권 상태에 이르렀다. 그리고 상당한 혼란과 불안정의 시기를 거친 뒤에 다시 군주에 의한 중앙 집권 체제가 회복되었다. 이처럼 이집트 정치사는 중앙 집권과 지방 분권이 반복되는 역사였다.

고왕국 시대는 하 이집트의 수도 멤피스를 중심으로 국가적 평화와 번영을 누렸다. 특히 전성기였던 제4 왕조의 파라오들은 기자에 거대한 피라미드를 만들었다. 이 시대의 파라오는 비군사적 성격의 신정 정치를 실시하고 고도로 발달된 중앙 집권적 행정 제도를 통해 왕권을 행사하였다.

B.C. 2200년경 지방 세력이나 봉건 영주들에 의해 약 1세기 반 동안 내란이 일어나 혼란이 계속되었다(제1 중간기). 그러나 상 이집트의 테베를 중심으로 제후들이 이집트를 재통일함으로써 중왕국 시대가 시작되었다. 중왕국 시대는 지방 호족 세력이 강했기 때문에 전통적인 파라오의 위엄이나 왕권신수적 성격이 덜 강조되었다.

쿠푸(케옵스)의 피라미드

카이로 멤피스 근방의 기자 언덕 위에 높이 솟은 4 왕조의 쿠푸 왕의 것으로 대표적인 피라미드이다. B.C. 2600년경에 건축된 이 피라미드는 평균 2.5톤의 석회암 330만 개 이상을 쌓아 만든 것으로 높이 147m, 사면斜面 186m, 경사각은 52도이다. 피라미드는 매우 정확한 토목 기술로 만들어졌으며 한 변의 길이 237m, 그 저변은 정방형이며 각 변 길이의 오차는 1.5 cm, 사각형의 오차는 12초에 불과하다. 이와 같은 거대한 피라미드를 만들기 위해서는 치밀한 사전 계획, 정확한 토목 기술, 엄청나게 많은 노동력 동원이 필요하다. 헤로도토스에 의하면 10년 동안 해마다 10만 명이 동원되어 완성되었다고 한다.

셈어족에 속하는 힉소스 민족이 B.C. 1750년경 팔레스티나 지역에서부터 나일 강 하류 델타 지역으로 침입하여 B.C. 1580년경까지 이집트를 지배하였다. 힉소스의 지배 범위가 비록 델타 지역을 넘어서지는 못했지만 이집트 전체를 혼란에 빠뜨리기에는 충분하였다(제2 중간기).

힉소스 민족은 이집트에 청동제 그릇·도구·무기의 제작 방법을 알려주었다. 청동제 무기와 함께 말이 끄는 전차도 도입되었는데, 이는 이집트에 혁명적인 전술 변화를 가져왔다. 힉소스 민족은 고대 이집트의 문화를 받아들여 이집트의 신들을 숭배하고 파라오 체제를 모방하여 자신의 군주제를 수립하였다.

힉소스 민족의 침입과 지배에 맞서 테베의 제후들이 중심이 되어 해방 전쟁을 시작하였고, 마침내 제18 왕조의 시조인 아모세 1세(B.C. 1558-1533)가 힉소스 민족을 축출하는데 성공하였다. 이어 고대 이집트 역사상 가장 번영한 신왕국 시대(B.C. 1558-1200)가 왔다. 이 시대는 막대한 부를 누린 제국의 시대였다.

제18 왕조에서는 유능한 파라오의 통치가 계속되었다. 대내적으로

▶ 푼트 원정벽화-하트셉슈트 장제전

파라오를 정점으로 하는 중앙 집권적 통치 체제를 회복했으며, 농업과 무역 진흥 및 문화 부흥을 위한 정책도 실시하였다. 한편, 대외적으로는 외세의 침입에 대비하면서도 침략 정책을 채택하였다.

대외 침략 정책은 하트셉슈트 여왕을 거쳐 투트모세 3세 때 절정에 달하였다. 그는 누비아·리비아·시리아·팔레스티나를 원정했으며 메소포타미아에 대한 패권을 둘러싸고 미탄니·카시트·아시리아 등과 싸워 이겼다. 그 뒤 1세기 동안 이집트는 전성시대를 맞이하였다.

그러나 이집트의 대외팽창은 시리아 및 팔레스티나 제후들의 저항이 거세지고 히타이트와 충돌하면서 위기를 맞게 되었다. B.C. 10세기 이후로는 리비아 민족 및 그 밖의 외부 민족들의 침입이 잦았으며 아시리아 민족이 B.C. 7세기에 이집트를 정복하였다. 비록 아시리아 지배에 대한 민족적 저항 운동이 일어나 파라오 프삼메티쿠스(B.C. 663-609)에 의해 제21 왕조가 수립되었지만 오래 가지는 못했다.

▲ 투탕카멘(18왕조 12대왕: 재위 BC 1361-BC 1352)과 그의 왕비 안케센아멘

마침내 페르시아의 정복(B.C. 525) 및 알렉산드로스 대

왕의 정복(B.C. 332)으로 이집트는 이민족의 지배 아래 놓이게 되었다. 이후 B.C. 30년경 클레오파트라가 자살한 뒤 이집트는 완전히 로마의 속주로 귀속되었다.

이집트의 사회와 경제

이집트는 사회적으로 파라오를 정점으로 소수의 귀족 계급이 지배하였다. 평민들은 국가에 조세와 공납을 납부하고 대규모 토목 공사에도 동원되었다. 그러나 파라오의 무덤에 있는 잔존 기록을 보면, 농민·직인들은 일하고 노는 데서 만족감과 즐거움을 느꼈다고 한다.

노예는 신왕국이 되기까지 흔히 있는 제도가 아니어서 신분이 낮은 사람들도 재능에 따라서는 높은 지위에 오를 수 있었다. 성서에 따르면 신왕국 시대 요셉은 노예에서 시작하여 마침내 파라오 다음 가는 지위를 누렸다고 한다.

한편 고왕국과 중왕국 시대의 경제는 주로 잘 통제된 농업 체제에 의해 유지되었다. 농업 이외에 상공업도 번창하였는데, 상공업자들은 파

▲ 항해하는 사람들(사카라)

▲ 추수하는 사람들(룩소르 서안)
▲▶ 쟁기질하는 세티 1세와 아들 람세스 2세(세티 1세 장제전, 아비도스)

라오·관료·사제·지방 호족을 위해 직접 일했다. 신왕국 시대에는 대외 팽창 정책으로 국내의 농업생산이 풍족했으며 외부로부터의 공납이 들어오고 무역의 범위는 수단·소아시아·크레타 등의 지역에까지 크게 확장되었다.

이집트의 종교와 신앙

고대 이집트에서 종교는 사회의 모든 분야를 지배했을 뿐 아니라 문화의 주요 동인이 되었다. 이를 두고 헤로도토스는 "이집트인이 세계에서 가장 종교적이다"라고 말하였다. 이집트인은 영혼불멸을 굳게 믿고 육체가 부패하지 않으면 영생 불사한다는 독특한 내세관을 가지고 있어 시체를 미라로 만들어 보존하였다.

이집트인은 수천의 신들이 여러 형태로 존재한다고 믿었다. 나라 전체에서 숭배된 신으로 태양신인 라Ra, Re가 있었고, 그 외에 사후세계의 신 오시리스Osiris, 오시리스의 처 이시스Isis, 아들 호루스Horus가 있었다.

오시리스는 죽은 이들의 신으로 죽은 사람의 심장을 꺼내어 무게를 재서 심판하였다. 매의 신이자 오시리스의 아들인 호루스는 이집트를 최초로 통일한 메네스가 숭배한 신으로 고왕국 시대의 주신이었다. 마찬가지로 테베의 하위 신이었던 아문(혹은 아몬)은 중왕국 시대에 이르러 파라오의 집권과 함께 중요한 신으로 승격되었다. 이리하여 호루스와 아문은 가장 강력한 국가신이 되었다.

▲ 아케나텐, 네페르티티, 그리고 세자녀들(베를린 신 미술관).

로세타 비와 이집트 연구

1798년 나폴레옹의 이집트 원정 때 프랑스 장교 부사르가 라쉬드 근처에서 로세타 비를 발견하였다. 길이 1.2m, 너비 7.30m, 두께 34cm의 현무암 비석에 그림문자 14행, 데모스어 32행, 그리스어 54행이 적혀 있었다. 로세타 비는 1802년 프랑스와의 조약 제14항에 따라 영국으로 귀속되어 영국박물관에 보관되었다. 그 후 프랑스 학자 샹폴리옹(1790-1832)이 23년간의 연구 끝에 1822년 그림 문자해독에 성공하여 고대 이집트 연구의 커다란 전환점을 마련하였다.

다신교 혹은 범신교를 믿는 이집트에서 B.C. 14세기 중반 종교개혁이 일어났다. 이 시기는 대내적 위기와 외부세력의 위협, 특히 히타이트의 위협이 고조된 때였다. 아멘호텝 4세(B.C. 1379-1362)는 왕비 네페르티티의 조언을 받아 태양신 아텐(혹은 아톤) 숭배에 기반을 둔 새 종교를 선포하였다. 그는 과거 신앙과의 차별성을 강조하기 위해 자신의 이름을 아케나텐(아텐 신을 기쁘게 한다는 뜻)으로 고쳤다.

아케나텐은 예로부터의 신들을 가짜라 선포하고 숭배를 금지하였다. 신전은 파괴되었으며 사제들은 쫓겨났다. 아케나텐은 종교개혁을 상징하는 뜻에서 수도를 테베에서 새로운 도시로 옮겨 여기에 거대한 신전을 세워 아텐을 숭배하였다. 이 시기의 미술은 철저한 사실주의에 바탕을 둔 새로운 양식을 추구하였다. 조각가들은 아케나텐의 모습 그 자체를 묘사하고 친근감 있는 그의 일상 생활을 그대로 표현하였다.

이러한 종교 개혁은 이집트인의 과거와 전혀 관련이 없었기 때문에 그의 일신교적 종교개혁은 실패로 돌아갔다. 그의 사후에 사위이며 후계자인 투탕카멘은 아몬-라 신에 대한 전통적 신앙을 회복하면서 아텐 신 숭배에 관한 모든 자취를 철저히 지워버리려고 하였다.

이집트의 문자와 미술·조각

고대 이집트 문자는 세 가지 형태로 발달하였다. B.C. 3200년경에 나온 신성문자는 설형문자와 같이 그림문자였는데 주로 종교행사를 기록하는 데 사용되었다. 초서체인 공용문자는 상업 통신용이었다. 끝으로 일반 사람들이 쓰는 민간의 상용문자가 있었다. 메소포타미아 사람들이 점토판을 사용한 것처럼 이집트인은 파피루스 위에 기록했는데 이것을 파피루스 문서라 한다.

고대 이집트인의 천재성이 발휘된 분야는 건축이었다. 그림이나 조각은 단지 건물을 장식하는 데 활용되었다고 해도 과언이 아니다. 이집트 건축의 역사는 분묘의 역사라 할 만큼 죽음의 세계와 관련된 것이었다.

원래 분묘는 마스타바라는 평탄한 형태로부터 시작되었으나 제3왕조 시대의 계단식 형태를 거쳐 제4왕조에 이르러 마침내 피라미드 형태로 발전되었다. 피라미드는 삼각형의 각추 모양으로 돌을 쌓아올려 만든 거대한 분묘로 고왕국 제4왕조 때 가장 많이 만들어졌다. 현재 고대

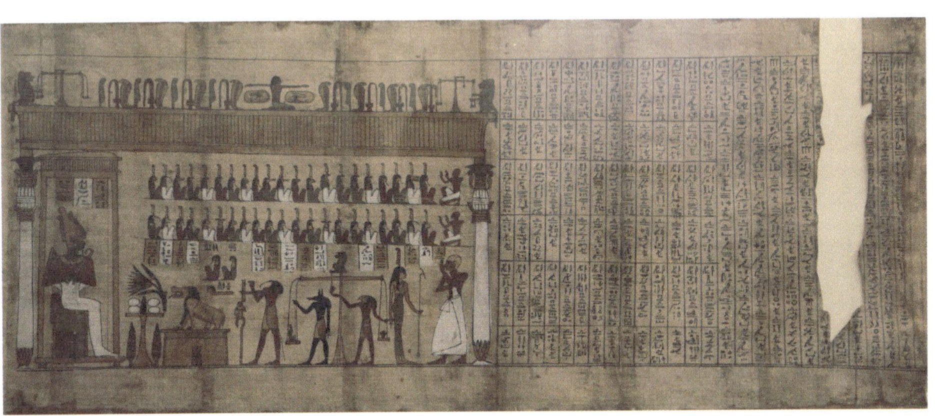

▲ 사자의 서死者의 書

▲ 굴절 피라미드(사카라)

▲ 붉은 피라미드(다슈르)

▲ 스핑크스와 카푸레 피라미드 (기자)

이집트 시대에 건조된 크고 작은 70여 개의 피라미드가 남아 있다. 고왕국 중반 이후에는 피라미드식 분묘가 암굴신전이나 열주신전 형식으로 바뀌는 경우도 있었다. 신전 상부구조를 받쳐주는 기둥은 파초·연꽃·파피루스 등의 모양을 본떴으며 앞마당의 둘레에는 여러 개의 기둥을 세웠다.

이집트 회화에서 근대적 원근법은 무시되고 사람들의 얼굴을 옆으

▲ 람세스 2세의 왕비 네페르타리

로만 그린 것이 특이하다. 색채의 배합은 단순하며 빨강·노랑·푸른 색·녹색 등 원색이 자주 사용되었다. 조각에도 사실성과 단순성의 양면이 있었다. 채색 인물상이 많고 입상立像의 경우 한쪽 발을 약간 앞으로 내디디고 서 있으며 대부분 얼굴에 '고졸한 웃음'을 띠고 있는 것이 특징이다. 조각물이라 하기에는 예외적으로 큰 스핑크스는 높이 20m, 길이 73m의 인두수신人頭獸身의 거대한 화강암 조각상으로 기자의 피라미드들 앞에 세워졌다.

이집트의 과학기술

농사에서는 나일 강 범람 시기 및 계절의 순환을 알기 위한 천문학과 역법이 발달하였다. 이집트의 태양력에서 1년은 30일을 한 달로 하는 12개월이며 1년 끝에 5일을 추가한 것으로 아주 정밀한 달력이 아니었다.

그러므로 로마 시대에 이르러 카에사르가 그 오차를 바로잡았는데 이것이 율리우스 달력이었다. 다시 그 오차를 교황 그레고리오 13세(1502-1585)가 1582년에 개정하여 현행의 달력으로 만들었다.

이집트에서는 나일 강 범람 후 농토를 다시 구획 지을 필요가 있었기 때문에 일찍부터 삼각 측량이 행해지고 또한 기하학이 발달했으며 10진법을 사용하였다.

4
에게 문명

메소포타미아와 이집트의 고대 문명은 B.C. 18세기경 전 지중해 및 소아시아의 여러 민족에게 전파되었다. 이 고대 동방 문화를 그리스로 전달하는 교량 역할을 한 것은 에게 문명이었다.

지중해 동쪽의 크레타 섬, 그리스의 펠로폰네소스 반도 아르고스에 있는 미케네와 티린스, 메세니아에 있는 피로스 및 소아시아 쪽의 트로이를 잇는 삼각형으로 형성된 해양 문명권이 에게 문명이며 서양 문명의 근원지가 되었다.

에게 문명은 두 단계로 구분될 수 있다. 전기는 크레타 섬이 중심이 된 B.C. 3000년부터 B.C. 1400년까지의 크레타 문명 혹은 미노스 문명의 시기로 유럽 최후의 청동기 문명이었다. 후기는 B.C. 1400년부터 B.C. 1200년까지의 그리스 본토의 미케네와 티린스 혹은 소아시아 트로이 중심의 미케네 문명의 시기이다.

미노스 문화

크레타 섬을 중심으로 발전한 미노스 문화의 명칭은 그리스의 전설적인 왕 미노스에서 유래된 것이다. 일찍이 B.C. 3000년경 소아시아로부터 청동기 문화가 이 섬에 도입되었다. 이후 B.C. 2000년경 크레타 섬의 여러 곳에 도시들이 생겼다. 그 대표적인 것이 크노소스·파이스토

▲ 테라(산토리니)에서 발견된 벽화(BD 1550년경)

▲ 크놋소스 궁전의 벽화들(크레타)

에게 문명권

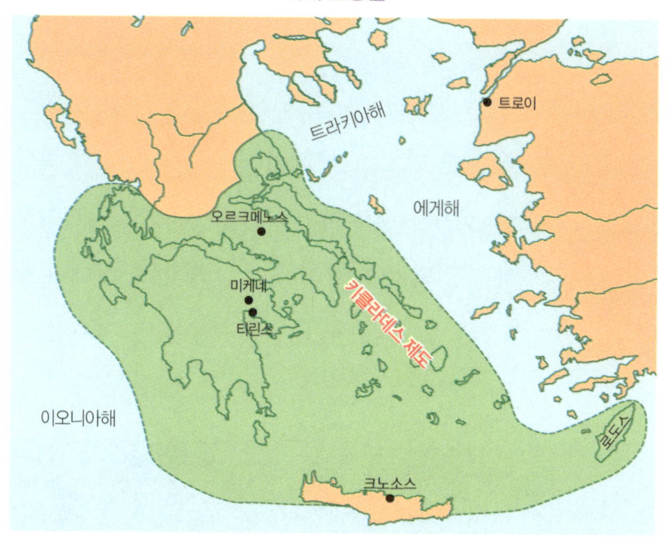

▲ 미케네의 선형 문자 B

스·말리아 등이었다.

B.C. 1700년부터 B.C. 1450년 사이의 약 250년간 미노스 문화는 크노소스를 중심으로 절정에 달하였다. 당시 크노소스의 영향력은 크레타 섬을 넘어 지중해와 에게 해에 광범하게 미쳤다. B.C. 1450년경 크레타의 북쪽 화산 테라(산토리니로 알려져 있는 지금의 Thira)의 폭발로 도시들이 많은 피해를 입었다. 때를 같이하여 그리스 본토로부터 미케네인이 침입했으며, 이것이 계기가 되어 크레타 문명은 B.C. 1200년경 완전히 몰락하고 말았다.

크레타의 발굴

영국의 에번즈(1851-1941)는 1900년부터 5년 동안 길이 1-2.5km의 크노소스 시의 중심부에서 궁전을 발굴하였다. 인구 8-10만으로 추정되는 이 도시 중심에는 지배 계급이 거주하고 외곽에는 하층민이 살았다는 것을 알아냈다. 또한 크노소스를 지배한 미노스 왕 궁전의 수많은 방들과 다양한 동물을 그린 벽화도 발견하였다. 특히, 벽화 속의 소들은 미노타우로스나 라비린토스의 전설을 뒷받침하였다. 그는 또한 크레타 섬에서 발견한 점토판에 씌어진 두 종류의 문자를 각각 선형문자 A, 선형문자 B로 명칭하였다.

크레타 사회는 비교적 평화롭고 자유로웠다. 상공업이 발달하여 널리 지중해와 에게 해 일대의 다른 지방과도 통상하였다. 상류층과 평민층의 생활은 차이가 났으나 노예는 거의 없었던 것으로 보인다.

크레타인은 비록 철기를 사용하지는 않았으나 청동기와 도기 제작에 우수한 재능을 발휘하였다. 그들은 독특한 음절 문자인 선 문자를 창안하여 상업 거래에 사용하였다. 현대학자들이 A형 선문자라고 부르는 크레타 문자는 미케네 문명이 번성한 B.C. 1450년경 B형 선문자로 대치되었는데 이것은 후에 그리스 문자의 바탕이 되었다. 크레타인은 자연의 힘을 상징하는 신들, 그리고 소·사슴 등 동물을 숭배하였다.

특히, 다산의 여신은 모든 계급의 사람들이 믿는 신이었다. 크레타인의 천재성은 조형미술에서 십분 발휘되었다. 크노소스 궁전은 규모가 큰 다층 건물로 상수도와 하수도 시설, 옥내 화장실 등을 두루 갖춘 고도의 건축 기술의 표현이었다.

한편, 미술의 주제는 일상 생활에서 흔히 볼 수 있는 것들이며 조각기법은 다양하게 채색된 도기와 장식적인 식각(에칭) 등에서 표현되었다.

미케네 문명

크레타 문화권이 몰락함으로써 에게 문명의 중심은 그리스 본토 펠로폰네소스 반도의 티린스·미케네로 옮겨갔으며 그 일부는 소아시아의 트로이로 옮겨갔다. 이 문명은 에게 문명의 후기에 해당된다고 볼 수 있다.

B.C. 1500년경 도시들을 지배한 왕들은 거대한 성곽 궁전을 건조하였다. 왕들은 관료제를 편성하고 주민들을 강력하게 지배하였다. 미케네 문화는 평화적인 크레타 문화와 달리 호전적인 성격을 가졌으며 이들이 사용한 B형 선문자는 왕이나 관료가 정치와 경제 관련 기록을 위해 사용하였다.

미케네 문명은 B.C. 1300년경 절정에 달하였다. 미케네와 티린스는

▲ 미케네 문화-황금을 입힌 칼날

도시와 도시 사이를 도로와 다리로 연결하였으며, 각 도시에는 수도 공급시설도 마련되었다. 그러나 B.C. 1200-1100년경 북쪽으로부터 침입한 도리아 민족에 의해 대부분의 궁전들이 파괴되었으며 미케네 문명은 완전히 몰락하였다.

트로이 전쟁

본래 트로이인은 인도-유럽어족에 속한 민족이며 그리스 본토와 통상하여 매우 부유하였다. B.C. 13세기에 발생한 트로이 전쟁은 전설적인 미케네 왕 아가멤논이 그리스 연합군을 지휘하여 소아시아 서북 연안의 트로이를 공략한 전쟁이었다.

트로이의 발굴

에게 문명에 대한 연구는 19세기 후반 독일의 고고학자 슐리만(1822-1890)의 발굴을 시작으로 최근까지도 계속되고 있다. 슐리만은 크레타를 비롯해 트로이·미케네·티린스 등을 발굴하여 종래 전설로만 전해 오던 그리스 청동기 문화의 존재를 증명하였다. 시골 목사의 아들로 태어난 그는 어릴 적에 읽은 책 속의 트로이에 깊은 감명을 받아 언젠가는 트로이를 직접 발굴하겠다는 꿈을 간직했다가 50세가 넘어서야 호메루스의 시를 바탕으로 트로이 발굴에 나섰다.

1870년 슐리만은 히사를리크 언덕을 파내려 가기 시작하여 1873년 수천 점에 달하는 순금제 유물, 이른바 '프리암의 보물'을 옛 도시 성벽 아래에서 발굴하여 그 결과를 발표하였다. 이어 1876년 미케네에서 호메로스가 묘사한 보물들을 발굴하였다. 이것은 순금 유물로는 최고 수집품이었다. 그의 발굴 방식에 관해서는 일부 비판을 받긴 했지만 결과적으로 트로이 및 미케네의 고대문화를 학계에 소개하는 데 크게 기여한 셈이었다.

그리스 신화에 따르면 헤라·아테나·아프로디테 등 세 여신 사이에서 미의 경연이 이루어졌고 여기서 승리한 아프로디테는 자기의 아름다움을 판정해 준 트로이 왕자 파리스Paris에게 약속한 대로 스파르타 왕 메넬라오스의 왕비 헬렌을 주었다. 그 결과 스파르타 왕의 동생 아가멤논이 군사령관이 되어 트로이를 공격했다는 것이다.

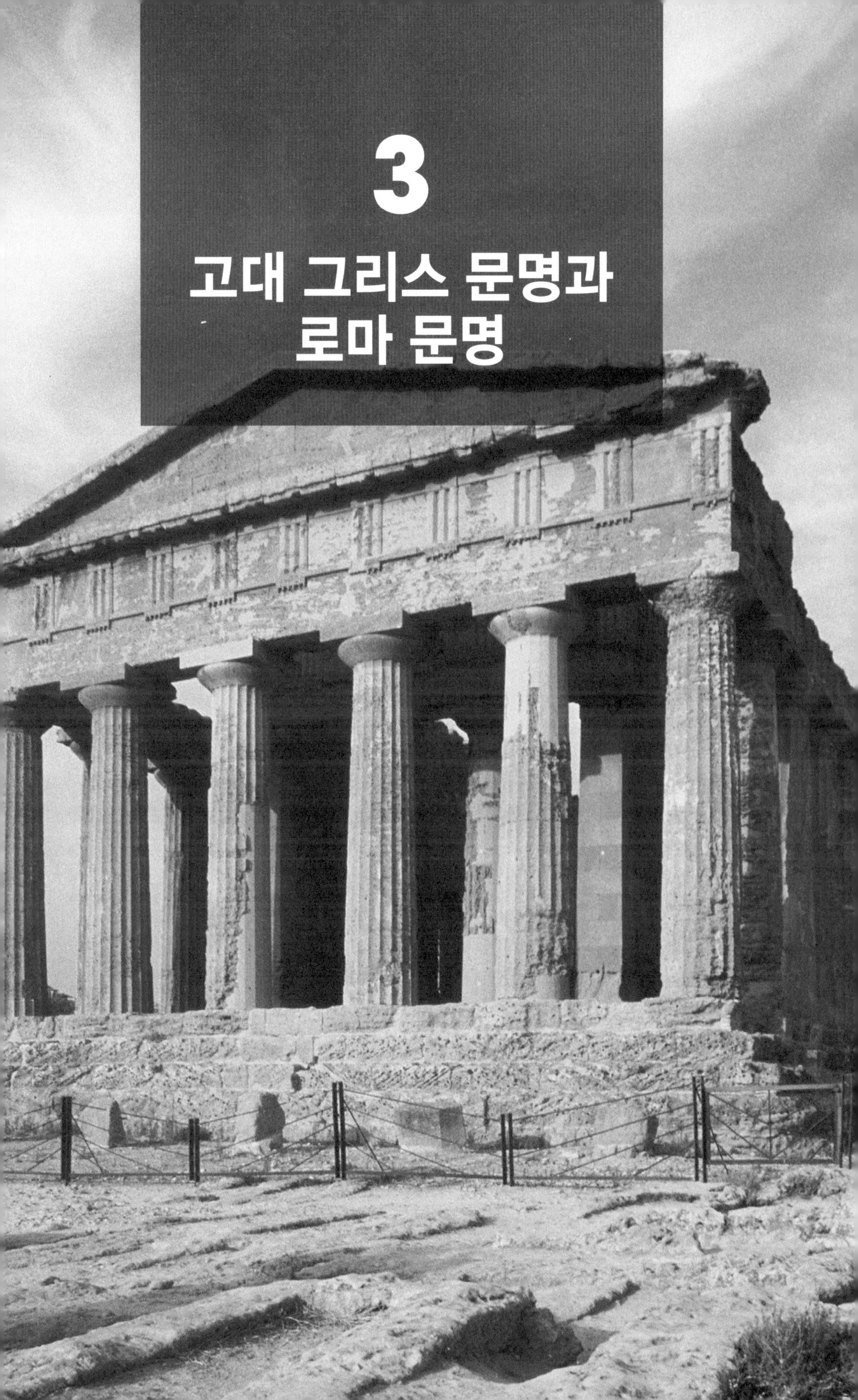

3
고대 그리스 문명과 로마 문명

BC 1200년
미케네 문명; 트로이 전쟁

BC 800년
폴리스의 성립; 그리스 문자(800-700)

BC 594-560년
솔론의 개혁(594)

BC 509년
로마 공화정의 성립(클레이스테네스의 개혁: BC 508)

BC 490-479년
제1차 페르시아 전쟁

BC 450년
로마의 12표법

BC 431-404년
펠로폰네소스 전쟁

BC 334-323년
알렉산드로스 대왕의 동방원정

BC 264년
포에니 전쟁 시작(1차 264-241; 2차 218-212; 3차 149-146)

BC 133-121년
그라쿠스 형제의 개혁

BC 61년
제1차 삼두정치(Caesar, Pompeius, Crassus)

BC 27년
로마 제정의 성립, 아우구스투스 대제(BC 27-AD 14)

AD 313년
그리스도교 공인(밀라노 칙령), 콘스탄티누스 대제(306-337)

AD 391년
그리스도교 로마의 국교가 됨(테오도시우스 황제, 379-395)

AD 395년
동서 로마 제국의 분열(法顯 인도로 출발: 359)

AD 476년
오도아케르 서로마 황제 폐위시킴, 서로마 제국 멸망

오리엔트 문명의 영향을 받은 에게 해 지역의 문화는 고대 그리스 문화의 기반이 되었다. 고대 그리스는 이러한 문화를 바탕으로 자신들의 독창성을 가미하여 인간 중심의 합리적인 사상과 직접 민주주의를 발달시켜서 오늘날 서양 문화의 기원을 이루었다. 이후 그리스 문명은 헬레니즘 세계로 확산되었으며 로마 제국에 의해 완성되었다. 로마는 지중해와 유럽 지역의 통치에 필요한 현실적이고 실용적인 학문을 발달시켰으며 그리스도교를 받아들여 정치·사상적인 통일을 이루는데 기여하였다. 그러나 오랜 공화정의 전통이 대외 팽창에 따라 제정으로 바뀌면서 많은 시련과 변화를 겪으면서 동·서 로마로 분열하였다.

1
고대 그리스 문명

폴리스 이전의 그리스 문명

고대 동방 문명이 아시리아와 페르시아에 의해 정치적으로 원숙기에 도달할 즈음 에게 해 연안에서 그리스 문명이 형성되기 시작하였다. 그리스 사회는 고대 동방의 전제적인 사회와는 달리 정치적으로 자유로운 폴리스로 구성되었으며 일찍부터 왕정이 사라지고 시민이 직접 참여하는 민주정이 실현되었다.

그리스 역사는 대개 ① 고전 그리스 시대(그리스인이 정착한 시기부터 마케도니아에 정복되기까지)와 ② 헬레니즘 시대(알렉산드로스 대왕에서부터 로마 지배에 이르기까지)로 나눌 수 있다.

그리스 민족은 자신들의 생활 방식을 무역과 식민 활동을 통해 지중해 세계에 전파하였다. 이어 그리스 문화는 로마인을 통해 전해지고 그리스도교의 신학 속에 편입됨으로써 오늘날까지 서양 문명의 기본 방향을 결정하였다. 그러나 초기 그리스의 사회와 문화는 폴리스를 기본 단위로 하였기 때문에 그 한계를 뛰어넘지는 못하였다.

폴리스의 발전

B.C. 1200-1100년경 미케네 세계가 파괴된 이후 약 400년간은 그리스 역사의 '암흑시대'(B.C. 1100-800)였다. 암흑시대가 끝나는 B.C. 800년경의 그리스 세계에 관한 사료로는 호메로스의 서사시 『일리아스』와 『오디세이아』가 있을 뿐이었다. 그러므로 B.C. 800년 이후의 역사를 '서사시 시대'(B.C. 800-500)라 지칭하기도 한다.

암흑시대에 그리스어를 사용하는 민족이 에게 해 연안 일대에 대규

그리스 민족의 분포

모의 조직적인 이주를 하였다. 예컨대 일찍이 아티카 지방에 정착한 이오니아인이 다시 B.C. 1000년경 소아시아 연안으로 이주·정착하여 이오니아라 불렀다. 아케아인은 남쪽으로 펠로폰네소스 반도 북판의 미케네를 정복하고 다시 소아시아의 트로이까지 이동하였다. 유목민이었던 도리아인은 처음에는 펠로폰네소스 반도에 자리 잡았으나 대부분은 지중해로 진출하여 에게 해의 섬들을 차지하였다.

폴리스의 성립과 민주주의의 발전

그리스 반도는 지중해성 기후로 여름에 건조하고 연간 강수량도 부족하였다. 또한, 국토의 대부분이 산악지대였으므로 여러 개의 고립적인 주거지들이 생기게 되었다. 그러나 길고 변화가 많은 해안선이 있어 천연적으로 좋은 (조건을 갖추고 있는) 항구들이 많았다. 이 때문에 여름에는 바닷바람을 이용하여 비교적 안전한 지중해 항해를 할 수 있었다. 자연히 그리스인은 바다를 통해 소아시아와 이집트의 고대 문명으로 눈을 돌릴 수 있었다.

그리스인은 대체로 B.C. 11-10세기경까지 씨족 공동체와 같은 혈연사회를 형성하고 있었다. 시민은 군사적·정치적 목적에 따라 4부족으로 구분되었다. 이러한 집단을 통해 공동으로 토지를 경작하고 생산물을 균등·분배하였다. 그러나 시간이 경과함에 따라 토지의 사유화가 시작되면서 종래의 혈연사회가 지연사회로 바뀌었고, 마침내 B.C. 9-8세기에 폴리스가 성립되었다.

폴리스는 하나의 도시와 그 주변 지역을 가리키는 말이었다. 전형적인 폴리스는 그 크기가 대체로 작은 편이었다. 폴리스는 적게는 수

폴리스와 '정치적 동물'

아리스토텔레스는 『정치학』에서 폴리스의 생활과 관련하여 사람은 'zoon politikon'이라고 말하였다. politikon은 polis의 형용사이며 '폴리스의', '폴리스에 속한' 등으로 번역해야 한다. 그러므로 아리스토텔레스의 말은 '폴리스적 존재' 또는 '폴리스에 속한 존재'라고 직역될 수 있다. 즉, 그가 말한 'zoon politikon'은 무엇보다도 그리스 시민과 폴리스가 불가분 관계에 놓여 있음을 의미하였다.

▲아테네의 제우스 신전에서 바라본 아크로폴리스

▲아테네의 아고라 유적

백 명에서 많게는 20여 만 인구를 가진 매우 다양한 규모였으나 평균해서 볼 때 5천 명 정도였다. 거의 모든 폴리스는 2만이 넘지않은 소규모 공동체였다.

폴리스는 그리스 본토에 700개 이상이나 있었고, 지중해 및 에게 해 일대를 감안하면 모두 1천 개를 넘었을 것으로 추정된다. 각 폴리스들은 독자적인 체제를 유지하면서 정치·경제적으로, 문화적으로 교류하였다.

그리스인은 언어·종교·습속이 다른 이민족을 바르바로이barbaroi라 불러 차별화하였다. 자신들이 사는 곳을 헬라스라 부르고 스스로 헬렌 신의 후예 헬레네인이라 칭함으로써 문화적 공동 유대와 동족 의식을 굳게 다졌다.

B.C. 5세기경 폴리스는 성벽을 쌓았으며, 성벽 안에는 시민이 살고 외국인은 성벽 밖에 거주하였다. 보통 한복판에 있는 언덕 위에, 긴급 비상시 시민이 대피할 수 있는 방어기지로 아크로폴리스가 있었고 거기에는 수호신을 모시는 신전·제단·공공기념물 등이 있었다. 광장이나 시장 역할을 하는 아고라는 본래 병사들이 모이는 장소였으나 점차 정치적인 집회 장소가 되었다.

B.C. 8-7세기에는 많은 그리스인이 에게 해의 섬들과 지중해 연안 일

대에 광범위하고 조직적으로 이주하였다. 이와 같은 식민 활동은 결국 폴리스의 대대적인 확장을 의미했으며, 이로 인해 전 지중해에 걸쳐 그리스 문화가 중심이 된 하나의 문명권을 형성할 수 있게 되었다.

새로 이주해 간 지역은 현대적 의미의 식민지가 아니었다. 새로 생긴 식민 폴리스들은 본토와 부단한 경제 교류를 활발히 하면서 문화·종교적 유대를 유지하였다. 식민 활동이 활발해지고 통상이 번성해짐에 따라 새롭게 부를 축적한 상공인은 새로운 중간계층을 형성하게 되었다.

또한 노예는 호메로스 시대부터 존재했으나 초기에는 노예 수도 극히 적었고 전쟁 포로가 가내家內노예로 일하는 정도였다. 그러나 상공업과 화폐경제의 발달로 노예 제도는 한층 조직적으로 발달하였다. 자급자족의 범위를 넘어 점차 농업이 상업화되고 규모가 커지자 노예의 수요는 증가하였다. 더불어 개인의 노예 수요도 증가하자 노예 제도가 확립되었다.

그리스의 식민활동

아테네의 왕정시대

본래 그리스 사회는 왕정으로 시작되었다. 왕정시대(B.C. 1000-800)는 씨족이나 부족에 기반을 둔 촌락 공동체로서 농업과 목축을 주업으로 하였다.

왕은 세습되었으나 왕권이 그다지 강력한 것은 아니었다. 모든 성년 남자는 스스로 무기를 마련했고 왕이 주재하는 시민 전체의 모임인 민회民會: ekklesia에 참석할 권리를 가졌다. 민회는 왕의 제안을 토의·인준 또는 거부할 수 있었고, 선전 포고와 같은 국가 주요 정책을 결정하였다.

아테네 민주주의의 성장

B.C. 8세기 중기부터 아테네에서는 왕이 선출직으로 바뀌었고 대신 소수의 귀족이 지배하는 아레오파고스(귀족 회의)가 정치적 실권을 장악하였다. 이러한 귀족 과두제는 약 2세기 동안 계속되었다. 아레오파고스라는 명칭은 회합 장소였던 아크로폴리스에 인접한 숲 이름에서 유래된 것이다.

행정·사법·군사에 관한 최고권은 해마다 민회에서 선출되는 아르콘이 행사하게 되었다. B.C. 638년경 아르콘이 9명으로 늘어났으며 임기를 마친 아르콘은 자동적으로 귀족 회의의 구성원이 되었다. 시민 총회라 할 수 있는 민회는 군 복무 자격이 있는 모든 남자 시민들의 회합이었다. 그러나 무장할 재력이 없는 빈곤한 많은 시민들은 민회에서 제외되었다.

귀족 세력을 제한하려는 움직임은 B.C. 7세기 말(B.C. 621) 드라콘 입법을 계기로 구체적으로 나타났다. 이 법은 그리스 최초의 성문법으로 그 내용에 가혹한 점이 있으나 귀족 출신 재판관의 권한을 제한했다는 데 의의가 있었다. 그러나 농민은 물론 도시 중산층 조차 좀 더 가시적인 정치 개혁을 요구하기에 이르렀다. 이러한 사회적 요청에 부응하여 B.C. 594년경 아르콘으로 선출된 귀족 출신의 솔론(B.C. 639-558)이 개혁을 단행하였다.

정치 개혁의 배경에는 경제적인 변화가 있었다. 귀족 과두제는 소수 귀족들이 토지를 집중 소유하여 강대한 세력을 이룸으로써 생긴 체제였다. 따라서 많은 농민이 토지를 상실하고 부채에 허덕이게 되었다. 게다가 B.C. 7세기경 리디아에서 사용되기 시작한 화폐의 영향으로 상공업이 더욱 번성해져 뚜렷한 사회 계급으로 상공업 계급이 형성되기 시작하였다.

전술상의 변화도 일어났다. 즉, 지금까지 전투에서는 기병이 중심 역할을 했으나, 중무장 보병의 밀집대형이 더 효과적인 전술이 되었다. 중무장 보병은 기병에 비하면 경제적 부담이 훨씬 가벼웠다. 중무장 보병이 될 수 있는 사회 계층은 중농 이상의 농민, 부유한 상인이나 수공업자들이었다. 이를 계기로 힘없는 사회 세력이었던 평민이 정치적 발언권을 가지게 되었다.

솔론이 주도한 정치개혁의 핵심은 귀족들의 권한 남용에 제한을 가하는 것이었다. 그는 ① 4백인회를 창설하여 중산층의 정치참여를 허용했으며 ② 하층 계급에게 민회참여권을 주었고 ③ 전체 남자 시민의 선거에 의한 최고 법정을 설치하는 한편, 배심원 제도를 수립하였다. 이에 따라 국가적 정책 결정에서 시민 발언권이 상대적으로 많이 확대되었다.

정치개혁과 함께 경제개혁이 병행되었다. 솔론은 가난한 농민의 채무를 탕감하고 채무 노예를 금하며 토지소유의 상한을 결정하는 긴급 조치를 단행하였다. 그는 상공업 발전을 위해 새 화폐 제도를 시행하고 기술이 뛰어난 외국인 기술자들에게 시민권을 부여하여 기술 발전을 도모하였다.

사회적으로는 시민계층은 재산 소유 정도에 따라 네 계급으로 구분하여 각각의 정치적 위상을 규정하였다. 사회적 계층구분을 재산 소유와 연결하였다는 점에서는 금권정치라 할 수 있다. 결론적으로 솔론의 개혁은 사회 각 계층의 요구를 만족시키지 못하고 오히려 반발을 불러일으켰다. 마침내 그러한 여러 불만 요소들이 결합하여 참주 정치로 가는 길이 열리게 되었다.

이러한 아테네의 정치적 혼란을 수습한 사람은 페이시스트라토스(활동기: B.C. 546-527)였다. 그는 귀족 출신이었음에도 소농 계층을 대변하고자 B.C. 546년 귀족 과두제를 무너뜨리고 참주제를 수립하였다.

아테네의 경우 국가 기본구조는 변하지 않았으나 정책 수행을 위한 권력은 참주 한 사람에게 집중되었다. 그러나 그는 귀족 계급 소유의 토지를 몰수하는 한편, 소농과 상공 계층의 복리를 증진하고 시민을 위해 제도를 개선하였다. 공공 토목공사를 시행하여 취업 기회를 확대했으며 공정한 사법행정을 실시하고 종교와 문화를 장려하였다. 이른바 그는 계몽 군주 정치가였던 것이었다.

B.C. 527년 페이시스트라토스 사후 아테네 참주 정치는 두 아들이 계승하여 B.C. 510년까지 계속되었다. 그러나 히파르코스(B.C. 527-514)가 암살되고 뒤를 이은 히피아스는 B.C. 510년 스파르타의 군사적 지원을 얻은 아테네 귀족에 의해 페르시아로 추방됨으로써 아테네 참주 정치는 막을 내렸다.

그 후 자유주의자였던 클레이스테네스(활동기: B.C. 515-495)는 정치적 혼란을 수습하고 과감한 개혁에 착수하였다. 귀족 출신인 그는 B.C. 508년 참정권 확대를 바라는 평민 계층의 지지를 바탕으로 집권하였다. 먼저 그는 행정조직을 개편하여 종래 혈연 중심으로 조직된 4부족을 지연 중심의 10개 부족으로 재편성하였다. 이를 바탕으로 법령 심의권과 최고 행정권을 행사하는 5백인회가 만들어졌다. 5백인회는 각 부족별로 50명의 대표를 추첨으로 선출하였다. 5백인회는 50명씩 10개의 분과로 나뉘어 각각 1개월간 국가 행정을 관장하였다.

▲아테네 아고라 박물관에 전시된 도편 유물

최고 기관인 민회의 조직도 바뀌어 권한이 확대되었다. 18세 이상의 남자 시민으로 구성된 민회는 매달 한 번 열렸다. 민회는 5백인회에서 제출한 법령의 토의 및 표결, 선전 포고, 예산 편성, 아르콘 재임기간 중의 재무 감사 등을 다루었다. 또한 클레이스테네스는 B.C. 500년경 군사 개혁을 단행하여 군사 위원회를 설치하였다. 군사 위원회는 10부족에서 1명씩 선출된 임기 1년의 군사위원 10명으로 구성되었다.

클레이스테네스는 참주와 같은 독재자의 출현을 방지할 목적으로 도편추방제를 실시하였다. 국가에 해를 끼치거나 시민의 자유를 위협하는 인물이 있다고 생각되면 모든 시민이 그 이름이 새겨진 도편陶片: ostrakon으로 추방을 결정하는데, 비밀투표로 6천 표 이상 받은 인물은 국외로 10년간 추방되었다.

아테네 민주주의의 특성

아테네 민주주의의 기본 전제는 다수에 의한 지배, 법 앞의 평등 및 자유로운 개성의 발휘였다. 이러한 민주주의 정치가 완성된 것은 B.C. 5세기 후반, 즉 페리클레스(활동기: B.C. 461-429)시대에 이르러서였다. 아테네 정치의 핵심은 시민 전체가 최종적인 책임을 진다는 데 있었다.

직접 참여는 아테네 민주정의 관건이었으며, 아테네에는 대의제, 공무원제 또는 관료제가 없었다. 관리 피선거권에 대한 재산 조항이나 귀족 회의의 권한이 점차 폐지되었으며 민회는 법령 인준 이외에 입법권도 갖게 되었다.

▲페리클레스 (B.C. 429년경)

10명의 군사위원의 권한은 아르콘의 권한보다 더 강해져 국가 행정의 최고 책임을 지게 되었다. 군사위원은 민회에서 선출되고 그 임기는 1년이었으나 제한없이 재선될 수 있었다. 예컨대 페리클레스는 30년 이상이나 군사위원장 자리에 있었다. 그는 비록 방대한 권한을 행사했으나 그들의 정책은 민회의 감사를 받아야 했다.

페리클레스의 장송葬送연설

아테네의 민주주의를 찬양하는 페리클레스의 말을 직접 들어보자. "우리의 정부 형태는 다른 나라의 제도와 비견할 수 없다. 우리의 국법이 민주주의라는 소리를 듣는 것은 사실이다. 그 이유는 권력이 소수가 아닌, 다수에게 있기 때문이다. 사적 분쟁에 있어서는 모든 사람에게 평등한 재판이 보장되지만, 다른 한편으로는 개인의 공헌에 따른 차등 대우도 역시 인정받고 있다. 누구든 차등대우를 원한다면 공직 취임을 택할 것이다. 그러나 그것은 특권의 문제라기보다 업적에 대한 보상이라 할 수 있다. 가난은 공직 취임의 장애물이 아니며 누구든 미천한 자일지라도 국익을 위해 봉직할 수 있다."

아테네 민주정치의 또 다른 핵심은 독특한 사법 제도에 있었다. 아테네에는 배심원이 유죄 여부와 형량을 결정하는 배심법정이 있었다. 해마다 추첨으로 30세 이상의 시민이 각 부족에서 600명씩 선출되었다. 무려 6천 명이라는 많은 수의 배심원단을 둔 것은 뇌물 수수를 막기 위해서였다. 크고 작은 배심원단이 있었으며, 모든 소송 사건을 다수결에 따라 재판하였다. 그러나 아테네 민주주의는 시민권을 가진 제한된 수의 사람들만을 위한 제도였다. 부녀자와 다수의 외국인이나 노예는 폴리스의 정치에 참여할 수 없었다.

아테네 민주주의는 폴리스라는 제한된 범위 안에서는 현대 민주주의보다 더 철저하였다. 모든 관리의 선출이나 법정 구성은 추첨제로 결정되었다. 추첨은 기회 균등을 의미하였다. 관료의 임기가 극히 짧았다는 것은 권력을 다수에게 고루 나누어 담당케 한다는 것이었다. 즉, 그들의 주요 관심은 통치의 능률보다는 시민의 의사를 존중하는 민주주의에 있었다.

스파르타의 성립과 발전

스파르타는 순수한 도리아인으로 구성된 폴리스였으며 동북쪽과 서쪽이 산악으로 막혀 있고 천연적으로 좋은 항구가 없었으므로 외부와 직접 접촉할 기회가 거의 없었다. 따라서 그리스의 일반적인 정치 발전 과정에서 하나의 예외적 존재였다.

B.C. 9세기경 스파르타는 주변의 작은 농촌들이 결집하여 폴리스로 발전했으며, 그들은 영토 확장을 식민 활동보다는 무력에 주로 의존하였다. 이를 예시하는 것이 2차에 걸친 메세니아와 전쟁(B.C 735-B.C 650)이었다. 이 전쟁에서 승리한 스파르타는 메세니아의 토지를 몰수하고 주민들을 노예로 삼았다.

스파르타에서 계속해서 존속한 왕정은 두 가문에서 각각 한 사람씩 왕을 선출하고 두 왕이 공동 통치하는 특이한 제도였다. 그나마 왕은 큰 권한을 갖지 못하였다. 스파르타는 메세니아 정복 이후 권리 확대를 요구하는 평민층의 요구를 받아들여 사회 체제를 개편하였다. 이러한 체제 개편은 전설적인 B.C. 9세기의 입법자 리쿠르고스의 업적이라고 전해지고 있다.

리쿠르고스 체제는 왕정 아래에 귀족 과두제를 바탕으로 한 것이었다. 이 체제의 핵심은 사내아이는 7세부터 국가가 양육 책임

메세니아 전쟁 후의 스파르타

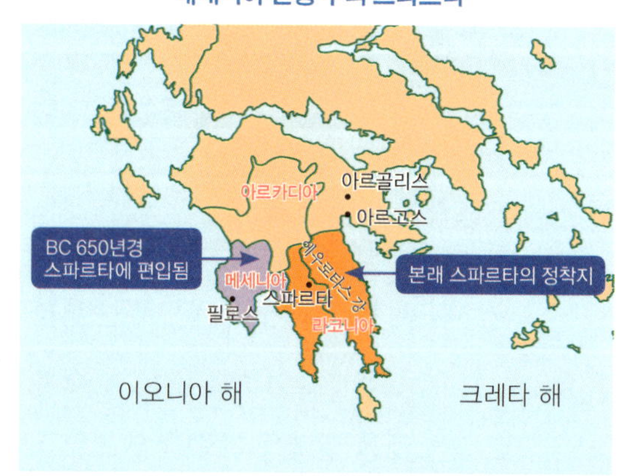

▲리쿠르고스

을 지며, 시민에 대한 토지 분배가 법제화되었다. 또한 정치 제도를 재편성하였는데 이원 왕정은 그대로 유지하였으나 30명의 원로회의와 5명의 에포르에게 전권이 위임되었다.

원로회의는 대내외 문제에 관한 행정·입법·사법 등 광범한 권한을 가지고 있었다. 그러나 정치적 실권은 5명의 에포르에 있었다. 에포르는 민회에서 1년 임기로 선출되었지만 제한없이 연임이 가능하였다.

'감독관'을 뜻하는 에포르는 원로회의와 민회를 주재하고 시민생활에 제약을 가했을 뿐 아니라 대외관계·군사문제·노예관장·국가재정·교육 등에 관한 권한 및 입법에 대한 거부권 등을 행사하였다. 또한 그들은 신생아의 양육 여부를 결정했고, 왕까지도 폐위시킬 수 있었다. 이러한 스파르타의 정치적 안정과 시민의 헌신적 봉사는 많은 다른 그리스인의 선망의 대상이 되었다.

스파르타의 사회

리쿠르고스 개혁으로 이루어진 새로운 사회 질서의 기본 특징은 엄격히 규정된 계급 제도에 있었다. 스파르타의 인구는 대체로 세 신분으로 나뉘어 있었으며 계급간 이동은 거의 없었다. 가장 중요한 사회적 위치에 있는 계급은 극소수의 스파르타 시민이었다. 약 1만 명 정도에 달하는 이 계급만이 정치적 특권과 가장 비옥한 농토를 차지했다. 토지 경작은 전적으로 노예들의 몫이었고 스파르타 시민 계급은 오로지 군사와 정치에만 관계하였다.

또 다른 계급인 페리오이코이perioikoi는 라코니아 일대의 도시에 사는 사람들로 주로 상공업에 종사하였다. 그들은 자유민으로서 지방 도시의 자치권을 갖고 있었으나 전체 폴리스의 통치에는 참여할 수 없었다.

이들은 군대 복무와 납세 의무를 지고 있었으나 스파르타 시민처럼 혹독한 군사훈련을 받지 않아도 되었다. 그러므로 스파르타의 세 계급 중에서 상대적으로 자유스럽고 안락한 생활을 한 것은 페리오이코이였다.

노예는 정복지의 원주민으로, 스파르타 시민을 위해 토지 경작을 하거나 가내 노동을 하는 계급이었다. 그들도 가정을 꾸릴 수는 있었으나 국가소유였으므로 매매 또는 해방될 수 없었다.

지배 계급으로서 스파르타 시민은 국가에 대한 봉사를 최고 의무로 알고 가족 생활을 희생하였다. 그들은 대단히 엄격한 규정에 따라 거의 일생 동안 군대생활을 했다. 사내아이들은 출생 후 신체검사를 받아 허약하면 내다 버려 죽게 하였다. 그러나 유아 살해는 스파르타뿐만 아니라 그리스와 로마에도 흔히 있었으며 가족 수를 줄이는 방식의 하나였다.

사내아이들은 7세가 되면 같은 또래와 함께 집단생활을 하였으며 20세가 되면 정규군이 되어 60세까지 복무하였다. 국가는 그들에게 일정한 토지와 그 경작을 위한 노예를 할당하였다. 30세에는 시민으로서의 동등한 권리와 모든 참정권이 부여되었다. 그러나 결혼은 의무였을 뿐만 아니라 결혼 후에도 마음대로 가정생활이 허용되지 않았다. 플루타르코스의 『리쿠르고스 전』에 따르면 남편은 낮 동안 부인의 얼굴을 보기도 전에 아이를 갖게 되는 수가 있었다는 것이었다. 또한 어린아이는 부모의 것이 아니라 국가의 것이었다. 스파르타 여성도 체육과 가정 운영 기술을 중심으로 엄격한 훈련을 받아야 하였다.

페르시아 전쟁

B.C. 499년 밀레토스 참주를 중심으로 식민시들이 페르시아에 대한 반란을 일으키자 아테네와 에리트레아는 이들을 적극 지원하였다. 반

페르시아 전쟁

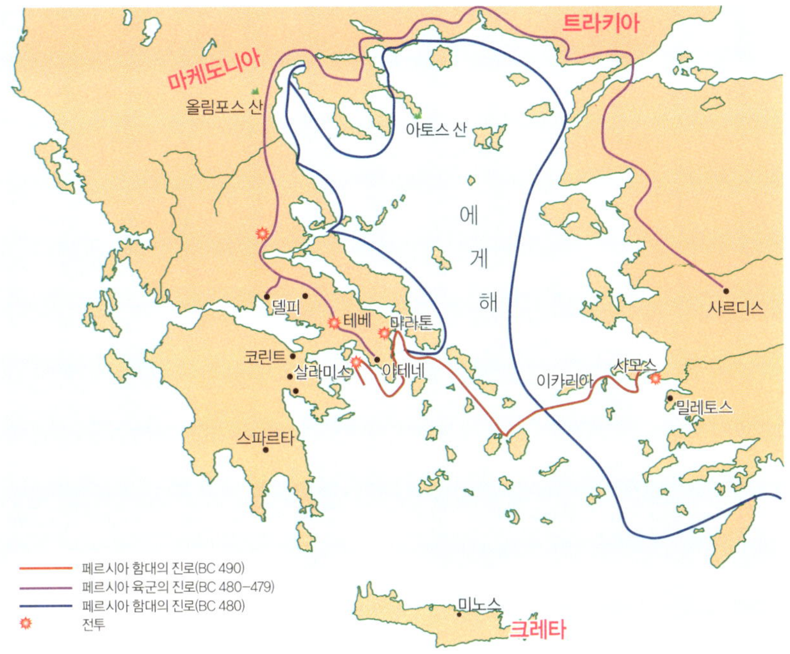

란은 B.C. 494년에 완전히 진압되었으나 페르시아와 그리스간의 충돌은 불가피해졌다.

첫 번째 침공은 주로 바다를 통해 행해졌다(B.C. 492). 페르시아 함대는 그리스 본토로 가려다 아토스 곶 앞 바다에서 폭풍을 만나 크게 파괴되고 말았다. 두 번째는 2년 후(B.C. 490) 페르시아군은 아테네에서 추방된 참주 히피아스의 안내를 받아 전과는 다른 길을 따라 아테네를 공격하였다. 그러나 마라톤 전투에서 패배하였다. 마지막으로 다리우스 사후 뒤를 계승한 크세르크세스 1세(재위: B.C. 486-465)는 전후 국내 정치 질서를 회복하고 다시 전쟁을 시작하였다.

B.C. 481년 봄 대규모의 페르시아 육군이 많은 함선의 엄호와 보급을 받으면서 에게 해 연안을 따라 남쪽으로 이동하였다. B.C. 480년 테르모필라이에서 스파르타의 레오니다스 1세(치세: B.C. 490-480)왕의

지휘 아래 스파르타군 3백 명은 결사적인 방어 끝에 모두 전사하였다. 아테네로 가는 길목을 뚫은 페르시아군은 아테네에 물밀듯 쳐들어가 약탈·방화하였다.

그러나 아테네의 테미스토클레스는 B.C. 480년 가을 살라미스 만에서 페르시아 군과 싸워 대부분의 페르시아 함선을 파괴하는 대승을 거두었다. 이듬해 B.C. 479년 봄 크세르크세스 1세는 다시 공격했으나 플라타이아 전투에서 패배하여 후퇴하고 말았다.

무엇보다도 페르시아 전쟁의 의의는 역사상 최초로 동서 문명권이 충돌했다는 사실에서 찾을 수 있다. 동방의 강대한 전제세력의 침략에 대항하여 그리스는 최종 승리를 거두고 개방적인 민주주의 사회를 유지할 수 있었다. 특히 결정적 역할을 한 아테네는 전성시대를 맞게 되었다.

펠로폰네소스 전쟁

페르시아 전쟁의 승리 이후 폴리스들은 페르시아의 재침에 대비해서 B.C. 478년 아테네의 주도 아래 델로스 섬에서 동맹을 결성하고 아폴로 신전에 공동 기금을 모았다. 그런데 아테네는 델로스 동맹의 기금을 B.C. 435년 아테네로 옮기고 해군 강화 및 해상세력권을 구축하는 데 활용하였다. 이로 인해 델로스 동맹 국가들은 점차 아테네에 종속되어 갔다. 그러나 동맹국가들 사이에서 아테네의 지나친 패권주의에 대한 불만이 고조되었다. 그 결과 스파르타를 중심으로 반아테네 연합이 이루어져 펠로폰네소스 동맹이 결성되었다. 두 진영의 대립은 육군국과 해군국, 귀족제와 민주제, 농업국과 상업국의 충돌 양상을 띠었다.

B.C. 431년 먼저 코린토스는 메가라와 함께 아테네와 교전하게 되었고 스파르타가 참전함으로써 전쟁은 확대되었다. 이후 약 30년 동안 치열한 공방전이 계속되었으나 결국 B.C. 404년 아테네가 항복하였다. 역

펠레폰네소스 전쟁 시대의 그리스

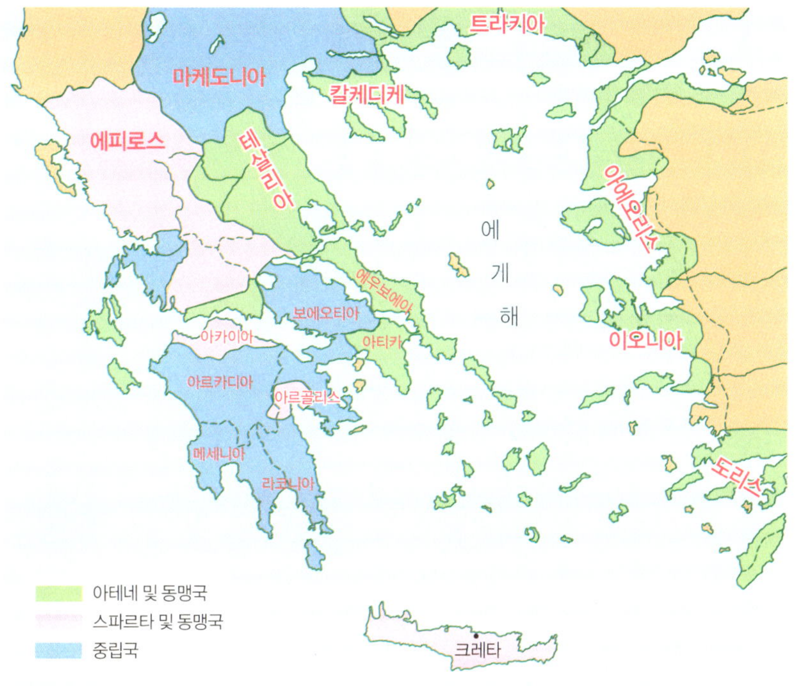

사가 투키디데스(B.C. 460-400)는 이 전쟁의 기록을 남겼는데 그것은 고대사에서 가장 주목할 만한 객관적인 역사 저술이다. 패전 후 아테네를 비롯한 다른 도시 국가들은 사실상 스파르타의 속국이 되고 말았다. 이리하여 전후 스파르타는 약 30년간 전성기를 맞이하였다.

고대 그리스 세계의 종말

B.C. 404-336년 그리스 세계는 전체적으로 쇠퇴기에 접어들었다. 전쟁의 후유증과 아울러 스파르타의 편협한 태도와 군국주의는 동맹국들의 반발을 사게 되었다. 이 틈을 타서 페르시아는 재기한 아테네와 테베를 지원하여 반스파르타 세력을 조성하고 대립을 부추겼다. 마침내 스파르타는 페르시아의 압박에 굴하고 소아시아 도시국가들에 대한

직접적인 지배권을 상실하였다.

B.C. 360년 이후 그리스 전역은 끊임없는 내전에 휘말렸다. 이 상황에서 야심적인 마케도니아 왕 필리포스 2세(B.C. 382-336)가 남침하였다. 마침내 마케도니아는 그리스를 정복하고 이후 B.C. 4세기 이전 그리스 역사의 중심이 되었다.

그리스 문화와 종교·신화

'서양적인' 모든 것은 바로 고대 그리스에 그 기원을 둔 것이다. 무엇보다도 그리스 문화의 기본 특성은 휴머니즘·이상주의·합리주의에 있었다. 먼저 신화에서 일상 생활에 이르기까지 인간 중심적 사고가 지배적이었으며, 자연과 인간에 대한 합리적 탐구 정신을 바탕으로 이성의 힘이 인간의 삶을 풍요롭게 한다고 확신하였다.

그리스인에 따르면 신은 인간의 모습과 감정을 그대로 가지고 있으며 다만 죽지 않는다는 점에서 인간과 다를 뿐이라 한다. 즉, 신은 인간의 이상형으로 많은 신들 가운데 전 그리스 세계를 통해 숭배된 신은 12신이었다. 그리스인은 신에게 경의를 표하기 위해 성대한 제전을 개최하

▲알렉산드로스와 스타티라의 결혼식(폼페이 회화 1세기): 알렉산드로스는 전쟁의 신 아레스의 모습으로, 스타티라는 미와 사랑의 여신 아프로디테의 모습을 하고 있다.

▲델피신전(왼쪽)과 델피신전의 복원 모형(오른쪽)

올림피아 경기

그리스 각지에서 유명한 신전의 뜰에서 경기대회가 개최되었다. 가장 유명한 것은 제우스 신전 앞에서 있는 올림피아 경기였다. 올림피아 경기는 B.C. 776년에 시작되어 이후 4년마다 개최되었다. 한여름 닷새 동안 경기가 진행되었다. 올림피아 경기가 개최되는 동안은 「신의 평화-신성한 휴전」 상태에 들어갔기 때문에 사람들은 안심하고 올림피아 경기에 모였다.

경기 제1일에 선수의 자격 심사와 희생물을 바치는 행사 및 시, 변론의 발표가 있었다. 제2일에는 마차경기 · 경마 · 5종 경기(경주 · 넓이뛰기 · 창던지기 · 원반던지기 · 레슬링), 제3일에는 희생물을 바치고 소년들의 경기, 제4일에는 장거리 및 단거리경주 · 권투 · 레슬링 · 무장 경주가 있었다. 제5일에는 우승자들에게 월계관이 수여되고 잔치를 베푸는 순서로 진행되었다. 우승자는 출신지 폴리스의 환대를 받았다. 선수 환영은 대단했는데 사람들은 성벽을 부수고 그를 맞아들일 정도였다. 현대 올림픽 경기는 1896년 부활되었다.

〔12신〕

그리스의 12신은 로마인에게 계승되어 이름만 바뀌었을 뿐 숭배 내용은 같았다.
(　) 안의 뒤의 것은 로마 명칭이다.

- 제우스Zeus(유피테르Jupiter): 주신
- 헤라Hera(유노Juno): 제우스의 누이이며 부인. 결혼의 신
- 포세이돈Poseidon(넵투누스Neptunus): 제우스의 형제. 바다의 신
- 하데스Hades(플루토Pluto): 제우스의 형제. 지하와 죽음의 세계를 관장하는 신
- 아테나Athena(미네르바Minerva): 제우스의 딸이며 후계자. 전쟁의 신, 지혜의 신
- 아폴론Apollon(아폴로Apollo): 의학의 신, 태양신, 예언의 신
- 아르테미스Artemis(디아나Diana): 삼림, 수렵의 신, 달의 신
- 아프로디테Aphrodite(베누스Venus): 미와 사랑의 신
- 헤르메스Hermes(메르쿠리우스Mercurius): 통신, 무역, 시장의 신
- 아레스Ares(마르스Mars): 전쟁의 신
- 헤파이스토스Hephaistos(불카누스Vulcanus): 불의 신, 대장간의 신
- 헤스티아Hestia(베스타Vesta): 아테나, 아르테미스와 함께 처녀신. 가정 보호 신

였는데, 특히 올림포스 산 위에 거주한다고 생각된 주신 제우스를 위한 올림피아 경기는 가장 큰 규모였다.

그리스인은 신탁을 통해 신의 의견을 물어 국가의 큰일을 결정하였다. 그 중에서도 파르나소스 산 위의 델포이(델피) 신전의 아폴론 신탁이 가장 유명하였다.

그리스의 철학과 사상

그리스 철학은 자연철학의 시기를 시작으로 소피스트 학파를 거쳐 마지막으로 고전철학으로 완성되는 단계적인 발전을 하였다. 자연철학의 기원은 지중해 연안 소아시아 밀레토스 시를 중심으로 한 밀레토스학파(이오니아학파)에 있었다. 이 학파는 만물의 근원을 탐구 대상으로 하였는데, 모든 사물은 1차적 물질로 환원된다고 믿었다. 이 학파의 창시자 탈레스(B.C. 625-545)는 만물의 근원이 '물'이라고 생각하였으며 일식이나 그 밖의 천체 현상이 일정한 법칙에 의한 것이라고 주장하였다.

자연철학의 부단한 탐구 대상이던 우주의 본질에 관한 문제는 마침내 원자론에서 그 결론을 찾았다. 원자론에 도달하는 과정은 우주의 생성 원소를 몇 개의 원소 또는 요인으로 설명하려는 시도에서 시작되었다. 원자론의 대표적인 학자였던 데모크리토스(B.C. 460-370)는 우주의 궁극적인 구성 원소를 더 이상 파괴할 수 없는 '불가분의 원자 atomos'라고 주장하였다. 각 원자는 질에 있어서 동일하지만 양이 다르고 또한 상이한 모양·크기·위치·배열을 가지고 있다는 것이다.

B.C. 6세기 초 피타고라스(B.C. 580-500)는 남이탈리아로 이주하여 종교 단체를 창설하고 철학의 일파를 형성하였다. 피타고라스학파는 명상 생활이 최고선이라고 주장하면서 종교적 신비주의를 내세웠다. 또한 피타고라스의 정리定理를 세운 피타고라스는 사물의 본질이 물질적인

것에 있지 않고 수에 있다고 주장하였다. 그리하여 그는 "모든 것은 숫자이다" 또는 "수를 알 수 있다면 물체의 성질을 알 수 있다"고 말하면서 자연현상을 수학적 비례관계로 보려고 하였다.

남이탈리아에서 활동한 또 다른 철학파는 크세노파네스(B.C. 750-470)가 창시한 엘레아학파였다. 그들은 불변의 존재로서 신의 개념을 설정하였다. 크세노파네스의 제자였던 파르메니데스(B.C. 511-?)는 사물의 본성이 불변이며 사물의 본성 또는 진정한 존재는 감각을 통해서가 아니라 이성으로 발견될 수 있을 뿐이라고 주장하였다. 이에 대해 에페소스 출신인 헤라클레이토스(B.C. 540-475)는 영구불변이란 다만 환상에 불과하며 변화만이 진리라는 것이다. 우리가 똑같은 강물 흐름 속에 두 번 발을 디딜 수 없는 것과 같이 어떠한 물질도 변하지 않는 것이 없다고 주장하였다.

B.C. 5세기 중반 페르시아 전쟁의 승리 이후 대두한 평민세력의 성장, 개인주의의 발달, 실제적 지식의 존중 등을 중심으로 이른바 '휴머니즘을 향한 반동'이 시작되었다. 이 시기 철학자들은 자연의 본질에 관한 문제보다 인간 자신과 관련된 문제를 탐구하였다. 이 철학자들을 소피스트라고 했는데 그들의 공통점은 윤리학과 논리학과 같은 실용적인 교과목을 가르쳤다는 점과 '절대적' 진리의 가능성을 의심했다는 점에 있었다.

소피스트들 중에서는 "인간은 만물의 척도이다"라고 주장하였던 프로타고라스(B.C. 485-410)가 대표적이다. 그에 따르면 진리와 정의에 관한 항구 불변의 기준은 없다. 다만 감각적 인식이 지식의 유일한 원천이므로 일정한 시공간에서만 유효한 특수한 진리가 있을 뿐이라는 것이다.

후기 소피스트들은 프로타고라스의 견해를 극단으로 밀고 나갔다. 고르기아스(B.C. 483-375)는 "아무 것도 존재하지 않으며, 존재한다 해도 그것을 우리는 알 수 없고, 설사 우리가 안다 해도그것을 남에게 전할 수 없다"고 주장하였다. 트라시마코스(활동기: B.C. 5세기 전후)는 개인주의적 관점에서 "모든 법과 관습이란 가장 힘센 사람의 의지에 불과하다"고 보았다.

▲소크라테스

원래 소피스트의 뜻은 '많이 알고 있는 사람' 또는 '현자'였으나 플라톤이 그들을 맹렬히 비판했으므로 후세에는 '말장난 잘하는 사람'이라는 경멸의 뜻으로 쓰이게 되었다. 그러나 소피스트들은 철학의 범위를 자연철학에서 윤리·논리·정치학·인식론으로까지 확대시킴으로써 인간과 사회의 문제에 깊은 관심을 나타낸 사상가들이었다. 그들은 자유주의자로서 노예제와 그리스의 민족적 배타성을 비판하였다.

▲플라톤

소피스트에 반대한, 새로운 철학 운동은 아테네 출신인 소크라테스(B.C. 469-399)에 의해 시작되었다. 소크라테스는 보편적 진리, 절대적인 아름다움, 절대선을 인정하고 거기에 도달하기 위한 방법으로 분석·비교·변증·종합 등의 방법론을 제시하였다. 그의 표어는 델포이 신전에 쓰인 '너 자신을 알라'는 말이었다. 그는 부단히 질문을 던지면서 소피스트들의 의견을 비판했기 때문에 적을 많이 만들었다. 결국 그는 악신을 끌어들이고 아테네 청소년을 타락시켰다는 죄목으로 사형 선고를 받았다.

소크라테스의 사상체계는 제자인 플라톤(B.C. 427-347)이 계승하였다. 아테네 귀족 출신으로서 본명은 아리스토클레스였으나 체격이 컸으므로 '넓은 어깨'라는 뜻의 플라톤으로 불리게 되었다. 그 역시 소크라테스처럼 청년 시절 펠로폰네소스 전쟁에 종군하였고 20세에 소크라테스의 제자가 되었다.

▲아리스토텔레스

플라톤은 B.C. 399년 소크라테스가 죽은 후 친구인 유클리데스(활동기: B.C. 300)가 있는 메가라로 망명했다가 B.C 388년 다시 아테네로 돌아와 아카데미아라는 학교를 세웠다. 영웅 아카데모스의 이름을 땄다고 하는 이 학원은 A.D. 529년 동로마의 유스티니아누스 대제가 폐쇄시킬 때까지 약 900년간 계속되었다.

플라톤 철학의 핵심은 현상의 배후에 있는 불변의 실재인 이데아를 규명하는 것이었다. 우리가 보는 변화하는 현상계는 이데아의 반영에 불과하며 절대적인 정의·미·진리는 다만 이데아의 세계에서만 가능하다고 하였다.

한편, 플라톤의 정치사상은 『국가론』과 『법률론』에 잘 나타나 있다. 플라톤은 이상국가란 정의의 이데아를 지상에서 구현하는 국가라고 강조하였다. 그가 규정한 정의는 농·공·상 및 노동자 계층, 군인 계층 및 통치를 맡은 철학자 계층으로 구분된 사회에서 각자의 신분에 맞게 행동하는 것이며 그 모델은 신분제에 입각한 스파르타적 폴리스였다.

고전철학에서 마지막 위대한 철학자는 아리스토텔레스(B.C. 384-322)였다. 의사의 아들인 아리스토텔레스는 18세가 되었을 때 플라톤의 아카데미아에 입학하여 공부하였다. 그 후 마케도니아 필리포스 왕의 초빙을 받아 왕자 알렉산드로스의 교육을 맡았다. 다시 아테네로 돌아온 그는 리케온이란 학교를 창설하여 제자들에게 강의하였다. 그는 주로 산책하면서 강의하였기 때문에 이들에게는 '걷는다peripatos'는 뜻의 소요학파Peripatetics란 명칭이 붙여졌다.

아리스토텔레스는 『형이상학』에서 근본적으로 스승의 주장과 다른 존재론을 제시하였다. 실재란 보편적인 이데아에 있지 않고 개별적이며 구체적인 것에 있다는 것이다. 그는 중용의 덕성을 역설하고 그것이 곧 인간의 자기 실현의 길이라고 주장하였으며 『니코마코스의 윤리학』과 같은 저술을 통해 행복이야말로 모든 인간 행위의 목적이라고 강조하였다.

아리스토텔레스는 『정치학』 등의 저술을 통해 인간의 사회적 성격을 적극적으로 평가하여 인간은 본래부터 사회적, 정치적 존재라고 보았다. 따라서 국가 생활이 인간의 자연스러운 집단 행위라고 결론지었다. 그러나 그는 지배자와 피지배자의 구별이 선천적으로 이루어진다고 보아 노예의 존재를 합리화시켰고 인간 불평등을 인정하였다.

아리스토텔레스는 거의 모든 분야에 걸쳐 선구적 개척을 한 백과사전적인 학자였다. 그의 관심은 천문학·물리학·식물학·동물학·심리학·지리학 등 많은 분야에 이르는 광범위한 것이었다. 그의 권위는 중세에서 르네상스를 거쳐 17세기에 이르기까지 전 유럽의 과학 사상에 커다란 영향을 끼쳤다.

그리스의 문학

역사 서술은 산문의 대표적인 분야로 '역사의 아버지'라고 일컬어지는 헤로도토스(B.C. 484-425)는 『역사Historia』를 저술하였다. 이 책은 기존의 기록들을 조사하고 페르시아·이집트·이탈리아 등 여러 지방을 여행한 경험에서 얻은 지식을 반영하여 저술한 책으로, 페르시아 전쟁에 대한 서술일 뿐 아니라 일종의 세계사였다.

▲사포

최초의 위대한 과학적 역사가는 투키디데스였다. 그는 증거와 사료를 중요시했으며 역사 사실을 초자연적 사실과 구별짓고자 하였다. 그의 『펠로폰네소스 전쟁사』는 객관성을 유지하면서 냉정하게 기술하였다. 또한 과거 사실을 바탕으로 미래에 대비하는 교훈을 얻고자 이른바 교훈적 역사를 서술하였다.

그리스 문학의 최초의 형식은 서사시였다. 호메로스(활동기: B.C. 8세기)의 작품으로 알려져 있는 『일리아스』와 『오디세이아』가 대표 작품이다. 『일리아스』는 트로이 전쟁, 특히 영웅 아킬레스의 사랑과 분노, 헥토르의 죽음을 다룬 작품이다. 한편, 『오디세이아』는 트로이 전쟁이 끝난 후 오디세오스가 귀국 길에 겪는 10년간의 방랑과 모험을 줄거리로 하고 있다.

서사시의 전통은 헤시오도스(활동기: B.C. 8세기)에 이어졌다. 그는 고대신앙과 신화를 요약한 『신통기』와 농업 등의 실제생활을 묘사하고 세상의 불의를 개탄한 『일과 나날들』이라는 시를 썼다.

B.C. 6세기부터 B.C. 5세기 말에는 귀족가문 출신의 사포(활동기: B.C. 600)가 대표적인 여류 시인으로, 사랑과 비극적 감정을 나타내는 아름다운 시를 썼다. 그는 지금의 터키 레스보스 섬 출생으로, 후세에 이 섬의 이름에서 '여성 동성애'를 의미하는 레스비아니즘이라는 말이 나왔다.

그리스의 연극

비극은 B.C. 6세기 말에 재생의 신이며 포도의 신인 디오니소스를 숭배하는 의식에 극적 요소가 확대되면서 비롯되었다. 시인이 제단 앞에서 서정시로 노래하고, 일부 사람이 춤꾼들을 조직하여 반인반양의 삼림신satyrs 가면을 쓰고, 산양tragos 가죽으로 분장하여 무대 전면의 원형 무대orchestra에서 춤추며 합창하였다. 이리하여 비극tragodia 형식이 발달하였다.

B.C. 5세기경에 활동한 아이스킬로스(B.C. 525-456)는 약 90개의 희

▲ 에피다우로스 극장

▲ 희극 배우 마스크(B.C. 2세기경)

곡을 썼으나 그 가운데 7개만 완전한 형태로 남아 있다. 현존하는 그의 걸작으로는 「오레스테이아」 3부작이 있는데, 이는 아가멤논 일가의 친족 살해의 운명을 다룬 작품이다. 그 이외의 대표작은 「페르시아인」, 「아가멤논」, 「쇠사슬에 매인 프로메테우스」 등이 있다.

▲ 에우리피데스(가운데 인물, B.C. 1세기 후반)

그리스 비극은 작품 대부분이 오늘날까지 남아 있는 소포클레스(B.C. 496-406)에 의해 최고 수준에 도달하였다. 그는 아이스킬로스보다 기교면에서 더 훌륭했으며, 대화 형식과 성격묘사에서 더 능하였다. 「오이디포스 왕」, 「안티고네」가 대표작이다. 또한 에우리피데스(B.C. 480-406)는 전통적인 가치관을 비판하고 기존의 신앙에 회의를 나타냈는데 대표작으로는 「메데아」가 있다.

한편, 희극comedy은 그리스어 comos(즐겁다)라는 말에서 유래한 것이다. B.C. 5세기경 종교의식에서 분리된 희극은 정치나 사회적 사건을 다루면서 관중을 계몽하고 즐겁게 하는 것이 목적이었다. 아리스토파네스(B.C. 445-385)는 「개구리들」에서 에우리피데스를 연극을 망친 극작가로 묘사하였고, 페리클레스의 민주주의를 파괴한다고 선동정치가들을 비판하였다. 그는 「구름」에서 소피스트들이 사회 질서를 파괴한다고 비판하는 동시에 소크라테스도 풍자하였다. B.C. 4세기에 이르러 희극은 날카로운 풍자 대신 일상사를 가벼운 필치로 다루었는데 메난데로스(B.C. 342-291)가 대표적이다.

그리스의 건축과 조각

그리스 미술작품은 이성과 감정이 잘 조화된 소산물이었다. 미술은 B.C. 5세기의 아테네에서 절정에 달했으며, 건축 부문이 가장 독특한 발전을 하였다. 주로 석재를 이용한 건축은 이오니아의 밀레토스에서 시작되었는데 페르시아 전쟁 후 아테네로 그 중심이 이동되었다. 신전은 중앙의 장방형 부분을 중심으로, 수직선과 수평선이 조합된 극히 단순한 형식으로 건축되었다. 특히 기둥이나 수평선은 "무수한 직선 가운데 하나도 진정한 직선이 없다"고 말할 정도로 중앙 팽창 부위가 치밀하게 설계되었으며, 전체적으로 우아하면서도 투박한 아름다움을 절묘하게 표현하였다.

건축은 기둥 모양에 따라 3가지 양식으로 구분되었다. 먼저 가장 기

▲파르테논 신전

▲헤파이스토스 신전

▲에레크테온 신전

원이 오래된 도리아식은 기둥 받침과 기둥머리 장식이 없는 가장 단순한 형태였다. 대표적인 예로서 파르테논 신전이나 전에는 테세온이라 불렸던 헤파이스토스 신전이 있다.

이오니아식은 좀 더 날씬하고 우아하며 소용돌이 형식의 기둥머리 장식을 하고 있는데, 에레크테온 신전에서 볼 수 있다. 도리아식과 이오니아식은 고전 그리스 시대에서 주로 사용된 건축 양식이었다.

파르테논 신전

페리클레스가 심혈을 기울인 파르테논 신전은 피디아스(B.C. 500-432)의 지휘 감독 아래 B.C. 447-432년 건축되었다. 정면의 너비 30.88m, 높이 10.43m의 도리아식 신전이지만, 이오니아식 기법도 섞여 있다. 성소로 사용된 두 개의 내실은 양쪽에 각 18개의 기둥, 양끝에 각각 8개의 기둥이 세워져 있다. 파르테논 신전은 절묘한 비례와 완벽한 시공으로 고대 그리스 신전 건축을 대표하는 건축물이라 할 수 있다. 파르테논의 양식은 후세까지도 지속적인 영향을 끼쳤다.

▲폴리클레이토스「창을 든 사람」(B.C. 450-440년경)

▲미론「원반 던지는 사람」(B.C. 5세기경)

▲도리아식 기둥

▲이오니아식 기둥

▲코린트 양식 기둥

이에 반해 헬레니즘 시대에 유행하고, 로마인이 즐겨 사용한 것이 코린트식이었다. 이오니아식의 연장이었지만 더욱더 화사하고 복잡한 아름다움을 나타낸 것이었다. 기둥머리는 아칸토스 잎 모양으로 장식되었으며, 기둥 위 아래로 파인 홈도 더 가늘고 많고 기둥받침의 수가 더 늘어났다. B.C. 5세기 초에 나온 이 양식의 대표적인 건축물로는 로마의 판테온 신전, 아테나 알레아 신전 등이 있다.

소박한 아름다움을 지닌 고졸기古拙期의 목제조각은 이집트의 영향을 받았다가 페르시아 전쟁을 전환점으로 하여 석재 중심으로 바뀌어갔다. 조각은 그리스인의 생활감정, 이념, 인간성을 자유롭게 표현하였다. 또한 인체의 아름다움과 숭고한 정신이 잘 조화되었다. 그들은 나체가 자연미의 최고 형태라 믿고 인체 묘사에 최선의 노력을 기울였다.

고전시대의 조각은 아테네를 중심으로 볼 때 숭고한 인상을 풍기는 전기와 탐미적인 후기로 나눌 수 있다. 전기의 작가로는 B.C. 5세기에 「카논」이라는 남자 나체의 균형 잡힌 청동 조각을 남긴 폴리클레이토스(B.C. 452-412), 「원반 던지기」, 「아프로디테 상」 등을 제작한 미론(활동기: B.C. 5세기) 등이 있으며, 후기의 작가로는 4세기에 「아기 디오니소스와 함께 있는 헤르메스」를 제작한 것으로 알려진 프락시텔레스(B.C. 400-320), 스코파스(활동기: B.C. 377), 「알렉산드로스 대왕 상」을 제작한 리시포스(활동기: B.C. 4세기) 등이 있다.

그리스 문화의 역사적 의의

그리스인은 '최초의 서양인'이라는 말을 듣는다. 그들은 고대 동방의

▲◀◀ 마부상 (B.C.478년경)
▲◀ 포세이돈 상 (B.C. 460년경)
▲ 소년 기수상 (B.C. 140년경)

▲ 올림피아 제우스 신전 앞의 니케 여신상 (B.C. 421년경)
▲▶ 프락시텔레스 「아기 디오니소스와 함께 있는 헤르메스」 (B.C. 340년경)

문화유산을 계승하여 독창적인 문화를 형성했으며 서양 문명의 바탕을 이룩하였다. 그리스 사상가들은 신화나 종교보다 우주와 자연계의 현상을 자연법칙에 따라 합리적으로 설명하려고 시도하였다. 그리스인은 또한 인간과 사회의 원리를 철학적으로 사고하고 윤리적·정치적·미적 가치를 인간적 필요와 목적을 기준으로 하여 설명하려고 하였다. 이러한 그리스 문화는 로마인을 통해 지중해와 유럽 지역으로 전해지고 그리스도 교리 속에 편입됨으로써 오늘날까지 서양 문명의 기본 방향으로 되었다.

그러나 고전 고대 그리스의 사회와 문화에는 한계가 있었다. 첫째, 정치는 도시국가인 폴리스를 단위로 한 것이었으며 다른 민족의 문화와 제도를 폄하하였다. 따라서 그들의 문화와 사상 체계도 본질적으로는 폴리스 자체의 한계를 극복하지는 못하였다.

2
헬레니즘 세계

마케도니아의 성장

마케도니아 민족은 원래 북방의 고산지대에 살았으며, 페르시아 전쟁 이후 그리스 문화를 받아들이고 사회의 각 분야를 혁신하였다. 특히, 필리포스 2세는 왕위에 오른 후 상비군을 만들고, 그리스의 전술을 도입하여 강력한 중무장 보병 밀집 대형으로 군을 개편하는 등 급속히 성장하였다. 마침내 마케도니아의 필리포스 2세는 북그리스로 남하하여 케로네아 전투(B.C. 338)에서 아테네-테베 연합군을 무찌르고 그리스 전체를 마케도니아의 수중에 넣었다.

2년 후 필리포스 2세가 암살되고, B.C. 336년 알렉산드로스(B.C. 356-323)가 20세의 젊은 나이에 왕위를 계승하였다. 그는 펠라에서 태어나 아리스토텔레스로부터 교육을 받았다.

알렉산드로스 대왕의 동방 원정

알렉산드로스 대왕은 소아시아의 그리스인을 페르시아의 통치에서 해방시키려는 필리포스의 정책을 계승·집행하였다. 그는 페르시아를 침공할 때 그리스 문화를 전파하기 위해 학자들을 원정군에 동참시켰다.

알렉산드로스는 B.C. 333년 티그리스 강가 니네베 근처 이수스 전투에서 페르시아의 다리우스 3세 군대를 격파한 후 불과 12년 동안 소아시아의 시리아·팔레스티나·이집트·페르시아 등 동방 세계를 모두 정복하여, 그때까지 역사에서 가장 커다란 제국을 이룩하였다. 그는 아르벨라(지금 이라크의 Erbil) 전투(B.C. 331)에서 또 다시 페르시아 대군을 격파하고 페르세폴리스로 쳐들어가 왕궁을 불 지르고 많은 금, 은, 보물을 노획하였다.

계속해서 이집트에 들어간 알렉산드로스 대왕은 아몬신의 아들이며 파라오라 자칭하고, 동방 전제군주를 모방하였다. 그는 이집트에 알렉산드리아 시를 건설한 것을 비롯하여 정복하는 곳곳에 자기 이름을 딴 도시를 건설하였다.

이어 그는 계속해서 동쪽으로 진격하여 B.C. 324년 마침내 인도의

▲ 알렉산드로스 대왕
▲▶ 페르시아군을 물리치는 알렉산드로스 대왕 (B.C. 4세기경 시돈의 왕족 무덤 출토 석관)

▲「이수스 전투」(B.C. 1세기 제작, 나폴리 고고학 박물관)

인더스 강에 이르는 넓은 지역을 점령하였다. 박트리아를 거쳐 인도에 도달한 알렉산드로스는 장병들의 청원에 따라 군대를 되돌려 바빌론으로 돌아왔으나 열병에 걸려 33세에 사망하였다.

제국의 분열

매우 짧은 기간에 건설한 대제국은 알렉산드로스 사후 혼란에 빠져들었다. 후계자를 자처하는 부하 장군들 간의 각축 끝에 B.C. 3세기에 들어서면서 그의 제국은 크게 4개로 분할되었다. 셀레우코스 1세(B.C. 358-280)는 페르시아와 메소포타미아 지방을, 리시마코스(B.C. 361-281)는 소아시아와 트라키아를 차지하였다. 아울러 마케도니아 왕 카산데로스(B.C. 350-297)는 마케도니아 지방을, 프톨레마이오스 1세(B.C. 367-283)는 이집트·리비아·페니키아·팔레스티나를 차지하였다.

B.C. 275년 셀레우코스가 리시마코스를 살해하자 마케도니아와 그리스 본토는 안티고노스 왕조의 지배를 받게 되었다. 알렉산드리아를 중심으로 이집트에 세력권을 형성한 프톨레마이오스 왕조는 팔레스티

페르시아 제국 (B.C. 500)과 알렉산드로스 대왕의 제국 (B.C 323)의 비교

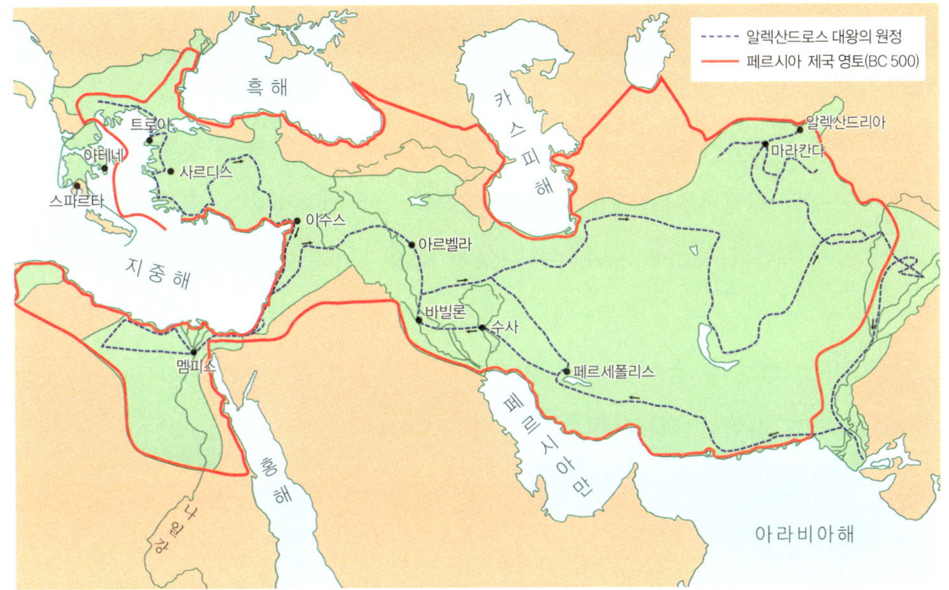

나와 시리아를 공략하여 지중해 제해권을 장악하고 동방 전제군주제를 실시하였다.

한편, 셀레우코스 왕조는 알렉산드로스 제국의 대부분을 차지하여 안티오키아를 중심으로 교역 면에서 알렉산드리아와 경쟁하였다. 그러나 최종적으로 이들 헬레니즘 세계의 대부분은 B.C. 2세기에 이르러 로마 제국의 지배하에 들어가게 되었다.

헬레니즘 세계의 사회 · 경제와 문화

에게 해에서 인더스 강 유역에 걸친 헬레니즘 세계는 국가적으로 상공업을 장려하여 상업과 교역이 매우 활발하였고 그 결과 도시로 인구가 집중되었다. 예컨대 시리아의 안티오키아는 1세기 동안에 인구가 4배로 늘어나고, 티그리스 강가의 셀레우키아는 2세기 안에 대규모 도시가 되었다. 그러나 무엇보다도 헬레니즘 세계의 가장 큰 도시는 이집

트의 알렉산드리아였다.

알렉산드로스에 의해 건설된 헬레니즘 세계는 그리스어가 공용어가 되고, 동서 문화를 융합시킨 '세계 문화'를 형성하였다. 또한 헬레니즘 시대의 세계 시민주의cosmopolitanism는 각 지역이 배타적인 폴리스 중심의 사고에서 벗어나 나름대로 특성을 가지면서도, 세계화된 그리스 문화를 수용하였다. 이러한 헬레니즘 문화는 이후 로마 문화의 바탕이 되었다.

그러나 B.C. 4세기경부터 싹튼 개인주의적 경향은 폴리스 시민생활의 전통을 침식하였다. 그리스인은 공동체 생활보다는 개인의 부와 안락을 더 열심히 추구하였다. 알렉산드로스 대왕의 정복 이후 이러한 경향은 더욱 분명해졌다.

헬레니즘 세계의 철학과 사상

상대주의와 세계주의, 개인주의와 도피주의는 헬레니즘 시대의 지적 특징이었다. 문학과 미술은 절충적이며 역동적 요소를 강조하였다. 학문은 실제적 지혜를 다루고 응용에 따른 현실 생활의 개선을 목표로 하였다.

아테네 출신 에피쿠로스(B.C. 342-270)에 의해 성립된 에피쿠로스파는 금욕을 통한 정신적 쾌락을 추구하였다. 그들의 사상은 실재하는 것은 오직 물질이며 현상이란 항상 상대적이므로 법이나 관습이 사회 정의의 기반이라는 것이었다. 그러나 후기의 추종자들이었던 로마의 에피쿠로스파는 단순한 쾌락주의를 찬양하였다. '먹고 마시고 즐겁게 지내자—내일 죽을 것이기 때문에'라는 구호는 로마 에피쿠로스파가 내세운 모토였다.

▲에피쿠로스 흉상(A.D. 1세기 후반)

한편, 피론(B.C. 365-275)은 시대가 가진 혼돈을 솔직하게 반영한 회의파를 창시하였다. 회의파 논리의 출발점은 인간의 감각 이외에는 아무 것도 확실한 것이 없으며 진리는 알 수 없다는 것이다.

이외에도 모든 소유욕에서 해방될 때 비로소 도덕적일 수 있다는 견유학파도 성립하였다. 대표적 견유파 사상가로는 소아시아 출신의 디오게네스(B.C. 412-323)가 있다. 나무로 만든 통 속에서 살던 디오게네스는 찾아온 알렉산드로스 대왕에게 햇볕을 가리지 말라고 요구하였으며 '정직한 사람을 찾기 위해' 아테네 시내를 대낮에 제등을 들고 다니는 등 많은 일화를 남겼다. 이러한 견유 학파의 세속에 대한 무관심, 세계 공동체의 관념, 평등관은 뒷날 스토아 학파의 대두에 기여하였다.

아테네의 스토아에서 철학적 논의를 했기 때문에 이름 붙여진 스토아학파는 헬레니즘 시대 철학에 가장 큰 공헌을 하였다. 이 학파는 그 후 로마의 법사상과 그리스도교의 이념에 지속적인 영향을 주었다. 키프로스 섬 출신의 제논(B.C. 336-264)은 B.C. 4세기 초 아테네에서 스토아파를 창시했으나 남아있는 저술은 없다. 제논보다 약 50년 후의 인물인 크리시포스(활동기: B.C. 3세기)는 스토아 파의 제2의 창시자였다. 스토아 파의 주장에 따르면 인생의 유일한 목적은 모든 욕심으로부터 해방되는 것이다. 즐거움과 괴로움, 명예, 소유와 같은 세속적 욕심 등에 대한 무관심이 스토아파의 특성이었다.

이러한 스토아파의 주장은 로마 법 사상에 영향을 끼쳤으며, 동시에 그리스도교 신학으로 이어지는 연결 고리를 제공하였다. 고대 사상의 근간이 된 자유는 스토아 철학에서 사상적인 완성을 보았다. 이러한 그들의 사상을 통해 폴리스 중심의 시민적 자유는 헬레니즘의 도덕적 자유로 확대되었다.

헬레니즘 세계의 과학기술

고전시대의 폴리스에서는 주로 자연철학의 사색이 주류를 이룬 반면, 헬레니즘 세계에서는 과학의 실용적 발달이 추세를 이루었다. 엄청나게 많은 서적과 문헌을 소장한 도서관이 있는 이집트의 알렉산드리아는 프톨레마이오스 왕조의 적극적 지원 아래 학문 연구의 본거지가 되었다.

이 중에서도 두드러진 발전을 한 분야는 천문학이었다. 아리스타르코스(B.C. 284-264)는 월식 관측을 기초로 지구보다 태양이 3백 배 정도 크며 태양을 중심으로 지구가 그 주위를 원 운동한다는 이른바 지동설을 주장하였다. 히파르코스(B.C. 160-125)는 주전원epicycle 이론을 제시하여 일식과 월식을 예측할 수 있었고 지구·달·태양 사이의 상호 거리를 측정하고 1개월과 1년의 계산도 하였다.

기하학에서는 유클리데스와 아르키메데스(B.C. 287-212)가 유명하다. 알렉산드리아 출신인 유클리데스는 평면 기하학을 연구하였다. 3차원 공간을 전제로 하는 그의 기하학은 19세기 유럽 기하학에까지 직접적인 영향을 미쳤다. 한편, 남이탈리아의 시라쿠사이 출신인 아르키메데스는 기하학적 원리를 다른 과학 분야에까지 적용시킨 학자였다. 그는 목욕 중에 비중 개념을 착상했으며(아르키메데스의 원리) 또한 π의 값을 계산하였다.

지리학자로서는 다년간 알렉산드리아 도서관장을 지낸 에라토스테네스(B.C. 276-195)가 있다. 그는 지구의 직경 및 지구와 태양과의 거리를 계산했으며, 지구의 경·위도를 그어 지도 제작을 개선하였다.

'의학의 아버지'로 불리는 히포크라테스(B.C. 460-377)는 인체 구성의 4원소를 흙·불·물·공기라 보는 한편, 의사의 윤리를 말하는 '히포크라테스의 서약'을 만들었다고 한다. 히포크라테스의 업적을 계승한 헤로필로스(활동기: B.C. 300)는 인체 해부를 통해 많은 중요한 발견을 하였다. 인체의 각 기관의 기능을 연구한 그의 제자 에라시스트라토스(활동기: B.C. 3세기)는 생리학의 원조로 알려지고 있다.

헬레니즘 세계의 미술

고전시대 건축보다 더 세련되고 규모가 커진 헬레니즘 건축에서 후의 로마 건축이 갖는 웅장한 아름다움이 이미 나타나기 시작하였다. 헬레니즘의 조각으로는 「라오콘」, 「밀로의 비너스」, 「사모트라케의 니케」 등이 대표적이다. 숭고한 육체의 이상적인 아름다움을 현란한 관능미로 바뀌었다.

헬레니즘 시대의 회화는 거의 남아 있지 않으며 다만 폼페이 유적에서 추측될 수 있을 뿐이다. 여기에서는 채색된 크고 작은 병이나 항아리, 도제陶製 소상terra cotta이 출토되었으며, 그 가운데서도 보에오티아의 소도시에서 발견된 다양한 인물상으로 제작된 타나그라 인형이 퍽 흥미롭다.

▲사모트라케의 니케 (B.C. 3세기경)
▲▶라오콘 군상 (B.C. 1세기경)
▲▶▶부부의 초상 (폼페이 유적 회화, A.D. 1세기경)

헬레니즘 세계의 역사적 의의

알렉산드로스 대왕이 중동 지방을 정복하여 그리스와 오리엔트가 하나의 제국으로 통합됨에 따라 여러 요소들이 혼합된 새로운 형태의 문명이 형성되었다. 알렉산드로스 대왕이 죽은 후(B.C. 323)부터 아우구스투스가 로마 제국을 건설하게 될 때(B.C. 30)까지 약 3세기 동안을 헬레니즘 시대라 부르고 있다.

헬레니즘 문화는 폐쇄적이며 자족적인 폴리스 문화에 비교하면 상대적으로 개방적이며 보편성있는 문화였다. 무엇보다도 헬레니즘 시대는 각 지역의 문화적 특성을 흡수·융합하여 로마에 연결시키는 교량 역할을 한 시기였다.

3
고대 로마 문명의 전개와 발전

로마 건국 이전의 역사

이탈리아 반도는 고대 그리스에 비해 약 5배나 넓고 크기는 한반도(22만㎢)의 1.5배 정도이다. 기후는 대체로 온화하고 농업생산에 적합하다. 반도의 남북으로는 아페닌 산맥이 솟아있고 그 허리를 가로질러 서남 방향으로 테베레 강이 흐르는데 이 지역 일대가 바로 고대 로마 문화의 발상지였다.

구석기 시대 이래 오랜 기간에 걸쳐 여러 민족이 이탈리아 반도에 들어와 생활했다고 추정된다. B.C. 2000년경 인도-유럽계 민족이 중앙유럽 혹은 도나우 강 계곡을 거쳐 이탈리아로 이동하였다. 청동기 문화를 가진 이 민족은 말을 이용하고 또 농사를 지었다(Terramara 문화). 두 번째의 민족이동은 B.C. 1100-800년의 철기 시대 초기에 있었다.

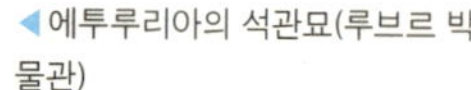

◀에투루리아의 석관묘(루브르 박물관)

라틴족은 이 시기에 테베레 강 남쪽 강가에 정착하였다(Vilanova 문화). 끝으로 에트루리아 민족이 B.C. 800년대에 이탈리아 반도로 들어왔다. 그들의 금속문화는 매우 진보된 것이었으며 석관sarcophagus 장례법과 석굴 묘 벽화가 매우 발달되었다. 에트루리아인은 중앙 이탈리아 서북 지역을 포함하여 라티움 일대까지 지배하게 되었다.

비슷한 시기에 이탈리아 반도 남쪽에는 그리스와 페니키아가 세운 식민지들이 있었다. B.C. 7세기 초 그리스인이 세운 '대 그리스Magna Graecia'는 이탈리아 반도 남쪽 타렌툼과 시칠리아 섬의 시라쿠사이를 중심으로 그리스 본토의 고도로 발전된 문화를 전파시키는 역할을 하였다.

로마의 건국

로마 시의 창건에 관해서는 정확한 사료가 없고 다만 베르길리우스의 서사시 「아에네아스」가 건국 설화의 주요 원천이다. 본래 로마의 발상지인 라티움의 농민은 마을들을 이루고 있었고 유피테르를 공동신으로 숭배하고 있었다.

▶신에게 제물을 바치고 있는 아에네아스: 「아라파치스」(B.C. 13-9)

B.C. 600년경 로마는 일곱 개의 언덕을 중심으로 왕이 다스리는 하나의 도시 국가로 발전하였다. 초기 로마는 북방의 에트루리아의 영향을 많이 받았다. 로마인은 에트루리아 문자를 본떠 라틴 문자를 발달시켰으며, 종교 의식 역시 에트루리아를 모방한 것이었다.

왕정시대의 정치와 사회

초기 로마의 왕rex은 대체로 관습법mos과 원로원Senatus의 통제를 받았다. 로마 시민의 대부분인 자유민은 두 개의 회의체인 쿠리아회와 켄투리아회에서 정치적 발언을 할 권리를 가지고 있었다. 가장 오랜 회의체는 씨족을 단위로 하는 30개의 쿠리아로 구성된 쿠리아회Comitia Curiata였다. 각 쿠리아는 하나의 표결권을 소유하고 있었다.

이러한 '집단 표결권'은 이후 로마 공화정 시대의 각종 집회에 적용되었으며, 유럽 중세의 표결권 역시 이와 비슷하였다. 그러나 쿠리아회의 권한은 왕이나 원로원의 결정을 인준하는 기능밖에 없었다.

B.C. 6세기경 세르비우스 법에 의해 병역 복무 자격이 있는 모든 시

로마 건국 신화

▲늑대의 젖을 먹고 있는 로물루스와 레무스

그리스 여신 아프로디테(로마의 비너스)의 아들 아에네아스는 트로이 전쟁 후 라티움의 테베레 강에 도달하였다. 아에네아스는 에트루리아인의 도움을 받아 라티니움 시를 건설하였다. 그의 후손은 알바에 도시를 건설하여 이후 300년간 이 지방에 군림하게 되었다.

알바 왕 프로카스에 이르러 형제 사이에 반목이 일어났다. 아물리우스는 형 누미토르를 쫓아내고 왕위를 찬탈하였다. 그리고 뒷날의 걱정거리를 없애기 위해 누미토르의 아들을 살해하고 외동딸 실비아를 베스타 신전의 여사제로 만들었다. 실비아는 어느 날 숲 속에 갔다가 전쟁신 마르스와 교합하게 되었고 결국 쌍둥이를 출산하였다. 그러자 아물리우스는 크게 노하여 실비아와 쌍둥이를 죽이려 강에 던졌다. 이 때 강의 신은 물에 빠진 실비아를 자기 아내로 삼고 테베레 강물이 불어나게 해서 쌍둥이를 실은 광주리를 밀어 올려 무화과나무 위에 걸리게 만들었다. 그 후 암늑대 파우스툴루스가 이 두 아이를 살려서 젖을 먹여 키웠다.

로물루스와 레무스란 이름의 두 아이는 팔라티누스 언덕 위에서 잘 자라났으며 힘과 용기가 남달리 뛰어나 사람들의 신망을 얻었다. 마침내 자신의 신분을 알게 된 로물루스는 사람들을 거느리고 알바로 쳐들어가 왕 아물리우스를 공격하여 외조부 누미토르를 복위시켰다. 그 후 로물루스는 도시 건설을 둘러싸고 레무스와 의견 충돌을 일으켰고 싸움이 났다. 그는 마침내 동생 레무스를 물리치고 로마 시를 창건하여 제1대 왕이 되었다.

민이 군사적 목적으로 켄투리아에 배속되었다. 하나의 켄투리아는 시민 1백 명으로 조직되었다. 토지 소유층 5개 계급과 토지없는 무산 계급을 합쳐 모두 6개 계급으로 구분된 시민은 각각 다른 켄투리아에 배속되어 모두 193개가 조식되었다.

로마 시의 주민은 귀족과 평민이라는 두 계급으로 뚜렷이 구분되었으나, 그 기원은 알려져 있지 않다. 귀족은 정치적으로는 특권적인 지배계급이었고 경제적으로는 부유한 토지 소유자들이었으며 귀족과 평민은 서로 결혼할 수 없었다. 평민은 재산권을 가진 비특권적인 피지배 계급으로서 잡다한 자유민·소농·임금노동자·직인 등으로 구성되어 있었다. 평민들은 민회 참석 이외의 참정권은 없었으며, 병역과 납세의 의무가 있는 한마디로 '참정권 없는 시민'이었다.

귀족과 평민 이외에 예민과 노예가 있었다. 예민은 재산권이 없어 법적으로 귀족의 보호와 물질적 도움을 받는 사람들이었다. 노예는 주로 전쟁 포로이거나 채무노예들이었다.

▲ 베이이의 아폴로상 (B.C. 510-500년)
▲▶ 고기잡이와 새 사냥 (B.C. 520년경)

공화정 로마의 성립

리비우스에 따르면 귀족 계급은 B.C. 509년에 에트루리아 왕을 축출하고 귀족 과두제에 의한 공화정을 수립하였다. 공화정 체제에서는 정원 300명으로 구성된 원로원을 중심으로 귀족들이 정치적 실권을 장악하였다. 평민은 참정권을 갖지 못했으므로 점차 귀족들과의 충돌이 심화되었다. 그러나 점차 팽창하는 로마의 집권층으로서는 다른 민족과의 전쟁을 계속하기 위해서 평민 계급의 협조가 필요하였다.

로마 공화정의 주요 회의체

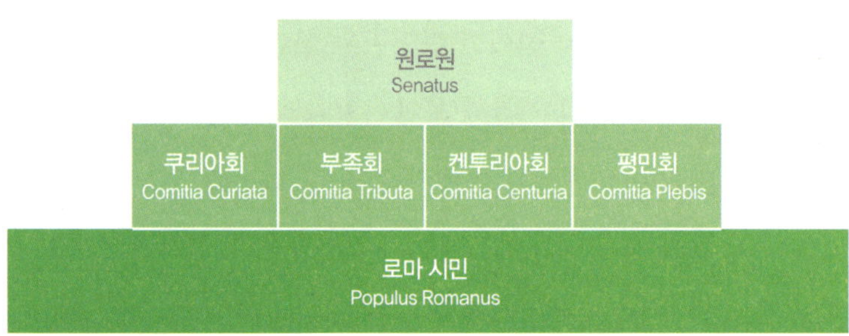

B.C. 494년 대외 전쟁을 위해 소집된 평민 군대는 성산에서 농성하면서 요구 조건을 내놓았다. 이를 계기로 호민관tribunus 직이 창설되고, 4부족에서 한 명씩 호민관이 선출되었다. 호민관의 수는 점차 늘어나 결국 10명이 되었고 신설된 호민관 신분은 보장되었다. 그러나 호민관은 군사적 권한이나 행정적 기능을 갖지 못했고 다만 원로원 결의가 평민의 권익에 어긋날 때만 이를 반대할 수 있는 거부권veto이 있었다. 거부권의 어원은 "나는 반대한다"는 라틴어에서 왔다.

B.C 492년 새로 구성된 평민회Concilium Plebis는 호민관을 선출하였고, 평민회의 표결plebiscita에 의한 입법 조치가 모든 평민에게 적용되었다. 오늘날 국민투표plebiscite의 어원은 '로마 평민회 표결'에서 유래

▲포로 로마나

하였다. B.C. 5세기 후반(B.C 471) 푸블릴리우스 법에 따라 평민회는 부족회Comita Tributa로 확대 개편되었다. 이로써 재산 정도에 상관없이 귀족이나 평민은 다같이 부족회에 참석할 수 있게 되었다.

B.C. 450년경 금권주의적 계급 개편과 함께 점차 쿠리아회의 권한도 대폭 이양받아 켄투리아회의 기능이 강화되었다. 켄투리아회에서는 집정관을 선출했을 뿐 아니라 법을 제정하고 공직자를 임명하였다. 또한 대외 정책을 결정하고 주요한 사법 기능을 행사하다가 점차 켄투리아회의 권한도 부족회에 이양되었다.

B.C 5세기 중기에 이르러 비로소 성문법이 만들어졌다. 그 동안 평민층은 귀족층의 권익을 대변하는 관습법 대신 성문법의 제정을 꾸준히

요구해 왔었다. 이 요구를 수용하여 로마 시는 그리스에 사람을 보내 드라콘·솔론·클레이스테네스의 법 등을 연구케 한 후 B.C. 450년 로마 최초의 성문법인 12표법을 제정하였다.

12표법의 제정을 계기로 평민에게도 공직 취임의 기회가 부여되는 등 평민의 지위가 점차 향상되어갔다. 더욱이 B.C. 445년 카눌레이아 법에 의해 귀족과 평민 간의 통혼도 인정되었다. 더 나아가 B.C. 367년에는 당시 호민관들의 이름을 붙인 리키니우스-섹스티우스 법이 제정되어 이 법에 따라 집정관 중 1명은 평민 중에서 선출될 수 있게 되었다.

평민층의 국정 참여가 법적으로 완성된 것은 B.C. 287년의 호르텐시우스 법이었다. 이 법으로 부족회 결의는 원로원의 인준없이 발효될 수 있게 되었다. 또한 10명으로 늘어난 호민관이 원로원에 참석할 수 있게 되어 마침내 평민들의 권리 주장은 커다란 내란없이 평화적으로 실현되었다.

12표법

B.C.451년 10인의 위원이 그리스 법률 등을 참조하여 10표법을 제정하였으며, 다음해 2표가 추가되어 12표법이 되었다. 제1표는 소송에 관한 규정, 제3표는 채무 변상에 관한 규정, 제4표는 민법에 관한 규정이었다. 또한 귀족과 평민의 통혼 금지 규정과 같은 양자간 차별이 아직도 뚜렷하게 남아 있었다. 다만, 법의 성문화를 통해 적어도 귀족의 자의성恣意性에 한계를 그었다는 데 12표법의 의의가 있다.

로마 평민의 지위 향상

- B.C. 494 평민 계급 최초의 항쟁, 2명의 호민관(후에 10명으로 늘어남)
- B.C. 471 푸블릴리우스법에 따라 부족회 설치
- B.C. 450 로마 최초의 성문법인 12표법
- B.C. 445 카눌레이아 법으로 평민과 귀족 간의 통혼 가능
- B.C. 367 리키니우스-섹스티우스 법으로 공유지 소유 상한 제한
- B.C. 366 최초의 평민 집정관 탄생
- B.C. 300 오굴니아 법으로 평민이 사제가 될 수 있음
- B.C. 287 호르텐시우스 법으로 평민 계급이 최종 승리

영토가 확장되고 속주가 늘어남에 따라 로마 행정관직의 종류도 다양해졌다. 먼저 로마 행정관직 중 가장 중요한 최고 행정직은 국가대권imperium을 행사하는 두 명의 집정관consul이었다. 귀족 계급에서 선출된 2명의 집정관이 1년 임기로 군사·사법·종교의 최고권한을 행사하였으며, 이들은 원로원과 쿠리아회의 의장이기도 하였다. 두 집정관의 권한은 동등하며, 상호간에 거부권을 행사할 수 있었다. 갈리아 민족이 로마를 침입한 후 B.C. 362년에는 사법적인 임무를 맡은 법정관, 호구

조사 및 원로원 의원의 도덕성을 심사하는 감찰관, 그리고 재정을 주관하는 회계감사관 등이 새로 추가되었다.

로마 시민은 누구든 법적으로는 관직에 취임할 수 있었으나, 모든 관직은 명예직이며 무보수였기 때문에 경제적 능력이 없는 사람은 사실상 관직에 취임할 수 없었다. 결과적으로 평민의 참정권은 다만 법적인 것에 불과했으며 금권정치의 양상이 사라지지 않았다. 이러한 내부적 문제점은 공화정 체제를 전반적인 위기로 몰아가게 되었다.

로마의 이탈리아 통일

로마 시는 도시 국가를 유지 발전하는 과정에서 주변의 많은 이민족과 끊임없이 싸워야만 했다. 특히, 로마 공화정 초기 2세기 반은 어려운 시기였다. 로마는 이웃 에트루리아 민족을 북으로 패퇴시킨 후, 라티움 지역의 도시들과 라틴 연맹을 결성하고, 라티움과 캄파니아의 비옥한 농업지대를 확보하였다. 그 후 B.C. 338년 라틴 연맹을 해체하고 주

▲이민족과 싸우는 로마인들

변 민족과의 치열한 싸움에서 차츰 우세한 위치를 차지함으로써 B.C. 265년 이탈리아 반도의 대부분을 차지하게 되었다.

이탈리아 반도 통일

로마 시가 이탈리아 반도 통일에 성공한 데는 몇 가지 요인이 있었다. 첫째, 초기부터 로마에는 거의 모든 시민이 자비로 군 복무를 하는 시민군이 있었다. 이들은 집단적 공격 방식을 취하기 위한 보병들의 대형으로 레기요legio이라는 조직으로 편성되었다. 둘째, 로마는 정복한 자치 도시들이 서로 결속하는 것을 막기 위해 각기 다른 내용의 조약을 맺었다. 셋째, 정복한 각 도시는 대외문제를 제외한 모든 문제를 자치적으로 결정하게 하였다. 로마의 정복 정책은 한마디로 정복 지역 주민이 병역에 복무하여 로마와의 일체성을 유지하게 하면서 동시에 지역적 독립을 보장하는 정책이었다. 넷째, 공화정 수립 후 2세기 반 동안, 적어도 법적으로 평민은 귀족과 평등한 지위를 누리게 되었다. 이러한 귀족 계급의 타협과 양보로 로마는 커다란 내란을 피하고 평민계급의 소외를 막을 수 있었다.

로마는 이탈리아 반도 통일을 기반으로 세력권을 지중해로 확대해 나갔다. 이에 따라 지중해 무역의 이권을 둘러싸고 카르타고와의 충돌을 피할 수 없게 되었다.

포에니 전쟁

시칠리아 섬의 맞은 편 아프리카 북쪽(지금의 튀니지)에 위치한 카르타고는 본래 페니키아인이 건설한 식민 도시였으나, 페니키아 본국이 멸망한 후 B.C. 800년경 독립국가가 되었다. 그 이래로 카르타고는 B.C. 3세기까지는 지중해뿐 아니라 대서양과 북해에 이르기까지 통상 범위를 넓히면서 상업국가로서의 번영을 누렸다. 카르타고인은 군사 문제는 용병에게 위임하고 관심이 없었다. 그러나 로마가 통일을 완성하자 두 나라는 시칠리아 섬의 지배권을 둘러싸고 충돌하게 되었다.

B.C. 265년 시칠리아에서 발생한 반란을 계기로 B.C. 264년 시작된 제1차 포에니 전쟁은 약 20년 동안 계속되었다. 서부 지중해의 해권을 자랑한 카르타고에 대항한 로마는 해군력을 증강하여 아에가테스 해전(B.C. 241)에서 카르타고를 격파하였다. 강화 조약을 통해 카르타고는 시칠리아 섬을 비롯, 사르디니아와 코르시카 등을 로마에 양도하고 배상금을 지불하게 되었다. B.C. 227년 로마는 시칠리아를 속주로 편입했는데, 이로부터 로마의 해외 식민지 통치가 시작되었다.

패전한 카르타고는 로마에 설욕할 기회를 엿보고 있었다. 마침내 B.C. 218년 한니발(B.C. 247-183)은 스페인을 출발하여 이탈리아 원정길을 떠났다. 처음 3년 동안 세 번의 큰 싸움에서 한니발은 로마군에게 연승을 거두었고, B.C. 216년 여름 칸나에 전투에서도 역시 대승을 거두었다. 그 이후 약 15년간 한니발은 이탈리아 반도를 마음대로 누비고 다니며 거의 모든 이탈리아의 농촌을 황폐하게 만들었고 그 결과 로마의 소농 계층은 몰락하게 되었다.

이 상황에서 로마는 B.C. 204년 스키피오(大스키피오: B.C. 237-183년)를 지휘관으로 하여 직접 카르타고를 급습하였다. 이 소식을 접한 한니발은 이탈리아에서 급히 귀국하였다. 한니발의 군대는 자마

Zama(지금의 Sers)에서 스키피오와 대결하였으나 패배하고 한니발은 결국 소아시아로 망명하였다(B.C. 202).

승리를 거둔 로마가 강요한 휴전조약은 영원히 카르타고가 다시 일어서지 못하게 하는 가혹한 것이었다. 이 조약에 따르면 카르타고는 모든 해외 영토를 포기하고 극도로 군비를 축소하며, 아프리카 이외에서의 교전행위는 금지될 뿐 아니라 아프리카 내에서의 전쟁 행위조차도 사전에 로마에 알려야 한다는 것이었다. 이러한 조약의 내용은 사실상 카르타고를 무장 해제시킨 것이었다.

이러한 가혹한 조약에도 불구하고 카르타고 시민들은 서둘러 전쟁의 피해를 복구하였다. 이를 본 로마는 카르타고의 배후 지역인 누미디아를 조종하여 B.C. 149년 카르타고를 공격하게 하였다. 누미디아의 공격을 받아 카르타고가 부득이 전쟁을 하자 로마는 조약 위반을 구실로 스키피오(小스키피오: B.C. 185-129)가 지휘하는 군대를 파병하였다. 2년

제2차 포에니 전쟁

에 걸친 전쟁의 결과 카르타고는 폐허가 되고 전 주민이 로마의 노예가 되었다.

3차례에 걸친 포에니 전쟁의 결과 카르타고는 사실상 역사에서 사라지게 되었다. 그 대신에 로마가 지중해의 제해권은 물론, 갈리아, 브리타니아 지역까지 장악하는 제국주의적 팽창을 순조롭게 진행하였다. 마침내 B.C. 31년 로마는 고대 동방의 마지막 잔존 세력인 이집트를 정복함으로써 지중해를 포함하는 당시의 서방 세계를 모두 통합하였다.

대외 정책의 변화

헬레니즘 세계에서는 여러 왕조들이 불안정한 세력 균형을 이루고 있었으나 B.C. 200년경 이러한 균형이 깨졌다. 이집트의 프톨레마이오스 왕조가 날이 갈수록 쇠퇴하자 마케도니아와 셀레우코스의 군주들이 세력 확장에 나섰다. 그러자 위기에 빠진 그 지역의 도시국가들이 로마의 지원을 기대하게 되었다.

B.C. 201년 페르가몬, 로도스 및 여러 도시국가들의 요청으로 로마는 마케도니아를 상대로 전쟁을 벌여 승리를 거두었다. 그러나 로마 자체의 내부 문제로 특별한 성과를 거두진 못했다. B.C. 192년 셀레우코스 왕국이 그리스 반도를 침입하자 로마는 그들을 물리쳐서 그리스에서 몰아냈다. 로마는 B.C. 190년 소아시아의 마그네시아 전투에서 셀레우코스에 승리한 후 사실상 소아시아와 그리스의 도시국가들을 자신의 세력 하에 두게 되었다.

이후 로마는 B.C. 171-167년 사이에 자치를 허용하던 방식에서 속주로 편입시키는 제국주의적 정책으로 전환하였다. 그리하여 먼저 마케도니아를 속주로 편입시켰다. 그 후 그리스와 소아시아 지역까지 속주로 편입시켰고, 결국 로마는 B.C. 31년 악티움 해전을 마지막으로 이집트

▲ 페르가몬의 원형극장 유적

▲히에라 폴리스의 로마유적

까지 속주로 삼게 되었다.

B.C. 200년부터 B.C. 133년에 이르는 기간에 로마는 이상과 같은 동방 정책을 수행하는 동시에 지중해 서부지역을 장악하고자 하였다. 그 결과 로마는 북이탈리아·갈리아·스페인 지방을 공략하여 모두 세력권 안에 두었다.

로마의 경제적 변화

로마의 국가적 팽창이 가져온 가장 심각한 변동은 무엇보다도 사회와 경제에서 뚜렷하게 나타났다. 이탈리아의 농경지는 장기간에 걸친 한니발 원정으로 황폐화되었다. 소농민층이 몰락하고 대지주들에게 토지가 집중되면서 대농장 제도가 성행하였다.

시칠리아 섬이 속주가 된 후 거기서 공납되는 값싼 곡물이 로마로 유입되었다. 때문에 대농장에서는 생산을 식량보다는 과수 재배와 같은 방식으로 전환하였고, 여기에 많은 포로들을 투입하였다. 200년대까지 대농장 제도는 전국적으로 널리 보편화되었다. 이로써 로마 초기 사회의 핵심을 이루었던 자유 신분의 중소농은 사라지고 그 대신 지주의 땅을 경작하는 소작인들이 나타났다.

한편, 전통적인 농업을 대신하여 지중해와 흑해로 진출하는 통상활동이 활성화되어 상공업의 번성을 이루었다. 상공업에 종사하는 신흥부유층들은 사회적으로 강력한 계층이 되었다. 그 결과 로마 사회에서 부의 관념은 달라졌으며 사회 계층의 변화도 뒤따라 일어났다.

로마의 사회적 변화

B.C. 3세기 중반에 이르기까지 로마의 사회 체제는 비교적 단순한 것이었다. 사회 구조는 정치적 권력을 장악한 소수의 귀족들과 주로 자유농민으로 구성된 시민 계층이 있었다. 그러나 시간이 지남에 따라 사회구조가 복잡해졌다. 우선 귀족 계급은 새로운 부유층인 에퀴테스의 위협을 받았다. 에퀴테스는 넓은 식민지와 속주를 바탕으로 부를 축적하여, 속주 행정·공공사업·외교 문제와 같은 정책 결정에도 영향력을 행사하였다.

소농 계급은 내부적으로 분화되어 갔다. 소농의 대부분은 소작인이나 임금노동자가 되었으며 일부 이농민은 도시로 유입되어 직인이나 상점주로 생계를 꾸렸다. 그 아래의 농민 일부는 생활이 불안정하고 근거가 없는 이른바 빈민층을 이루었는데, 이들은 흔히 선동 정치의 대상이 되었다. 마지막으로 사회 최하층에는 노예가 있었다.

로마 공화정의 위기

B.C. 133년부터 B.C. 31년까지 원로원을 중심으로 한 귀족 계급은 급격히 변화하는 상황에 대처하는 힘을 상실하였고 개혁에는 미온적이었다. B.C. 133년경 귀족 계급은 보수파와 민중파로 갈라져서 정권 다툼을 하게 되었다. 보수파는 기존의 집권층 귀족을 중심으로 하여 원로원과 행정관들이 정치를 주도해야한다고 주장하였다. 반면 민중파는 호

민관과 부족 회의 기능 활성화를 대안으로 제시하였다.

가장 주목할 만한 운동은 B.C. 2세기 후반 그라쿠스 형제의 개혁이었다. 먼저 호민관(B.C. 133)이 된 티베리우스 그라쿠스(B.C. 163-133)는 그라쿠스의 법에 따라 일정 한도 이상의 땅은 국가에 반환하게 하여 그 땅을 토지 없는 농민들에게 분배하였다. 그러나 이 개혁은 부유층의 폭동으로 티베리우스 그라쿠스와 그의 일파 수백 명이 살해되고 말았다.

10년 후(B.C. 122) 호민관이 된 동생 가이우스 그라쿠스(B.C. 153-121)는 형보다 더 강하게 개혁을 추진하였다. 그는 새 토지 법안을 부족회에서 통과시키고, 이 법으로 국가에서는 값싼 곡물을 구입하여 빈민층에 배급하고, 해외 식민지에 정착할 수 있도록 주선하였다. 또한 그는 국가권력의 대부분을 민회로 이관시켰으며, 라틴족과 이탈리아족에게까지 제한적이나마 참정권을 부여하고자 하였다. 그러나 이와 같은 조치는 보수파 귀족의 맹렬한 반대로 또 다시 폭동이 일어나 가이우스 그라쿠스 및 그 일파는 모두 살해되었다.

로마 혁명

공화정 말기에 정체의 변질을 가져온 것이다.

B.C. 133 티베리우스 그라쿠스 호민관, 폭동으로 살해됨

B.C. 123-122 가이우스 그라쿠스 호민관, 살해됨

B.C. 107 마리우스의 첫번째 콘술

B.C. 91-88 이탈리아 동맹과의 전쟁

B.C. 81-79 술라의 독재

B.C. 70 폼페이우스와 크라수스의 첫번째 콘술

B.C. 66 폼페이우스가 아시아의 미트리다테스 정복군 지휘권 장악

B.C. 59 카에사르 콘술. 갈리아 지휘권 장악

B.C. 58-49 카에사르의 갈리아 정복

B.C. 49 카에사르 이탈리아 침입, 내란

B.C. 44 카에사르 살해됨

B.C. 31 악티움 해전

B.C. 27 옥타비아누스의 통치. 로마 제국의 시작

그라쿠스 형제의 개혁 법안이 수포로 돌아가고 정권이 부유층과 귀족 계급에게 다시 돌아갔으나 로마는 새로운 시련에 직면하였다. B.C. 2세기 말 아프리카의 누미디아, 프랑스의 갈리아, 소아시아의 폰투스에서 반란이 일어나자 군사 지도자에게 기대를 거는 민중과, 원로원 세력을 강화시키려는 귀족 간의 대립이 일어났다.

귀족 출신은 아니지만 부유한 마리우스(B.C. 155-86)는 B.C. 107년

집정관으로 선출된 후 군대조직을 개편하여 북아프리카 및 게르마니아 지역의 반란을 진압하였다. 그는 토지 없는 시민을 의용병으로 모집하여 정규군에 편입시키고, 제대 후에는 토지를 주었다. 이러한 개혁으로 로마 군인은 민병에서 직업 군인으로 바뀐 셈이다. 병사들은 지휘관과 개인적으로 밀접한 관계를 갖는 사병 성격을 띠게 되었으며, 지휘관의 정치적 발언권도 증대되었다.

B.C. 90년대는 원로원의 온건한 세력이 지배하여 정치적으로 비교적 평온한 시기였다. 그러나 이탈리아 민족들이 로마의 정복사업에 대한 협조 대가로 B.C. 91년 완전한 시민권을 요구하는 이른바 '사회 전쟁'이 일어났다. 로마는 그들에게 시민권을 부여하는 한편, 술라(B.C. 138-78)로 하여금 반란을 진압하게 하였다. 귀족 세력을 대변하는 술라는 진압 작전을 성공적으로 마치고 B.C. 88년 집정관으로 선출되었다.

B.C. 82년 술라는 원로원에 의해 무기한 독재관으로 임명되었다. 이때부터 로마에서는 권력이 한 사람에게 집중되는 현상이 일어나기 시작하였다. 그는 호민관과 부족 회의의 권한을 크게 줄이고 원로원의 수를 600명으로 2배 늘렸다. 반대 세력을 제압한 후 자신감을 얻은 술라는 B.C. 79년 정계에서 은퇴하였다. 그러나 그의 은퇴 직후 반 술라 폭동이 이탈리아 전역에 파급되어 정국은 또 다시 혼란에 빠져들었다.

3두 정치와 공화정의 쇠퇴

술라가 정계를 은퇴한 B.C. 79년부터 B.C. 70년까지 원로원은 스페인 반란, 스파르타쿠스 반란 등 여러 차례 심각한 위기에 직면하였다. 한때 술라의 후원을 받은 바 있는 폼페이우스(大폼페이우스, B.C. 106-44)가 이탈리아의 폭동과 스페인 반란을 성공적으로 진압하고 평민층에게 접근하였다. 그는 금융가 출신인 크라수스(B.C. 115-53)와 함께

B.C. 70년 집정관에 임명되었다. 그들은 술라 시대의 제도를 거의 무효화하고, 민중파 잔존세력의 지지를 얻었다.

▲폼페이우스

특히, 폼페이우스는 민권을 확대하는 한편, 지중해의 해적을 토벌하고 소아시아를 원정하였다. 이에 열세를 느낀 크라수스는 마리우스의 친척이었던 카에사르(B.C. 100-44년)를 끌어들여 폼페이우스를 견제하고자 하였다. 정계에 진출한 그는 귀족 출신이었으나 민중파를 배경으로 세력을 확장하였다.

▲카에사르

당시 원로원은 B.C. 63년 집정관이 된 공화주의자 키케로(B.C. 106-43)를 통해 제동을 걸고자 하였다. 여기에 대항하여 카에사르는 폼페이우스, 크라수스와 함께 원로원을 제압하고 이른바 제1차 삼두정치를 성립시켰다.

카에사르는 B.C. 59년 집정관이 되었으며 갈리아와 일리리아 지방에 대한 5년간의 지휘권을 맡게 되었다. 그는 갈리아 지방뿐 아니라 라인 강 근처 게르마니아 지역을 정복하고 브리타니아(지금의 잉글랜드)까지를 로마의 세력 하에 두는 데 성공하였다. 그러나 파르티아 통치를 맡던 크라수스가 B.C. 53년 전사하자 삼두 정치 체제의 균형이 깨지고, 서방의 카에사르와 동방의 폼페이우스가 정권 장악을 위해 각축을 벌이게 되었다.

갈리아 정복을 계기로 카에사르의 세력이 커지자 원로원으로부터 국가 안보의 전권을 위임받은 폼페이우스는 카에사르를 제거하고 단독 지배자가 되고자 하였다. 더욱이 카에사르의 딸이며 폼페이우스의 부인인 율리아가 B.C. 54년 죽었을 때 두 사람을 이어주는 유대관계는 사실상 끊기고 말았다.

갈리아에서의 임기가 끝난 카에사르는 B.C. 50년 원로원의 소환지시를 받자 B.C. 49년 이탈리아와 갈리아의 경계인 루비콘 강을 건너 로마로 진격하였다. 로마에 성공적으로 입성한 그는 이탈리아·스페인·그리스 등에서 폼페이우스의 군대를 격파하였다. 결국 쫓기던 폼페이우스는 이집트에서 암살되고 말았다. 이집트로 진주한 카에사르는 프톨레마이오스 15세와 클레오파트라 여왕을 새로운 이집트 왕으로 함께 옹립시킨 후 계속해서 소아시아와 아프리카까지 원정하였다.

B.C. 45년 개선한 카에사르는 10년 임기의 독재관 및 10년 임기의 집정관이 되었다. 이후 종신 집정관 및 최고사제를 겸하였으며, 로마군의 지휘권과 국고 처리권 등을 장악하여 임페라토르imperator의 칭호까지 받았다. 카에사르의 지지자들로 충원된 원로원은 독재자에 대한 일종의 자문 기관으로 전락하고 말았다.

카에사르는 실질적인 군주제를 수립했으므로 공화주의 전통을 지키려는 공화파의 격렬한 반대에 부딪히게 되었다. 그는 B.C. 44년 원로원 회의에 참석 중 브루투스(B.C. 85-42)와 카시우스(B.C. 85-42)에 의해 암살되었다. 카에사르가 암살된 후 형식적으로 공화제가 부활되었으나 그 후 15년 동안 내란이 계속되었다. 이때 카에사르 밑에서 군 지휘관을 지낸 바 있는, 경험 많은 정치가 안토니우스(B.C. 83-30)와 카에사르의 양자인 청년 정치가 옥타비아누스(B.C. 63-A.D. 14)가 차츰 두각을 나타내기 시작하였다.

안토니우스와 옥타비아누스는 원로원의 반대 세력에 대항하기 위해 레피두스(B.C. ?-13)와 함께 B.C. 43년, 5년 임기의 국가질서 재건 3인 위원회를 구성하였다. 세 사람은 키케로를 포함한 반 카에사르 세력을 제거한 후 이 여세를 몰아 B.C. 42년 그리스에서 카시우스와 브루투스 잔당까지 소탕하였다. 그 직후 안토니우스·옥타비아누스·레피두스의 3인 지배 체제는 제2차 삼두 정치로 전환되었다. 역할 분담을 통해 옥타비아누스는 서방 속주, 레피두스는 아프리카 지역, 안토니우스는 소아시아 및 이집트를 관장하게 되었다.

그러나 옥타비아누스는 안토니우스가 이집트에서 클레오파트라와 가까이 지내는 것을 기화로 그를 반역자로 규정하고 B.C. 32년 직권을 박탈하고 클레오파트라에게 선전 포고하였다. B.C. 31년 악티움 해전에서 옥타비아누스의 군대는 안토니우스와 클레오파트라의 연합 함대를 간단히 격파하고 이집트로 쳐들어갔다. 전쟁에서 패한 안토니우스가 자살하자 클레오파트라도 뒤를 따라 자살하고 말았다. 이리하여 이집트도 로마 속주로 편입되고 고대 이집트의 역사는 끝났다. 결국 악티움 해전의 승리로 지중해 세계의 통합이 완성되었으며, 로마 안에 남아 있던 공화주의자들의 잔여 세력도 완전히 소멸되었다.

▲안토니우스

▲옥타비아누스

4

로마 제정의 성립과 서로마의 멸망

아우구스투스 시대

오랜 내란과 정쟁이 계속된 끝에 마침내 B.C. 31년 로마 공화제는 제정으로 바뀌었다. 로마 제국은 지중해 세계에 평화와 질서, 안정과 번영을 가져오는 강력한 정치 체제를 수립하였다. 지중해는 그야말로 로마인에게는 '우리의 호수mare nostrum'가 되었다.

B.C. 27년 옥타비아누스는 국내외 질서가 회복되었다는 이유를 들어 자신에게 위임된 권력 일체를 '로마 원로원 및 시민Senatus Populus Que Romanus: SPQR'에게 반환하였다. 그러나 원로원은 도리어 그에게 공화제 안에서 가능한 모든 최고의 직능과 권한을 부여하였다. 즉, 종신 호민관·최고 재판관·원로원 의장 등을 겸임한 임페라토르와 아우구스투스 및 국부pater patriae의 칭호를 받았다. 아우구스투스는 존엄한

인물, 신성한 존재, 초인적인 존재를 뜻하였다.

아우구스투스가 된 옥타비아누스는 스스로를 나라의 '제1시민princeps'이라 부르고, 공화제가 회복되었음을 이야기했지만 내용상으로는 공화제의 명분 아래 이루어진 독재 체제였다. 로마의 정치 체제가 실질적으로 제정으로 전환했기 때문에 이 시기를 역사적으로 아우구스투스 시대라 부르고 있다.

▲아우구스투스 청동상 (기원후 12년)

아우구스투스 정치의 기반은 군대와 재정 제도였다. 로마 군대는 '시민군'이었는데 그는 먼저 로마군의 복무 연한을 16년에서 20년으로 연장하였다. 약 15만 명에 달한 로마군의 각 군단은 속주 출신의 비시민으로 구성된 동수의 '보조군'을 가지고 있었다. 그들은 일정 기간 복무 후 제대하면 시민권을 부여받았다. 로마 상비군은 각 속주에 장기 주둔하였으며 전리품이나 몰수한 개인 재산으로 유지되었다.

▲티베리우스 황제

그는 다음으로 재정 제도를 확립하였다. 재정의 기본은 토지세와 인두세였다. 인두세는 정규적인 국세 조사를 통해 비시민에게 공평하게 부과한 세금이었다. 로마 시민이 낸 세금은 주로 판매세와 상속세였다. 또한 아우구스투스는 징세 청부업자를 통한 납세 제도를 폐지하고 정부 관리를 파견하여 세금을 직접 거두었다.

▲네로 황제

로마 속주도 군 주둔을 요하는 황제 직할 속주와 군 주둔이 필요치 않은 원로원 직할 속주로 구분하였다. 황제 직할 속주는 황제의 직접 감독 하에 징세관procurator을 파견하였고 거둔 세금은 황제 소속의 국고에 넣었다. 반면 원로원 관할하의 속주에는 1년 임기의 프로콘술proconsul을 파견하였으며 여기서 거둔 세금은 원로원 소속으로 하였다.

아우구스투스 통치가 전반적으로 현상 유지 체제를 취하고, 국내외로 안정되었으므로 이른바 '로마의 평화Pax Romana'가 시작되었다. 우선 전쟁이 중지되었고 로마 영토는 최대한으로 확장되었다. 제국의 많은 도시에 다리와 수도가 설치되고 길이 정비되었다. 수도 로마 시는 '벽돌의 도시'에서 '대리석의 도시'가 되었고 상공업은 활기를 띠고 사회 전체에 평화와 안정이 왔다.

아울러 학문과 예술이 크게 발달하였다. 아우구스투스는 공공생활의 중심으로 예부터의 전통적인 신앙을 부활시키고 신전들을 세웠다. 많은 문인과 예술가들이 국가의 지원을 받았으며 라틴문학의 황금시대, 이른바 '아우구스투스 시대'가 열렸다.

A.D. 14년 아우구스투스가 76세로 죽은 후 양자인 티베리우스(B.C. 42-A.D. 37)가 계승하여 유능한 통치를 하였다. 그 뒤를 이어 A.D. 68년까지는 이른바 율리아-클라우디우스 가계에 속하는 황제 4명이 제위

▲트라야누스 황제

▲하드리아누스 황제

▲마르쿠스 아우렐리우스 황제

를 계승했으나 대체로 무능하고 폭정을 하는 편이었다. 칼리굴라(12-41)는 광기가 있었으며 네로(37-68)는 폭군이었다. 그러나 아우구스투스가 닦아놓은 통치 기반은 기본적으로 흔들리지 않았으며, A.D. 180년에 이르기까지 네르바(96-98), 트라야누스(99-117), 하드리아누스 (117-138), 안토니누스 피우스(138-161), 마르쿠스 아우렐리우스(161-180) 등 이른바 5현제 시대를 통해 로마의 안정은 계속되었다.

▲〈갈리아 지방 정복〉(아우구스투스의 개선문, 오랑주)

▲〈다키아 지방 정복〉(트라야누스의 원주, 로마)

제정 초기의 경제와 사회

'로마의 평화' 시대를 통해 로마 제국의 수도 로마 시는 거대한 로마 제국의 통치 중심지였었고 각 지역마다 주요 도시가 있어서 지역 경제의 구심점이 되었다. 도시와 도시

117년경 로마 제국

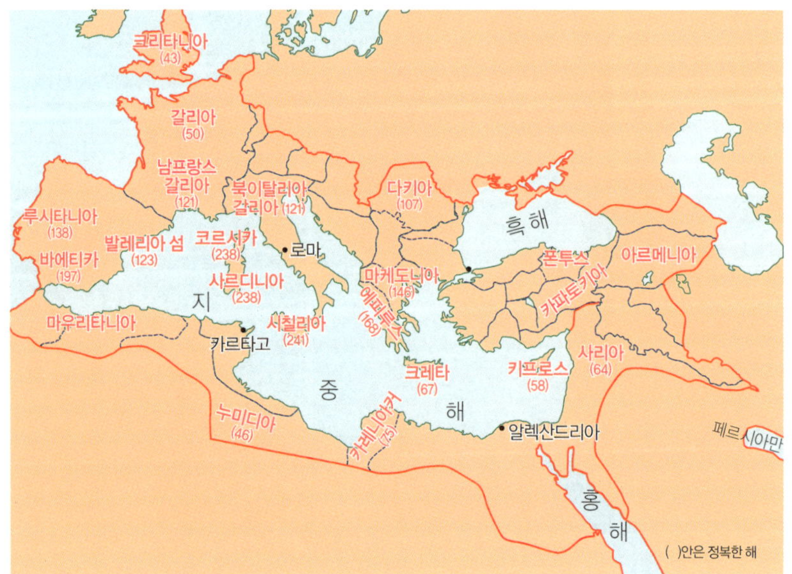

를 연결하는 도로가 매우 발달하여, 로마 제국은 전체적으로 하나의 통일체를 이루었다.

아우구스투스의 통치는 중앙 정부와 지방 행정 간의 균형에 바탕을 둔 것이었다. 이를 위해 수많은 도시들에게 자치를 허용하였다. 1세기 초 이탈리아 반도의 도시들은 로마 시와 동등한 위치로 격상되었으며, 속주의 도시도 점차 자치를 획득하고 자유 시municipia로서 특권을 얻게 되었다.

제정 초기의 상업은 전례없이 번창했으며, 통상 범위는 중국·인도·영국에까지 이르렀다. 지중해 항해는 자유롭고 안전하게 되었다. 해적이 없어졌고 화물과 선객은 신속하게 운송될 수 있었다. 로마에서 알렉산드리아 간의 거의 2천km나 되는 항해가 10일이면 가능해졌다. 로마는 수출품보다 수입품이 더 많았으며, 수입 품목은 곡물을 비롯한 비단·면·옷감·향수·보석·파피루스 등 여러 종류였다. 통상과 병행하여 수공업도 발달하였다.

한편 전통적인 농업은 속주로부터 값싼 곡물이 대량 유입됨으로써 위축되었다. 이 때문에 반도 안의 농업은 포도와 올리브 등 과수재배로 전환하였다.

로마 제국 내에서는 자기 소유의 토지를 가진 자유농의 수는 줄고, 대지주의 대농장은 노예보다는 소작인이 주로 경작을 맡게 되었다. 그 이유는 전쟁이 거의 없어지고 노예가 더 이상 생기지 않자 노예 값이 올랐기 때문이었다.

이와 같은 경제적 변동으로 사회적 변화가 뒤따랐다. 토지를 잃은 무산 계층이 증가하고 노임은 떨어졌다. 토지를 소유한 구귀족은 몰락하고, 속주에서 경제 활동을 한 신귀족이 부상하였다.

군인 황제 시대

2세기 말부터 로마 제국은 변경 지역에서의 외세 위협과 제위 계승 문제 때문에 심각해졌다. 이러한 위기로 점차 군대의 발언권이 강해지고 그들이 결국 정치에도 개입하게 되었다. 마르쿠스 아우렐리우스 사후 그의 아들 코모두스(180-192)가 살해된 이래로 1세기 동안 내란이 뒤따라 일어났다. 특히 셉티무스 세베루스(193-211)로 시작되는 세베루스 가계 황제들은 국가 정책을 주로 군대에 의존했기 때문에 군인들이 황제의 선출과 폐위를 좌우하는 군인 황제 시대(235- 284)가 되어 디오클레티아누스가 즉위할 때까지 계속되었다.

▲셉티무스 세베루스 황제

▲코모두스

동·서로마의 분리

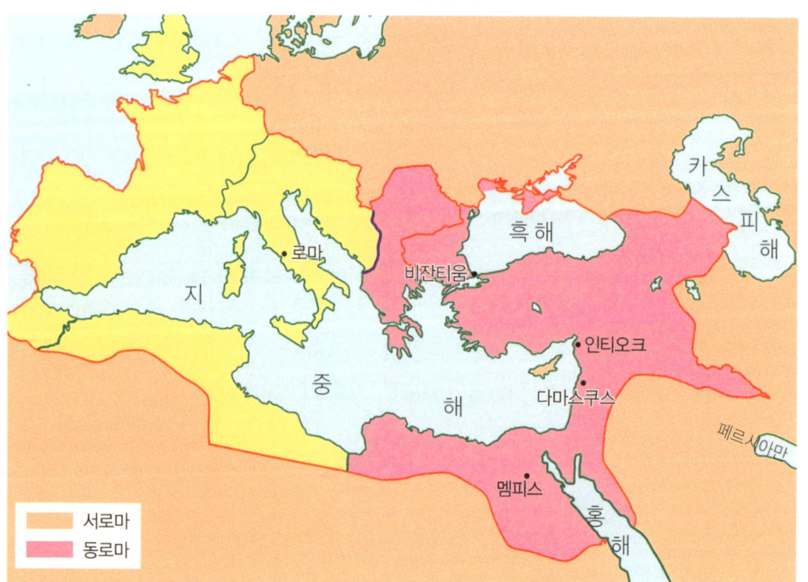

서로마의 멸망

디오클레티아누스(285-305)는 강력하고 유능한 행정가였다. 우선 그는 원로원의 기능을 로마 시의회 정도로 축소하고, 절대군주로서의 외형을 강화하였다. 태양신의 칭호를 스스로에게 부여했으며 신하들에게 '최고 신성한 주군dominus'으로 부르도록 하였다.

이로써 로마 제국은 아우구스투스 이래의 전통적인 프린켑스제로부터 도미누스제로 바뀌게 되었다. 이어 행정 체제를 개편하고 중앙 집권을 강화하였다. 행정 구획을 4도-12구로 구획하고, 구 아래에는 수백의 주를 두었다. 또 비밀 경찰제를 창안하여 관리들의 부패를 막으려고 하였다.

끝으로 그는 효과적으로 제위 계승을 할 수 있는 방안을 세웠다. 그와 함께 통치하는 또 다른 황제인 정제Augustus를 서부에 두고 자신은 동부를 통치하였다. 이와 동시에 부제Caesar를 각각 한 사람씩 두고 정제를 계승하도록 하였다. 결과적으로 네 사람의 황제가 동서 로마 제국을 공동으로 통치하는 셈이 되었다.

디오클레티아누스가 은퇴한 후 305년 그의 체제는 무너지고 다시 내란이 일어났다. 수년간의 내란 끝에 콘스탄티누스(306-337)가 황제로 즉위하여 몇 가지 획기적인 정책을 실시하였다. 먼저 313년 밀라노 칙령을 공포하여 그리스도교를 공인하였으며 종래의 제위 계승 제도를 폐지하였다. 콘스탄티누스 대제는 로마 동부의 중요성 때문에 330년 비잔티움으로 수도를 옮기고 신로마Nova Roma라고 불렀으며, 후에는 다시 '콘스탄티누스의 도시'라는 뜻으로 콘스탄티노플(지금의 이스탄불)이라 개칭하였다.

콘스탄티누스 대제 사후 약 반세기 동안 로마는 동서로 나누어, 두 명의 황제가 공동으로 통치하였다. 결국 테오도시우스 1세(379-395)가

395년 죽을 때 두 아들에게 로마 제국을 동·서로 나누어 통치하도록 하였으며 그 후 로마 제국은 다시는 하나로 통합되지 못하였다.

한편, 375년경부터 북쪽의 게르만 민족이 제국 내로 이동하기 시작했다. 이를 계기로 로마 제국은 급속도로 쇠망의 길을 걷게 되었다. 결국 476년 서로마 최후의 황제 로물루스 아우구스툴루스가 게르만 출신 장군이었던 오도아케르에 의해 폐위됨으로써 로마의 역사는 마침내 끝났다.

로마를 정치적으로 혼란스럽게 만든 요인 중 제위 계승은 가장 큰 문제였다. 황제 제위 계승에 관한 명백한 규정이 없었기 때문에 내분이 잦았고 결과적으로 군부가 국가 권력을 찬탈하게 되었다. 아울러 서로마의 정치적 단절에 결정적 계기가 된 것은 게르만 민족의 이동이었다. 그 밖에도 로마 제국의 영토가 효과적으로 지배할 수 없는 규모로 커지면서 복종하지 않는 군대, 비대해진 관료제, 정치적 부패, 개인의 자유와 자치 시에 대한 탄압, 계급 투쟁과 노예제 등 많은 문제들이 파생하였다.

사회적으로 보면, 군의 중추를 이룬 농민 계층과 도시 유산 계층 간에 오랫동안 갈등이 있었다. 노예와 인구는 감소하고 부는 일부 계층에 집중되었다. 경제적인 면에서는 토지의 집중적 소유 경향이 두드러져서 대농장이 발달하였다. 제정 후기에 일반화된 대토지 제도는 경제적인 분권화를 더욱 촉진시켰다.

이상의 모든 요인들이 복합되어 로마는 몰락하였다. 비록 476년 로마 제국의 서쪽 부분이 정치적으로 단절되긴 했으나 동로마는 비잔틴 제국의 이름으로 1453년까지 지속되었다.

5
로마의 문화

로마의 토목 건축

로마는 제국 내 각 지역을 연결하고 행정을 원활히 하기 위한 필요 때문에 도로, 다리, 상·하수도 시설과 같은 대규모 토목 건축 기술이 발달하였다. 로마인이 다리·수로·댐·저수지·항만 등을 만들 때 즐겨 사용한 토목건축 방법으로는 아치·원형 지붕·콘크리트 법 등이 있었다. 아치 형식의 경우 처음에는 메소포타미아에서 따온 원통형 지붕을 만들었으나 점차 독특한 교차형 원형 지붕(돔)으로 발달시켰다. 이러한 로마의 원형 지붕은 중세 건축으로 전해졌다. 오늘날 스페인 세고비아나 프랑스 퐁뒤가르에 남아 있는 로마 시대 아치 형식의 수로는 현대인의 눈에는 다리와 같아 보인다.

로마 시대의 콘크리트 건축법은 건축물을 적은 비용으로 튼튼하게

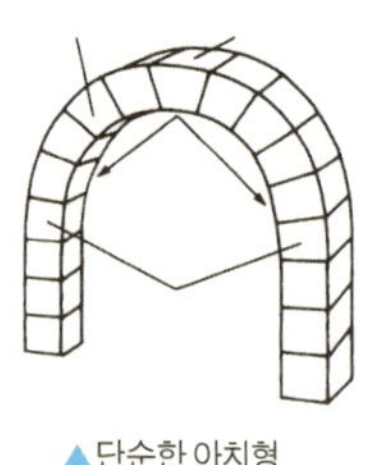

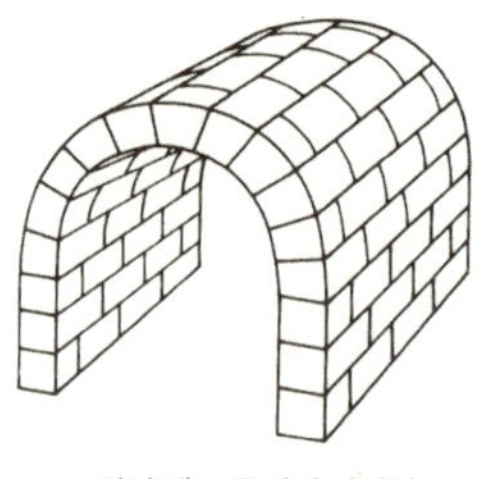
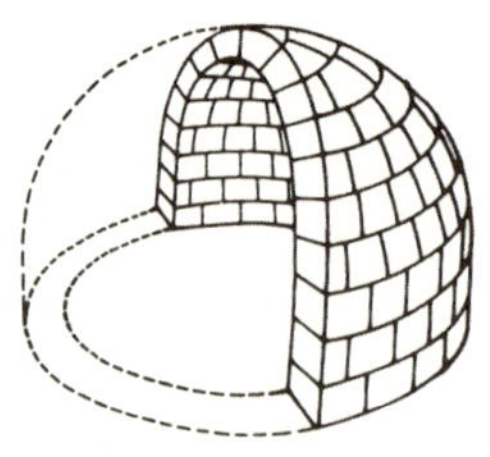

▲단순한 아치형 ▲ 여러 개로 구성된 터널형 ▲교차형 원형 지붕 또는 돔

짓는 공법이었는데, 그 후 중세에는 잊혔다가 근세에 와서 부활되었다. 군사 및 행정적 목적으로 만든 로마의 도로는 어떠한 다른 고대 민족이 건설한 도로보다 견고하였다. 로마와 남쪽 도시들을 연결하는 아피아로, 아드리아 해를 거쳐 북방 속주로 연결된 플라미니우스로는 지금도 사용되고 있다.

로마의 건축과 미술

고대 로마 건축으로는 신전·개선문·경기장·반원형 극장·포룸·대중 목욕탕·바실리카basilica(공회당)·궁전 등과 같은 공공 건물 등이 있었다. 신전 건축은 대체로 그리스 양식을 모방한 것이 대부분인데 프랑스 님에 있는 메종 카레가 대표적인 사례이다.

A.D. 2세기에 세워진 판테온은 원형 지붕의 구조를 가진 신전으로서는 최대의 것 중 하나로 로마적 요소가 가미된 신전 건축이었다. 직경 43m인 원형 지붕은 콘크리트 법으로 건축되었으며 직사각형의 현관은 그리스 양식의 기둥으로 받쳐져 있다.

로마에서 가장 흔히 볼 수 있는 바실리카는 양쪽에 복도를 가진 장방형 건물이다. 로마의 포룸은 집회·시장·예배 장소 등의 다용도 복합 건축물이며, 일자형 평면 구조이다.

또 로마인은 각 도시에 대규모 대중 목욕탕을 만들었다. 목욕탕은 복

▲퐁 뒤 가르의 로마 수도교(B.C. 1세기, 님)

▲로마 시의 판테온

▲바실리카

판에 마당이 있고, 그 둘레에 작은 방들이 있으며, 냉·열탕과 온탕을 갖추었다. 뿐만 아니라, 탈의실·휴게실·강의실·도서실 등도 그 안에 있었다. 로마 시내의 카라칼라 목욕탕은 3세기 전반에 세워진 것으로, 그 규모가 매우 웅장했음을 남아있는 유적으로도 쉽사리 추측할 수 있다.

경기장도 그 규모가 매우 커서 4각형의 대경기장은 25만 명의 관람객을 수용할 수 있다. 1세기 후반 베스파시아누스(9-79) 황제 때 세우기 시작하여 80년 티투스(79-81) 황제 때 완공한 콜로세움은 둘레가 4백

▲트리야누스 황제의 목욕탕

▲콜로세움

▲7인의 현인 모자이크 (A.D. 3세기경, 발벡)

▲셀수스의 도서관 (A.D. 2세기 중반, 에페스)

m이다. 타원형의 평면에 그리스 3가지 양식의 아치로 연결된 4층 구조인데 수용 좌석이 5만 석이다.

로마의 조각과 그림은 특성 있게 발달하지 못하였고, 그리스 양식이나 헬레니즘 양식이 그대로 사용되었다. 가장 전형적인 로마 조각은 주요 정치인들을 위한 조각상이거나 역사적 사건을 묘사한 부조였다. 그다지 많이 남아 있지 않은 로마의 그림이나 모자이크는 독립된 미술로서보다는 건물의 내부 장식으로 더 많이 활용되었다.

로마의 철학과 사상

로마인은 주로 현실적 필요에 따라 그리스 사상을 존중하고 모방하였다. 주목되는 철학자는 키케로(B.C. 106-43), 세네카(B.C. 4-A.D. 65),

▲키케로

루크레티우스(B.C. 99-55), 마르쿠스 아우렐리우스(A.D. 121-180) 등이었다.

대체로 로마 철학은 헬레니즘 시대의 학파들을 계승했다고 볼 수 있다. 삶에 대한 물질적 해석을 합리화한 에피쿠로스 학파는 규율과 종교를 기피하는 젊은 귀족층의 공감을 샀다. 전통적 방식을 존중하는 로마 지식인에게는 개인의 자제력과 의무감 및 정신적 평화를 존중하는 스토아 학파가 큰 호소력을 지녔다. 대표적인 학자는 키케로인데 그는 헬레니즘 사상에 심취하여 그리스 철학서를 라틴어로 번역하고 철학 용어와 사상을 보급하였다.

포에니 전쟁 기간 중에 대두하기 시작한 로마의 스토아 학파는 2세기까지 큰 영향을 미쳤다. 이 시기에 활동했던 세네카는 일신론과 영생불사의 관념을 가진 철학자로 단테와 초서 등 후세의 작가들에게 많은 영향을 끼쳤다. 또한 마르쿠스 아우렐리우스는 5현제의 마지막 황제이며 『명상록』을 저술하였다.

로마 스토아 학파가 후세에 큰 영향을 끼친 것은 자연법사상이었다. 자연법은 우주를 지배하는 항구불변의 법으로 인간 사회의 합리적 기반이 된다고 보았다.

로마 제정 시대에는 신플라톤주의가 주목할 만하다. 대표적인 신플라톤주의자는 이집트 출신으로 로마에서 가르친 플로티누스(204-270)였다. 그는 플라톤 사상에 근거하여 물질계보다 정신계가 더 우월하며, 정신적 실체로서 최고의 존재가 있다고 강조하였다. 신플라톤주의에 나타난 이러한 철학과 종교의 융합은 장차 있을 그리스도교의 성장을 위한 비옥한 토대가 되었다.

로마의 자연 과학

자연 과학은 이론적 사고보다는 실용성에 초점이 맞추어졌다. 소아시아 페루가뭄 출신인 갈레누스(130-200)는 의사로서 명성이 높았는데 그의 의학은 르네상스 시대에 부활되어 근대 의학 발달에 영향을 미쳤다.

대大플리니우스(23-79)는 『박물지』 37권을 편찬했다. 이것은 정확히 말해 과학서라기보다는 기이한 이야기와 우화를 모은 백과사전이었다. 스트라본(B.C. 63-A.D. 24)은 그리스 출신의 지리학자로, 로마에 정착한 후 널리 여행하여 유럽·아시아·이집트·리비아 등을 기술한 『지리』(17권)를 저술하였다.

라틴 문학

로마 초기에는 많은 그리스 문학 작품이 라틴어 번역을 통해 현재까지 잔존해 있다. 이 점에서 유럽 사상의 매개체로서 라틴 문학의 역할이 컸다고 할 수 있다. 라틴어는 근대 유럽 각 국어의 발달에 기여하였고 프랑스어·이탈리아어와 같은 로만스어에 직접적인 영향을 끼쳤다. 심지어 영어 단어도 절반 이상이 라틴어에 기원을 두고 있음을 볼 때 그 영향이 얼마나 컸는가를 짐작할 수 있다.

B.C. 300년대부터 A.D. 100년대까지의 라틴 문학의 발달사는 형성기(B.C. 300-100), 전성기인 금의 시대(B.C. 100-A.D. 14), 쇠퇴기인 은의 시대(14-138) 3단계로 나눌 수 있다. A.D. 140년경 이후는 로마 사회의 정치적 불안정 때문에 주목할 만한 작품이 생산되지 못한 조락기였다.

라틴 문학의 형성기에는 현재 20개의 희극이 남아있는 희극작가 플라우투스가 대표적인데, 그의 작품을 통해 B.C. 3세기 로마의 관습이나 생활을 알 수 있다. 또한 그의 희극은 셰익스피어나 몰리에르와 같은 후세 작가들에게 영향을 끼쳤다.

▲베르길리우스

키케로는 로마 최대의 산문작가였다. 그는 그리스 사상을 소개하는 한편, 스토아 철학에 힘입어 57개의 연설문과 700여개의 서간을 남겼다. 그의 문체는 르네상스 휴머니스트들에게 직접적인 영향을 끼쳤으며, 18세기 영국의 기번(1737-1794)이나 존슨(1709-1784)에까지 영향을 주었다. 키케로의 라틴어는 아름다움과 고전적 취향 때문에 '키케로식 라틴어'라 불리고 있다.

라틴 문학 황금기의 후반은 아우구스투스 시대(B.C. 31-A.D. 14)라고도 한다. 아우구스투스는 시와 산문의 발달을 적극적으로 지원하였다. 베르길리우스(B.C. 70-19)는 아우구스투스의 후원을 받아 그의 업적을 선전하는 작품 활동도 했지만, 말년의 10년 동안 로마 최대의 국민 서사시라 할 「아에네아스」를 창작하였다. 호메로스의 서사시를 본뜬 이 서사시에서 그는 로마의 세계 지배가 신이 정한 질서임을 입증하고자 하였다. 그 외에 서정 시인 호라티우스(B.C. 65-8), 오비디우스(B.C. 43-A.D. 17) 등도 활동하였다.

아우구스투스 대제의 죽음에서부터 하드리아누스 대제의 죽음에 이르는 시기(14-138)는 일반적으로 로마 문학의 하강기였다. 이를 '은의 시대'라고 한다. 이 시기에는 전반적으로 풍자나 비극이 많이 나왔으며, 극장이 성황을 이루었다. 이 시기의 대표적인 작가로는 세네카, 타키투스(55-117) 등이 있었다. 한때 네로 황제의 개인 교사를 지낸 스페인 출신 세네카는 그리스 시대 이래의 가장 위대한 비극작가라는 평을 들었으며, 르네상스 이후 프랑스와 영국의 비극에까지 영향을 끼쳤다.

공화정 시대의 그리스 출신 역사가 폴리비우스는 B.C. 167-151년 로마에 인질로 잡혀 살았다. 그는 로마가 세계 세력으로 팽창한 과정을 서술한 『로마 발전사』(40권 중 5권 잔존)에서 역사의 참다운 목적은 훈계와 조언에 있다는 입장을 밝혔고, 역사서술에 실용성의 개념을 도입하였다. 한편, 갈리아 지역을 통치한 체험을 기록한 카에사르의 『갈리아 전기』는 간결하고 힘찬 문체로 쓴 작품으로, 당시 역사를 알려주는 중요한 사료이기도 하다.

아우구스투스 시대의 역사서술은 교훈적인 측면을 중요시하였다. 대표적인 역사가는 리비우스(B.C. 59-A.D. 17)였는데, 그가 쓴 『로마사』는 로마 시 창건기인 B.C. 753년부터 A.D. 9년에 이르는 로마 공화정의 역사였다. 이 저술은 초기 로마의 역사를 알려주는 극소수의 중요한 사료 중 하나이며 현재는 142권 중 35권이 남아 있다. 그는 여기서 사실과 허구를 뒤섞어 공화정 시대 로마의 정치이념을 서술하였다.

한편, 타키투스(56-117)는 A.D 98년에 펴낸 『게르마니아』라는 저술에서 로마 사회의 미래를 비관하고, 게르만 민족의 사회·제도·풍습에 관해 기록하였다. 타키투스와 거의 동시대인으로 그리스 출신인 플루타르코스(46-120)는 그리스-로마 시대의 위인 46명의 전기, 이른바 『플루타크 영웅전』을 저술하였다.

로마법의 발전 과정

흔히 로마인은 무력·법·종교를 통해 세계를 세 번 정복했다고 한다. 로마법은 몇 단계에 걸쳐 서서히 발전되었으며, 체계적으로 완성되기까지는 약 1천년이 걸렸다. 로마법의 첫 단계는 불문법의 단계로서, 종교적 관습과 혼합되어 매우 엄격한 신법jus divinum의 시기였다. 이 법의 관점은 좁고 그 판결이 가혹하였다.

시간이 흐르고 생활이 점차 복잡해짐에 따라 로마법은 시민법jus civile으로 전환되었다. 로마 시민법은 그리스의 법 체계에 자극을 받아 시작된 것 같다. 최초의 시민법인 12표법은 B.C. 450년 평민 계급의 요구에 따라 제정되었다. 그 후 시민법은 더욱 복잡하게 발달하여 원로원령·황제 칙령·법정관 고시를 비롯해서 예부터의 관습적인 관례도 포함이 되었다.

로마의 지배를 받는 지역이 확대됨에 따라 이민족의 관습이 고려되고, 피지배 민족에게 적용될 수 있는 만민법jus gentium이 나오게 되었다. 시민법을 보완 확대한 만민법은 국적에 상관없이 적용되는 법을 의미하였다. 만민법은 상이한 관습을 고려하여 시민과 비시민, 로마 민족과 이민족을 다 같이 대상으로 하는 법률 관계를 규정한 법이었다.

만민법은 다시 스토아 철학의 영향을 받아 자연법으로 확대 발전하였다. 자연법은 인간의 이성과 상식을 중요시하였다. 스토아 철학에 따르면, 자연법은 우주만물을 지배하는 보편적인 법으로서 인간 사회의 법도 이에 합치되어야 한다는 것이었다. 자연법을 착상한 키케로는 『공화국론』에서 "참다운 법은 자연과 일치하는 올바른 이성이요, 만인에게 퍼져 있는 일정하고 영원한 법"이라고 하였다.

일반적으로 자연법의 특색은 네 가지이다. 먼저 지역과 시대를 초월한 항구불변의 보편법이다. 다음으로 자연법은 실정법보다 우월하다. 끝으로 그것은 인간 이성에 의해 인식될 수 있는 이성의 법이었다. 이와 같은 자연법 개념에 의거해서 세계 제국으로서의 로마는 가장 포괄적이며 본질적인 법 체계를 갖추게 되었다.

그러나 만민법으로까지 확장되는 과정은 다양하고 복잡하였다. 왕정시대의 관습법을 비롯하여, 공화정 시대 원로원의 의결과 관리의 고시까지 모두 만민법에 포함되었다. 공화정 말기에는 민회의 의결도 법적 효력을 낳게 되었으며, 제정 시대에 들어와서는 황제의 칙령은 물론이고, 아우구스투스 이래로 소송 사건을 해결하는 과정에서 나온 법학자들의 견해도 중시되었다. 하드리아누스 황제(76-138) 때의 법학자인 가

이우스(110-179)의 『가이우스 강요』는 후의 『유스티니아누스 강요』의 기초가 되었다.

결국 4세기에는 방대한 양의 사례들이 축적되어 정리하지 않고서는 도저히 활용할 수 없는 상태에 이르렀다. 따라서 법의 집대성 및 체계화된 법전 편찬을 위한 시도가 여러 차례 있었고, 마침내 유스티니아누스(527-565) 대제에 이르러 완결되었다.

로마 문명의 역사적 의의

로마는 전성기에 56개 속주와 7천5백만 인구를 가진 세계 제국이었다. 그 안에서 많은 도시와 민족들이 각자의 특성을 살린 상대주의적 문화권을 형성하였다. 지중해 세계를 통합한 로마는 그리스의 독창적 문화를 중개하고 전파하여 헬레니즘을 세계문화의 차원으로 높였다. 또한 로마는 그리스도교를 유럽화했으며, 로마법 사상을 통해 법과 권리의 개념을 체계화하였다. 종교와 법의 분야에서 로마 문화가 했던 창조적인 역할은 아무리 강조되어도 지나치지 않을 것이다.

대체로 로마 문화의 특징은 셋으로 나눌 수 있다. 먼저 로마의 문화는 그리스 문화를 바탕으로 헬레니즘·에트루리아·이집트 등 앞선 시기의 문화들을 흡수하여 이를 더 종합적이며 보편적인 형태로 체계화하였다. 다음으로 로마 문화에는 실용성이 두드러졌다. 도로 및 상하수도와 같은 토목 공법이나 의학·과학기술·법률이 발달되었다. 로마인의 법 개념, 특히 자연법 체계는 이후 전 세계 법체계의 근간이 되었을 뿐 아니라 근대 유럽 정치사상의 기반이 되었다. 끝으로 로마는 문화적 교량 역할을 하였다. 로마 제국은 그리스 및 그 이전의 고전 문명을 라틴어를 매개로 유럽으로 확산시켰으며 이로 인해 라틴어는 여러 유럽 언어의 모태가 되었다.

6
그리스도교의 발전

그리스도교의 성립

B.C. 1세기 팔레스티나의 유대인 중에는 구세주가 나타나 이스라엘에 왕국을 재건한다는 믿음이 강하게 일고 있었다. A.D. 27년 세례자 요한이 사람들에게 회개할 것을 요구하면서 구세주의 출현을 예언하였다. 이와 같은 유대인의 역사적 기대 속에 예수 그리스도가 나타났다.

성서 및 그 밖의 자료에 따르면 예수 그리스도는 B.C. 4년경 이스라엘 갈릴레 지방 나사렛에서 목수의 아들로 태어났다. 그가 실제로 활발하게 설교한 것은 십자가형에 처해지기 전 약 3년간이었다. 그는 간결하고 알기 쉬운 말로 넓은 사랑과 참된 믿음을 설교하여 큰 반응을 얻었다.

그러나 영적인 신의 왕국에 대한 예수의 설교는 강력한 세속적 왕국을 재건해 줄 메시아를 기대했던 유대인들에게 큰 실망을 안겨주었다.

▲다마스쿠스의 우마이야 모스크에 있는 세례 요한의 무덤

▲성 소피아 교회의 예수상

▲베드로와 바오로

그리하여 29년 예수는 신을 모독했다는 죄명으로 십자가에 못박혀 죽었다. 당시 유데아 지사 본시오 빌라도는 예수의 무죄를 믿었으나 유대인의 반발을 두려워하여 이를 승인하였다.

그리스도교의 성립에서 바오로(사울, 10-67)는 가장 주목되는 인물이었다. 그는 한때 그리스도교를 반대했으나 심각한 내적 변화를 겪고 개종한 후 정열적으로 전도에 나서서 네로 황제 때인 67년경 로마에서 순교하였다. 한마디로 바오로는 그리스도교가 진정한 세계 종교로 자리 잡을 수 있도록 보편성을 부여한 인물이었다.

유대교와 그리스도교의 세계화

그리스도교의 모태는 유대교였다. 유대교나 그리스도교는 다함께 야훼(여호와)를 숭배 대상으로 하는 일신교였다. 또한 구약성서를 바탕으로 하는 우주 창조 및 세계 종말에 관한 신앙은 두 종교에서 다 같이 발견되는 공통적인 요소이다.

그러나 두 종교에는 차이점도 있었다. 유대교에서 구원은 율법을 받은 이스라엘 백성에게만 내려지며, 유대인은 신이 선택한 민족이라는 것이다. 그러나 그리스도교는 유대교가 주장한 좁은 선민사상과 형식적인 율법주의를 거부하였다. 간단히 말해 그리스도교는 신 앞에서의 만인 평등과 세계 동포 사상을 주장하였다.

▲ 사도 바오로 교회, 다마스쿠스
▲▶ 천사의 도움으로 도망치는 바오로를 그린 내부 벽화

▲ 양들에게 설교하는 그리스도 (3세기 중반)
▲▶ 사도들에게 설교하는 그리스도 (카타콤바 벽화, 300년경)

◀ 에페스의 성 요한 교회 유적과 복원도 (A.D. 6세기 유스티니아누스 황제 때 건립)

◀◀ 로마 시대 코린트 유적 전경
◀ 성 빌립보의 순교지에 세워진 교회 유적, 히에라폴리스

예수 사후 첫 백 년 동안은 헌신적인 전도사들 덕분에 시리아와 소아시아의 많은 도시에 신도가 많이 늘어났다. 특히, 바오로는 설교를 대도시에서 집중적으로 했기 때문에 초기 그리스도교는 주로 도시 중심으로 발전하였다. 이어 3세기 말경에는 로마 제국의 거의 모든 곳에 강력한 그리스도교 공동체들이 생겼다.

로마 제국은 처음에는 그리스도교를 박해하지 않았다. 그러나 그리스도교도들은 로마의 전통 종교와 황제 숭배를 인정하지 않았다. 그러나 병역을 거부하였기 때문에 1세기 후반부터 4세기 초까지 역대 로마 황제의 크고 작은 박해가 계속되었다. 그럼에도 그리스도교가 로마 제국 내에서 강력한 세력으로 성장할 수 있었던 이유는 다음과 같다.

먼저 로마 황제들에 의한 박해와 탄압이 종종 있었지만 로마의 분위기는 대체로 관용적이었다. 다음으로 제정 수립 후에는 로마인의 전통적인 신앙이 대체로 약화되고 있었다. 끝으로 그리스도교 공동체의 강한 조직력이 그리스도교의 전파를 성공시키는 요인이 되었다. 초기의 그리스도교 공동체는 정기적인 종교의식을 가지면서 로마의 행정구획을 기준으로 주교·장로·사제 등을 맡을 지도자들을 배출하였다.

사해문서

종래 그리스도교의 기원에 관해 객관적이며 역사적 사료가 적었는데 최근 이 문제에 빛을 던져주는 사료가 발견되었다. 이것이 사해 서북쪽 연안 쿰란에서 발견된 사해문서Dead Sea Scrolls이다. 1947년 아랍인의 한 목동이 잃어버린 양을 찾으러 사해 서쪽에서 헤매다가 가죽으로 된 두루마리 문서로 채워진 50여 개의 원통형 단지를 찾아냈다. 그것은 히브리 민족의 분파인 에세네인의 기록이었다. 1951년에는 부근에서 그 문서를 소유하고 있던 종교 단체의 것으로 보이는 석조건물도 발견되었다. 문서에는 『구약성서』의 사본 이외에 유대교의 일파였던 쿰란 교단의 계율도 발견되었다. 그것에 따르면 이 교단은 세속을 떠나 재산 공유의 공동생활을 영위하고 독신을 지키며 노예를 소유하지 않고 전쟁에도 관계하지 않으며 엄격한 규율에 따라 예배를 하고 죄의 정화를 위한 세례를 행하고 있었다.

▲사해문서 (A.D. 1세기. 암만박물관)

마침내 311년 갈레리우스(재위: 305-311)의 관용 정책을 이어받아 콘스탄티누스 1세(재위: 306-337)는 313년 밀라노 칙령을 공포해서 그리스도교를 공식적으로 인정하였다. 그 이래로 거의 모든 황제들은 그리스도교에 대해 호의적 태도를 취했으며 마침내 테오도시우스 1세(재위: 379-395)는 그리스도교를 국교로 정하였다. 결국 그리스도교는 약 3세기 반 만에 로마를 정복하는 데 성공한 셈이었다.

4
봉건 사회의 성립과 발전

0-300년
게르만 민족의 이동

533년
유스티니아누스의 민법대전

800년
교황 레오 3세 샤를마뉴에게 로마 황제 대관

962년
신성 로마 제국 성립

1054년
동·서 교회의 분리

1066년
노르망디 윌리엄 공의 영국 정복(헤이스팅스 전투)

1095년
프랑스의 클레르몽 회의; 제1차 십자군 운동(1096-1204)

1215년
마그나 카르타

1295년
모델 의회(영국 의회의 기원)

1302년
프랑스, 신분회의 소집

1305-1376년
교황청의 '바빌론 유수(幽囚)'

1339-1453년
백년 전쟁

1453년
콘스탄티노플 함락; 비잔틴 제국의 종말

게르만족이 유럽 각지에 터전을 잡고 로마 제국이 동서로 분열되면서 유럽의 중세 봉건 사회가 시작되었다. 각 지역은 영주와 제후들에 의해 분할되고 장원과 소수의 도시들이 사람들의 생활 단위가 되었다. 그러나 그리스도교가 보편화되면서 유럽인들을 하나로 묶을 수가 있었다. 그리스도교적인 세계관이 지배하던 유럽에 충격을 준 것은 중동 지역에서 발생한 이슬람교의 정치·사상적 영향이었다. 중세 사회를 지배하던 교회와 정치 세력들이 이에 대항하여 일으킨 십자군 전쟁은 오히려 이들의 기반을 약화시켰다. 그 결과 영국·프랑스를 필두로 하는 중앙 집권 국가들이 각 지역에서 성장하면서 중세 유럽은 보다 다양하고 활발한 정치·사회적인 변화를 겪게 된다.

1
게르만 민족의 이동과 유럽

게르만족의 기원

중세라는 용어는 476년 서로마 제국이 멸망한 이후 16세기까지의 약 1천년을 가리키며 르네상스 시대 지식인이 암흑과 야만의 중간 시기 medii aevi란 뜻으로 사용하였다. 정치적으로 볼 때, 서로마가 멸망한 후 지중해 세계의 통합이 무너지고 서유럽에 정치적 공백기가 온 것은 사실이다. 그러나 서로마 붕괴 이후 서방 세계에 커다란 영향력을 발휘한 문화권은 셋이었다. 첫 번째는 비잔틴 문화권이었고, 두 번째는 이슬람 문화권이었다. 마지막으로 게르만 민족이 주도한 서방 문화권이 있었다. 게르만 민족이야말로 유럽 민족의 바탕으로서 중세 서방 문화권을 형성한 자들이었다.

게르만 민족은 유럽 내륙에 거주하던 인도-유럽어족에 속한다. 이

민족은 본래 발트 해 연안에 살고 있었는데, 먼저 이동한 켈트인을 따라 남하하면서 중앙 및 동유럽 일대에 널리 분포하게 되었다. 게르만 민족은 반유목민으로 유목과 농경을 병행하고 있었다. 가축이 물물교환의 단위였고 토지 소유에 대한 권리가 씨족에게 있었다.

초기 로마 사료에서는 게르만 민족의 생활을 높이 평가하고 있다. 게르만 사회에서는 개인적 자유와 평등이 허용되고 도덕적 부패가 없었다. 자유민은 무장할 권리와 집단 행위에 대한 발언권을 갖고 있었다. 성인 남자들은 무장 조직단을 조직해서 전투를 하거나 평상시에는 사냥을 하였다.

게르만인의 종교는 다신교로 하늘이나 숲을 다스리는, 자연의 힘을

게르마니아

타키투스의 『게르마니아De Origine et Situ Germanorum』는 게르만족의 이동 전 게르만 사회에 대한 초기 사료로 카에사르의 『갈리아 전기戰記: De Bello Gallico』와 함께 남아있는 가장 중요한 자료이다. 전체 46장으로 된 이 책에서 그는 게르만인의 풍습·제도·경제생활의 실상을 적고 있다. 이 책이 기술될 당시 게르만인은 수십 개의 부족 국가civitas로 나누어져 있었다. 각 부족 국가에는 왕 또는 몇 사람의 족장이 있었으나 중요한 정책 결정은 자유민으로 구성된 민회에서 전원 일치로 결정되었다. 카에사르는 게르만인의 제도와 관습에 관해 다음과 같이 적고 있다. "사소한 경우는 족장들이 재량권을 가지고 있었으나 중대사에 관해서는 전체 공동체의 모든 사람들이 상의한다. 초승달이 나오는 밤과 달이 없어지는 밤에 집회를 열었다. … 대중의 결정에 따라 완전무장하고 참석한다. … 만일 어떤 제안이 참석자들의 마음에 들지 않으면 큰 소리로 반대를 외친다. 만일 승인하는 경우는 창을 부딪쳐 소리를 낸다. 누구든 평의원회의에 고발할 수 있으며 또한 최고형을 요구할 수 있다. 처벌은 범죄 내용에 따라 다르다."

상징하는 많은 남녀 신들을 믿었다. 주신은 워탄Wotan, 전쟁의 신은 티우Thieu, 힘의 신은 토르Thor, 생산의 신은 프레이야Freya였다. 이 명칭은 오늘날 수요일·화요일·목요일·금요일을 나타내는 영어 단어에 남아 있다.

게르만인의 기본적 정치 단위는 부족이며 각 부족은 다수의 씨족으로 구성되었다. 씨족장들이 구성하는 부족 회의는 전쟁과 평화, 종교나 재판과 같은 주요 정책을 결정하였다. 모든 전투 지휘관은 '부하들'을 데리고 있었다. 지도자와 부하 사이에는 충성을 서약하고 그 대신 무장과 숙식이 제공되었는데, 이것이 종사제comitatus였다. 이 제도는 후에 중세 유럽 봉건 사회의 주종 제도가 생기는 데 영향을 끼쳤다.

전체적으로 보아 게르만족의 초기 이동은 평화적이었다. 게르만인은 공한지에 정착하거나 로마 군대에서 복무할 수 있었다. 로마 제국의 관용과 타협 정책으로 그들의 문화적 적응과 융합은 평화적으로 진행되었다. 게르만 민족이 이동하게 된 가장 큰 이유는 인구 증가에 따른 농경지 부족이었다. 다음으로는 물질적 부의 추구와 로마 문화에 대한 동경이었다.

그러나 4세기 말경부터 훈족의 공격을 피해 로마 제국으로 들어온 게르만 민족들은 약탈과 파괴를 수반하였다. 본래 흑해 연안의 저지대에 살고 있던 훈족은 남하하여 도나우 강 중간 평원 지대에 커다란 제국을 건설했으나 아틸라(406-453)가 죽은 후에는 붕괴되고 말았다.

훈족은 흑해 연안의 동·서고트족을 공격하였다. 공포에 질린 서고트족이 로마 제국의 허락을 받고 로마 영토 안으로 이주하였으나 곧 반란을 일으켰다. 이에 동로마 황제 발렌스(재위: 364-378)가 직접 지휘하여 진압에 나섰다. 그러나 378년 지금의 터키 에디르네가 있는 아드리아노플 전투에서 패배하고 황제는 전사하였다. 아드리아노플 전투 이후

150년 동안은 혼란과 무정부 상태가 뒤따랐다. 게르만의 여러 부족들이 로마 제국의 모든 지역을 거의 마음대로 이동하면서 로마의 행정 조직을 마비시켰다.

테오도시우스 황제의 강력한 통치로 게르만족의 이동은 잠시 주춤했으나 그가 죽자 서고트족이 알라릭(370-410) 왕의 지휘 아래 410년 다시 로마에 침입하여 마음대로 약탈하였다. 그 후 455년 로마는 스페인과 카르타고를 점령한 반달족 겐세릭(재위: 428-477) 왕에 의해 또 다시 약탈되었으며, 마침내 476년 서로마 최후의 황제 로물루스 아우구스툴루스(재위: 475-476)가 게르만 출신의 로마군 지휘관 오도아케르(434-493)에 의해 폐위되었다. 아우구스툴루스는 '작은 황제'를 의미하였다. 이로써 천 년 간의 로마 역사는 막을 내렸다.

게르만 민족의 구분과 이동

게르만 민족은 동부 게르만·서부 게르만·북부 게르만으로 크게 구분될 수 있다. 동부 게르만(고트·반달·부르군드 등)은 로마와 타협하고, 침입한 후에는 일시적이나마 로마의 지배층에 속하게 되었다. 이에 반하여 서부 게르만(프랑크·색슨·앵글 등)은 비타협적이고 과격하여 로마 제국의 영토 안으로 침입할 때 철저하게 약탈과 파괴를 일삼았다. 더욱이 동부 게르만은 일찍부터 아리우스 파에 속하는 그리스도교를 알고 있었으나 서부 게르만은 다신적 범신교를 믿고 있었다. 북부 게르만은 노르만 민족이라고도 하며 다른 게르만 민족보다는 좀 늦게, 9세기경부터 이동을 시작하였다.

게르만 민족의 이동 과정은 크게 두 단계로 나누어진다. 첫째는 4세기 후반(375)에 시작하여 6세기에 절정을 이룬 동부 게르만 민족 집단의 이동 시기이다. 이 단계는 6세기 롬바르트족의 이동으로 일단 끝이

게르만 왕국과 동로마

났다. 다음으로 9세기 이후 10세기 후반에 있은, 북부 게르만 민족 집단에 속한 해양 민족인 북유럽의 노르만 민족이 이동한 시기이다. 첫 단계와 두 번째 단계 사이에 서부 게르만족에 속하는 프랑크 왕국이 대부분의 유럽 핵심부를 장악하여 정치적 안정을 유지하던 시기가 있었다.

게르만 민족 가운데 가장 먼저 대규모 이동을 한 민족은 고트족이었다. 중세 미술 양식을 가리키는 일반적 명칭이 고트 식(고딕)이라는 사실에서 고트족의 이동이 유럽 세계에 준 충격을 짐작할 수 있다. 가장 먼저 움직인 서고트족은 원래 도나우 강 하류에 살고 있다가 훈족 때문에 서쪽으로 이동하여 410년에는 이탈리아로 들어가 로마를 약탈하였다. 그 후 이들은 갈리아 지방으로 이동했으나 결국 스페인으로 가서 고트 왕국(466-711)을 건설하였다.

한편, 동고트족은 원래 돈 강과 드네스테르 강 중간 지역에 살고 있었다. 이들은 테오도릭(454-526) 왕의 지휘 하에 이탈리아에 침입하여 동

게르만족의 이동과 개종

310년	고트족과 기타 게르만 민족이 도나우 강 유역에 침입.
350년	훈족의 침입, 동고트족을 공격하는 한편 서고트족을 비잔틴 제국 영토 안으로 밀어붙임.
378년	아드리아노플 전투. 서고트족이 비잔틴 군대 격파.
400년	프랑크족, 알라만족, 부르군드족, 반달족 및 기타의 게르만 민족이 라인 강을 건너 갈리아에 침입.
410-429년	서고트족이 로마 약탈한 후 갈리아 지방을 거쳐 스페인과 갈리아 남부 지역으로 침입.
430-500년	앵글로-색슨족은 영국, 반달족은 아프리카, 프랑크족은 갈리아, 알라만족은 알자스, 부르군드족은 론 계곡 지역에 각각 침입.
485-526년	클로비스의 통치, 프랑크족의 로마 가톨릭 개종.
493-526년	테오도릭의 통치, 동고트 왕국을 이탈리아에 세움.
527-565년	유스티니아누스의 통치. 북아프리카의 반달 왕국 정복. 스페인·이탈리아 일부 정복.
714-741년	마르텔이 아랍족을 투르(포아티에) 전투에서 격파.
751년	페핀 2세가 프랑크족의 왕이 되고 754년 교황의 인정을 받음.

고트 왕국(493-555)을 건설하였다.

오늘날의 오스트리아와 헝가리 지방에 해당하는 오데르 강 상류에 살고 있던 반달족은 서고트족보다 먼저 스페인에 들어가 있었다. 그리고 서고트족이 들어오자 북아프리카 지중해 연안으로 건너가 반달 왕국(429-534)을 세웠다. 반달족은 북아프리카에서 지중해에 걸쳐 마음껏 출몰하며 연안 지대를 약탈하고 파괴했으므로 폭력적 만행을 의미하는 '문화파괴vandalism'라는 말을 낳게 되었다.

부르군드족은 원래 발트 해 연안에 거주하다가 점차 남쪽으로 내려와 론 강 상류에 부르군드 왕국(443-534)을 건설하였다. 이 민족의 명칭이 오늘날 남프랑스 부르고뉴 시의 명칭에 남아 있다.

서유럽의 핵심부를 차지한 프랑크족은 프랑크 왕국의 건설을 통해 8-9세기 안정적 정치세력을 구축했으며, 라인 강 하류에 살고 있던 롬바르트족은 이탈리아 북쪽에 이동하여 롬바르트 왕국(568-774)을 세웠다. 오늘날 밀라노 일대를 가리키는 롬바르디아 지방의 명칭에 그 자취가 남아 있다.

스칸디나비아와 북해의 섬들에 살고 있던 앵글족·색슨족·쥬트족 등은 남쪽으로 유럽 서북부에 이동한 후 끝내는 도우버 해협을 건너가 원주민 켈트족과 스코트족을 압박하여 일곱 개 왕국을 수립하였다. 이로써 앵글로-색슨족이 영국 민족의 인종적 구성을 이루는 주요한 요소가 되었다.

2
프랑크 왕국의 발전과 서유럽의 형성

프랑크 왕국의 성립과 발전

프랑크족은 훈족이 유럽에 침입했을 때 라인 강 유역에 살고 있었다. 클로비스 1세(재위: 481-511)가 5세기 초 갈리아 북부에서 남쪽으로 계속 진출하여 갈리아의 중앙과 남부를 점거하고 486년 메로비스 왕조를 수립하였다. 클로비스는 그리스도교도인 부르군드 왕녀 클로틸다(475-545)와 결혼하여 496년 그리스도교로 개종하였다. 그는 게르만 민족의 왕들 가운데 유일한 가톨릭 신도가 되었으며, 이후의 영토 확장 정책은 이교도 정복의 사명을 띤 종교 전쟁과 같은 것이었다.

클로비스 왕 사후 그의 계승자들도 정복 사업을 계속했으나 6세기 후반기부터는 지배력이 약화되었다. 그리하여 실권이 궁재Majordomus에게 넘어가고 지방 호족의 세력이 커졌다. 이와 때를 같이하여 소규모

프랑크 왕국의 영토

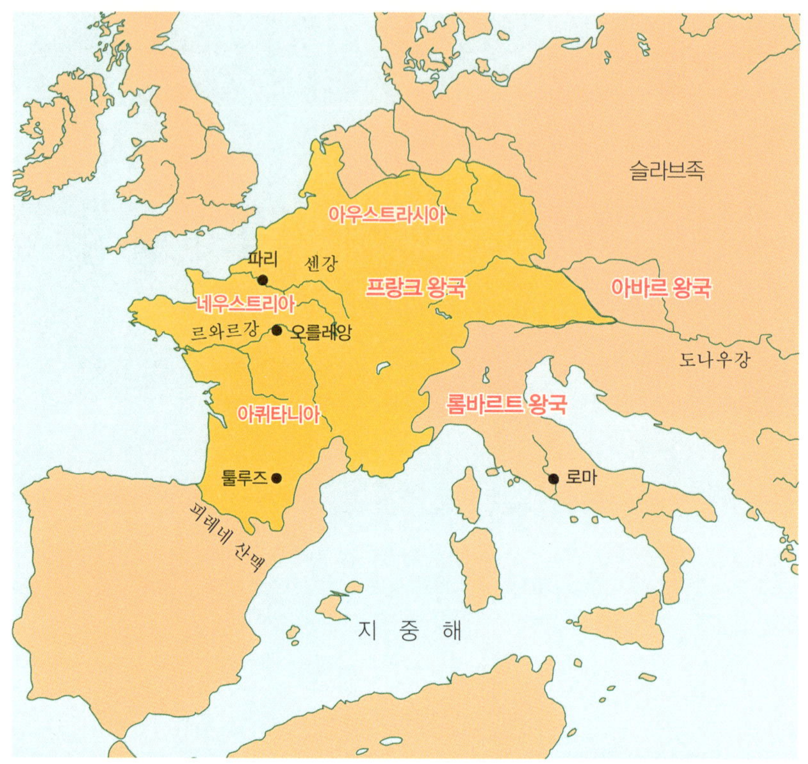

의 자작농이 많아지기 시작하고 대토지를 소유하는 지주들이 나타났다.

프랑크 왕국의 실권을 장악한 페핀 가의 대大페핀(680-714)의 아들 마르텔(689-741)은 호족세력을 대표하여 732년 궁재宮宰가 되었다. 마르텔은 같은 해 투르 전투에서 이베리아 반도에서 북상하던 이슬람군을 격퇴함으로써 그는 프랑크 왕국의 지배력을 한층 강화하였다.

마르텔의 아들 페핀 2세(小피핀, 714-768)는 국내의 반란 세력을 물리치고 색슨족 등을 정복한 뒤 752년 메로비스 왕조를 무너뜨리고 카롤루스 왕조를 세웠다. 로마 교황은 그의 찬탈 행위를 지지했으며 새 왕조는 그리스도교의 선교 정책을 더욱 강력하게 추진시켜 나갔다. 그는 롬바르트족으로부터 로마에서 라벤나에 이르는 지역을 빼앗아 교황에게 기부했는데, 이것이 독립 국가로서 교황령 국가의 기원이 되었다.

768년 페핀이 죽은 후 프랑크 왕국의 전성기가 왔다. 샤를마뉴(대제: 742-814)는 교황의 요청으로 롬바르트족을 정복하고 색슨족을 그리스도교로 개종시켰다. 그 후에도 정복 사업은 계속되어 서유럽 대부분이 프랑크 왕국의 지배 아래에 들어갔다. 800년 크리스마스에 샤를마뉴가 이탈리아를 방문했을 때 교황 레오 3세(795-816)는 그에게 '로마인의 황제'란 칭호를 주었다.

로마 제국 멸망의 주요 세력이었던 게르만 민족 출신의 왕이 로마인의 황제가 된 것은 역사적으로 뜻깊은 사건이었다. 우선 로마인의 황제라는 칭호로 로마 제국의 전통이 회복되었으며 다음으로 이미 진행 중에 있던 프

샤를마뉴

중세 초기 가장 중요한 유럽의 지배자는 샤를마뉴였다. 왕의 측근인 아인하르트는 『샤를마뉴 전기』에서 다음과 같이 기술하였다. "샤를마뉴는 장대하고 힘세고 위풍당당한 체격으로 키는 발길이의 일곱 배나 되었다. 민족적 관습에 따라 그는 자주 말 타기와 사냥을 하였다. 그는 또한 성 아우구스티누스의 책을 좋아했고 특히 『신국론』을 애독하였다.

샤를마뉴는 유창한 언변의 재주를 가졌으며 아주 뚜렷하게 자기 의사를 표현할 줄 알았다. 그는 자신의 나라 말만 능통하기에 만족치 않고 라틴어를 습득하여 국어만큼 유창하게 말하였다."

▲ 샤를마뉴의 궁전 (복원도)

▲ 샤를마뉴 시대에 씌어진 필사본 (8세기 후반)

샤를마뉴의 판도(프랑크 왕국)

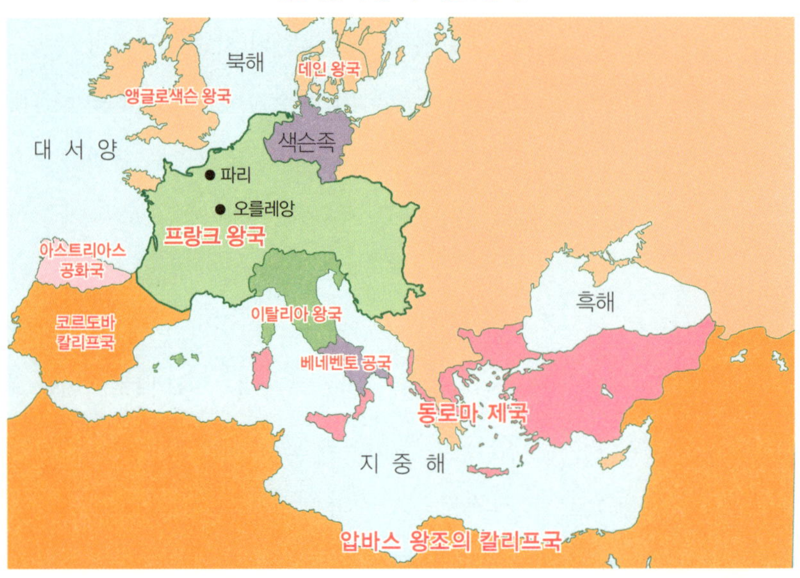

랑크 왕과 교황이 상부상조하는 교속 제휴가 사실로 나타났다. 끝으로 962년 오토 1세(912-973)로부터 시작되는 신성 로마 제국의 터전이 이때 놓이게 되었다.

유럽 대부분의 지역을 정복함으로써 그리스도교를 널리 전파시킨 것은 샤를마뉴의 업적이었다. 그는 중앙 집권적인 정치 체제를 수립하고, 중앙에서 파견된 순찰사로 하여금 지방 행정을 감독하게 하였다. 또 그는 학문과 교육을 부흥시키고 문화를 번성케 하여 이른바 '카롤루스 왕조의 르네상스'를 이룩하였다. 유럽 각지로부터 저명한 학자들을 초빙하여 그들로부터 고전적인 서적과 자료를 편찬, 해석하는 등 학문 연구 발전에 기여하였다. 무엇보다도 '카롤루스 왕조 르네상스'의 역사적 의의는 라틴-튜턴 사회의 조직과 그리스도교를 바탕으로 고전 문화를 보존하고 그리스-라틴 문화를 융합시켜서 서유럽 세계를 성립시켰다는 데 있다.

프랑크 왕국의 분열

샤를마뉴가 죽자 프랑크 왕국의 강력한 지배력은 무너지고 중앙 집권 체제도 약화되었다. 그의 세 아들 중 두 명은 일찍 죽고 루이(경건왕: 814-840)가 왕위를 계승했으나 이후 프랑크 왕국은 셋으로 갈라졌다. 곧 루이의 세 아들이 베르덩 조약(843)을 맺고 왕국을 3분했기 때문이다. 큰아들 로타르 1세(795-855)는 중간 지대와 이탈리아를 포함하는 왕국을 차지하였다. 이것이 로타르 왕국이며, 그 후 독일에서는 로타링겐, 프랑스에서는 로렌이라 부르게 되었다. 둘째인 루드비히 2세(독일왕: 804-876)는 라인 강 이동 지역인 동프랑크, 막내 샤를르 2세(대머리왕: 827-877)는 북프랑스와 라인-모젤 강 지역인 서프랑크를 각각 나누어 지배하게 되었다.

그러나 로타르 1세가 죽은 뒤 동서 프랑크 왕국은 870년 메르센 조약으로 중간 지대를 분할하였다. 이것이 후세의 알자스-로렌으로 독일과 프랑스의 다툼의 씨가 되었다. 프랑크 왕국이 쇠퇴하는 9세기와 10세기에 노르만 민족이 주로 해상 활동을 통해 대규모로 이동하였다. 9세기에 아이슬란드에 진출한 바 있는 노르웨이족은 10세기 말 대서양으로 나아갔고 11세기 초에는 북아메리카 대륙에 정착한 적도 있었다.

루스족은 9세기 중반에 스칸디나비아에서 동쪽으로 이동하여 드네프르 강과 흑해 근처의 슬라브 민족을 지배하였다. 그들은 862년 추장 루릭(830-879)의 영도 아래 키예프에 추장 국가를 건설했는데, 이는 근대 러시아 제국의 기초가 되었다. 루스족의 이름은 러시아Russia란 말 속에 남아 있다.

오늘날의 덴마크를 구성하는 덴족은 수시로 영국 북동부를 공격하여 마침내 덴족의 왕과 당시 영국 왕 알프레드는 협정을 맺었다. 이로써 덴족은 영국 동북부에 항구적으로 정착할 권리를 차지하게 되어 이 지

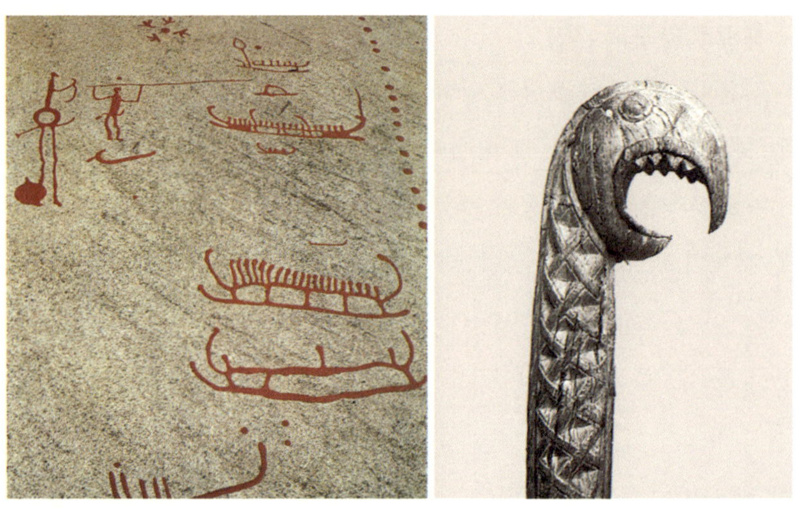

▲ 바위에 새겨진 바이킹족. 전사의 모습과 배 (스웨덴, 청동기 시대).
▲▶ 바이킹이 타고 다니던 배의 뱃머리를 장신했던 용머리.

역을 데인로라 불렀다. 그 후 덴마크 왕 카누트 2세(994-1035)가 1017년 영국 왕으로 추대되었으나 젊은 나이에 죽고, 그의 혈통도 역시 1042년에 끊겼다. 그 후 곧 색슨 계열의 에드워드(1002-1066)가 영국의 왕이 되었다.

바이킹
노르만 민족의 별칭이며 강구江口의 뜻인 vik에서 유래하였다. 1914년 오제베르크 부근에서 노르만인의 배가 발굴된 것이 바이킹의 실증적 연구의 계기가 되었다.

노르만 민족은 바이킹 민족으로 샤를마뉴 사후 9세기 초 프랑크 왕국에 침입하여 센 강 하류에 근거를 마련하였다. 911년 서프랑크 왕국의 샤를르 3세는 부득이 그 지역을 양도하고 추장 롤로(860-931)를 제1대 노르망디 공으로 인정할 수밖에 없었다. 이것이 그 민족의 이름을 딴 노르망디 공국의 시작이었다. 1066년 정복자 노르망디 공 윌리엄 1세(1027-1087)는 영국을 정복했으며 아울러 시칠리아와 남이탈리아를 침입하여 나폴리 왕국을 건설하였다.

3
봉건 사회의 성립과 장원 제도

봉건 제도의 성격

9세기 말에서 10세기를 거치는 동안 유럽은 프랑크 왕국의 카롤루스 왕조가 약화되고 사라센·마자르·바이킹 등과 같은 민족들이 유럽 안으로 침공해 왔다. 그 결과 혼란과 불안정한 시대에 걸맞은 독특한 사회 체제가 나왔다. 이것이 봉건 사회였다. 봉건 사회를 구조적으로 뒷받침한 두 기둥은 봉건 제도와 장원 제도였다.

먼저 봉건 제도는 지배층인 귀족 계급의 내부에서 성립되는 권리·의무 관계에 관한 정치 제도였다. 이 제도에 따르면 그들 사이에 토지를 매개로 하는 주군과 가신의 관계가 성립되었다. 제후는 각자의 영역 안에서 주권을 행사하였다. 그러므로 왕의 권한은 다만 그가 직접 거느린 몇몇 대귀족들에게 국한되었으며, 백성 전체에는 미치지 못하였다. 왕의 영역은 이론상으로나 실제상으로 '나라 안의 나라'에 불과하였다.

경제적인 면에서 봉건 사회를 뒷받침한 또 다른 제도는 장원 제도였다. 농촌은 일정한 넓이와 농업 인구를 가진 장원으로 구성되었다. 장원을 중심으로 농민은 자급자족적인 공동생활을 하였다. 사회적으로는 지배층인 귀족은 기사들과 교회의 성직자들로서 특권을 누리고 있었다. 한편, 비특권 계급인 피지배층은 농민, 도시민이며 인구의 대부분을 차지하였다.

봉건 사회는 지역과 시대에 따라 그 양상에 차이가 있었으나 대체로 10-11세기에 프랑스를 비롯하여, 영국과 독일 지방에서 뚜렷한 형태를 갖추었다. 그 후 2세기 동안 가장 전형적인 형태로 완성되었다. 봉건 사회는 장원 제도를 경제적 기반으로 하고 주군과 가신 간의 계층적인 보호·충성 관계를 상부 구조로 한 서유럽 특유의 사회 체제였다.

봉건 제도의 기원

봉건 제도는 개인적 예속과 토지 대여라는 두 관행이 오랫동안 어우러져 성립된 제도였다. 개인적 예속은 게르만의 종사 제도와 로마의 사적 보호제에서 그 유래를 찾을 수 있다. 토지 대여의 기원은 게르만의 봉토 하사제와 로마의 소작 제도에까지 거슬러 올라갈 수 있다.

제정 말기에 로마 제국 변두리 지방의 소토지를 소유하고 있던 농민은 혼란한 시기를 살아가기 위해서는 군사적으로 세력 있는 자들의 보호를 받아야 하였다. 그들은 개인적인 보호를 받는 대가로 거기에 상응하는 봉사를 하여야만 했는데 이러한 관례가 사적 보호 제도였다. 사적 보호 제도 아래에서는 농민에게 군사 의무가 있었던 것은 아니었다. 그러나 메로비스 왕조에 이르러 기탁 제도가 관습화됨으로써 강력한 귀족들에게 토지를 기탁한 농민은 군사 복무를 하게 되었다.

로마 시대의 또 다른 관습으로는 소작 제도가 있었다. 이 제도는 불안에 떠는 자유 농민 혹은 빚에 몰린 농민이 농장주에게 자기 땅을 넘겨주고 그 땅의 소작을 자청하는 것이었다. 소작제의 다른 형태는 토지가 없는 농민이 지주에게 생산물이나 노역을 제공하고 그 대신 소작을 간청하는 경우로 교회가 이 제도를 활용하였다.

또 8세기에는 일정 기간 토지를 대여해 주는 은대지 제도가 성립하였다. 대귀족이 관리나 보좌관들에게 보수로 토지를 대여하는 제도였으나 카롤루스 왕조 시대에 이르러 토지 대여뿐 아니라 조세와 봉사까지 면제시켜 주는 제도로 바뀌었다. 이 경우 대여 토지는 세습적인 보유지가 되었다.

이와 아울러 게르만 전통에서 유래된 것은 종사 제도였다. 일찍이 게르만 부족 사회에는 병사들이 부족장 또는 족장에게 복종하는 제도가 있었다. 이러한 주종 관계는 후기 카롤루스 왕조 시대에 지주들이

▲ 봉건 사회를 구성하는 3요소 (기사 · 농민 · 성직자).

정치 권력을 사유화하게 된 이후 관습으로 뿌리를 내리게 되었다. 특히 843년 이후 왕국이 분할되어 왕권이 쇠퇴했을 때 그러하였다.

왕은 왕령 토지를 대귀족과 강력한 성직자들에게 대여하면서 충성과 봉사를 요구하였다. 그러나 점차 왕권이 무력화되고 공권이 제약받게 되자 토지 소유층이 새로운 정치 세력으로 등장하고 무장 군인을 거느리게 되었다. 봉건 제도 아래에서 엘리트 계급 상호 간의 개인적 유대는 이러한 게르만의 관습에서 기원하였다.

한편, 전술적 변화도 봉건 제도 수립에 한몫하였다. 프랑크 왕국은 마르텔 시대(8세기 초)에 사라센에 대항하기 위하여 기병을 양성하는 군사 개혁을 하였다. 이것은 이후 기사 제도의 기반이 되었다. 9세기에 샤를마뉴가 귀족들도 무장 군인을 거느릴 수 있도록 한 칙령을 공포한 이래 직업 군인은 하나의 사회 계급으로 자리 잡게 되었다.

봉건 제도의 특성

봉건 제도는 9세기 중반에 뚜렷한 형태를 갖추게 되면서 10세기에는 유럽의 지배적인 제도가 되었다. 이 제도는 프랑크 왕국의 중앙 집권 체제가 약화되면서 더욱 더 강화되었다. 즉, 각 지역의 강력한 귀족들이 공권력을 행사한 것이다. 봉건 제도는 토지 보유 형태·주종 관계·군사 제도·법적 관할권 등 여러 면에서 독특한 특성이 있었고, 영주의 허가 없이는 국왕이라도 영지에 드나들 수 없는 불입권이 보장되어 있었다.

주군과 가신의 관계는 양측이 상호 의무를 통해 서로가 얽매이게 되는 쌍무 계약으로 이루어졌다. 봉건 계약은 어느 한쪽이 의무 이행을 거부하지 않는 한 지속적으로 효력이 있었다. 10세기경 주군-가신 간의 관계는 세습화되어 수 세대에 걸쳐 거의 변동없이 계속되었다. 다만, 어느 한편이 죽는 경우 그 계승자는 의식을 통해 계약을 갱신해야 하였다. 재분봉 봉토를 받은 가신은 그 땅의 일부를 다른 사람들에게 다시 재분봉할 수 있었다. 이 경우 가신은 상위 영주에게는 가신이지만 재분봉 대상자에게는 주군이 되었다. 이렇게 여러 단계의 재분봉 과정을 통해 지배 계급은 피라미드 모양의 구조를 갖추게 되었다.

주군과 가신의 관계는 쌍무적이었다. 먼저 가신의 의무는 무엇보다도 군사 의무였다. 가신은 주군의 요청에 응하여 자기 부담으로 무장하고 수시로 전투에 참가하거나 성곽을 경비하는 데 동원되었다. 중세 사회가 안정되면서 군사 의무의 이행은 일정 기간(보통 1년 중 40일)으로 한정되었다.

다음으로 가신은 영주 법정에 배석해서 재판에 참여해야 하는 의무가 있었다. 그 밖에 가신은 금전이나 생산물의 일부를 주군에게 공납해야 하였다. 이 공납은 정기적 공납이 아니고 특별한 경우 수시로 바치는 것이었다. 주군의 장남이 기사로 서임될 때의 협찬금, 결혼할 때의 혼자금, 혹은 주군이 포로가 되었을 때의 인질대금 등이 그것이었다.

재봉분과 봉건적 계층화

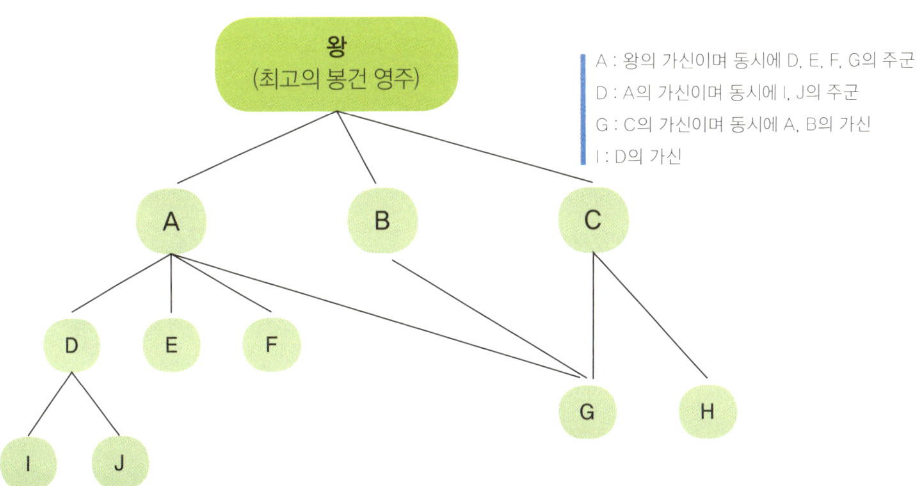

끝으로 주군이 방문하면 가신은 주군과 수행원들에게 숙식을 제공할 의무가 있었다. 그래서 관례상 수행원의 수는 제한되었으며, 이것 역시 일정액의 돈을 내는 것으로 대체되기도 하였다. 이러한 의무 이외에 가신은 관례대로 행해진 부수적인 공납금을 내야 하였다. 예를 들면 가신은 조의금이나 상속대라 할 수 있는 부조금을 납부하였다.

반면, 주군의 의무는 무엇보다 가신의 봉토가 침입자나 적으로부터 침범당하지 않도록 보호해 주는 것이었다. 이것은 실상 자기 자신의 토지를 보호하는 것이나 다름없었다. 또한 주군은 가신이 동료들에 의한 재판을 받도록 주관해야 하며 국왕의 법정에서는 가신을 변호해야 할 의무가 있었다. 이러한 의무를 주군이 이행하지 않는 경우 가신은 충성과 복종을 취소해도 되었다.

기사 제도

중세 지배층인 귀족은 군 복무를 중심으로 상호 간에 주종관계를 맺었지만 주군이든 가신이든 모두 전투를 전문으로 하는 군인이었다. 전투 방식이 주로 기병을 중심으로 진행되었기 때문에 귀족들은 모두 기사였다. 여기에서 무엇보다도 높이 평가된 것은 용기와 명예였다. 기사에게는 도덕 규범이나 가치관인 기사도가 있었다. 기사도는 시인들에 의해 찬양되고 이상화되었는데, 「롤랑의 노래」, 「시드」와 같은 서사시에서 잘 표현되었다.

12-13세기에 확립된 기사도는 프랑스 지방에서 전형적으로 발전되었으며 어원 역시 프랑스어의 '말馬: cheval'에 있다. 기사가 되기 위한 절차도 제도화되어 기사 후보생은 일정한 수련 기간이 끝난 후 정해진 의식을 치르고 기사로

▲ 궁정식 사랑: 기사들은 자신이 사랑하거나 존경하는 귀부인 앞에서 "당신 아니면 죽음"이라는 말을 하였다.

서임되었다. 기사들은 무술 이외에는 특별한 교육을 받지 않았으므로 폭음이나 대식, 도박, 방탕한 생활에 빠지는 경우도 많았다.

기사들의 전투 방식은 독특하였다. 그들은 무기와 방패에 '가문家紋'을 새겨 가문의 명예를 존중하였다. 전쟁터에서는 두 진영이 보고 있는 가운데 한 사람씩 나와 출신 가문의 이름을 외치면서 싸우는 개인적인 결투가 중세의 독특한 전투 방식이었다. 그러나 전투 방식이 기병보다 보병 중심으로 편성됨에 따라 기사 제도는 점차 사라질 운명에 놓이게 되었다.

장원 제도

봉건 지배층이 영유한 봉토는 여러 개의 장원들로 구성되었다. 장원은 간단히 말하면 보통 기사 한 사람이 소유한 토지를 단위로 하며 대개 하나의 마을로 되어 있었다. 장원은 영주와 농민층이 필요로 하는 모든 것을 생산하는 경제적 하부 구조였다. 동시에 농민의 지배와 영주와 농민 상호 간의 관계를 규정하는 정치·사회적 단위였다.

장원의 형태와 구조는 지역과 시대에 따라 달랐다. 그러나 대체로 작은 장원이라면 300-400에이커이며 10가구 정도의 농민이 각각 30에이커(약 116,640m^2) 씩을 보유하고 있었다. 그러므로 거의 같은 시기의 아시아 특히, 고려 시대의 농민에 비해서 유럽 농민은 상대적으로 넓은 면적의 땅을 경작하였다.

장원 내의 가장 높은 곳에는 성벽을 쌓은 장원청이 있어서 외부의 공격을 받았을 때 영주와 농민의 피난처가 되었다. 장원 행정은 농민 측에서 나온 대표들에게 위임되는 경우도 있었다. 그는 영주와 농민 사이에서 중개역을 하고 노역을 감독하며, 파종·경작·수확 등 기술적 측면을 주도하였다.

▲ 장원의 전경

장원청 근처에는 농가들이 밀집하여 마을을 이루고 있었다. 마을에는 제분소·대장간·교회·사제관이 있었으며 민가들을 중심으로 경작지, 목초지, 숲이 있었다. 이러한 땅에 대해서는 농민들이 공동으로 사용할 수 있는 권리(공동 사용권)를 가지고 있었다. 경작지의 3분의 1 또는 반 정도는 영주 소유의 '직영지'였고, 나머지는 농민 경작지였다.

농경 방식의 특이한 점은 장원 내 모든 농경지는 울타리를 두르지 않은 이른바 '개방지'였다. 이러한 개방지는 근대 이래 울타리를 친 개인 농장과 대비된다. 중세에 개방지 제도가 정착할 수 있었던 것은 농민이 자기의 농기구를 소유하지 않았으며 따라서 협동 작업이 필요했기 때문이었다.

농사를 짓는 땅은 보통 추경지·춘경지·휴한지 세부분으로 나누어졌다. 이와 같은 '3포 제도'는 고대 그리스 및 로마에 있었던 2포 제도의 연장이었다. 10세기 이후에는 밀이나 라이보리를 가을에 파종하면서 더 효율적인 3포 제도가 나오게 되었다.

농토를 여러 부분으로 나누는 이유는 비료 주는 법이나 토지 개량법

▶ 밭갈이 하는 중세 농민

이 덜 개발되었기 때문이었다. 간단히 말해서 3포 제도는 경작지를 순환 활용하는 제도였다. 밭갈이 순서·파종의 종류·수확 시기 등 경작 방법을 농민 각자가 자유롭게 선택할 수 있는 것은 아니었다. 모든 것은 마을 전체의 협동 작업과 공동 결정에 따라 실시되었는데, 이러한 농경 방식을 '경작강제'라 한다.

장원 경작지에 관한 특이한 점은 혼재지 제도이다. 영주 직영지든 농민 보유지든 모든 경작지는 일정 크기의 기다란 조각으로 나누어져 3포에 분산되어 있었다. 농민 보유지의 크기는 지역마다 다르나 평균 30에이커이며, 각각 10에이커씩 3포에 고루 흩어져 있었다. 그러나 이 지조地條의 크기는 나라마다 시기마다 달랐다.

장원은 영주의 수입원이었지만 농민 측에서 보면 일상적인 삶의 터전이었다. 양자 관계는 관습상 법적 효력을 갖는 일종의 불문 계약에 의해 규정되었다. 영주는 농민들에게 제분소와 교회를 마련해 주고 법정을 열어 재판을 실시하였다. 영주의 땅이라 해도 정당한 사유없이 농민의 땅을 영주가 빼앗지 못하였다.

농민이 영주에게 해야 할 부담은 적지 않았다. 농민의 의무에는 노역·각종 공납·시설 사용료 등이 있었다. 노역에는 '주역週役'과 '특별 노역' 두 종류가 있었다. 주역은 농민이 매주 2-3일 간 정기적으로 영주 직영지의 경작에 동원되는 노동이었다. 특별 노역은 파종 때나 수확기와 같은 농번기에 농민들이 동원되는 노동이었고 그 밖에 다리나 도로 보수 및 운반 작업 등을 하는 '임시 노역'이 있었다. 노역 이외에 농민들은 교회에 대해서 10분의 1세를 내야 하였다.

▲ 종교 축일에 순례자들이 돌아다니고 상인들은 가판대를 펼쳐놓았다. 그리고 주교(가운데)는 거리에 있는 사람들에게 축복을 내려주었다.

본래 농민이 내는 지대는 현물이었지만 중세 후기에 이르면서 화폐로 지불하는 '금납화'가 제도화되었다. 이 밖에 해마다 한 번 이상 인두세로 곡물·가축·닭·벌꿀 등을 공납하였다. 농민의 아들이 성직을 가지거나 딸이 외지 사람과 결혼할 때는 영주 편에서 볼 때 노동력의 상실이므로, 사전 승인을 받아야 할 뿐 아니라 그 대가를 지불해야 하였다. 농민이 사망하면 당연히 토지는 아들에게 물려주게 되었으나 영주는 이때도 가축을 상속세로 받았다.

이러한 부담과는 별도로 농민은 각종 시설에 대한 사용료도 지불해야 하였다. 이는 일종의 독점권이었다. 영주가 포도 압착기·제분소·빵 굽는 가마 등의 시설을 합법적으로 독점하고 있었으며, 농민은 포도주를 만들거나 밀가루를 내어 빵을 굽기 위해서는 사용료를 물어야 하였다. 장원 법정에 들어오는 수입도 영주의 몫이었다. 고소 사건과 관련된 소송 비용을 양쪽으로부터 징수하고 법 위반에 대해서는 벌금을 부과하였다. 재판은 매우 수익이 높았던 만큼 농민을 수탈하는 수단이 되었다.

10세기에는 상거래가 거의 행해지지 않았으므로 대부분의 제품은 장원에서 만들어졌다. 장원의 농민 생활은 겨우 생계를 유지하는 수준에 불과하였다. 그리고 모든 중세 농민은 마음대로 이동하거나 이사할 자유가 없었다. 이러한 농민의 부자유한 신분은 세습적이었다. 단지 농민은 토지, 가옥 등 약간의 재산을 보유할 수 있었고 결혼하여 가정을 이룰 수도 있었다.

중세 농민 중 압도적으로 많은 수를 차지하는 것이 농노였다. 농노는 토지에 얽매여 있었고 영주의 승낙없이는 마음대로 장원을 떠날 수도 없었다. 영국에서는 농노를 '빌린villeins'이라 불렀는데 이것은 로마 시대의 대농장villa에 그 어원을 두고 있다. 대농장에서 일하던 노예와 소작농 중 소작농은 본래 자유농이었으나 로마는 법으로 토지를 이탈하지 못하도록 해 놓았다. 중세의 농노는 이같이 거주 이전의 자유가 제한된 로마의 소작농과 비슷한 존재였다.

4
봉건 왕국의 재편성

프랑스의 성립

중세 프랑스의 모태는 베르덩 조약(843)과 메르센 조약(870)에 의해 확정된 서프랑크 왕국이었다. 서프랑크는 오도 가문을 거쳐 카롤루스 가문의 왕위 계승이 단절될 때까지 왕권이 계속 쇠퇴하여 수많은 작은 제후 국가들로 나누어졌다. 제후들은 약한 왕을 봉건적 상급자로 인정하면서도 가신으로서의 봉사를 거의 하지 않았다. 987년 마침내 서프랑크의 봉건 제후들은 오도의 후손 카페(재위: 987-996)를 왕으로 추대하였다. 이렇게 성립된 카페 왕조가 프랑스의 기원이 되었다.

카페 왕조(987-1328)는 처음 네 왕의 통치 기간인 12세기 초까지 파리의 남북으로 뻗은 작은 '프랑스 섬Ile de France'을 차지했을 뿐이었다. 그것은 봉건 체제의 큰 바다에 둘러싸인 왕령이라는 섬에 불과하였다.

그러므로 당시의 프랑스 왕들은 조금씩 왕령을 넓혀가지 않으면 안 되었다. 주목할 만한 정치적 발전은 루이 6세(肥大王, 재위: 1108-1137) 때에 이르러 비로소 이루어졌다. 그는 봉건 제후의 세력을 누르고 왕권을 크게 신장시켰으며 왕권을 '프랑스 섬' 이외의 지역으로까지 확장하였다.

상공업과 도시가 부활하고 경제 활동이 활발해지자 군주들은 정치 권력을 강화하기 시작하였다. 정치 권력을 강화하기 위한 특징은 다음과 같다. 첫째, 왕령의 확장은 국민 통합을 목적으로 한 민족 국가를 형성하기보다는 왕 자신의 세력 확대를 목표로 한 것이었다. 둘째, 상대적

프랑스 왕령의 확대

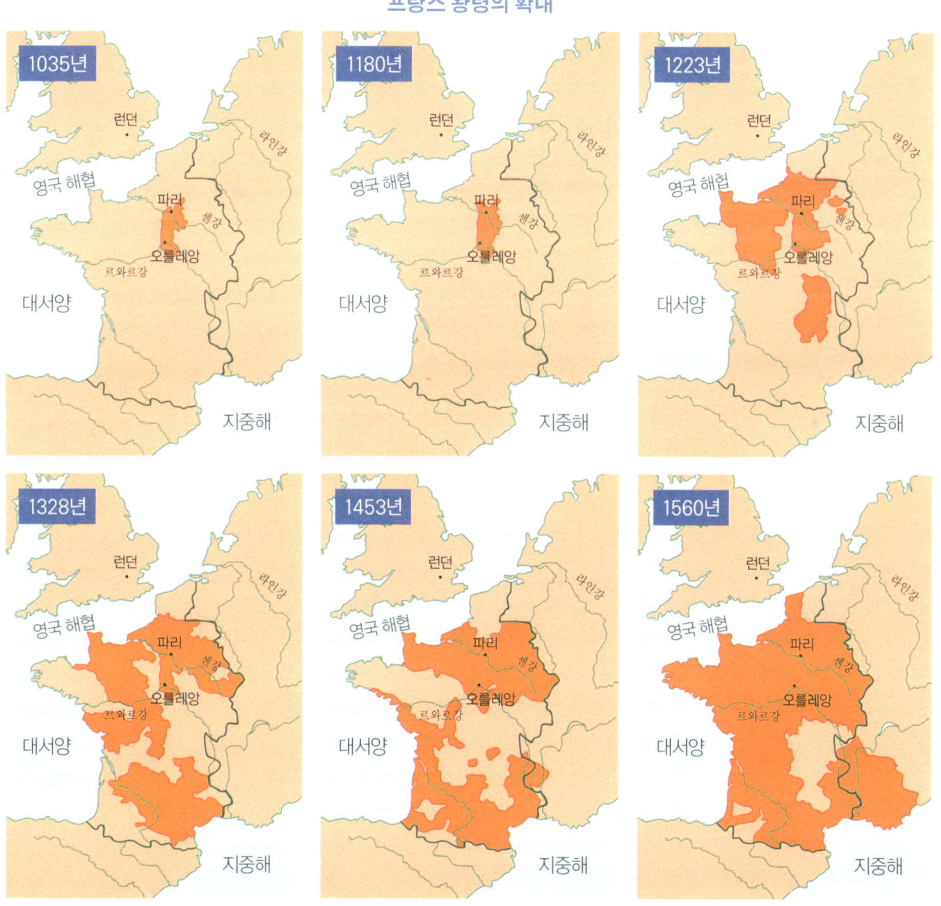

으로 왕권을 강화하면서 왕은 여전히 자신의 봉건적 지위를 이용하여 가신에 대해 충성과 봉사를 요구할 수 있는 권리를 행사할 수 있었다. 왕령 국가를 '봉건' 왕국이라고 칭하는 이유가 여기에 있다.

신성 로마 제국의 성립

독일 지방(동프랑크)은 원래 프랑크 왕국의 변경으로 카롤루스 왕조의 역대 왕이 정복과 개간을 통해 지배권을 행사하고 있던 곳이었다. 그들의 지배 아래에 여러 부족이 각각 예로부터의 부족적 유대를 유지하여 지역적으로 분립하고 있었다. 그러다 프랑크 왕국의 분열과 쇠퇴에 따라 10세기 초 동프랑크에서 독일 지역이 탄생되었다.

최초의 독일 지역의 국왕은 프랑켄(프랑코니아)공 콘라트 1세(재위: 911-918)이며, 그는 제후에 의한 국왕 선거로 왕이 되었다. 그러나 당시의 독일은 국가를 가리키는 말이 아니라 대체로 라인 강과 엘베 강 사이의 지역을 가리키는 말이었다.

10세기 초 카롤루스 왕계가 단절되고 프랑코니아 공 콘라트(911-918)가 동프랑크의 왕으로 선출되었다가, 10세기 말 왕위가 작센 공 하인리히에게 넘어간(919) 이후 작센 왕조가 1세기 이상 계속되었다. 그러나 지배층인 대귀족들 간의 분쟁이 심하여 정치적인 분열이 지속되다가 오토 1세(936-973)에 의해 극복되었다. 그는 봉건 제후의 세력과 강력히 맞서 왕의 권위를 세우는 한편 마자르족과 슬라브족을 정벌하고 외부 세력의 침입을 효과적으로 막았다.

그러나 무엇보다도 오토 1세가 왕권을 확립할 수 있었던 것은 성직자를 선출하는 '성직자 서임권'을 장악하여 성직자 계층이 그를 강력히 지지했기 때문이었다. 왕국의 통합과 방위에 성공한 오토 1세도 샤를마뉴처럼 이탈리아에 각별한 관심을 가졌다. 마침내 이탈리아 원정에 나선 오토 1세는 교황의 지원 요청에 따라 로마까지 진격하였다. 이에 대해 교황 요한 12세(재위: 955-964)는 962년 2월 이탈리아 귀족들의 횡포로부터 해방시켜 준 데 대한 감사의 뜻으로 오토 1세의 황제 대관식을 집전執典하였다. 이것이 '신성 로마 제국'의 시작이다. 오토 1세는 비잔틴 황제의 승인을 받았다.

11세기 중반 신성 로마 제국의 영토는 더 확대되었다. 서남쪽으로 부르군디아의 여러 왕국을 흡수하고, 동쪽으로도 폴란드·보헤미아·헝가리 등 외부 세력 침입을 저지하였다. 1125년 하인리히 5세가 아들이 없이 죽자 호헨슈타우펜 가의 프리드리히 1세가 신성 로마 황제로 선출되

1200년경의 신성 로마 제국

었다. '바르바로사(빨간 수염)라는 별명을 가진' 프리드리히 1세Friedrich I(재위: 1152-1190)는 독일이 통합 제국으로서 기틀을 잡을 수 있도록 공고한 기반을 구축하였다.

프리드리히 1세는 체구가 크고 용모가 단정했으며 용맹스러운 왕으로 백성의 신망을 얻었으며 자신을 교회의 보호자라고 주장하였다. 그는 자신의 제국을 신성 제국이라 칭했으며, 이것이 계기가 되어 1254년 이후 신성 로마 제국이란 명칭이 사용되게 되었다. 프리드리히 1세의 목표는 독일과 남부를 제외한 이탈리아를 통합한 강력한 제국을 건설하는 것이었다.

이러한 프리드리히 1세의 이탈리아에 대한 야심에 대해 교황의 강력한 지지를 받은 이탈리아 도시 국가들은 밀라노의 주도 아래 롬바르트 연맹을 결성하였다. 이 연맹군은 1176년 레나노 전투에서 프리드리히군을 격파하였다. 1183년 콘스탄츠 강화조약에서 프리드리히 1세는 이탈리아 도시 국가들의 완전한 자치를 허용하는 대신 도시 국가 성벽 밖의 농촌 지대에 대한 통치권을 보장받았다. 이후 독일 지방과 이탈리아에서 강력한 영도력을 확보한 프리드리히 1세는 제3차 십자군을 조직하였으나 소아시아 원정 중 강을 건너다 익사하는 비극적 종말을 맞았다.

영국의 발전

앵글로-색슨 왕계의 에드워드(고백왕, 재위: 1042-1066)가 망명지 노르망디에서 돌아와 1042년 즉위하였다. 이후 그가 죽자 대귀족 출신이 영국 왕으로 선출되었으나 노르망디 공 기욤 2세가 왕위 계승을 주장하며 1066년 영국에 침입하였다. 헤이스팅스 전투에서 승리한 노르망디 공 기욤 2세는 영국 왕 윌리엄 1세(정복 왕, 1027-1087)로 즉위하였는

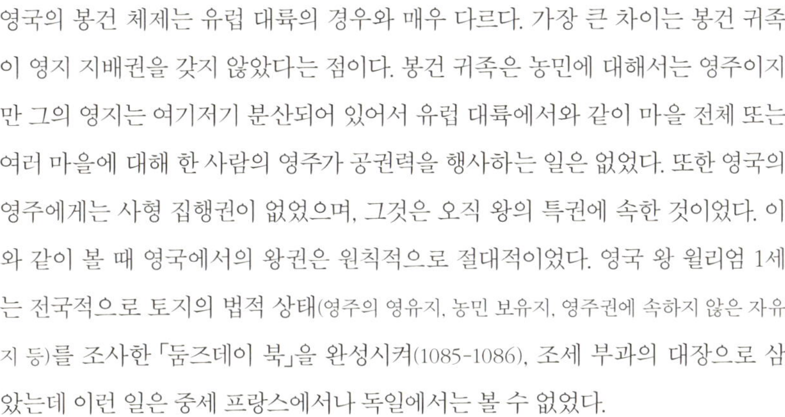

영국 봉건제의 특수성

영국의 봉건 체제는 유럽 대륙의 경우와 매우 다르다. 가장 큰 차이는 봉건 귀족이 영지 지배권을 갖지 않았다는 점이다. 봉건 귀족은 농민에 대해서는 영주이지만 그의 영지는 여기저기 분산되어 있어서 유럽 대륙에서와 같이 마을 전체 또는 여러 마을에 대해 한 사람의 영주가 공권력을 행사하는 일은 없었다. 또한 영국의 영주에게는 사형 집행권이 없었으며, 그것은 오직 왕의 특권에 속한 것이었다. 이와 같이 볼 때 영국에서의 왕권은 원칙적으로 절대적이었다. 영국 왕 윌리엄 1세는 전국적으로 토지의 법적 상태(영주의 영유지, 농민 보유지, 영주권에 속하지 않은 자유지 등)를 조사한 「둠즈데이 북」을 완성시켜(1085-1086), 조세 부과의 대장으로 삼았는데 이런 일은 중세 프랑스에서나 독일에서는 볼 수 없었다.

데 이를 '노르만인의 영국 정복'이라 한다.

윌리엄 1세는 대귀족들에게 여기저기 흩어져 있는 영지를 분봉해 주었으므로 그들이 왕에게 도전할 만큼 강력한 세력을 형성하기는 어려웠다. 재분봉 받은 하급 영주들도 왕에게 직접 충성을 다짐하였다.

그는 영국 내의 봉건적 재산을 자세히 조사하였다. 그 기록이 「둠즈데이 북」(1086)이다. 왕은「둠즈데이 북」에 의거하여 철저히 징세하여 왕국의 재정이 튼튼해졌다. 결국 '노르만의 영국 정복'은 영국사의 커다란 전환점이었다. 이로써 유럽 대륙의 봉건 제도가 영국에 도입되어 새로운 정치적 활력이 생겼을 뿐 아니라, 영국이 정치·경제적으로 유럽 대륙과 밀접한 관계를 가지게 되었다.

윌리엄 1세 사후 역대 왕은 대체로 유능했으며 왕권 강화를 위해 노력하였다. 12세기의 왕들, 특히 헨리 1세(1100-1135)와 헨리 2세(1154-1189)는 효과적인 중앙 집권 체제를 형성하였다. 이들은 징세 관련 업무를 맡는 대장성, 왕의 재정을 맡는 궁내성, 왕령을 공포하는 재상 및 국왕법정 등 주요 기관을 확립하였다.

그러나 강력한 통치를 한 헨리 1세가 죽은 후 혼란 상태가 계속되었다. 왕위는 대륙의 플랜태저넷 가로 옮겨가 헨리 2세(1154-1189)가 즉위하였다. 이것이 영국의 플랜태저넷 왕조 혹은 앙주 왕조의 시작이다. 그는 프랑스 아퀴텐 지방의 계승자인 엘레아노르와 결혼했으므로 영국 왕인 동시에 프랑스 왕의 가신이 된 셈이었다.

프랑스 내의 영국 영토

헨리 2세의 주요 업적은 사법 제도의 혁신에 있었다. 그는 국왕 법정의 관할 범위를 넓혀 모든 자유민이 제소할 수 있도록 개방하였다. 또한 순회 재판소를 정기적으로 열어 지방 귀족이 장악하던 사법권을 억제하고 공평한 재판을 실시하였다. 이와 같이 왕국 전체에 걸친 공통된 법과 국왕법정의 확대는, 한편으로 벌금 징수를 통해 왕의 수입을 늘렸고 다른 한편으로는 왕권 신장과 국가 통일에 큰 영향을 끼쳤다. 그러나 무엇보다도 가장 중요한 것은 국왕법정의 재판에 배심원을 정기적으로 참석시킨 제도였다. 배심원이 판결에 참여하는 오늘날의 배심원 제도는 이때부터 시작되었다.

5
보편 교회와 그리스도교 문화

가톨릭 교회의 조직화

박해와 탄압을 받으며 비밀 지하 조직을 가졌던 시대가 지나가고, 그리스도교의 교회 행정이 점차 체계적으로 발달하면서 사제직과 교구제가 성립되었다. 1-2세기에 이르러 도시에서 시작하여 인근 지방으로 교회가 증설되면서 그 구역 전체를 관할하는 교구가 생겼다. 교구들 가운데서도 주교구는 최상위의 교구였다.

처음에는 로마도 알렉산드리아, 예루살렘, 안티오키아, 콘스탄티노플과 마찬가지로 대관구大管區 중 하나에 불과하였다. 그러나 시간이 지나감에 따라 로마 교구의 중요성이 커졌다. 로마 교구는 로마 제국 최대의 도시를 기반으로 하였으며, 예수의 후계자인 베드로가 세운 교회라는 점에서 후계자의 정통성을 확보할 수 있었다. 그 결과 로마 주교는 전 그리스도교회의 영도자로 인정받았으며 결국 교황의 칭호를 얻게 되었다.

교회의 행정 기구가 수립되는 동안 신앙 내용도 통일되었다. 교리의 체계화 작업을 시작한 이는 바울이었다. 그는 그리스도의 신성神性을 강조하고 그의 죽음을 인류가 지은 죄에 대한 속죄라고 해석하였다. 성부와 성자, 성령은 삼위로 존재하지만 본질은 오직 하느님이라는 교리인 삼위일체설이 점차 공식화되었으며, 모든 그리스도교들이 받아들일 수 있는 정통 교리가 점차 발전되었다.

교리의 체계화 과정에서 삼위일체설을 부인한 아리우스(256-336)파와 적극 지지하는 아타나시우스(293-373)파가 충돌하였다. 그들의 논쟁은 325년 콘스탄티누스 대제가 소집한 니체아 공의회에서 아타나시우스파의 승리로 끝났다. 뒤를 이어 교회의 권위적인 교리 확립을 위해 각별히 공헌한 사람들은 주로 4-5세기의 교부들이었다. 가장 위대한 교부는 예로니모(347-420), 아우구스티누스(354-430)였다. 예로니모는 성서를 라틴어로 번역하였는데, 그것이 중세 교회에서 가장 많이 사용된 불가타Vulgata판 성서였다.

교부 철학을 대표하는 이는 『신국론』을 지은 성 아우구스티누스(354-430)이다. 아우구스티누스는 북아프리카 누미디아에서 태어났으며 한때는 방탕한 청년 시절을 보냈다. 그리고 한때는 페르시아의 마니교를 신봉하였다고 『고백록』에서 회고하였다. 그러나 밀라노 주교 암브로시오와 신앙이 두터운 어머니 모니카의 감화를 받아 386년 그리스도교로 개종하였으며 사제가 되었다(391). 그에 따르면 신국은 지상의 세속적 역사 과정 속에 투영된 것이며, 따라서 인간 역사의 과정은 신의 섭리의 실현이므로 교회는 신국으로 가는 중간 역할을 담당하고 인간 구원을 위한 유일한 기관이었다.

▲ 네 명의 복음서 저자들 (샤를마뉴의 복음서, 9세기초)

▲ 성 마르코의 초상 (9세기)

교리 확립에 따라 성서 편찬도 적극화되었다. 성서는 1세기 말 편찬되기 시작하여 160-170년 마태오·마르코·루가·요한 등 4복음서가 나왔다. 신약 성서는 4복음서, 사도행전, 바오로의 로마서, 요한 묵시록 등을 포함한 27개의 서書로 이루어졌다. 4복음서나 바오로의 로마서는 50년에서 150년에 쓰이고 2세기 전반에 이르러 성전으로 간주되었다. 현대의 것과 비슷한 신약 성서가 완성된 것은 5세기 이후의 일이었다.

그리스 정교회와 동·서 교회의 분열

비잔틴 제국의 그리스도교는 본래 신앙과 의식에서 가톨릭교회와 같았으나 시간이 지남에 따라 국가와 긴밀한 유대를 맺었으며 결국에는 국가에 종속되고 말았다. 특히, 유스티니아누스 황제이래로 종교적 조직이나 교리가 전제 군주의 권한에 속한다는 관념이 뿌리내리게 되었는데 이를 이른바 '황제-교황 일치 제도caesaropapism'라고 한다. 이 제도에 따르면 황제가 교회 사제의 임명, 교리 규정, 신학적 논쟁 해결, 사제와 신도에 대한 규칙을 정하는 일에서 결정적 역할을 하는 것이다.

5-6세기에는 교리 문제를 둘러싼 치열한 싸움이 있었다. 더욱이 이슬람이 이 지역을 점령했으므로 그리스도교들은 비잔틴 제국 및 서방과 접촉하는 기회가 많이 줄어들었다. 그 결과 이집트의 콥트 교회, 시리아의 정통 교회 등이 분리·독립하게 되었다.

8세기 초 성모 마리아나 아기 그리스도 또는 성인聖人들을 그린 그림인 성화상ikon 파괴 문제는 동·서 교회 분열의 결정적인 계기가 되었다. 그리스도교 초기에는 성화상을 교회 안에 두는 것이 관례였다. 예를 들면 로마의 카타콤바(지하묘)에는 그리스도교에 관한 중요한 사건과 인물의 벽화가 그려져 있었다. 그러나 비잔틴 황제 레오 3세(Isauria 왕조 제1대 왕: 재위: 717-741)는 성화상 숭배를 강력히 반대하고 탄압하였다. 그는 725년 성화상 제거 칙령을 공포했을 때 여기에 반대한 성직자들을 탄압하고 당시 콘스탄티노플 교회 총대주교를 사형시켰다.

레오 3세는 로마 교황 그레고리오 2세(재위: 715-731)에게도 성화상 제거를 명했으나 교황은 이를 강력하게 거부하였다. 그 후 비잔틴 제국에서도 성화상 파괴는 궁극적으로 실패했고 843년 성화상이 의식 절

▲ 카파도키아 토카리 수도원

▲ 토카리 수도원 벽화

중세유럽의 종교분포(11세기)

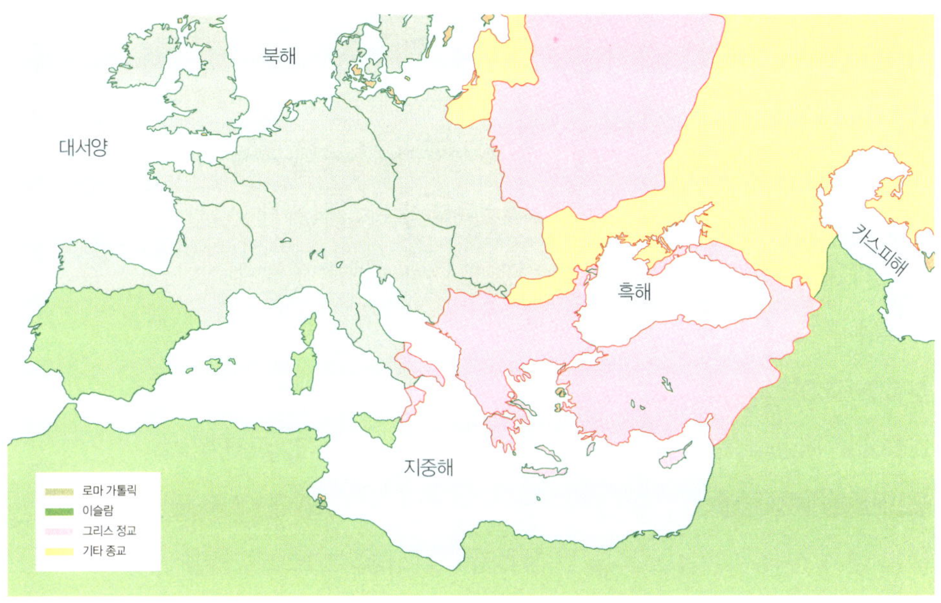

차에서 다시 사용되었다. 1054년 로마 교황과 콘스탄티노플 총대주교는 서로 상대방에 대한 파문을 선언하여 돌이킬 수 없는 분열의 길에 들어섰다.

수도원의 기원과 역할

중세 문화 형성에서 가톨릭 교황청보다 더 실제적 성과를 낸 것은 수도원 성직자들이었다. 중세의 수도원은 종교적 경건을 유지하며 교황을 지지하는 중요한 집단이었다. 또한 수도원은 부속학교를 운영하고 도서 시설을 충분히 갖추었으므로 중세 전반에 주요한 문화적 기능을 수행하였다. 또한 수도원은 저명한 교회 지도자들을 배출하였고 사회적으로도 자선을 베풀고, 새 농사법을 가르치며 육체노동의 귀중함을 알려주는 사회 사업을 하였다.

3세기경 경건한 그리스도교도들은 사막에 은둔하여 외부와 단절하

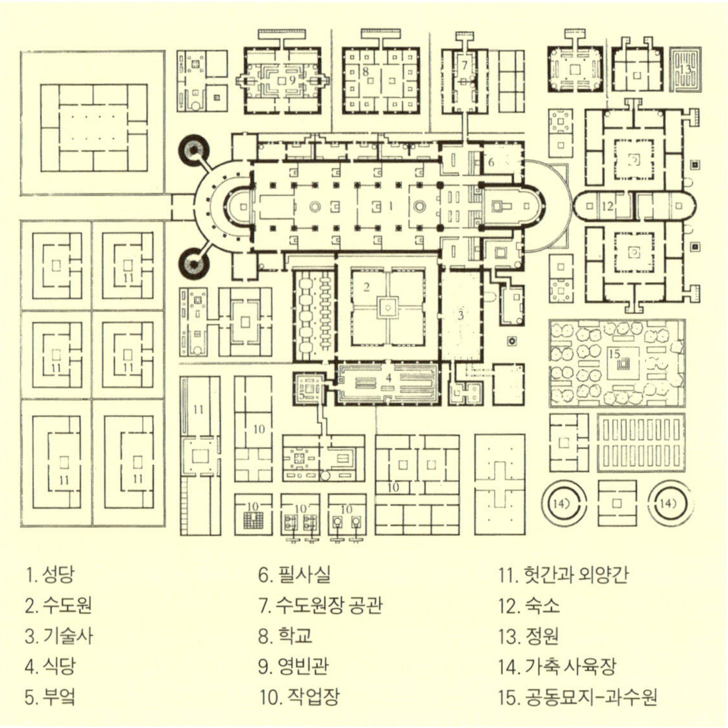

◀ 이상적인 수도원의 설계도: 820년경 쓰여진 필사본에 나와 있는 설계도를 다시 정리하여 그린 것이다.

고 기도에 전념하였다. 그러나 시간이 지남에 따라 개인적인 고행자 대신 집단적 수도 생활 공동체가 형성되었다.

바고미오(292-348)는 수도 생활을 체계적으로 마련하였다. 그는 종교 생활의 공동 규칙을 마련하고 각 은둔자가 각각 독립된 자기 방에서 지내지만 작업이나 성서 읽기 등을 함께 하는 수도 방식을 정착시켰는데, 이 방식은 이집트 지역에서 유행하였다. 이 방식을 더 발전시켜 바실리오(329-379)는 수도원을 제도적으로 정착시킨 인물이었다. 그는 은둔 생활의 비실제성을 깨닫고, 하나의 공동체에서 규칙에 따라 기도·명상·독서·노동 등을 하는 수도 단체를 만들었다. 이것이 진정한 의미에서 수도원의 시작이었다.

▲ 중세 필사본의 머리글자(800년경)

클뤼니 수도원의 개혁운동

유럽의 종교 생활은 주로 교회가 봉건화되는 과정에서 그 질적 수준이 떨어졌으나 10세기부터 13세기에 교회 내부적으로 자기 혁신을 위한 노력과 유능하고 개혁적인 교황이 나와 교회의 위신과 권위를 높였다. 혁신 운동의 첫 번째 조짐은 클뤼니 수도원이었다. 910년 아퀴텐 공 윌리엄이 기존의 수도원과 다른 수도원을 동프랑스 지역 부르군디(지금의 부르고뉴 지역의 사온에루아르)의 클뤼니에 설립하였다.

클뤼니 수도원은 엄격한 베네딕토(480-543) 규칙을 지키고, 수도원을 세속의 지배에서 해방하며, 신에 대한 경배의 강도를 높이려는 목적으로 세워졌다. 11세기 초에는 유럽 각지에 300개 이상의 분원을 두게 된 클뤼니 수도원 연합체가 유럽의 정신계를 이끄는 중심체로서 커다란 영향력을 미쳤다.

클뤼니 수도원이 주도하는 개혁 운동은 많은 성과를 이루었다. 첫째, 교황권이 세속 군주와 제후의 세력권에서 벗어나게 되었으며 둘째, 모든 수도회 회원에 대한 교황의 절대권이 수립되었다. 셋째, 성직 매매는 폐지되고 세속 군주·제후에 의한 성직 서임권이 거부되었다. 또 클뤼니 수도원의 토지는 봉토가 아니었으므로 봉건 영주가 몰수할 수 없었다.

새로운 수도회의 활동

11세기 말부터 교회를 혁신하고 이단을 없애기 위한 새로운 수도 단체가 설립되었다. 특히 탁발托鉢 수도회인 프란치스코 수도회와 도미니코 수도회가 나타남으로써 13세기의 종교 개혁에 자극제가 되었다. 프란치스코 수도회는 부유한 이탈리아 상인 가정에서 태어난 프란치스코(1181-1226)에 의해 창설되었다. 이 수도회는 청빈과 엄격한 규율을 신앙이념으로 삼고 절대 빈곤을 실천하며 전도와 자선 사업에 전념할 것을 목적으로 하였다. 1210년 교황 인노첸시오 3세에게 공식적으로 인정받은 프란치스코 수도회는 모든 사회 계층의 종교 생활에 강력한 영향을 미쳤다. 예전에 중요시하지 않았던 학문 연구에 집중하여 많은 신학 교수들을 배출하였다.

한편, 1215년 교황 인노첸시오 3세는 이단을 억누르는 데 전념하는 수도회 설립의 권한을 도미니코(1170-1221)에게 부여하였다. 수도회 규칙에 따라 회원은 가난과 설교에 전념하며 신학과 법을 공부해야 하였다. '검은 옷을 입은 거지 성직자' 또는 '거지 성직 강론자'라 불리게 된 그들은 1220년 교황 호노리오 3세에 의해 정식으로 인가를 받은 후 당시까지는 교구 성직자의 관심 밖에 있었던 도시민에 대한 설교에 적극 나서게 되었다. 아울러 대학 신학 교육에서 괄목할 만한 활동을 하였다.

교황들의 개혁운동

11세기에 독일 알자스 출신 개혁 운동가인 레오 9세(재위: 1049-1054)가 교황이 되면서 신성 로마 제국의 교회 간섭을 배제하는 가톨릭교회의 개혁 운동이 시작되었다. 그는 성직 매매와 성직자의 결혼을 금지하고, 교황의 중앙 집권적 행정 체계를 확립하여 교황령이 유럽 전체에서 시행될 수 있도록 하였다.

클뤼니 수도원이 주도한 이러한 혁신 운동은 교황권 자체의 개혁을 통해 제2단계에 들어섰다. 교황권의 개혁은 교황 그레고리오 7세가 주도했기 때문에 그레고리오 개혁이라고도 한다.

11세기 중반 이후의 교황은 대부분 클뤼니 수도원 출신이었다. 그 가운데서도 그레고리오 7세는 교황이 되기 이전부터 교황 보좌관으로서 개혁을 추진한 장본인이었다. 그는 1025년경 토스카나 지방의 미천한 가문에서 태어났으며 깊은 학식은 없었으나 여러 의견을 종합하는 능력이 있었다.

▲ 그레고리오 7세

1059년 신성 로마 제국의 하인리히 4세(재위: 1056-1106)가 어린 나이에 황제로 선출된 때를 맞아 교황청은 앞으로의 교황 선출이 추기경단에 의해 행해질 것이라고 포고하였다(1059). 이 포고는 추기경이 교황에 의해서만 임명되는 종신직인 점에 비추어 볼 때 매우 중요하였다. 그리하여 교황 선출은 신성 로마 황제의 간섭에서 완전히 벗어날 수 있게 되었다. 아울러 성직자의 결혼을 엄금한 조치는 그가 교황 취임 이전에 한 업적이지만, 성직 매매 금지와 세속 군주·제후에 의한 성직자 임명 금지는 교황으로서는 착수하기 어려운 조치였다.

그레고리오 7세는 교황의 중앙 집권을 확립하기 위해 추기경단을 교황 행정의 핵심 기구로 설정하였다. 또 빈번히 교황령을 공포하여 교회 통치와 성직자 행위에 관한 규칙을 정하였다. 교황 사절을 유럽 전역으로 파견하여 교황령을 시행토록 독려하였다. 그의 개혁안은 그가 살아 있는 동안 전부 실현되지 않았으나 후임자들은 유능하였고 지속적으로 교황권 강화를 추진하였다. 그 결과 훗날 교황 인노첸시오 3세 시대에 절정에 이른 교황권의 확고한 기초를 마련하였다.

성직 서임권 분쟁

1075년 주교 대의원회의에서 교황은 세속 군주·제후로부터 임명된 모든 성직자들을 공식적으로 해임하였다. 이 조치는 신성 로마 황제를 비롯한 유럽의 모든 군주에게 전쟁을 선포하는 것과 다름없는 조처였다. 신성 로마 황제 하인리히 4세는 바로 그 해 작센 지방의 내란을 성공적으로 진압하였다. 그는 교황이 파문한 성직자들을 그대로 성직에 머물러 있게 했을 뿐 아니라 새로이 독일의 주교들을 비롯해 나아가서는 이탈리아의 대주교 및 주교들까지도 임명하였다.

▲ 인노센치오 3세

그레고리오 7세는 교황 사절을 파견하여 하인리히 4세가 계속 성직 서임권을 고집할 경우 파문에 처하겠다고 위협하였다. 황제는 이에 대한 대응 조치로 독일 내의 관련 성직자들을 보름스에 소집하였다. 그들은 황제의 지시에 따라 그레고리오 7세를 교황으로 인정하지 않겠다고 하였다. 그러자 그레고리오 7세는 1076년 황제를 비롯해 독일 내의 모든 관련 성직자를 파문에 처하였다.

파문에 대한 독일 내의 반응은 하인리히 4세에게 매우 불리하게 적용되었다. 독일 성직자들은 방관적 입장으로 바뀌었고 제후들은 황제를 감금하고 교황과 타협하지 않을 경우 새로운 황제를 교황이 선출하도록 요청하겠다고 위협하였다. 그는 타협을 거절한 뒤 감금에서 탈출하여 1077년 1월 교황을 찾아가 사면해 줄 것을 간청하였다. 이때 교황은 새 황제 선출을 주재하기 위해 독일로 가는 도중 북이탈리아 토스카나 지방의 마틸다 백작(1046-1115)의 카노사 성에 머물러 있었다. 고심 끝에 교황 그레고리오 7세는 하인리히의 파문을 해제하였다. 이 사건을 카노사 사건이라 하는데 로마 교황권의 우위를 신성 로마 황제가 자인하는 선례가 되었다.

카노사 사건 이후 독일 제후들은 다시 하인리히 4세에게 충성하게 되고 황제의 권위도 회복하였다. 그러나 하인리히는 성직 서임권을 계속 행사했기 때문에 교황은 1080년 다시 그를 파문에 처했으나 이때는 형세가 전과 같지 않았다. 교황은 하인리히의 군대에 쫓겨 로마로부터 피난하는 도중 살레르노에서 객사하였다(1085).

황제와 교황 간의 서임권 문제는 보름스 협약(1122)으로 타협이 이루어졌다. 이에 따르면, 주교와 수도원장은 황제에 의해 임명되지만 종교적 권위를 상징하는 반지나 지팡이는 수여될 수 없게 하였다. 이로써 독일 지방에서는 봉토 수여식이 종교적인 임명식에 앞서 행해졌으므로 황제의 권위가 섰으나 이탈리아 지방에서는 그와 반대였으므로 황제는 실권을 잃은 셈이 되었다. 그 결과 인노첸시오 3세 시대에 이르러 교황의 우월성은 확고 부동하게 되었다.

6
중세 문화의 발달

스콜라 철학

중세 철학이 독창성에서 뒤떨어진 이유는 중세 사회가 교회의 권위에 압도된 사회였기 때문이었다. 중세 학문 가운데 우월한 것은 신학·법학·자연 과학 등 세 분야였다. 그 중에서도 가장 지배적인 것은 신학이었다. 한마디로 신학은 오늘날의 철학을 포함한 '학문의 여왕'이었다.

11세기에 이르러 학자들이 성서 속의 모순을 점차 깨닫게 되면서 새로운 방법을 모색하기 시작했다. 중세 신학을 발전시킨 핵심 세력이 대학 교수였으므로 신학은 '학교schola'에서 하는 학문, 즉 스콜라주의Scholasticism란 말을 듣게 되었다. 이 가운데 파리 대학은 신학 연구의 중심이었다.

스콜라주의의 주목적은 가톨릭교회의 보편적 지배를 뒷받침하기 위해 그리스도교 교리를 철학적으로 설명하고 체계화하는 데 있었다. 그러나 스콜라주의는 신학과 철학적 문제만을 연구 대상으로 국한시키지 않고 현실 사회의 문제도 논했기 때문에 좁은 의미의 종교론이 아닌 종합 학문의 성격이 강하였다. 원래 스콜라주의는 교리로서의 성서, 교회 당국에서 발표한 신조나 교리, 성 아우구스티누스와 같은 교부들의 저술 등을 기반으로 하였다. 그러나 이러한 세 가지 권위는 항상 일치하지 않고 상충한다. 그래서 초기 중세 신학으로부터 스콜라 철학의 확립에 이르는 기간에 많은 신학자들의 의견이 대립되었음을 볼 수 있다.

아우구스티누스가 제시한 "나는 믿기 위해 알려고 하는 것이 아니라 알기 위해 믿는다"는 공식은 안셀모(1033-1109)에 의해 명확하게 주장되었다. 안셀모는 신앙이 이해를 구해야 한다고 주창하고 하느님의 존재를 논리적으로 증명하려고 하였다.

이와 같이 초기의 스콜라 철학자들은 신앙과 지식의 타협을 시도하였다. 이성과 신앙의 조화는 아베로에스(1126-1198)를 거쳐 토마스 아퀴나스에 이르러 완전한 종합을 이루게 되었다. 스콜라 철학에서 신앙과 이성의 관계는 실재에 관한 문제와 밀접히 관련되었다. 여기에 대해 교회 안에 대립되는 두 의견이 있었는데 하나는 실재론, 다른 하나는 명목론이었다.

실재론은 11세기 후반 캔터베리 대주교 성 안셀모에 의해 대표되었다. 그에 따르면 신앙은 지식을 능가한다는 것이다. 신은 보편적인 실재이며 모든 개체는 그 불완전한 반영에 지나지 않는다. 즉 보편은 개별적 사물에 앞서 실재한다는 것이었다. 명목론은 12세기의 프랑스 철학자 로스켈리누스(1050-1122)가 창시했으며 오캄(1288-1349) 등에 의해 대표되었다. 명목론자는 개별적인 사물을 실재라고 인식하였다. 간단히 말해서 '보편은 개별적인 사물이 존재한 뒤에 비로소 실재한다'는 것

▲성 토마스 아퀴나스의 승리

이다.

이 두 파는 상호간에 극단적 논리를 구사하게 되었다. 결국 실재론은 범신론, 즉 우주는 하나의 전체로서 그것이 곧 신이라고 주장한 반면 명목론은 물질론, 즉 우주는 전적으로 물질로 구성되어 있다는 견해로 발전하였다.

13세기 전까지는 실재론이 명목론보다 우세하였으나 13·14세기에는 명목론이 다시 득세하였다. 특히, 오캄은 신앙과 이성의 분리를 시도하여 '신의 존재는 인간의 이성으로는 알 수 없다'면서 신앙 문제에서 개인주의를 옹호하였다.

13세기에 토마스 아퀴나스(1225-1274)에 이르러 스콜라 철학은 완성된 형태를 갖추고 '가톨릭교회 교리철학'으로 자리 잡게 되었다. 계시와 이성을 조화시킨 가장 영향력 있는 스콜라 철학자였던 그는 남이탈리아 몽테 카시노 근처에서 태어나 18세에 도미니코파 수도 성직자가 되었다. 1263년에는 교황 우르바노 4세의 명에 따라 아리스토텔레스의 해석에 착수하였다. 그의 대표작인 미완성의 『신학대전』 19권은 스콜라 철학의 정수를 제시하였다. 그는 이 책을 통해 플라톤보다 아리스토텔레스에 더 가까운 일종의 수정된 실재론을 주장하였다. 그리고 보편적 존재는 영원불변의 실재성을 갖지만 동시에 본질로서 개체 안에 존재한다고 논하였다.

사회 과학

중세에 근대적 의미의 사회 과학은 발달되지 않았다. 아우구스티누스에서 비롯되는 전통적인 정치 사상에서는 국가를 죄 많은 인간 본성을 억누르는 수단으로 보았다. 아리스토텔레스의 영향을 받은 토마스 아퀴나스는 자연 질서의 한 부분으로서 인간이 선을 행할 수 있는 공동체가 국가라고 주장했다. 중세 정치 사상가들은 인간 복리의 증진을 위한 도구로서 국가의 적극적인 역할을 발견했으며, 국가와 그 기능에 대한 연구 기반을 수립하였다.

로마법은 오랫동안 서방세계에서 소홀하게 다루어졌었는데 12세기에 이르러 6백 년 동안 잊혀졌던 유스티니아누스 법전이 발견되면서 다시 활발하게 논의가 시작되었다. 시민법학자들은 유스티니아누스 법전에 대한 '주석'에 큰 힘을 기울였으며, 법전에 제시된 원칙들을 사회 상황에 적용시키려고 하였다. 그들이 생산한 방대한 양의 법학 문헌은 뒤에 대두하는 군주 국가의 왕권과 행정의 체계화에 결정적인 영향을 주었다.

중세 대학 이전의 교육

11세기와 12세기에 중세 교육 제도는 기본적 변화를 겪게 되었다. 샤를마뉴가 칙령(789)으로 공포한 이래 1000년대 이전까지 중세의 학교 교육은 대체로 수도원과 교회에서 담당하였다. 11세기 초부터 소수의 성당 학교와 시립 학교가 세워지기 시작하였다. 12세기 초의 저명한 성당 학교는 파리·샤르트르·랑스 등에 있었다.

성당 학교는 고전의 분석과 해석에 치중하였다. 이에 반해 이탈리아에 있었던 시립 학교는 주로 법 공부에 중점을 두었다. 당시 교과 과정은 로마 시대 이래의 7학과, 즉 3학과(문법·수사·변증)와 4학과(산수·기하·천문·음악)로 구성되어 있었다. 로마 시대에는 그것이 시민의 실제 생활에 맞도록 편성된 반면, 중세에서는 가톨릭교회의 목적에 맞도록 재편성되었다.

초기의 대학들

대체로 12세기 말 또는 13세기 초에 이탈리아·프랑스·영국 등에 대학이 창설되었다. 초기 대학은 공동 이익을 스스로 지키고 자율을 주장하기 위해 교수나 학생들이 자체적으로 만든 조합이었다. 13세기 초부터 각 대학은 왕이나 주교 또는 시의회의 인허장을 받아 정식으로 법적 지위를 얻게 되었다. 교수나 학생에 대해서는 통상적인 시민의 의무가 면제되는 특권, 예를 들면 병역 면제라든지 사법권으로부터의 면제 등이 부여되었다.

▲ 파리 대학 인장

유럽에서 가장 유명한 초창기의 대학은 신학 중심의 파리 대학과 법학 중심의 볼로냐 대학이었다. 파리 대학은 노트르담 교회의 부속학교로 출발하였다. 12세기에서 13세기로 넘어가는 전환기를 전후해 프랑스 왕 필립 2세는 이 학교를 '대학studium generale'으로 공인하였고, 교황 인노첸시오 3세도 이를 승인하였다.

▲ 옥스퍼드 대학 인장

파리 대학은 스콜라 철학의 발전에 기여한 신학 연구 중심 대학으로 교황 인노첸시오 3세·토마스 아퀴나스·보나벤투라·둔스-스코투스·로저 베이컨 등 저명한 학자와 사상가들을 배출하였다. 대학의 기구를 비롯해 학사 제도, 교수 또는 학생에 대한 칭호도 모두 파리 대학에서 시작되었다.

볼로냐 대학의 시작은 법률 연구에 있었다. 11세기 말 노르만인의 시칠리아 정복 직후 유스티니아누스 법전이 발견되어 볼로냐 출신 이탈리아 법학자 이르네리우스의 손에 들어갔다. 그는 이를 새로운 시대 조건에 맞도록 수정하여 주해를 편찬하였다. 이리하여 볼로냐 대학은 많은 법률 주석가를 배출하였다. 법학 연구의 주 대상은 교회의 캐논법과 함께 일반 시민법이었다.

볼로냐 대학의 특색은 처음부터 대학의 실권을 학생들이 장악했다

▲볼로냐 대학의 강의 그림

중세 대학의 분포

는 데 있었다. 학생들은 교수를 채용하고 봉급을 지급하며 수업의 극대화를 위해 지각하는 교수에게 벌금을 물렸다. 이에 교수들은 학생들의 지나친 요구에 대항하여 따로 조합을 조직하게 되었다. 그러나 결국 12세기 초에는 학생 조합과 합쳐져 정식으로 대학이 발족하게 되었다.

9-10세기에 들어서 합리적인 의학 연구가 시작되었다. 남이탈리아의 살레르노 의과 대학에는 아랍·그리스·유대인 의사들이, 북유럽에서는 학생들이 모여들었다. 11세기에 이르러 살레르노 대학은 국제적 명성을 얻게 되었는데, 가장 저명한 의학 교수는 아프리카의 콘스탄티누스(1020-1087)였다. 카르타고 출신인 그는 중동에서 의학을 공부하고 어학 지식이 풍부했으므로 아랍 문화를 서방에 전달하는 중요한 매개 역할도 하였다.

파리 대학이 서유럽과 영국 등의 대학 모델이 된 것과 같이 북이탈리아의 볼로냐 대학은 이탈리아 살레르노 대학, 스페인 세비야 대학을 비롯해 시칠리아 및 스위스의 대학 모델이 되었다. 이미 1167년경 일부 파리 학생들이 영국으로 건너가 옥스퍼드 대학의 기초를 놓는 데 도움이 되었다. 역시 비슷하게 약 40년 후 옥스퍼드의 일부 학생들이 케임브리지 대학을 창설하였다(1209). 옥스퍼드 대학생과 교수들은 아라비아 수학과 자연 과학을 받아들이고 아리스토텔레스의 경험적이며 자연 과학적인 측면에 관심을 기울였다. 이 점은 이후 영국의 자연 과학 사상 발전과 영국 경험론의 성장에 기여하였다고 평가된다.

1347년에는 체코의 프라하 대학이 설립되었고, 거의 같은 시기에 오스트리아의 빈 대학이 세워졌다. 독일은 약간 늦은 편이어서 1386년에 이르러서야 비로소 하이델베르크 대학이 창설되었다. 14세기는 대학 설립의 시대로 1400년까지 유럽의 대학 수는 50개에 달했고, 중세 말까지는 75개로 증가했다. 이후 대학은 명실공히 학문과 연구 중심으로 크게 발전하였다.

교과 과정과 대학생

대학 입학 최소 연령은 13세였으며 6-8년이 지나야 교양 학부 과정을 모두 마칠 수 있었다. 대학의 전형적인 교과 과정은 7학과에 기본을 둔 것이었다. 중세 대학의 교과서로 큰 비중을 차지한 것은 아리스토텔레스의 논리학·물리학·형이상학, 유클리데스의 기하학, 프톨레마이오스의 『알마게스트』 등이었다.

초기 대학에는 거의 시설다운 시설이 없었고 서적은 매우 귀하였다. 실험실과 도서관은 물론이고 교수는 강의실마저 없어서 아무 건물이나 이용하여 강의하였다. 강의 방법은 주로 강술과 토의 두 가지였다. 한 과목이 종강된 후 수강생들은 필기와 면접 두 종류의 시험에 합격해야 하였다.

▲ 중세 학생이 사용하던 납판 노트

중세 문학

중세의 문학 작품은 주로 대학 교재용으로, 또는 점차 증가하는 라틴어 독자들을 상대로 계몽과 교양을 목적으로 생산되었다. 중세 문학은 크게 라틴어 문학과 국어 문학으로 나눌 수 있다. 라틴어는 지식인의 공통어로 기도·설교·강의·저술 등에 사용되었다. 국어는 당시 속어라고 하였는데 일반 대중은 라틴어를 알지 못했으므로 그들에게 호소하는 문학은 지역 주민의 일상 용어인 속어로 써야만 하였다. 속어는 각국의 국어로 발달되고 속어 문학은 당연히 국민 문학의 기반이 되었다.

라틴 문학은 격식을 갖춘 주제를 가지고 쓰인 산문이나 시였다. 라틴 시인은 주로 종교시를 창작한 반면, 속어 문학은 대체로 기사 문학·도시민 문학·일반 서민 문학 등이었다. 이 가운데 기사 문학이 중세 문학의 큰 줄기를 이루었다.

기사 문학은 사회의 상층 계급인 귀족들의 취향에 맞도록 작품화되었는데 형식에는 영웅 서사시와 서정시가 있었다. 가장 대표적인 중세 서사시는 「니벨룽겐의 노래」인데 1200년경 오스트리아의 한 기사의 저작으로 알려져 있다. 내용은 옛 게르만 민족의 한 파인 니벨룽겐과 관련된 전설을 바탕으로 한 서사시이다.

그 후 기사 문학은 프랑스에 와서 독특하게 발전했으며 마침내 유럽 전체에 널리 전파되었다. 이 문학의 주제는 그리스-로마의 신화나 전설뿐 아니라 각국의 민족 설화를 바탕으로 하고, 동시에 기사의 무용과 사랑을 주요 소재로 하였다. 기사 문학의 새로운 형식으로 무훈시가 등장하였는데 주로 그리스도교적 정신과 용기 있는 기사들의 행위를 표현하였다. 대표적인 무훈시는 8세기 말(778) 샤를마뉴가 스페인 정복에 나섰을 때 무어인의 공격을 용감하게 저지하고 전사한 기사 롤랑을 기념한 「롤랑의 노래」였다. 이 외에도 80여 개의 무훈시가 있는데 주로

▲ 단테와 그의 시

샤를마뉴 및 그의 기사들을 주제로 하고 있다.

또 다른 영웅 서사시는 켈트인의 전설적인 영웅 아서 왕을 주제로 한 것이다. 아서 왕 이야기는 11세기에 북프랑스 브르타뉴 지방에서 나온 것이며 제프리(1110-1154)가 쓴 라틴어 대본이 프랑스·독일 등에서 서사시로 번안되면서 독일·프랑스에도 영향을 미쳐 이와 비슷한 작품들이 지어졌다.

북프랑스의 시인들이 영웅 서사시를 제작하던 12·13세기에 남프랑스의 프로방스 일대의 시인들은 프로방스 지방어로 아름다운 여인과 기사들의 사랑을 표현하였다. 이러한 서정시인들을 트루바두르라 불렀다. 이러한 무훈시가 독서에 적합한 장시長詩 형태로 발달했는데 이것이 로망스이다.

수준 높은 작품으로 보카치오(1313-1375)의 『데카메론』과 초서

(1343-1400)의 『캔터베리 이야기』가 있다. 캔터베리 이야기는 14세기 영국의 생활·관습·사상의 단면을 나타냈고 내용은 성 베켓의 묘로 찾아가는 순례 일행에 관한 시이다.

한편, 문자를 해득하지 못한 서민은 거의 작품을 남길 수 없었다. 그러나 예외적으로 14세기의 의적을 주제로 한 「로빈 후드」나 농민 생활의 어려움을 묘사한 「피어즈 플라우먼의 이야기」 등이 나타나기도 하였다.

중세 문학은 이탈리아 시인 단테에 이르러 통일과 종합을 이루었다. 피렌체 출신 단테(1265-1321)의 대표작인 『신곡』에 사용된 토스카나 지방어는 이탈리아 문학을 위한 언어가 되었다. 지옥·연옥·천국의 3부로 나누어진 이 작품에서 단테는 경건한 종교적 감정과 함께 고전 작가들에 대한 숭배를 표현하였다.

건축 미술

중세 미술은 어느 시대보다도 종교의 영향을 강하게 받았다. 중세 시각 예술에서 두드러진 분야는 건축과 조각이지만, 조각보다는 건축이 훨씬 더 많이 만들어졌고 이를 통해 중세의 독특한 미술 정신을 파악할 수 있다. 중세 건축 양식의 발달은 대체로 3단계로 나누어 생각할 수 있다. 제1단계는 고대 말부

▼◀ 중세건축의 단면도
▼ 중세교회의 평면도 (A: 바실리카 양식, B: 로마네스크 양식, C: 고딕 양식)

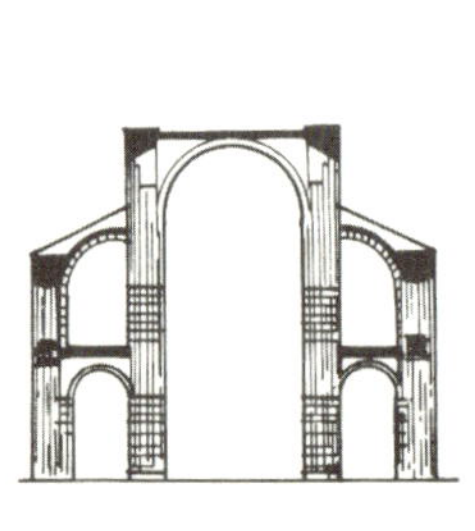

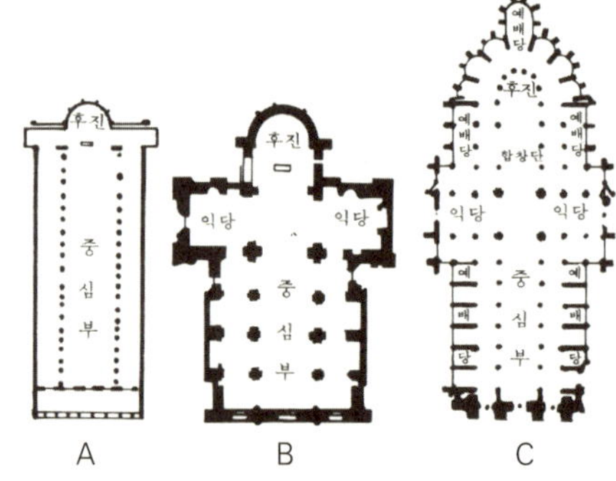

▲ 피사 대성당(로마네스크 양식, 약 1063-1272년): 이탈리아 교회 건축에 큰 영향을 미쳤다.

터 8세기까지로 비잔틴 미술의 영향을 받은 초기 그리스도교 건축의 시기, 제2단계는 9세기부터 12세기까지의 로마네스크 시대, 제3단계는 13세기부터 15세기까지의 고딕 양식의 시기이다.

중세 건축의 출발점은 장방형의 회당會堂을 가진 로마 건축 양식인 바실리카였다. 중세 바실리카는 비잔틴·게르만·켈트의 영향을 받아 새로운 양식으로 발전된 것이었다. 중세 바실리카에서는 제단이 있는 반원형의 동쪽 끝 부분에서 미사가 집전되었다.

카롤루스 왕조 말부터 로마네스크적 특징이 있는 건축물이 나와 12세기에는 가장 번성한 양식으로 확립되었다. 로마네스크 건축은 바실리카식 평면 배치에 익당翼堂 부분을 추가하여 좌우로 연장한 라틴 십자형이었다. 이 건축은 지역에 따라 상이했으나 반원 아치와 기둥의 중요성을 강조하고 엄숙하고 장중한 인상을 주는 공통점이 있었다.

로마네스크 양식의 건물은 이탈리아에서 많이 건축되었고 중세를 통해 그 전통이 유지되었다. 전형적인 로마네스크 양식은 이탈리아의 피사 대성당, 프랑스 포아티에의 노트르담 대성당, 독일의 보름스 대성당,

마리아 라하 수도원 성당, 이탈리아 밀라노의 산 암브로지오 성당 등에서 볼 수 있다. 로마네스크 조각에서 받는 인상은 환상적이며 신비로운 것이다. 형상이 추상적으로 단순화되어 있어 비현실적인 느낌이 강하게 느껴진다.

12세기 중기부터 유럽 사회가 급속한 변화를 겪게 되면서 새로운 고딕 양식이 등장하였다. 고딕이란 말은 르네상스 시대 사람이 고트족을 경멸하여 붙인 명칭이었다. 이 양식은 1137-1144년 루이 6세와 루이 7세의 자문관 쉬제르라는 수도원장에 의해 카페 왕조의 발상지인 파리 근교의 생 드니의 수도원 교회에서 처음 나타났다.

13세기에 절정에 달한 고딕 양식은 역사상 가장 아름다운 종교 건축 중의 하나로 평가될 수 있다. 그 외형적 인상이 주는 경쾌한 수직감으로 인해 마치 중세 사람들이 천국을 동경하는 것 같다. 고딕식 교회의 대부분은 도시민의 재력에 의하지 않고는 건축될 수 없는 규모와 구성을 가진 것이며, 농촌 경제를 바탕으로 한 중세 전기의 교회 건물과는 비교가 되지 않는다. 고딕 양식은 독일과 프랑스에서 전형적으로 발달

▲ 오스트리아 빈의 성 슈테판 대성당: 앞면은 1147년 처음 만들 때의 로마네스크 양식이 남은 것이고 옆면은 1359년 재건축할 때의 고딕 양식이다.

▲ 성 슈테판 대성당 내부: 활처럼 휜 높은 천장과 사실적인 조각, 그리고 스테인드 글라스가 고딕 건축의 특성을 보여준다.

된 반면 이탈리아에서는 거의 발달되지 않았으나, 다만 밀라노 대성당은 예외적이다.

그 밖에 영국과 스페인 등에서도 널리 채택되었으나 가장 독특한 발달을 본 곳은 북프랑스였다. 프랑스의 아미앙·노트르담(파리)·랑스·샤르트르·스트라스부르·부르쥬·루앙, 영국의 링컨·요크·솔즈베리·웨스트민스터·글로스터를 비롯하여 스페인의 살라망카·세고비아·세비야, 독일의 쾰른 성당 등이 유럽의 유명한 고딕 교회 건축물이다.

고딕 건축의 특징은 끝이 뾰족한 아치와 늑골궁륭 및 아치형 부벽 등에서 찾아 볼 수 있다. 로마네스크 건축에 비해 벽면이 많이 없어지고 벽 두께가 얇아진 반면 채광을 위한 유리창이 많이 생겼으며, 외벽에는 작은 첨탑들이 세워졌다. 고딕 교회 건물 내부의 조각은 로마네스크 조각과는 달리 사실적이며 생동감이 있었다.

이 외에도 그리스도교와 관계된 조각이 인간적이며 사실적이다. 새롭게 시도된 스테인드글라스(색유리)에 의해 교회 내부의 공간은 더욱 장식적 효과가 높아졌다. 유리 조각들과 때로는 보석까지 사용한 스테인

▲노트르담 대성당

드글라스는 웅장한 오르간 음악에 맞추어 부르는 성가 합창과 함께 교회의 분위기를 한층 더 종교적으로 만들어 준다. 고딕 건축의 건축물은 거의 예외없이 중세 도시의 중심에 위치해 있었다. 각 도시는 서로 다투어 자기 도시의 위대함을 자랑하기 위해 아름다운 고딕 성당을 건축하였던 것이다.

7
비잔틴 제국과 슬라브 사회의 전개

비잔틴 제국의 성립과 발전

476년 서로마가 멸망하자 동로마 황제들은 자신들에게 로마 제국 전체를 합법적으로 지배할 수 있는 권리가 있다고 주장하였다. 그러나 6세기 이후 점차 지배층은 인종적으로 그리스 민족과 섞이고 라틴어 대신 그리스어를 공용어로 사용하게 되었는데 이것이 동로마의 비잔틴화였다.

최초의 비잔틴 황제는 제논(재위: 474-491)이었으나 진정한 의미의 비잔틴 문화의 특색이 나타난 것은 유스티니아누스 1세(재위: 527-565) 시대에 이르러서였다. 이 때 그리스 문화의 요소, 페르시아로부터의 문화적 영향, 그리스도교적 이념 등이 조화롭게 섞여 새로운 문화의 기반을 이루었다. 유스티니아누스가 콘스탄티노플에 세운 성 소피아 대성당은 이 새로운 문화를 상징한다.

비잔틴 제국의 역사는 3기로 나눌 수 있다. 즉, 유스티니아누스 시대부터 8세기 초까지 정치와 군사 조직을 정비하고 경제적 기반을 확립하여 제국의 영토를 확대한 제1기, 8세기 초부터 11세기 중반까지 유럽에서 최고의 경제력·군사력·문화를 발달시킨 제2기, 11세기 중반부터 15세기 중반까지 쇠퇴하기 시작하여 1453년 오스만 터키에 의해 콘스탄티노플이 함락되는 제3기가 그것이다.

유스티니아누스 1세는 상당한 교육과 훈련을 받았고 잠을 자지않는 황제라는 별명을 얻은 매우 부지런한 지배자였다. 그는 결단력과 용기가 부족한 성격이었으나 뛰어난 재주와 추진력을 갖춘 서민 출신 황후 테오도라(500-548)가 이를 잘 보완하였다.

유스티니아누스의 업적 중 가장 두드러진 것은 국력 진흥과 영토 확장이었다. 그는 아프리카의 반달 왕국, 이탈리아의 동고트 왕국, 스페인의 서고트 왕국 등을 정복하였다. 또한 외교적 타협을 통해 6세기 중반까지는 발칸 반도와 소아시아의 민족들을 복속시킬 수 있었다. 이러한 결과 비잔틴 제국은 옛 로마 제국의 거의 반에 해당하는 넓이로 팽창하

▲ 이스탄불의 성 소피아 교회 전경

▲ 성 소피아 교회의 천정 부분

▲ 유스티니아누스 황제 (산 비탈레 대성당, 547년경)

였다. 그러나 서방 정책에 국력을 집중시키고 동쪽으로 적절히 대비하지 않은 결과 페르시아 '사산 왕조'의 위협을 받았다.

유스티니아누스의 또 다른 업적은 행정 체제의 개혁이 있었다. 532년 니케의 민중 반란이 있은 후 정부의 징세 정책을 개혁하고 행정 제도의 대부분을 중앙 정부의 직접적인 관할 하에 두어 군주의 전제적 권한을 강화하였다.

이와 아울러 유스티니아누스가 행한 업적 중 가장 주목되는 것은 로마법 편찬 작업이었다. 그는 527년 즉위하면서 법률가들에게 새 법전을 편찬케 하였다. 528-534년에 걸친 법전 편찬 사업은 네 부분으로 진행되었는데 이를 통틀어 『민법대전』이라 불렀다. 보통 유스티니아누스 법전이라 알려져 있는 이 법전은 라틴어와 그리스어로 편찬되었으며, 후의 유럽 문명에 커다란 영향을 끼쳤다.

유스티니아누스 사후 국가 재정의 파탄으로 후계자들은 서쪽 영토의 대부분을 상실하고 동쪽 부분만을 겨우 유지하였다. 동쪽에서는 페

동로마 제국: 유스티니아누스 대제 시대

르시아 사산 왕조가 시리아·팔레스티나·이집트를 점령하면서 콘스탄티노플을 향해 진격해 왔다. 이와 동시에 아시아의 유목민 아바르인도 도나우 강 북쪽에 나라를 세우고 있다가 발칸 반도를 거쳐 콘스탄티노플을 향해 쳐들어왔다. 이 때문에 7세기 초 비잔틴 제국은 페르시아와 아바르 사이에 끼어 고전을 면치 못하였다.

헤라클리우스(재위: 610-641) 황제는 동방 여러 민족의 공격을 막기 위해 제국의 모든 영토를 테마thema라는 군관구軍管區로 나누었다. 각 군관구는 둔전병 제도로 운영되었는데 이는 농민들에게 토지를 지급하고 대신 군역의 의무를 지게 하는 방식이었다. 군관구에는 스트라테고스라는 군사령관이 있어 황제에 의해 임명되고 군사권과 함께 행정권·사법권을 장악하였다. 이로 인해 디오클레티아누스 황제 이래 문무 관료를 분리해 온 방침이 폐기되었다.

7세기 중반에는 이슬람 포교를 내세운 아라비아가 등장하였다. 불과 반세기 동안 아라비아의 이슬람 군대는 시리아·팔레스티나·이집트·

북아프리카를 비잔틴 제국에서 빼앗았다. 이에 비잔틴 제국은 소아시아와 발칸 반도를 차지하는 정도로 축소된 지역 국가로서의 명맥만 약 700년 동안 더 유지되었다.

11세기 말 비잔틴 제국은 동쪽에서 셀쥬크 터키 민족의 침입과 서쪽에서 이탈리아 및 시칠리아의 영토 팽창 정책으로 큰 곤란을 겪었다. 이러한 위협에 비잔틴 황제들은 서방 세계의 원조를 요청하였으며 이것이 계기가 되어 십자군 운동이 일어났다.

13세기말에 일어난 오스만 터키 민족은 아나톨리아 지방에서 비잔틴 제국의 지배권에 도전하여 발칸 반도로 침입하고 코소보 전투(1389)를 계기로 세르비아 등 동남 유럽까지 깊숙이 침투하였다. 그들에 의해 마침내 1453년 콘스탄티노플은 함락되고 비잔틴 제국은 멸망

14세기 전반의 비잔틴 제국과 주변 국가

하고 말았다. 그 결과 이탈리아의 여러 도시 국가, 특히 베네치아는 동지중해 및 흑해 방면의 무역 거점들을 잃어버려 경제적 타격을 받았다.

비잔틴 제국의 경제

농업은 비잔틴 경제의 중추였으며 국가는 농업 생산을 높이는 데 온 힘을 기울였다. 특히, 유스티니아누스 황제 때 양잠술이 성행하였다. 비잔틴 제국에서는 소토지를 소유한 자작농이 일반적이었으며, 이 계층이 제국의 군사권이나 황제권의 기반이 되었다. 그러나 8세기 초 이래 귀족이나 수도원 소유의 대토지를 소작인이 경작하는 대농장 제도가 성립하였다. 11세기 중반 이후 대농장제는 농업 전체를 지배하는 제도가 되었지만 자작농의 몰락과 제국의 쇠퇴를 가져왔다.

상공업은 6세기부터 11세기에 이르는 동안 매우 번성하였다. 수도 콘스탄티노플은 세계 무역과 산업의 심장부였고, 백만 이상의 인구를 가진 중세 유럽 최대의 가장 부유한 도시였다. 콘스탄티노플은 동방과 서방의 교통의 요충지에 위치했으므로 상공업 발달의 중심이 되었다. 화려한 비잔틴 문화는 상공업으로 축적된 경제적 부 때문에 가능하였다. 이중 직물 공업은 비잔틴 산업을 유명하게 만들었고, 안정된 제국 화폐인 베잔트는 십자군 시대의 표준 화폐로 서방 세계에서 널리 통용되었다.

정부는 이윤이 높은 상업인 곡물이나 견직물 판매를 독점하였다. 흑해 및 지중해를 무대로 한 무역은 해적이나 이슬람 상인에 대항하기 위해 비잔틴 제국의 강력한 해군의 보호를 받아야만 했다. 이러한 상업에 대한 국가 통제와 제약으로 원거리 통상의 주도권은 베네치

네스토리우스파와 양잠술

콘스탄티노플 대관구장 네스토리우스와 그 일파는 그리스도의 신성을 부정하였다. 이에 따라 431년 에페소스 종교회의에서 이단으로 규정되었다. 그 후 시리아를 거쳐 중국에까지 전해져 경교景敎라 불렸다.
552년 네스토리우스파의 수도자가 누에고치를 유스티니아누스 대제에게 바친 것이 동로마에서의 양잠의 시작이었다. 비단은 중국으로부터 전해져 5세기에는 이미 상당한 양이 수입되고 있었다.

아·라벤나 등 이탈리아 상인에게 빼앗기게 되었다.

비잔틴 문화

비잔틴의 문학과 사상은 대체로 그리스 문화의 연장이었다. 비잔틴 제국의 학문 연구는 수도원이나 성직자 계급의 활동뿐만 아니라, 일반 대학이나 학자들까지 포함하는 광범한 것이었다. 초기에는 아테네 대학이 비잔틴 제국 최대의 대학이었으나 유스티니아누스 대제 때에 폐교되고 콘스탄티노플 제국 대학이 이를 대신하였다.

11세기부터 역사 저술이 많이 나왔다. 고급 관료 출신이었던 프셀루스(1018-1079)는 비잔틴 황제들의 착취상을 연대기로 저술하였다. 역사상 최초의 여성 역사가 안나 콤네누스(1083-1148)는 황제 알렉시우스 콤네누스 1세(재위: 1081-1118)의 딸로 아버지의 일생을 묘사한 『알렉시우스 일대기』를 저술하였다.

비잔틴 미술의 밝은 색조와 풍부한 색채는 오리엔트와 그리스도교의 복합적 영향을 받았다. 건축은 초기 로마의 양식을 채택한 반면 내부 장식에서는 로마보다 중동 지역의 특색을 살려 풍부한 색채가 넘치도록 하였다.

▲ 산 비탈레 성당 (A.D. 5-6 세기, 라벤나)
▲▶ 산 아폴리나레 누오보의 모자이크 벽화 (A.D. 6세기, 라벤나)

비잔틴식 교회 건축으로서 가장 웅장하고 화려한 것은 유스티니아누스 황제에 의해 537년 완성된 성 소피아 교회이다. 이 교회 건물은 그리스-로마식 십자형 바실리카 설계이며, 중앙에 페르시아식의 커다란 반원형 지붕(직경 32m, 높이 54m)를 올렸다. 반원형 지붕 내부의 중앙부는 4개의 거대한 기둥을 연결하는 커다란 아치로 뒷받침되어 있다. 내부 장식에는 모자이크·템페라 벽화·상감·조각이 사용되어 장엄함과 화려함이 조화되어 있다.

그 밖에 비잔틴 건축 양식의 대표적인 예는 이탈리아 베네치아의 성 마르코 성당이나, 라벤나의 산 비탈레 성당과 산 아폴리나레 누오보 대성당 등에서 찾아볼 수 있다. 교회 건물 내부는 아름다운 모자이크로 장식되었다. 고대 오리엔트에 기원을 두고 있는 모자이크는 색유리 파편, 색깔 있는 작은 돌 조각·보석·색 대리석 등을 무수히 합쳐 시멘트로 무늬를 만들어 그림을 구성하는 기법이다. 흔히 배경은 금가루로 칠한 것이 많다. 마루, 벽면 또는 천장에 적용되었다. 비잔틴 모자이크는 전체적으로 비사실적 요소가 강하고 정면성이 강조된 평탄한 인상을 준다. 정면성이라 함은 조각이나 그림에서 앞면을 유달리 강조하여 전체적으로 입체감이 결여된 것을 말한다.

비잔틴 제국은 문화적으로 오리엔트·그리스-로마·이슬람 등 여러 문명의 영향을 받아 그리스 정교를 배경으로 한 독자적인 문화권을 형성하여 동시대의 서유럽에 비해 높은 수준을 유지하였다. 또한 북방의 슬라브인에게 커다란 문화적·종교적 영향을 주었으며, 동유럽 지역이 독자적으로 문화적 발전을 할 수 있는 기반을 닦아 놓는 중요한 역할을 하였다. 그러나 무엇보다도 비잔틴 제국은 아시아 민족들의 침입으로부터 서유럽을 지키는 역할을 하는 한편, 그리스어를 공식적으로 사용함으로써 고전 사상과 학문이 보존될 수 있었다. 그 덕분에 15세기 이후 이탈리아의 그리스 연구가 가능했던 것이다.

동유럽에서의 민족 이동 –아시아계

유스티니아누스 대제 사후 비잔틴 제국의 세력은 크게 쇠퇴하여 7세기 전반 동유럽 일대가 슬라브족과 아바르족의 침입으로 유린되었고, 소아시아 지역의 페르시아는 강력한 위협 세력으로 등장하였다. 7세기 초에 일어나기 시작한 이슬람교가 세력을 점차 확대했으며, 발칸 반도 일대에서는 불가리아족의 침입으로 비잔틴 제국은 한층 곤경에 빠지게 되었다.

아바르족은 아시아의 유목 민족이었는데 6세기에 도나우 강 유역에 침입하여 한때 발칸 반도 대부분을 차지하는 큰 나라를 세웠다. 그러나 8세기 샤를마뉴에 의해 영토가 많이 축소되었으며, 마침내 헝가리 민족에게 흡수·동화되고 말았다. 아시아계 유목 민족인 헝가리족은 도나우 강 중류 계곡을 차지하고 있었는데, 9세기말 서쪽으로 이동하여 드녜스테르 강을 건너 아바르족과 합쳐 1000년경 헝가리를 건국하였다.

아르파드 왕조 제1대왕 이스트반 1세(聖이스트반1: 997-1038)가 가톨릭으로 개종하여 교황 실베스테르 2세(재위: 999-1003)로부터 왕관을 받았다. 그들은 바이킹족의 침입으로 곤란을 겪고 있는 프랑크 왕국을 동쪽에서 공격하여 한때 부르군드 지방 서쪽까지 진출하였다. 이어 11세기에는 달마티아·슬라보니아·크로아티아를 영토로 편입하였다.

한편, 불가르족은 원래 볼가 강 유역에 살고 있던 아시아계 민족이었다. 이들은 도나우 강 남쪽에 정착하여 9세기 초 지금의 불가리아에 커다란 세력을 구축하였다. 제4십자군 전쟁(1201-1204) 이후 발칸 반도에서는 부족들 간의 싸움으로 분쟁의 근원지가 되었다. 불가리아인은 이 혼란을 틈타 제국을 건설하고 러시아처럼 '차르'라는 칭호를 사용했

▲ 제2차 불가리아 제국(1186- 1396)의 수도였던 벨리코 투르노보의 궁궐 유적

을 뿐 아니라 콘스탄티노플에 침입하겠다고 위협하였다. 쇠약해진 비잔틴 제국의 미하엘 8세는 전쟁과 혼인 정책을 통해 그 위협을 완화할 수밖에 없었다.

타타르인이라 불린 유목 민족인 몽골군은 루스족 제후의 연합 세력을 격파하고 1237-1241년 징기스칸의 손자 바투拔都의 지휘 아래 러시아·폴란드·헝가리 등 동유럽을 유린하였다. 그 후 몽골 제국은 몇 개의 칸국汗國으로 나누어졌으나 1300년 중반까지 동러시아를 정복했고 1400년대 중반까지는 우크라이나와 벨라루스까지의 넓은 영역을 차지하게 되었다.

동유럽에서의 민족 이동 –슬라브 민족

슬라브족의 기원에 관해서는 거의 알려진 바가 없다. 슬라브 민족은 동슬라브·서슬라브·남슬라브로 크게 구분되는 대집단이었다. 동슬라브족은 대체로 러시아인이라 칭해지는 집단으로, 러시아인·백계 러시아인·우크라이나인이 여기에 속한다. 서슬라브족은 보헤미아인·체코인·슬로바크인·폴란드인 등으로 갈라지고, 남슬라브족은 슬로벤인·크로아티아인·세르비아인·불가리아인 등으로 구분된다.

슬라브 민족은 인접 민족들과 어울려 오랫동안 천천히 이동하였다. 그리하여 10세기까지는 발칸 반도와 동유럽의 여러 지역에 흩어져 정착하였다. 12세기에서 15세기까지 러시아는 봉건 시대로 이 시기에 러시아는 많은 제후국으로 분열되어 있었고, 이들은 모두 몽골족인 칸국의 지배를 받고 있었다.

모스크바 제후국의 이반 1세(재위: 1328-1341)는 모스크바의 위상을 크게 높인 최초의 지배자였다. 그는 영토를 점차 볼가 강 이북 지역으로까지 넓혔으며 몽골로부터 대공이라는 칭호를 받았다. 그러나 1300년대 말에 이르러 몽골의 영향이 쇠퇴하자 모스크바 공국은 러시아인들 사이에서 주도적 지위를 차지하게 되었다.

이반 3세(재위: 1462-1505)는 통일을 완성하고 근대 러시아의 헌법적 기반을 확립한 군주였다. 이반 3세는 1478년 노브고로드를 편입하는 등 영토 팽창을 계속하였다. 또 그는 1480년 모스크바 공국이 몽골 지배에서 완전히 벗어나자 대공 대신 왕을 칭하였다. 1453년 콘스탄티노플이 터키족에 의해 함락되자 그는 비잔틴 황제의 계승자임을 자임하면서 라틴어 카에사르에 해당하는 슬라브어 '차르czar'를 칭하였다. 그는 비잔틴 최후 황제 콘스탄티누스 11세(1405-1453)의 조카 소피아(1455-1503)와 결혼하고 비잔틴의 쌍두 독수리를 새 러시아 제국의 상징으로 채택하였다. 이탈리아에서 교육받은 왕비의 도움으로 그는 이탈리아 미술가들과 건축가들을 초청하여 모스크바에 크렘린을 재건하고 수도로서의 면모를 갖추었다.

이반 3세가 시작한 개혁은 세습 귀족 제도를 단호하게 철폐한 이반

4세(공포 왕, 재위: 1530-1584)에 이르러 비로소 완결되었다. 그는 러시아의 국토와 주민을 통합하는 과업을 완수하여 자신이 러시아의 전제 군주임을 선언하였으며 이후 후계자들은 이 유산을 물려받은 것이다.

이반 1세의 초청으로 러시아 교회의 주교가 자주 모스크바를 방문하면서 모스크바는 러시아 정교의 중심지가 되었다. 여기에 힘입은 몇몇 수도 성직자들은 모스크바가 제3의 로마라는 개념을 합리화하였다. 그들에 의하면 제1 로마는 이단자들의 수중에 떨어지고 제2 로마인 콘스탄티노플은 비그리스도 교도들에 의해 점령되었으며, 오직 모스크바만이 정교 지배자의 수도로서 참된 종교를 보존했다는 것이다.

8
이슬람 문명의 발전

이슬람교의 성립

이슬람 문화의 발상지 아라비아 반도는 거의 비가 내리지 않는 건조한 지역으로 농업에 적당치 않아 일찍부터 유목과 상업이 발달한 곳이다. 홍해 연안의 헤야즈 지방의 복판에 위치한 메카는 종교 중심지로, 이곳의 카아바 신전에 안치된 '검은 돌'은 아라비아인에게 널리 숭배되고 있었다.

무함마드(570-632)는 아랍어로 '높이 칭송되는 자'라는 뜻이며 메카에서 태어났다. 어려서 고아가 되었으며 큰아버지가 후견인이 되고 할아버지가 길렀다. 목동 생활과 대상 활동을 하면서 성장한 무함마드는 29세가 되는 해에 11세 연상의 부유한 과부 카디자와 결혼하여 안락한 생활을 하게 되었다.

무함마드는 정식 교육을 받지 않아 글을 읽을 줄 몰랐으나 때때로 메카 근처의 사막이나 산기슭 동굴에서 조용히 기도와 명상에 잠기곤 하였다. 그리고 마침내 611년 신의 계시를 받고 유일신 알라Allah를 믿는 새로운 종교를 창시하였다. 그 신도는 무슬림이라 한다.

무함마드는 부인과 친척을 먼저 개종시킨 후 그 밖의 시민들을 대상으로 우상 숭배를 배격하고 부의 독점을 비판하여 메카 상인들의 반발을 샀다. 619년 부인 카디자가 죽고 이슬람교도들에 대한 메카 시민의 박해가 심해지자 622년 메디나로 가서 그 곳을 선교의 중심으로 삼았다. 무함마드가 메카에서 메디나로 간 것을 히지라Hijra; Hegira라 하며, 그 해는 이슬람 달력의 시작이 되었다.

무함마드는 메디나를 장악하고 신정 정치를 하였다. 이때부터 이슬람은 강력한 군사적 성격을 띤 종교가 되었다. 무함마드는 먼저 메카에 대한 전쟁(624-630)을 치러 승리했으며 메카뿐 아니라 베두인족도 지배하게 되었다.

◀ 마호메트에게 계시를 내리는 가브리엘 대천사

이슬람 세력의 성장

이슬람은 632년 무함마드가 죽을 때에는 많은 전투에서 승리하여 아라비아를 통일하였다. 이러한 전투 행위를 지하드Jihad라 한다. 원래 지하드는 신자로서 자신을 단련시키는 내적 싸움을 의미하는 말이었는데, 점차 이교도들과의 싸움으로 의미가 변질되었다. 그의 사후 후계자들이 지하드를 계속 수행하여 이슬람교를 급속히 전파하였다. 북동쪽으로 시리아(638), 팔레스티나 등을 비잔틴 제국으로부터 빼앗았으며, 소아시아 및 메소포타미아(641), 페르시아(644)를 거쳐 동쪽으로는 인더스 강 유역, 그리고 중국과 접경하게 되었다.

이슬람 세력은 또, 서쪽으로 이집트(639-43), 튀니지(697-98), 모로코(700-705)를 거쳐 711년 이베리아 반도의 서고트 왕국을 유린하였다. 스페인에서 이슬람군은 갈리아 지방을 공략했으며, 8세기 중반 마침내 지중해 세계를 지배하는 데 성공하였다.

그러나 717-718년 콘스탄티노플에서 비잔틴 황제 레오 3세가 이들을 격퇴하였다. 이 전쟁은 이슬람이 더 이상 유럽으로 진출하는 것을 막는 결정적인 계기가 되었다. 마찬가지로 서쪽에서 프랑크 왕국과 국경을 접하게 된 이슬람 세력은 732년 투르 전투에서 마르텔에 패함으로써 피레네 산맥이 서유럽과의 경계가 되었다.

역사적으로 유례가 없는 단기간에 이슬람이 성공적으로 포교 전쟁을 수행할 수 있었던 이유로 여러 가지를 들 수 있다. 우선 페르시아의 사산 왕조와 비잔틴 제국은 오랜 싸움으로 서로 지쳐 있었다. 더욱이 이슬람은 정복한 지역의 피지배자들이 복종하는 한 관대한 지배 정책을 채택하였는데, 이는 가혹한 비잔틴 제국의 정책과 대조적이었다. 예컨대 그들은 개종을 강요하지 않았으며 대신에 비신자들은 '지즈야'라는 인두세를 내면 신앙의 자유와 재산권을 보호받을 수 있었다. 특히, 이

이슬람 세력의 팽창(700-900)

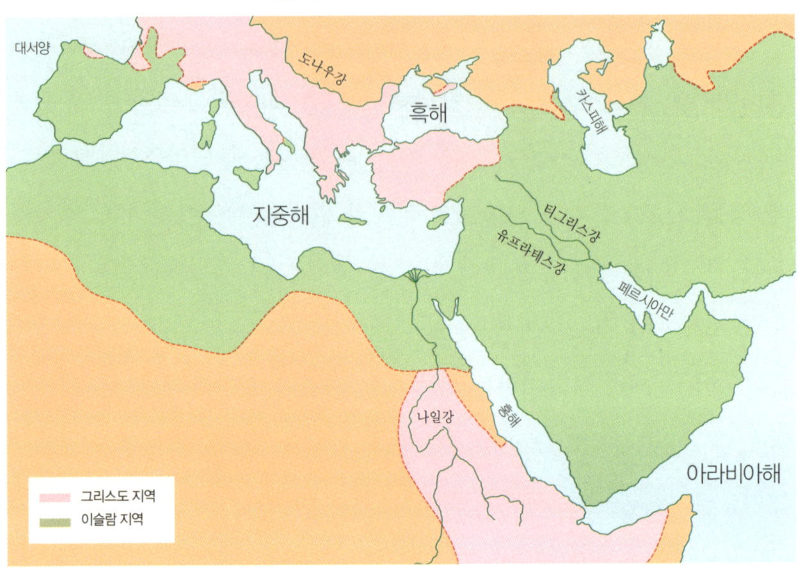

슬람 교리는 매우 단순했기 때문에 유대인과 조로아스터 교도가 개종하기 쉬웠다.

무함마드는 후계자를 결정하지 않았기 때문에 632년 무함마드의 죽음으로부터 661년에 이르기까지 약 30년간 그의 측근이 통치를 책임지게 되었는데, 이것이 칼리프국이었다. 칼리프는 '무함마드의 대변자', '후계자', '대리자'란 뜻을 가진 칼리파란 말에서 유래하였다. 칼리프는 쿠란을 해석하고 적용하는 절대 권한을 가졌기 때문에 정치와 종교의 최고권을 장악하였다.

초기의 칼리프들은 무함마드의 영토 확장 정책을 계승하였다. 제1대 칼리프 아부 바크르(573-634)와 634년 그 뒤를 이은 오마르 1세(581-644) 및 제3대 칼리프 오트만(575-656) 등은 아프리카에서 페르시아까지 영토를 확대하였다. 무함마드 이후의 세 칼리프는 모두 무함마드 가문은 아니었다. 이 사실은 오랫동안 무함마드 가문 출신 칼리프를 원해 오던 사람들의 반발을 샀다. 새로운 세대의 지도층의 등장과 함께 이러한 반발은 칼리프 선출 문제를 둘러싸고 내분을 낳았다.

이슬람의 분열

시아Shi'a, Shi'ah파는 이슬람의 두 번째 큰 종파이며 '알라의 당'이라는 의미이다. 시아파는 예언자 무함마드의 가르침과 그의 가문의 종교적 지시를 따랐기 때문에 칼리프가 무함마드 가문에서 나와야 한다고 주장하였다. 시아파는 오리엔트 신앙을 받아들이는 개방 정책을 취하고 외국 문화의 수용과 음악·미술 등 문화에 대해 관용적 태도를 취하였다. 그리고 이들은 최고 지도자(이맘)를 절대시하고 복종한다. 현재는 이란·이라크·예멘 등의 주요 종파를 이루고, 무슬림 전체의 10%인 약 4천만의 신도를 갖게 되었다.

이에 반해 자격 있는 사람은 누구나 칼리프로 선출되는 전통을 존중하는 순니Sunni, Sunnites파가 있었다. 순니파는 무함마드 이래의 전통과 관습을 고수하며 민족의 전통을 지키며 무예와 용맹을 숭상하는 종파이다. 순니파는 공동체의 합의를 중요시하는데 오늘날 이슬람 세계의 절대 다수를 차지하며, 아라비아 본토·이집트·터키 등 서남아시아 지역에 많이 퍼져 있다.

제4대 칼리프는 시아파의 첫 번째 지도자였던 무함마드의 양자이며 사위인 알리Ali ibn Abu Talib(599-661)였다. 그는 수도를 이라크의 쿠파로 정하였다. 그러나 그가 무아위야에게 살해되자 이슬람의 정치적 중심은 다시 시리아로 옮겨갔다. 시아파에서는 알리의 아들인 후세인을 칼리프로 인정하였기 때문에 양측의 대립이 심해졌다. 결국 정통성에 관한 싸움은 알리 가의 칼리프 계승권 독점을 주장하는 싸움으로 바뀌었고, 시아파는 최초의 세 칼리프들을 찬탈자로 규정하였다.

이슬람의 쇠퇴

제4대 칼리프로 알리의 반대파는 시리아 총독이었던 무아위야를 중심으로 하는 메카의 영도적 귀족 가문 우마야 가를 지지하여 661년 시리아의 다마스쿠스에 세습 국가를 세웠다. 이것이 무아위야 1세(재위: 661-680)로 시작되는 우마야 왕조(650-750)였다. 이 왕조는 효율적인 관료제를 바탕으로 중앙 집권 정부를 확립하고 주둔군 기지를 거점으로 광대한 영토를 지배하였다. 토지 사유와 징세가 제도화되고, 통상의 활성화와 문화 진흥으로 아랍 내셔널리즘이 번성하였다.

그러나 우마야 왕조에 반대하는 무함마드 가문과 그 세력은 반격의 기회를 노리고 있었다. 그러다가 8세기 중반 무함마드의 백부 압바스(566-653)의 혈통을 이은 압바스 가는 우마야 왕조를 무너뜨리고 새로운 압바스 왕조(758-1258)를 세웠다.

수도를 바그다드로 옮긴 압바스 왕조는 재상 중심의 관료제와 상비군을 설치하는 등 오리엔트 전제주의의 성격을 띠었다. 아울러 아랍 내셔널리즘에서 탈피하여 민족 차별을 폐지하였다. 그 결과 페르시아·그리스·아라비아 등 여러 요소들을 종합한 문명 복합체를 실현하였다. 그 후 8-9세기를 통해 75년간 압바스 왕조는 절대 권력을 유지하고 커

▲ 다마스쿠스의 우마야 모스크 안뜰 (시리아 A.D 705 건축)

▲ 안자르의 우마야 왕조 별궁 유적 (레바논 A.D 715 건축)

▲ 카이로의 이슬람 성채

▲ 이븐툴룬 모스크 (카이로, 9세기경)

다란 번영을 누렸다. 그리하여 수도였던 바그다드는 세계에서 가장 부강한 도시 중 하나로 대제국의 중심지가 되었다.

9세기 말부터 압바스 왕조가 쇠퇴하자 압바스 왕조의 정통성에 도전하는 칼리프들이 스페인·북아프리카·시리아·인도에 난립하여 서로 경쟁하게 되었다. 예컨대 스페인의 코르도바를 중심으로 남아 있던 우마야 왕조의 일부 세력이 압바스 왕조가 수립된 후 코르도바 칼리프국(후 우마이야 왕조 756-1031)으로 독립하였다. 이들은 이베리아 반도와 북 아프리카를 지배하며 지중해 무역을 장악하였다. 또한 이집트에서는 무함마드의 딸 파티마의 후예인 파티마 가문이 972년 카이로에 칼리프 국가를 세웠다.

한편, 945년 압바스 칼리프는 페르시아의 부와이 왕조 지배를 받으며 1055년까지 명맥을 유지하였다. 압바스 칼리프는 11세기 이후 중앙아시아에서 온 셀쥬크 터키인에 의해 페르시아의 지배에서 벗어났으나, 이는 지배 세력을 바꾸어 놓은 것에 불과하였다. 셀쥬크 터키인은 압바스 칼리프를 명목상 유지하면서 '술탄(통치자, 권위의 뜻)'이라는 정치적 지배자의 호칭을 사용하여 소아시아와 메소포타미아를 통치하였다.

그들은 11세기 말 예루살렘을 순례하는 그리스도교도들과 충돌하여 십자군 전쟁이 일어났다. 13세기에는 셀쥬크 터키인조차 훌라구가 이끄는 몽골군에 정복되어 압바스 칼리프도 마침내 1258년 종말을 고하게 되었다.

쿠란과 이슬람 사회

아라비아 전통과 쿠란의 가르침은 남녀 상호 간의 평등을 강조했으나 아랍인과 비아랍인, 무슬림과 비무슬림, 남자와 여자 사이에는 뚜렷한 사회적 차별이 존재하였다. 비무슬림은 낮은 신분으로 분류되고 특별세를 물어야 했으며 공적 생활에서 제외되었다. 또한 이슬람 사회는 남성이 지배하는 가부장 사회로 일부다처제는 합법적으로 인정되었으며, 부유한 계층에서는 관례화되었다.

쿠란Qur'an은 '읽기'라는 뜻의 아랍어에서 유래하였는데 이슬람 교리의 중심체이며 알라가 무함마드를 통해 내린 계시를 기록한 책이다. 쿠란은 무함마드 사후 제2대 교주 아부 바크르(632-634) 때 편찬이 시작되어 오스만에 이르러 공식적인 결정판이 발간되었다. 쿠란은 114장sura으로 구성되어 있으며 이슬람교도들에게는 확고 부동한 권위를 지니고 있다. 또한 쿠란은 아랍어로 기록하며 다른 언어로의 번역을 금지

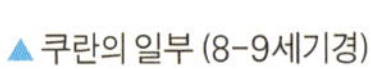

▲ 쿠란의 일부 (8-9세기경)

했기 때문에 이슬람 세계는 아랍어가 사실상 공용어가 되었다.

쿠란이 제시한 신학적 내용은 단순 명백하다. 이에 따르면 유일신 알라의 예언자는 무함마드이다. 과거에도 아담·노아·아브라함·모세·예수 등과 같은 예언자들이 없지 않았으나 최종적으로 무함마드에게만 진리의 계시가 내려졌다는 것이다. 무함마드의 가르침에 따르면 유일신 알라 앞에서는 모든 사람이 평등하므로 누구든지 구원이 가능하다. 사람들은 죽은 후 몸이 부활하는데, 충실한 신도들에게는 쾌락을 누리는 천국이 기다리고 있으며, 이교도에게는 영원한 지옥의 불이 있을 뿐이다.

이슬람 경제

이슬람 지역 경제의 기본은 농업이었으나 이슬람 세력이 아라비아에서 다른 지역으로 확대되면서 차츰 그 중심이 상공업으로 옮겨갔다. 이슬람이 장악한 각 지역에 세워진 칼리프 국가들은 비록 정치적 획일성은 결여했으나 동일 신앙 아래 상공업·교역·학문·문화를 경쟁적으로 발달시켰다. 이슬람 문명의 대두는 도시 생활에 새로운 자극이 되었으며 활발한 상업 활동을 기반으로 하는 지배 엘리트들이 성장하여 도시의 중심 세력이 되었다.

이슬람 상인들은 해군력의 지원 아래 시칠리아 섬을 근거로 9-11세기에 지중해의 해상 활동과 통상을 완전히 지배했을 뿐만 아니라 인도양이나 중국 연안 지대를 비롯해 고려 시대 한국에까지 활동 범위를 넓혔다. 원거리 통상은 각 지역의 다양한 물품을 다루었으며 스페인에서 인도에 이르는 대상로를 따라 번창하였다. 대상로는 바그다드를 중심으로 다마스쿠스·메카·트

무슬림의 규칙과 의무

무슬림은 하루에 5번 메카를 향해 기도해야 한다. 또한 금기 사항으로는 돼지고기를 먹지 말 것. 그리고 우상 숭배를 하지 말 것 등이다. 또한 음주·도박·탐욕·거짓말 등도 금지되었다. 이슬람과 관계있는 말로 사라센은 '사막의 아들들', 이슬람은 '(신의 뜻에)복종', 무슬림은 인종에 상관없이 '무함마드의 추종자들'을 의미한다. 가장 흔히 쓰이는 말이 이슬람이다.

레비존드·사마르칸드와 연결되었고, 카이로를 중심으로는 시리아·홍해 연안·나일 강 상류·아프리카 서북 지방과 연결되었다. 대상들에게 숙박과 식사를 제공하는 시설 caravansari이 도처에 설치되었다.

한편, 아시아 내륙을 횡단하는 비단길을 활용하여 중국의 비단·도자기·차 등을 이탈리아의 여러 도시를 거쳐 유럽으로 유입시키는 중개 무역을 활발하게 전개시켰다. 한마디로 당시의 국제 무역은 이슬람 상인들이 독점하였다.

▲ 10-11세기 페르시아의 유리 물병

사라센 공업은 유리와 제지를 중심으로 다양하게 발달하였다. 종이 만드는 기술은 압바스 왕조의 장군 지야드 이븐 살리와 당나라의 고선지 장군이 격돌한 탈라스 전투(751)를 계기로 중앙아시아를 통해 아랍 세계에 전해졌다. 그리하여 제지술은 800년대에는 제지 공장이 바그다드에 설립되었고 900년에는 이집트 카이로를 거쳐 12세기에 모로코와 이베리아 반도에 전파되었다. 그 후 스페인의 코르도바를 거쳐 유럽에까지 전해져, 15세기 중반에는 활판 인쇄에 적합한 근대적인 종이가 유럽에서 대량 생산되기에 이르렀다. 이 밖에 유리 공업이 시리아를 중심으로 번성하였는데 사라센 유리는 맑고 얇게 만들어진 질 좋은 것이었다.

이슬람의 철학과 사상, 응용 과학

이슬람 철학자들은 그리스 철학과 쿠란의 가르침을 조화시키는 데 주력하였다. 그들은 아리스토텔레스나 신플라톤 학파의 사상 또는 헬레니즘 시대의 저술을 아랍어로 번역하여 주석을 붙였다.

그들의 업적은 12·13세기 유럽의 스콜라 철학자들에게 영향을 주었다. 대표적으로 페르시아 출신인 이븐 시나(아비센나, 980-1037), 스페인 출신 철학자인 이븐 루시드(아베로에스, 1126-1198)가 있는데 그들의 사상은 중세 그리스도교 교리 확립에 큰 영향을 주었다.

철학보다 더 괄목할 만한 아랍 세계의 자연 과학은 압바스 왕조 시대에 크게 발달하였다. 이슬람 과학은 실제적 지식이란 점에서 로마 과학에 가까웠으며 유럽의 근대 과학 발전에 큰 영향을 끼쳤다. 이슬람 과학의 특징은 백과사전적 정보 수집이라는 점에 있었다. 이슬람 학자들이 그리스·인도·페르시아·메소포타미아·이집트의 자료에서 수집한 정보는 방대한 양에 달하였다.

천문학은 그리스 천문학, 특히 프톨레마이오스의 천문학과 페르시아와 메소포타미아의 천문학적 지식이 결합되어 발전하였는데 바그다드 등 중요 도시에 천문대를 건설하고, 관측용 기계로 천체를 관측하여 별 이름을 붙였다. 또한 지구 구형설이 등장하고 태양력이 제작되는 등의

▲바위 동굴 사원(예루살렘, 7세기 후반): 최초로 건축된 모스크이다.

발전도 있었다.

의학은 압바스 왕조 후기에 고대 그리스의 의학자였던 갈레누스와 히포크라테스의 저술이 아랍어로 번역되면서 시작되었다. 의사들은 질병 연구·인체 해부·임상 경험을 통해 눈병·천연두·홍역 등에 관해 저술하고, 알코올을 비롯한 많은 약제를 개발하였다. 10세기에 페르시아 출신의 알 라지(865-925)는 수많은 의학 자료를 참고하여 백과사전적인 『편람』 20권을 저술하였다. 이븐 시나의 의학 저술은 후에 라틴어로 번역되었으며, 그는 이 때문에 오랫동안 가장 위대한 의학자의 한 사람으로 널리 인정받았다.

이슬람 화학은 보통 연금술 형태로 연구되었다. 아랍인은 또한 화약·나침반·인쇄술·종이 등 실용적인 기술 부문을 크게 발전시켰다. 이러한 기술은 원래 중국에서 발명되었으나 중앙아시아 및 아랍인의 손을 거쳐 서유럽에 들어가 실용화됨으로써 인류 생활을 근본적으로 바꾸어 놓았다. 아랍인은 인도의 숫자를 바탕으로 영zero의 개념을 도입하여 아라비아의 수 체계를 개발하였으며 3각 방정식, 3각법 이론 등도 완성하였다.

이슬람의 문학

역대 칼리프는 대체로 문예 애호가 역할을 하였다. 이슬람 문학의 원천은 그리스라기보다는 페르시아에 있었던 것으로 보인다. 아라비아 문학 작품 가운데 스페인 지방에서 발달된 사랑의 시가는 남프랑스의 프로방스 문학에 영향을 끼쳤다. 이슬람 문학의 또 다른 특징은 비아랍 소재들을 이슬람교의 정신과 이슬람 사회의 가치관에 결합시켜 설화 문학으로 만들었다는 것이다. 가장 전형적인 예는 『아라비아 야화』이다.

전설이나 공상적 내용에 바탕을 둔 단편 소설집 형식으로 된 이 작

아랍 문화의 영향

현대 수학이나 과학 용어 중에는 아랍어에서 기원하는 것들이 많은데, 몇 가지 예를 들면 대수학algebra · 알칼리alkali · 알코올alcohol · 연금술alchemy 등이다. al은 아랍어의 정관사에 해당한다. 그 밖에도 아랍어에서 파생한 유럽의 말들은 상당히 많다. 프랑스어의 세관douane은 '관청al-diwan', 영어의 '해군 제독admiral'은 '바다의 지휘자amir al-bahr', '수표cheque'는 '땅 문서 또는 차용증saqq', '안락의자sofa'는 '양털suf', 이 밖에도 '케이블cable', '교통traffic', '계절풍monsoon', '연감almanac', '체스chess', '매트리스mattress', '레몬lemon', '쌀rice', '설탕sugar', '생강ginger', '기타guitar' 등 아랍어에 기원을 가진 영어는 많다.

품은 900년대에 시작되어 15세기 말 카이로에서 완성된 것으로 추정된다. 이 작품은 찬란하고 호화로운 압바스 왕조의 아랍인의 생활과 문화를 배경으로 하고, 바그다드의 사회 · 경제 · 정치 · 종교 등을 소재로 하고 있다.

지리학은 여행기를 바탕으로 발달하였다. 모로코 탕지에 출신인 이븐 바투타(1304-1378)는 1325년부터 약 30년간 널리 아프리카 · 아시아 · 유럽을 두루 여행하였다. 그는 모로코 왕의 명에 따라 원의 순제 때 중국을 여행한 체험을 토대로 여행기를 저술했으며 여행기 원본이 오늘날까지 남아있다.

모스크와 아라베스크

이슬람 미술의 백미는 건축이며 주로 모스크와 궁전 건축에서 나타난다. 말굽 모양의 아치, 뾰족한 탑, 둥근 지붕 등은 아라비아에서 독특

▲ 이스탄불의 블루 모스크 전경 (1616년 건축)

▲ 에스파한의 이맘모스크 야경 (1638년 건축)

▲ 에스파한 자메 모스크의 아라베스크 (1121년 건축)
▲▶ 카이로 알-나시르-모하메드 모스크의 아라베스크 (1335년 건축)

하게 발달되어 궁전 건축이나 교회에 적용되었다. 둥근 지붕은 비잔틴이나 시리아에서 영향을 받은 것으로 보인다. 사원 건축인 모스크는 그 구조가 비교적 단순하며 내부는 대개 여러 개의 기둥과 아치 등으로 구성되어 있다. 외부 특징으로는 비잔틴 교회와 비슷한 웅장한 둥근 지붕과 높이 솟은 우아한 마나라(혹은 미나렛) 등이 두드러졌다.

다마스쿠스·코르도바에 있는 거대한 모스크들은 아름다운 구조를 바탕으로 섬세함과 우아함을 자랑하고 있다. 현존 모스크 중 스페인 세비야의 알카자르와 그라나다의 알함브라는 기본적으로 동일한 건축 양식을 가지고 있으나 훨씬 더 정교하다.

쿠란은 인간이나 동물의 모습을 그리는 것을 금하고 있으므로 극히 장식적인 아름다움이 발휘된 '아라베스크'라고 알려진 미술 양식이 발달되었다. 아라베스크는 페르시아에서 그 선구적 형태를 발견할 수 있으므로 지리적으로 보아 그 영향을 받았다고 생각된다.

9
십자군 운동의 전개

십자군 운동의 배경

중세 보편 교회와 가톨릭 교황권의 우위를 과시하려는 커다란 사건은 십자군 운동(1096-1291)이었다. 이것은 클뤼니 개혁파 교황 우르바노 2세(1088-1099)에 의해 시작되어 모든 유럽인의 관심을 2세기 가까이 동방으로 쏠리게 한 운동이었다. 십자군 운동이란 11세기에 시작된 대규모의 십자군 전쟁뿐 아니라 모든 이교 및 이단에 대한 교회의 전투, 예컨대 스페인 이슬람교도를 공격한 프랑스 제후들의 재정복 운동, 13세기 초 남프랑스에서 교회와 대립한 그리스도교 일파를 알비에서 정복한 교황 인노첸시오 3세의 알비 십자군 운동이 모두 포함된다.

십자군 운동

십자군의 명칭은 그리스도를 본받아 '십자가를 진다'는 말에서 유래했는데, 참전자가 동방으로 갈 때 가슴이나 어깨에 십자 표지를 달았고 돌아올 때에는 등에 달았다.

11세기에 십자군 운동이 대규모로 전개된 데는 여러 요인이 작용하였다. 프랑스 봉건 영주층의 확대, 개혁 교황들의 출현, 도시와 상업의 부흥, 비잔틴 제국의 쇠퇴를 틈탄 셀쥬크 터키 세력의 대두 등이 지적될 수 있다. 그 밖에 게르만 민족 국가들이 그리스도교로 개종함에 따라 게르만 특유의 전투 정신이 교회로 유입되어 사회에서는 기사들의 전투 정신이 숭상되었다.

셀쥬크 터키족은 10세기경 사마르칸드 지방에서 나온 아시아 타타르계 민족으로서 이슬람교로 개종하였다. 그들은 서진하여 비잔틴 제국의 수도 콘스탄티노플에 위협을 가했을 뿐 아니라 1071년에는 이집트의 파티마 칼리프가 지배하던 그리스도교의 성지 예루살렘을 점령하였다. 그 결과 파티마 왕조의 역대 칼리프들이 허용해 온 성지 순례가 위험하게 되었다.

더욱이 성지 순례자들은 터키인의 잔학 행위를 과장해서 전하기도

십자군의 주요 경로

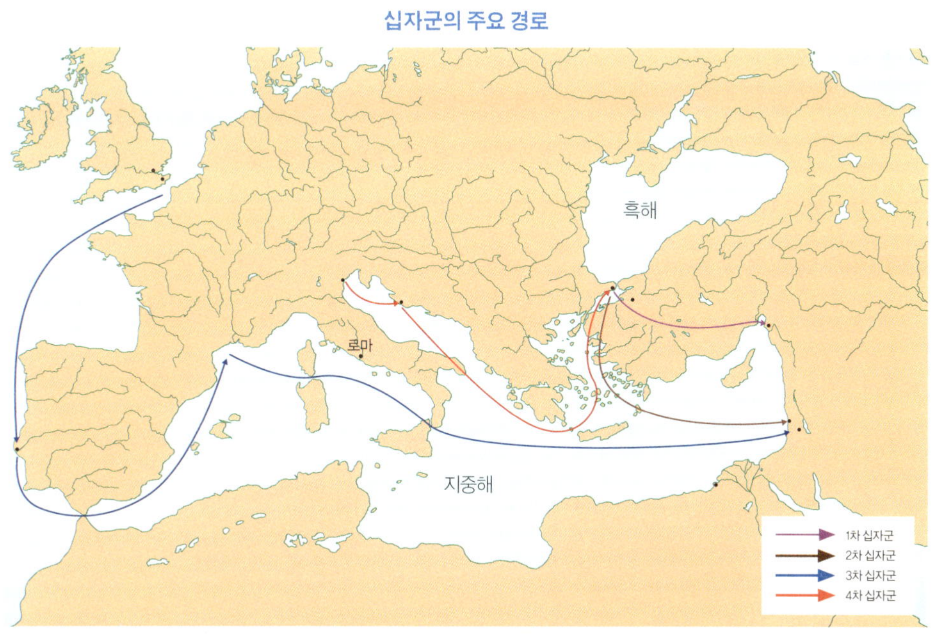

십자군은 몇 번 있었는가?

십자군의 회수에 관해서는 여러 견해가 있지만 오늘날 일반적인 해석으로는 8회설이 유력하다. 그러나 1219-1221년의 십자군을 제5회 십자군으로 보지 않기 때문에 모두 7회라고 보는 설도 있다.

1회(1096-99) 예루살렘 점령, 예루살렘 왕국(1099-1187)을 세움.

2회(1147-49) 신성 로마 황제와 프랑스 왕이 군을 지휘하여 육로를 통해 성지에 갔으나 실패.

3회(1189-92) 신성 로마 황제 프리드리히 1세, 영국 왕 리처드 1세, 프랑스 왕 필립 2세 등이 협공했으나 살라딘에게 패함.

4회(1202-04) 베네치아 상인의 농간으로 콘스탄티노플을 약탈·점령하고 라틴 제국(1204-61)을 세웠으나 정작 성지에는 가지 않았음.

5회(1219-21) 이집트로 향해 갔으나 이슬람에게 패함.

6회(1228-29) 신성 로마 황제가 주도하여 예루살렘을 일시 회복.

7회(1248-54) 프랑스 왕 루이 9세를 중심으로 이집트로 갔으나 실패.

8회(1270) 프랑스 왕 루이 9세가 일으킨 십자군으로 왕이 도중에 병사.

하였다. 이 상황에서 비잔틴 제국의 황제 알렉시우스 1세(재위: 1081-1118)는 소아시아까지 확장된 셀쥬크 터키족의 위협에 직면하여 로마 교황에게 원조를 요청하였다.

비잔틴의 요청을 받은 교황 우르바노 2세는 1095년 11월 프랑스의 클레르몽에서 종교 회의를 개최하였다. 회의에서 교황이 소아시아의 참상과 그리스도 유적에 대한 터키인의 잔학함을 묘사하면서 성지 탈환 운동을 전개할 것을 설교하였다. 교황의 열변으로 촉발된 종교적 열기는 유럽 각 처로 번져나갔다. 십자군에 참가함으로써 모든 교회법상의 처벌이 면제되며 천국행이 약속되었다. 이리하여 약 2세기에 걸쳐 유럽의 군주·제후를 비롯하여 상인과 농민들이 빈부 격차를 초월해서 전투 행위에 참가하는 대운동이 일어나게 되었다.

제1차 십자군 원정과 예루살렘 라틴 왕국

1096년 여름 프랑스의 노르망디, 툴루즈 지방, 그리고 일부 독일 지방의 기사들과 봉건 귀족들로 구성된 십자군이 조직되었다. 1097년 십자군은 소아시아를 거쳐 시리아 지방으로 행군하여 예루살렘을 점령하고 학살을 자행하였다.

1099년 십자군은 예루살렘 왕국(1099-1187; 1192-1291)을 세우고 신앙이 독실한 하下 로렌(지금의 벨기에) 공 고드프루아(1060-1110)를 왕(성묘聖墓 수호자)으로 선출하였다. 제1차 십자군 원정(1096-1099)은 십자군 원정 중 드물게 성공을 거둔 전쟁이었다.

제1차 십자군이 세운 식민 왕국과 더불어 군사적 수도 단체인 기사 수도회들이 설립되었다. 기사 수도회는 솔로몬 신전 근처에 본부를 둔 '신전 기사 수도회'와 그보다 조금 늦게 낡은 성 요한 병원을 근거로 세워진 '요한 기사 수도회'가 대표적이다.

이 두 기사 수도회 소속 기사는 각각 독특한 제복을 입었다. 신전 기사 수도회는 흰 바탕에 적 십자, 요한 기사 수도회는 검은 바탕에 흰 십자 표장을 하였다. 이는 후의 독일의 '튜턴 기사 수도회'가 흰 바탕에 검은 십자를 표지로 사용한 것과 대조적이었다. 이러한 기사단이 십자군 운동에서 한 역할과 기여도 컸지만 시간이 흐름에 따라 서유럽에서 큰 명성을 떨치고 많은 재산을 소유하게 되자 설립 목적에 어긋난 행위를 하였다.

곧 14세기 초 신전 기사 수도회는 막대한 재산을 탐낸 프랑스 왕 필립 4세에 의해 해산되고 말았다. 이보다 먼저 요한 기사 수도회는 키프로스로 이동했다가 로도스 섬으로 옮겼다.

그 후의 십자군 원정

1144년 셀쥬크 터키족이 다시 예루살렘 왕국 동북방의 도시인 에데사를 점령했다는 소식이 유럽에 전해지자 성 베르나르(1091-1153)의 설교를 계기로 프랑스 왕 루이 7세와 신성 로마 황제 콘라트 3세 등이 참전한 십자군이 결성되었다(1147-1149). 그러나 비잔틴 황제 마누엘 1세(재위: 1143-1180)의 의심과 예루살렘 왕국 군주 제후들의 질시로 실패하고 말았다. 반면 셀쥬크 터키는 장기간의 내분으로 약화되었음에도 살라딘이란 지도자가 나타나 2년간의 '성전'(1187-1189)으로 예루살렘과 그리스도교도가 점령했던 땅을 거의 모두 탈환하였다.

1세기 가까이 지배했던 예루살렘이 다시 이슬람교도에게 함락되었다는 소식으로 유럽은 또 다시 십자군의 소용돌이 속으로 말려들었다(1189-1192). 먼저 신성 로마 황제 프리드리히 1세는 노령에도 불구하고 제일 먼저 출발했는데, 소아시아에서 강물을 건너다 익사하여 그의 휘하 기사들은 되돌아갔다. 영국 왕 리처드 1세와 프랑스 왕 필립 2세는

▲살라딘 병사를 무찌르는 영국 왕 리처드 1세

1191년 협동 작전을 벌여 예루살렘 왕국의 핵심 아크레를 포위하였으나 두 왕 사이의 불화로 프랑스 왕은 아크레 함락 후 곧 귀국했고 리처드는 살라딘의 적수가 되지 못했으므로 1192년 휴전 조약을 체결하였다. 이 십자군에는 유럽 주요 국가의 왕들이 참전했으므로 '왕들의 십자군'이라는 호칭이 붙게 되었다.

1198년 인노첸시오 3세가 십자군 운동을 제의하여 1202년 베네치아에 집합한 프랑스 기사들이 중심을 이룬 제4차 십자군(1202-1204)은 베네치아 상인들의 농간에 따라 콘스탄티노플을 점령하고 그리스의 서적, 문서와 예술품을 약탈 파괴하였다. 그런 후 라틴 제국의 수립을 선언하자 교황 인노첸시오 3세는 부득이 이를 승인하였다. 라틴 제국은 소아시아 지방으로 후퇴한 비잔틴 제국에 의해 재탈환될 때까지 존속하였다(1261).

제4차 십자군 이후 십자군 운동은 유럽인에게 호소력을 거의 상실하고 말았다. 13세기를 통해 간간이 십자군 운동이 있었으나 모두 실패하였다. 그 가운데는 독일과 프랑스의 소년소녀들이 노예로 팔려간 '어린이 십자군'(1212)과 같은 무모한 일도 있었다. 헝가리 왕이 인솔한 제5차 십자군은 이집트를 공격하였으나 나일 강의 범람으로 오도 가도 못하고 이슬람에게 격파되었다(1220).

제6차 십자군은 신성 로마 황제 프리드리히 2세의 지휘로 진행되었다. 그들은 전투가 아닌 절충에 의해서 예루살렘을 차지하였다(1228-1229). 프랑스 루이 9세가 주도한 제7차 십자군은 빈약한 병력 때문에 이집트에서 참패하고 왕은 포로가 되어 인질 대금을 지불한 후 석방되었다(1249-1254). 루이 9세는 제8차 십자군을 조직하여 튀니지로 원정했으나 전염병에 걸려 병사하였다. 이때 동행한 영국 왕 에드워드 1세는 시리아까지 갔으나 결과는 대단치 않았다. 그 뒤를 이어 프랑스 앙주

▲시리아의 십자군 요새들(크락 데 슈발리에 성)

▲살라딘 요새

가의 샤를르가 십자군 운동을 속행했으나 역시 성과가 없었다(1270-1272).

이러한 가운데 시리아에 남아 있던 예루살렘 왕국은 내분과 분파를 거듭한 끝에 1291년 마지막 거점인 아크레가 함락되었다. 이로써 한때 유럽을 종교적 열정의 도가니 속에 몰아넣었던 십자군 정신도 완전히 식어버렸다.

십자군 전쟁의 결과

종교적 열정에 들뜬 사람들이 그 중심이 되어 일어난 십자군 전쟁은 제1차에서 제3차 원정까지는 성지 회복의 열광적인 신앙심에 의해 지탱되었으나 그 이후의 십자군에서는 종교적 정열은 사라지고 세속적 동기가 더 강했다. 특히 이탈리아 상인은 십자군 운동을 계기로 다른 지역과 더 활발하게 교류하였다. 조미료·설탕·직물 등 동방과의 물산 교역량이 증가하자 이러한 물품 등은 종래의 사치품 성격을 벗어나 일반인에게도 널리 보급되기 시작하였다.

십자군은 상업과 도시의 활동을 더욱 촉진시켰으며 결국 장원 해체에 결정적인 영향을 끼치게 되었다. 한편으로는 궁극적으로 십자군이 실패함으로써 유럽인들의 종교적 정열은 식었고 교황권은 쇠퇴의 길로 들어섰다. 또한 십자군은 정치 및 군사적 변화를 가져왔다. 우선 군사적인 면에서는 기병 중심에서 점차 보병 중심의 전술로 바뀌었다. 정치적인 면에서 본다면, 십자군 운동에 참여했던 각 지역의 구성원들 간에 지역적인 감정이 드러나면서 결과적으로 국민감정이 대두하였다. 다른 한편으로는 다년간 참전하는 동안 영지 관리를 소홀히하고 경제력도 소모한 봉건 제후의 약화는 군주권을 강화시키는 요인이 되었다. 끝으로 십자군을 통해 이슬람 문화 속에 보존되어 있던 고전 그리스 문화유산을 전달받았다. 이는 후의 르네상스 운동에 이르는 길을 트는 계기가 되었다.

10

중세 도시·농촌의 변화와 교황권의 쇠퇴

상공업의 발달

13세기까지 중세 사회는 주로 폐쇄적인 자급자족의 현물 경제에 의존하였다. 상공업과 도시를 부활하게 한 많은 요인들 중에는 인구 증가, 농업 생산 증가 및 정치 질서의 안정, 외부 세계의 자극, 유럽의 정치·군사·종교 확대 등이 있었다. 한 조사에 따르면 중세 유럽의 인구는 900년의 3천5백만 명에서 1350년에는 7천만 명으로 증가했다고 한다. 이 중 프랑스·이탈리아·저지대 지방·영국에서 인구 증가가 두드러졌다. 중세 도시의 부활을 뒷받침한 또 다른 요인은 농업 생산의 증대였다.

다음으로 북이탈리아와 네덜란드를 중심으로 간척 사업에 따른 농경지가 확장되었다. 결과적으로 1000년부터 1300년까지 서유럽의 농경지가 거의 배로 늘어났다. 더욱이 농업 기술이 발전하면서 관개와 시비

▲ 산 마르코 광장 (베네치아)

> **향신료**
>
> 후추나 계피 같은 향신료는 유럽에서 생산되지 않고 주로 중국 · 인도 · 인도네시아 등 아시아 지역에서 가져온 것이었다. 따라서 중세에는 금 · 은 보석과 마찬가지로 귀중품이었으며 왕이나 상층 귀족만이 손에 넣을 수 있었다. 당시 향신료를 귀중하게 여긴 것은 육식 때문이었다. 소와 말은 육용肉用이 아니었고 주로 양이나 사냥해서 잡은 동물, 또는 돼지가 식용 고기였다. 이러한 고기는 냄새가 심했기 때문에 향신료를 필요로 했다. 설탕도 향신료와 마찬가지로 수입품이었다.

법이 향상되었다. 또한 프랑스 부르군디의 포도 재배 지방이나 영국의 양치기 목초지에서와 같이 농업이 전문화되는 곳이 나타났다.

한편, 10세기 이래 이탈리아를 중심으로 비잔틴 제국 및 레반트 지방을 상대로 하는 국제 무역이 부활하였다. 먼저 베네치아는 일찍이 아드리아 해에 진출해서 해상 활동을 개시하여 주도권을 장악했으며, 그 뒤를 이어 제노아와 피사가 11세기 말 두드러진 해상 세력을 이루었다. 국제 무역의 주요 상품은 사치품인 향신료와 고급 옷감이었다.

이탈리아 연해 도시의 활동과 때를 같이하여 유럽 대륙의 북쪽 해안 지대에서도 바이킹족에 의해 동방 무역의 길이 생겼다. 유럽의 2대 무역 중심지 간에 육로를 통한 원거리 통상도 시작되었다. 12세기 국제 무역의 주요 교차 지점은 프랑스의 샹파뉴 시장이었다. 여기서는 여러 지역에서 상인이 와서 상품을 매매했으며, 각 지방의 물건이 교환되었다.

원거리 통상

원거리 통상에는 지중해·북해·발트 해를 통한 해상 무역과 내륙 무역이 있었다. 지중해 무역은 주로 베네치아, 제노아 같은 이탈리아 도시의 상인이, 북해나 발트 해를 통한 해상 무역은 노르만인이 주도하였다. 노르만인은 주로 청어·목재·모직물·양모 또는 일용품이 무역의 대상이어서 사치품 중심의 지중해 무역과는 대조를 이루었다. 플랑드르 지방은 모직물 공업 지역으로서 중요한 역할을 하였다. 내륙 무역은 드네프르·도나우·라인·센·론 강이 이용되었고, 강을 따라 도시가 발달하였다. 러시아에서는 모피와 곡물을 수출하고 플랑드르 지방의 모직물과 비잔틴 수공업 제품을 수입하였다. 남독일은 아우구스부르크 및 뉴른베르크가 지방 특산인 은과 동을 팔아 번영하였다.

12세기 말에는 서유럽의 거의 모든 지역으로 주요 통상로가 확장되자 13세기에 이르러 샹파뉴 시장은 점차 각 도시에 세워진 상설 시장 때문에 위축되었다. 상업 활동이 확장됨에 따라 직물·무기·도구·사치품 등을 전문적으로 만드는 사람들이 증가하면서 수공업도 발달하게 되었다.

중세 도시의 부활

중세 도시가 번성하게 된 데는 여러 요인들이 복합적으로 작용하였다. 우선 고대 도시의 부활을 들 수 있다. 일부 지역에서는 로마 시대의 도시가 남아 있어서 인구가 증가함에 따라 도시의 범위가 차차 넓어졌다. 이와 같이 고대 로마 도시의 잔재를 핵으로 삼아 외곽에 새로운 부분이 첨가되어 도시가 커졌다. 독일의 쾰른, 영국의 런던·요크·링컨·캔터베리·엑스터·윈체스터 등이 이 경우였다. 또 다른 유형으로는 교통

중계지를 중심으로 발달된 도시가 있었다. 그 전형적인 예를 예페르(벨기에), 막데부르크(독일), 더엄(영국)에서 볼 수 있다.

도시는 항구나 강변 그 밖의 교통의 교차점 혹은 산고개의 길목 등 교통 왕래가 빈번한 지리적 요지에 섰다. 예를 들면 영국의 옥스퍼드·케임브리지, 유럽의 아라스(북프랑스)·브뤼휴(벨기에) 등이 그것이다.

중세 도시 가운데 동독일 지방에서는 제후가 미개척지로 상공업자들을 적극 불러들여 새 도시를 건설하는 경우가 많았다. 대표적인 것이 뤼벡이었다. 뤼벡은 12세기 중반 홀슈타인 백작 아돌프 2세가 이주자들을 환영하면서 생겼고, 대화재를 겪었으나 하인리히 사자공(1129-1195)이 재건하였다.

영주는 군사적 목적으로 성을 축조했기 때문에 처음에는 전혀 도시의 성격을 띠지 않았다. 그런데 농촌을 떠나 상공업에 종사하게 된 사람들의 대부분이 영주의 성 외곽 근처에 살면서 점차 영주의 성과 시민 거주지의 경계에 있는 성벽이 없어지고 전체를 성벽으로 둘러싼 하나의 도시가 되었다. 성은 교통의 요지에 있는 경우가 많았기 때문에 이를 중심으로 한 도시 발달이 하나의 추세가 되었다.

1300년경 도시 인구가 많이 불어났다. 베네치아·밀라노·피렌체·제노아와 같은 이탈리아 도시는 약 10만 인구를 갖게 되었으며 파리는 8만, 런던은 5만의 도시가 되었다. 도시 인구의 증가는 끊임없이 농촌 지역에서 들어오는 사람들 때문이었다. 14세기 이후 도시민의 생계는 대개 무역이나 생산업을 주로 한 것이었다. 이러한 점에서 14세기의 도시는 중세 초의 비생산적인 도시 인구와 근본적인 차이가 있었다.

도시 부활과 함께 무역이 성행하면서 화폐 경제가 성장하였다. 화폐 경제의 충격은 혁명적인 것이었다. 화폐는 토지를 기반으로 한 전통적인 부의 형태를 바꾸어 놓았다. 노역이나 현물로 지불하던 낡은 방식은

▲ 중세 도시 전경(로렌체티, 1327-1339): '선량한 정부에 관한 알레고리'의 일부(시에나)

화폐 지불 방식으로 변하였다. 또 화폐 유통으로 자급자족의 장원 경제가 잉여 생산을 처분하여 이윤을 추구하는 경제로 바뀌었다. 이 변화는 종래 예속적인 영주와 농민의 관계를 근본적으로 흔들어 놓았다.

이러한 예속 관계의 변화에는 두 경향이 있었는데, 그 하나는 금납화金納化였다. 12세기에 영주들은 영지를 소작지로 분할하여 농민에게 현금으로 지대를 받고 종래의 노역과 현물 공납도 화폐 지불로 바꾸었다. 또 다른 경향은 농지대차(소작) 제도가 사라졌다는 것이다. 영주는 땅을 농민에게 빌려주지 않고 자신이 직접 경영하여 이윤이 많은 특작물을 집중적으로 재배하였다. 이로 인해 농민은 임금 노동자가 되고 장원 제도는 대부분의 서유럽에서 해체되고 있었다.

도시민과 조합의 결성

중세의 가장 괄목할 만한 사회 변화는 자유로운 신분을 가진 도시민이라는 새로운 집단의 출현이었다. 롬바르디아 지방의 도시들은 1세기 반의 투쟁 끝에 자치권을 얻는 데 성공하였다. 이와 달리 영국이나 프랑스의 일부 도시에서는 자치권을 돈으로 사는 경우도 있었다.

▲ 위로부터 무기제조업 · 밧줄 제조업 · 제빵 · 신발 조합의상징 그림

도시가 자치권 획득 과정에서 최종 승리를 거둠으로써 상인과 공인을 중심으로 하는 도시민이라는 새 계급이 성립되었다. 그들이 강력한 사회 세력으로 발전하게 됨에 따라 농업 중심의 봉건 사회는 점차 무너졌다. 도시민은 조합을 만들어 새로운 법과 관례를 세웠다. 이들이 세운 조합은 이익 또는 친목을 도모하기 위한 조직이었으며, 주목적은 고용 문제, 생산품 가격 및 노임의 통제, 생산과 판매에 관해 공동 규제를 하는 것이었다.

조합에는 상인 조합과 공인 조합 두 종류가 있었다. 상인 조합은 배타적인 조직으로 이에 가입하지 않은 상인은 도시 내에서 상행위를 못하게 하였다. 또한 조합은 도시를 관할하는 봉건 영주로부터 인허장을 받아 조직하는 것이 보통이었으나, 조합을 먼저 조직한 후 투쟁을 통해 인허장을 얻어내는 경우도 있었다.

초기 상인 조합에 가입한 공인들이 따로 공인 조합을 조직한 이후 상인 조합은 공인 조합의 판매 대리상 역할을 하게 되었다. 그러나 상인 조합이 항상 더 번창하고 부유했으며 대체로 도시 행정을 장악하였다.

공인은 특유의 계층으로 구분되어 있었다. 조합 내에서 공인은 대체로 견습공-직인-마스터의 3계층으로 나누어져 있었다. 견습공은 어릴 때부터 마스터의 집에서 하숙하고 견습비를 내면서 다년간 기술을 익혔다.

마스터는 견습공의 작업뿐 아니라 도덕이나 기율까지 감독했다. 견습 기간이 끝나면 비로소 직인이 되어 노임을 받고 일했으며 그 후 자신이 독립된 가게를 차리고 마스터가 되었다. 공인 조합 초기에는 직인이

◀◀ 마스터와 견습공: 견습공은 마스터의 집에서 기술을 익혀야 했다.
◀ 비단을 짜고 있는 여성들: 대부분의 길드에서는 여성을 받아들이지 않았지만 비단을 짜는 일은 섬세한 여성의 손을 거쳐야 했다.

마스터가 될 기회가 많이 있었으나 시간이 지날수록 마스터의 수를 제한했으므로 점차 어려워졌다.

도시 동맹의 활동

13세기경 유럽 도시는 서로 동맹체를 구성하여 원거리 통상에서 안전을 도모하게 되었다. 이탈리아의 롬바르디아 동맹이나 독일 지방의 한자 동맹이 가장 대표적인 예다. '롬바르디아 동맹'은 교황과 신성 로마 황제 프리드리히 1세(1152-1190)가 서로 충돌했을 때 황제의 징세에 대항하여 북이탈리아 도시들이 결성한 동맹이었다. 한편, 신성 로마 황제의 지배를 직접적으로 받은 독일 지방에서는 수세기 동안 중요한 영향력을 행사하는 '한자 동맹'이 결성되었다. 한자는 상인 단체나 조합을 의미한다.

뤼벡을 중심으로 함부르크·단치히·브레멘·쾰른 등 북독일의 도시들이 참여한 한자 동맹은 세력이 커짐에 따라 14세기에는 200개에 이

▲ 뤼벡 시 인장: 한자 동맹의 상선이 부조되어 있다.

르는 도시를 산하에 두고 북해 및 발트 해 무역을 완전히 장악했으며, 어떠한 왕도 이 동맹의 활동을 규제하기 어려웠다. 그러나 15세기 중반 제2 도시 쾰른이 뤼벡의 주도권에 불만을 품게 되었고, 독일 영방領邦 제후도 도시 세력을 억압했다. 더욱이 새로운 항로와 새 무역 지점이 발견된 이후 한자 동맹은 급속히 몰락하여 1669년 사실상 해체되고 말았다.

농촌의 변화

도시 인구가 증대하고 상공업이 발달하는 한편 활발한 화폐 유통으로 장원을 중심으로 운영되던 농촌 경제는 변화하기 시작하였다. 도시민의 사회적 세력이 점차로 커지고 인구가 도시로 몰려들었다. 흑사병(1348-1350)이 유럽과 서남아시아를 휩쓴 이후 유럽 전 인구의 3분의 1에서 5분의 1이 감소하자 농촌의 임금 노동자를 구하기 어려워져 14세기 후반에 임금이 2배로 뛰었다. 영주 직영지의 소멸과 함께 병행된 금납화가 더 성행하게 되었고, 영주와 농민 간의 전통적인 계약 관계—물납과 노역을 통한 예속 관계—는 토지의 임차 관계로 변하였다.

결과적으로 14·15세기를 통해 농민의 경제적 조건 및 지위가 향상될 수 있었다. 영국에서는 15세기말까지 농노가 거의 사라져버렸다. 그럼에도 봉건 지배층은 이러한 변화를 인정하지 않았으며, 낡은 제도를 고집하여 예전처럼 농민을 수탈하려고만 하였다.

1358년 프랑스의 자크리 난, 1381년 영국의 와트 타일러의 난과 같은 농민 반란은 이러한 구제도의 붕괴에 따른 농민의 불안을 반영한 것이었다. 농민 반란은 그 후에도 유럽 각지에서 계속되었다. 보헤미아에서 1419년 후스파의 반란이 일어났고 종교 개혁 후에는 뮌처가 영도한 농민 반란이 독일에서 일어났다(1524-1525).

교황권의 쇠퇴

십자군 운동이 끝나가는 1270년경을 전후하여 로마 가톨릭교황은 더 이상 군주보다 우월한 입장을 지키지 못하게 되었다. 뿐만 아니라 사회 일부에서 교회의 권위와 실천 내용에 맹렬한 비판이 가해지기 시작하였다. 특히, 봉건 제후의 세력이 후퇴하고 군주에 의한 왕령 국가가 출현하는 정치적 변화가 두드러지게 나타났다.

먼저 교황 보니파시오 8세는 성직자에 대한 국가 비용을 요구하는 칙령(1296)을 프랑스와 영국에 공포했으나 두 나라의 강력한 반대에 부딪혀 철회하였다. 그 후 이 문제가 다시 제기되었을 때, 프랑스 왕 필립 4세는 1302년 최초의 전국 신분회를 소집하여 사회 각계각층의 지지를 받아 교황을 규탄하였다. 더욱이 프랑스 왕은 교황을 체포하려고 했으며, 결국 교황은 충격을 받아 사망하고 말았다.

보니파시오 8세가 죽은 2년 뒤 클레멘스 5세(재위: 1305-1314)는 프랑스 왕의 지지를 얻어 교황으로 선출되었다. 그는 로마에 부임하지 않고 아비뇽에 교황청을 둠으로써 프랑스 왕의 강력한 영향을 받게 되었다.

클레멘스 5세 이래 70여 년간 아비뇽에 머물러 있게 된 교황청을 가리켜 '교황의 바빌론 유수幽囚(아비뇽 유수)'라 부른다. 이는 고대 유대인의 '바빌론 유수'라는 옛 일에서 유래한 말이다. 아비뇽 유수는 서방 그리스도교권의 중심인 로마를 혼란과 불안정 속에

▲ 아비뇽 교황청

방치하는 결과를 가져왔다. 그러므로 교황 그레고리오 11세(재위: 1377-1378)가 로마로 돌아가 교황의 임무를 수행하고, 다년간 미루어 온 문제를 해결하자 군중의 환영을 받았다. 그러나 그레고리오 11세는 로마에 돌아온 후 곧 사망하였다.

그레고리오 11세에 이어 나폴리 출신 우르바노 6세(재위: 1378-1389)가 교황직을 계승하였다. 그러나 새 교황 선출에 협조한 프랑스 출신 추기경들은 기대와는 달리 푸대접받았으므로 로마에서 철수하였다. 그들은 새로운 교황 클레멘스 7세(재위: 1378-1394)를 선출하여 지난번 교황 선출을 무효라고 선언하였다. 새로 선출된 클레멘스 7세는 아비뇽 교황청에서 집무하였다. 이에 대해 로마 교황청에서는 클레멘스 7세와 그의 추기경들을 파문하고 새로운 추기경단을 임명하였다.

1409년 소집된 피사 공의회는 그레고리오 12세(로마)와 베네딕토 13세(아비뇽)를 다 같이 폐위시키고 제3의 인물을 교황 알렉산데르 5세(재위: 1409-1410)로 선출하였다. 그리고 그가 몇 달 안 가서 서거했으므로 그 뒤를 요한 23세가 계승하였다. 이에 대해 로마와 아비뇽의 교황들은 다 같이 새 교황에 복종하기를 거절하였고, 결국은 교황이 셋으로 늘어나고 말았다. 이런 교황들의 대립으로 약 40년간 교회의 위계질서가 분열되는 이른바 '대분열 시대'(1378-1417)가 왔다.

가톨릭교회의 권위 실추에 대해 신성 로마 황제는 1414년 콘스탄츠 공의회를 개최하여 3명의 교황을 모두 폐위시키고, 새로운 교황 마르티노 5세Martin V(재위: 1417-1431)를 선출하였다. 이로써 여러 교황이 분립하던 오랜 대분열 시대가 끝났다.

대분열의 결과 교황권의 결정적인 몰락과 아울러 교회의 정신적 권위가 크게 손상되었다. 각 국에서는 교회와 성직자를 비판하는 소리가 높아졌고, 이를 입증하는 운동이 영국의 위클리프와 보헤미아의 후스에 의해 나타났다. 옥스퍼드 대학 교수인 위클리프(1320-1384)는 1375년 교황권의 우월성과 성직자의 축재를 비판하는 글을 발표하였다.

위클리프의 비판 근거는 성서에 있었다. 그는 초기 그리스도교의 소박한 생활과 가르침으로 돌아가야 한다고 주장하였다. 위클리프의 교리가 보헤미아까지 전파되어 15세기 전반에는 사회 운동으로 확대되었다.

한편, 후스 (1369-1415)는 프라하 대학 교수였다. 성직자의 부도덕성에 대한 그의 비판은 보헤미아의 민족 의식으로 연결되어 강력한 지지를 얻었다. 후스 운동은 영국에서 볼 수 없는 반교회주의와 애국심이 혼합된 결과였다. 1414년 후스는 신성 로마 황제 지기스문트(재위: 1433-1437)가 소집한 콘스탄츠 공의회에서 이단으로 판결을 받고 화형되었다. 후스의 사후 그의 추종자들이 수년 동안 반란을 일으켰으나 교회의 타협(바젤 공의회)으로 겨우 진압되었다.

11
중앙 집권 국가의 성립과 전개

영국의 왕권 강화

13세기 말이 되기 전에 전통적인 경제 체제가 파괴되고 근대 자본주의 형태에 입각한 상업 활동이 전개되기 시작하였다. 상인들은 동업과 주식회사 등 조직을 통해 좀 더 합리적으로 이윤을 추구하였다. 이탈리아와 독일에서는 대금업과 은행업이 성행하였다. 특히 직물 공업이 이탈리아와 영국의 도시에서 매우 활발했는데, 1421년 영국의 관세 수입의 74%가 원모原毛 수출에서 나온 것이었다.

왕권 강화는 시민 계급의 뒷받침으로 가능했기에 상공업의 보호 장려 정책이 절대군주 체제의 공식이 되었다. 이에 따라, 중산층 시민 계급은 점차 적극적인 사회·정치적 참여를 요구하면서 새로운 문화 형성의 중심 세력이 되었다.

헨리 2세 사후 두 아들 리처드와 존이 계속 즉위하였다. 이때 귀족, 성직자 및 부르주아 계급이 힘을 합쳐 봉건 질서를 지키도록 왕에게 압력을 가하였다. 존 왕John(失地王, 1199-1216)은 프랑스 왕 필립 2세에게 프랑스 내의 영국 영토를 거의 다 잃고 말았다. 또한 캔터베리 대주교 임명권을 둘러싸고 교황 인노첸시오 3세(재위: 1198-1216)와 충돌하였다. 이와 아울러 몇 가지의 횡포가 있자 1214년 귀족과 성직자 계급이 회의를 소집하였다. 신학자 랭턴(약 1150-1228)이 주도한 이 회의에서는 왕이 제안한 과세를 반대하는 한편, 그들의 봉건적 권리를 주장하였다. 왕은 부득이 이 요구에 굴복하여 1215년 마그나 카르타(대헌장)에 서명하였다.

▲ 1215년 존 왕이 서명한 마그나카르타

▲ 존 왕의 인장

마그나 카르타는 영국 헌정사상 중요한 문서이며 후세에 자유 헌장으로 찬양되었다. 그러나 마그나 카르타는 기본적으로 귀족·성직자·도시민의 봉건적 특권을 확인한 문서였다. 예를 들면 17세기 부르주아 계급이 절대군주들과의 투쟁에서 제12조는 '대의 없는 과세없다'라는 원칙으로, 제39조는 배심 재판의 보장으로 해석하였다.

존 왕의 후계자인 무능한 헨리 3세(1216-1272)가 쓸 데없는 원정으로 국고를 낭비하자 귀족들은 시몬 드 몽포트(1208-1265) 주도 아래 1264년 대대적인 봉기를 하였다(Barons' War). 1265년 시몬 드 몽포트는 귀족·성직자·도시·주의 대표자들로 구성된 의회를 소집하여 왕권을 제한하려고 했으나 자체 내의 반목으로 인해 에드워드 왕자에 의해 좌절되었다.

헨리 3세에 이어 즉위한 에드워드 1세(1272-1307)의 가장 두드러진

▲ 에드워드 1세의 모델의회

업적으로는 의회를 제도화했다는 데 있었다. 1295년 에드워드 1세는 각 군에서 두 명의 기사와 각 자치 시에서 두 명의 시민 대표를 성직자-귀족 회의에 참석하도록 소집하였다. 그 후에도 이것이 선례가 되어 정기적으로 회의를 개최했기 때문에 1295년의 의회를 '모델 의회'라고 부른다.

에드워드 1세가 의회를 소집한 데는 무엇보다도 도시민이나 새로운 지주 계급 대표의 동의를 얻을 경우 쉽게 과세할 수 있으리라는 기대 때문이었다. 1297년 이후부터는 과세를 신설하는 경우 평민 대표들의 출석이 필요해져 평민 대표의 발언권이 점차 커졌다.

'모델 의회'의 중요성은 군주의 중앙 집권 강화를 위해 왕이 백성의 요구를 듣고 그들의 발언을 허용하는 제도를 인정했다는 점에 있었다. 의회는 에드워드 1세 다음의 에드워드 2세(재위: 1307-1327) 시대에 이르러 더 확고한 세력으로 성장하였다.

프랑스의 왕권 강화

정치적으로 무능했던 루이 7세(재위: 1137-1180)의 뒤를 이어 필립 2세(Augustus, 재위: 1180-1223)가 즉위하였다. 그는 왕령을 대폭 확대하여 프랑스의 새 시대를 이룩하였다.

필립 2세는 영국의 존 왕으로부터 자원이 가장 풍부한 노르망디·브르타뉴·앙주·멘·투렌·포아투 등의 지역을 빼앗아 프랑스 왕령으로 귀속시켰다. 그리고 1207년 남프랑스 알비 시의 이단 운동에 대한 교황의 십자군 운동을 틈타 남프랑스 툴루즈를 영토에 편입시켰다. 그 결과 프랑스의 왕령을 3배 이상으로 확장시키고 왕권을 확대할 수 있었다.

▲ 필립 2세

한편, 필립 2세는 재정과 사법을 관장하는 직능을 가진 '장관' 직책을 신설하였다. 왕은 그에게 봉건 제후와 마찬가지로 봉토를 수여하였다. 그 후 필립 2세는 장관을 감독할 수 있는 '대관代官: bailli'과 지방을 순방하면서 왕명의 하달과 조세 징수를 감독하는 통감이라는 직책도 설치했다.

사자 왕이라고 불리는 강력한 루이 8세(재위: 1223-1226)의 짧은 통치 뒤에 왕이 된 루이 9세는 프랑스의 왕권과 사법 제도를 한층 더 확고히 하였다. 그는 두 가지 방식을 병행하여 강력한 왕권을 수립하였다. 하나는 중앙 집권을 왕령 내에 직접 실시한 것이었고, 다른 하나는 봉건 제도를 통해 왕권을 강화하는 것이었다. 그는 왕령 이외의 봉토에 간섭할 적에는 봉건법과 관습에 따랐다. 또한 루이 9세가 프랑스의 왕권 신장에 한 기여는 사법 제도의 확립이었으며 그 대표적인 예가 고등 법원이었다.

필립 4세(미남 왕: 1285-1314)는 군주권과 중앙 정부에 방해되는 요소들을 철저히 제거하려고 하였다. 그는 우선 영국 및 저지대 지방 세력과 전쟁을 하였고, 혼인 정책을 통해 남쪽 부르군드 지역의 프랑슈 콩테自由州를 획득하였다. 필립 4세는 교묘한 외교로 영토를 확장하는 한편, 교황 보니파시오 8세(1294-1303)의 내정 간섭을 단호히 물리쳤다. 또한 왕은 신전 기사단(템플 수도회)의 막대한 재산을 빼앗기 위해 기사단을 해체하였다.

필립 4세의 국가 정책 가운데 주목되는 것은 '전국 신분회états

▲ 필립 4세

généraux'의 창설이었다. 필립 4세는 교황 보니파시오 8세와 충돌하게 되자 1302년 성직자, 귀족 및 도시 중간층 등 세 신분의 대표들을 소집하였는데, 이것이 '전국 신분회'의 시초였다. 신분회는 국가의 중요 결정 사항, 특히 비상시에 과세할 필요가 생겼을 때 소집하는 각 신분 대표의 회의였다.

신분회는 세 신분의 구분에 따라 별개의 독립적 회의를 가지고 왕의 자문에 응하였다. 대표 가운데 성직자는 제1신분, 귀족 계급은 제2신분, 도시민인 평민은 제3신분으로 구분되었다. 제3신분 대표는 인허장을 받은 도시 주민에 의해 선출된 사람들이었다. 후에는 지방 농촌에서도 대표를 선출했으나 큰 틀은 변하지 않았다. 본래 신분회의 기능은 입법을 하거나 행정부를 견제하는 데 있지 않고 왕의 제안에 동의하는 데 있었다. 즉, 신분회는 애당초 왕권을 제한하기보다 강화하기 위한 것이었다.

필립 4세가 죽은 후 그의 세 아들이 차례로 왕위를 계승했는데, 모두 아들을 두지 못했으므로 이로써 카페 왕조의 전통이 단절되었다. 이후 1328년 필립 6세(1328-1350)가 즉위하였는데 이것이 발로아 왕조의 시작이었다.

백년 전쟁과 중앙 집권 국가의 등장

백년 전쟁(1338-1453)이 일어나게 된 가장 직접적 원인은 영국 왕이 프랑스 왕위를 주장한 데 있었다. 발로아 왕조의 필립 6세(재위: 1328-1350)가 즉위한 바로 한 해 전 1327년 영국은 스코틀랜드와의 전쟁에서 패배하였다. 국내 반란을 수습하지 못한 에드워드 2세(재위: 1308-1327)를 이어 에드워드 3세(재위: 1327-1337)가 즉위하였다. 에드워드 3세는 자신의 어머니가 카페 왕조의 프랑스 왕 필립 4세의 딸이었으므로 발로아 출신의 필립 6세보다 프랑스 왕위 계승에 대한 우선권을 가지고 있다고 주장하였다.

영국과 프랑스 양쪽의 왕들이 대대로 이어 싸운 백년 전쟁은 대체로 2단계로 나누어 진행되었다. 제1단계는 프랑스의 패배와 열세의 시기였다. 영국군은 모든 주요 전투에서 승리하고 넓은 땅을 차지하였다. 프랑스는 흑사병(1348-1350)의 유행과 사회적 혼란 때문에 상황이 더욱 어렵게 되었다.

제2단계에 이르러 프랑스 샤를르 5세(재위: 1364-1380)는 전쟁을 유리하게 이끌고 나갔다. 그러나 샤를르 5세 이후 연이은 패전과 정권 쟁탈로 불리하였지만 잔 다르크의 분투에 힘입어 영국군을 프랑스에서 몰아내기 시작하였다. 프랑스는 오랜 전쟁을 치르는 동안 군대 제도를 개혁하고 왕권을 강화할 수 있었다.

역대 프랑스 왕은 전쟁 비용을 과세에 의존했지만 필립 6세가 소집한 두 차례의 신분회는 과세 동의를 거부했다. 이때 상태를 더 악화시킨 것은 자크리 반란(1358)이었다. 자크리 반란은 농민들이 전쟁으로 인한 고통과 귀족들의 농민에 대한 봉건적 통제를 강화하는 것에 대한 반발 때문에 일어났다. 왕은 귀족들과 합세하여 농민을 학살함으로써 반란을 진압하였다. 농민 반란을 틈탄 외세의 개입을 두려워한 신분회는 새로운 과세를 승인하고 샤를르가 질서를 회복할 수 있는 길을 터놓았다. 왕은 이와 같은 신분회의 조치에 힘입어 반란을 진압하고 영국군과 평화 조약을 체결할 수 있었다(1360년 브르타뉴 조약).

▲ 앵그르의 〈잔다르크〉(루브르 박물관)

백년 전쟁의 마지막 단계에서 전세는 프랑스에게 유리하게 바뀌었다. 헨리 5세가 죽은 후 나이 어린 헨리 6세가 왕위를 계승하여 샤를르 7세(1422-1461)로 즉위하자 영

▲ 대포의 사용: 총이나 대포의 사용은 성곽에 의한 방어라는 종래의 전술을 바꾸어 놓았다.

국군은 새 프랑스 왕의 군대를 공격하기 위해 남쪽으로 이동하였다.

공식적으로 대관식을 하지 않고 있던 샤를르 7세가 심한 곤경에 빠져 있을 때인 1429년경 잔 다르크(1412-1431)라는 농촌 소녀가 나타나 프랑스군에게 새로운 용기와 애국심을 불러일으켰다. 남장한 잔 다르크는 직접 군대를 지휘하여 남프랑스의 중요한 전략적 위치에 있는 오를레앙 시를 탈환하는 데 성공했으나 1439년 프랑스의 반왕파인 부르군드 군대의 포로가 된 후 영국군에게 넘겨져 화형되었다. 그가 죽은 후에도 백년 전쟁은 20년이나 더 계속되었으나 프랑스군은 서서히 영국군을 압박하여 칼레를 제외한 전 프랑스 국토에서 영국 세력을 몰아내는 데 성공하였다.

십자군 이후 기사 계급은 총, 대포와 같은 새로운 무기의 발달과 보병 중심의 전술 변화 때문에 점진적으로 몰락하는 추세에 있었다. 또한 봉건 제후의 쇠퇴와 교황권의 약화에 힘입어 군주는 점차 중앙 집권을 강화해갔다. 군주들은 신흥 도시민의 협조로 관료 제도와 군대 제도를 새로 갖추면서 더욱 힘을 얻었다. 영국의 의회와 프랑스의 신분회의는 이처럼 도시민의 협조를 얻기 위해 창설된 제도였다.

프랑스의 왕권 신장

백년 전쟁이 끝나고 전후의 부흥을 위해 샤를르 7세는 쾨르(1395-1456)의 도움으로 국가 재원을 확보하고 상비군을 창설함으로써 왕권을 강화하였다. 쾨르는 15년간 화폐 발행자로서 왕의 재정을 장악했으나 결국 왕에 의해 반역죄로 처단당하고 재산은 몰수되었다.

'거미 왕'이란 별명을 가진 루이 11세(재위: 1461-1483)는 왕령을 두 배로 늘리고 군대를 근대화하였다. 또한 사법 제도를 확립하고 중앙 집권화하였으며 농민 계급과 중산 계층에 중세를 과함으로써 충분한 세원을 확보하였다. 이를 바탕으로 루이 11세는 프랑스 최대의 봉건 세력이자 백년 전쟁 때 영국과 동맹을 맺었던 부르군드 공국을 흡수하여 프랑스 왕권 강화의 큰 장애물을 제거하였다.

영국 튜더 왕조의 성립

백년 전쟁이 끝난 직후 1455년 영국의 최대 귀족 가문인 랭커스터 가(가문의 문장: 붉은 장미)와 요크 가(가문의 문장: 흰 장미) 사이에 충돌이 일어나 싸움은 30년간 계속되었다. 이를 장미 전쟁(1455-1485)이라 한다.

1485년 헨리 튜더가 최후의 요크가 출신 영국 왕 리처드 3세(재위: 1483-1485)를 패배시킴으로써 장미 전쟁은 끝났다. 그가 헨리 7세(재위: 1485-1509)로 즉위함으로써 새로이 튜더 왕조(1485-1603)가 성립하였다.

헨리 7세는 귀족의 사병 유지를 엄금하고 왕권 강화 및 질서 유지를 위해 특별 행정 재판을 관장하는 성청을 활용하였다. 그가 주로 의존한 사회 계층은 부유한 도시 상인 계급이었다. 왕의 징세 및 재정 정책으로 세입이 2배로 늘었고, 그 결과 재정 문제로 의회와 충돌하는 일은 드물게 되었다. 결국 헨리 7세의 통치로 영국의 왕권은 확립되었으며 안정과 질서가 회복되었다.

▲ 헨리 7세

이베리아 반도의 통일

이베리아 반도에서는 코르도바 칼리프국이 1031년 멸망하고 12세기에 아라곤이나 카스티야 등 그리스도교 세력이 두드러지게 성장하여 이슬람교도(무어인)를 몰아내고 그리스도교를 회복하려는 '재정복 운동'이 일어났다. 마침내 그라나다만이 이슬람 세력 하에 남고 그 외 지역을 모두 1236년 그리스도교 세력이 차지하면서 국가적 기초가 수립되었다.

그리스도교 회복 과정에서 대두한 주요 국가들은 포르투갈, 카스티야(레온 포함), 아라곤(카탈로니아와 발렌시아 포함) 등이었다. 스페인의 국가적 통일은 15세기 중반(1469) 카스티야의 이사벨라(1451-1504)와 아라곤의 페르난도 2세(1452-1516)가 결혼함으로써 이루어졌다. 이 두 군주가 결합함으로써 스페인에는 중앙 집권 체제가 확립될 계기가 생겼다.

도시의 세력을 장악하고 군부를 통솔하게 된 스페인 왕국은 또한 가톨릭 교황과의 절충을 통해 스페인 국내의 성직 서임권을 갖게 되었다. 1480년 설치된 종교 재판소는 이단에 대한 탄압 수단일 뿐 아니라 스페인의 왕권 강화를 위한 수단이었다.

페르난도 2세는 1492년에 마지막으로 남아 있던 무어인들의 그라나다를 점령하였으며 1504년 이사벨라가 죽음으로써 스페인 왕국을 단독 지배하게 되었다. 그는 죽기 전인 1516년 피레네 산맥 남쪽에 위치한 나바르 왕국을 정복하였다. 이로써 스페인은 해상 왕국으로서 비약할 수 있는 기반을 단단히 다져놓은 셈이었다.

독일과 이탈리아

신성 로마 제국은 약 20년간의 이른바 대공위 시대(1254-1273)를 겪은 후 합스부르크 가의 스위스 출신 귀족 루돌프가 황제로 선출되었다. 그러나 역대 황제는 대귀족들의 영향 아래 있어 실권을 행사하지 못했을 뿐 아니라 교황의 간섭을 받았다. 그 가운데서도 1438년 합스부르크 가는 세습적인 제위 계승 제도를 확립할 수 있었다.

신성 로마 황제와 로마 교황 간의 오랜 갈등과 분쟁으로 독일과 이탈리아의 정치계는 양분되었고 두 지역 내에 대립적인 파당이 생기게 되었다. 즉, 신성 로마 제국의 두 개의 커다란 봉건 가문인 벨프 가는 교황파, 호헨슈타우펜 가는 황제파의 중심 세력으로 서로의 대립 관계는 이탈리아에까지 확대되었다.

5
유럽 근대 사회의 성장과 확대

1517년
루터의 종교 개혁

1519-1522년
마젤란 일행의 지구 일주 항해

1534년
헨리 8세, 수장령 공포

1558-1603년
영국 엘리자베스 1세 여왕

1602-1798년
네덜란드의 동인도 회사

1607-1773년
영국, 북아메리카 13주 식민지 건설

1618-1648년
독일 30년 전쟁

1628년
권리청원

1640-1649년
청교도 혁명

1643년
루이 14세(1643-1715) 즉위

1688-1689년
영국 명예 혁명

1701-1714년
스페인 왕위 계승 전쟁

1740-1748년
오스트리아 왕위 계승 전쟁

1756-1763년
7년 전쟁

1776년
미국 독립선언

1789년
프랑스 혁명

1799년
나폴레옹의 쿠데타

1812년
나폴레옹의 러시아 침공

1814-1815년
빈 회의

1830년
프랑스 7월 혁명

1848년
프랑스 2월 혁명

1861-1865년
미국의 남북 전쟁

1870년
이탈리아 통일

1871년
독일 통일, 파리 코뮌

유럽 근대 사회의 시작을 알리는 르네상스와 종교 개혁은 중세적 속박으로부터 인간을 해방시키려는 혁신 운동이었다. 그러나 1550-1770년에 이르는 절대주의 시대는 여전히 중세 봉건 제도의 잔재가 남아있었다. 절대주의적 군주제는 프랑스뿐 아니라 거의 모든 유럽 국가에서 채택되었고 18세기 후반 시민 혁명에 의해 무너지기까지 유럽 정치 체제를 지배하고 있었다. 그러나 18세기 프랑스 대혁명과 영국 산업 혁명은 유럽 전체를 변화시켰다. 지적 혁명이 일어나 합리적이며 항구불변인 '자연법'이 18세기의 거의 모든 사상가에 의해 주장되어 봉건 사회의 폐단을 비판하는데 적용되었다. 중산층 도시민과 농민·노동자들은 특권 계급을 비판하고 자유와 평등을 주장하며 혁명을 일으켰다. 이 상황에서 프랑스의 나폴레옹은 군대와 무력으로 대부분의 유럽 국가들을 정복했다. 영국·러시아·프로이센·오스트리아 등 군주국이 주축이 되어 나폴레옹 제국을 몰락시킨 후 유럽은 군주제를 강화하고 프랑스 혁명과 나폴레옹의 유산을 말살해 버렸다. 그러나 이미 뿌려진 자유주의의 씨는 싹터 계속 성장해 19세기 유럽은 민족주의, 자유주의 및 로만주의의 발전을 통해 전개되었다. 그 결과 1850-1870년 민족주의의 물결이 거세어져 곳곳에서 민족의 독립과 자유를 주장하는 운동이 전개되었다.

1
근대 의식의 각성

13세기 후반부터 약 2세기 동안 사회 모든 분야에 새로운 전환이 일어났으며, 사학사史學史에서는 이를 르네상스라 칭한다. 르네상스Renaissance란 말은 재생再生을 뜻하는 프랑스어에서 유래했다. 르네상스는 중세에서 근대로 넘어가는 시기에 일어난 과도적 현상으로 미술·음악·문학·철학·과학 분야뿐 아니라, 경제 생활·사회 구조·정치 체제에 걸쳐 일어난 커다란 변화였기 때문에 새로운 시대의 출발로 인식되었다.

이탈리아 르네상스

이탈리아는 유럽의 어느 지역보다도 도시 활동이 활발한 지역이었다. 상공업의 발달로 롬바르디아와 토스카나 등 북이탈리아 도시는 부富를 축적하고 이탈리아 정치와 경제의 중심이 되어 르네상스 운동이 전개될 수 있는 배경을 마련하였다. 이탈리아는 지리적으로 지식과 문화의 교류에 매우 유리해 중세에 동로마(비잔틴) 제국과 빈번히 교통하였으며, 15세기에 비잔틴 학자들이 내왕하여 학술 진흥을 자극하였다. 또한 참주, 제후 또는 교황들의 적극적인 문예 후원도 이탈리아 르네상스 운동의 원동력이 되었다.

도시민은 매우 세속적이며 개인주의적인 생활 태도를 갖고 있어 교회가 설교하는 내세와 천국에 대한 믿음은 현실 세계에서의 명예와 권력, 재산과 번영으로 약해졌다. 또한 자아의식을 강조하는 인간의 내적 세계의 확대와 개성의 발전으로 지적으로나 예술적으로 개인의 재능을 십분 발휘할 수 있었다.

북부와 중앙 이탈리아의 거의 모든 도시 국가는 대상인과 귀족 등에 의한 공화정 체제로 시작되었는데, 13세기 말에 이르러 이 지배 계급은 새로운 자본가 계급과 중산층의 도전을 받아 내부적인 혼란을 겪게 되었다. 이 혼란을 극복하기 위해 독재자나 소수의 지배층이 강력한 지배 체제를 수립하였는데 이것이 참주정僭主政이다.

14세기에 이르러 전쟁을 통해 작은 도시 국가들이 세력이 더 큰 국가에 흡수되었다. 그 결과 15세기 중반 이탈리아에서는 밀라노 공화국·베네치아 공화국·피렌체 공화국·교황령 국가·나폴리 왕국 등 5대 도시 국가와 시에나Siena 공화국·만토바Mantova 후작국·페

문화 진흥의 후원자

이탈리아 도시 국가의 실권자, 예를 들면 피렌체의 메디치Medici가家, 밀라노의 비스콘티Visconti가家, 그리고 교황 율리오 2세Julius II(재위: 1503-1513)가 학자와 예술가들을 후원하였다. 정치 지배자들이 문예 후원에 적극적이었던 것은 자신들의 불안정한 지위를 굳히려는 의도에서였다. 이 외에도 그리스도교에서는 인색함과 재산의 축적을 죄악시 하였기 때문에 부유한 계층은 재산의 일부를 문예 후원에 사용하였다.

참주

참주는 비상한 능력으로 불법적인 수단을 통해 정권을 장악했고 법을 초월하여 존재한다고 자처하였다. 자본가적 타산에 밝았으나 성격이 잔인하고 무자비하였다. 참주는 군사 행동을 취할 때는 용병 대장의 지휘 아래 움직이는 용병대에 의존하였는데, 이들은 대개 여러 나라에서 온 병사들로 구성되어 있었다. 그들의 주요 관심은 전쟁의 승패에 있는 것이 아니라 자신의 생계를 보장받기 위해 전투를 계속하는 것이어서 고용주인 군주를 배신하는 경우가 허다하였다. 심지어는 군주를 내몰고 스스로 정권을 장악하는 일도 많았다.

라라Ferrara 공국·모데나Modena 공국이 존재하였다.

르네상스 휴머니즘

르네상스의 사상적인 특성은 휴머니즘에서 잘 표현되었다. 휴머니즘은 좁은 의미로는 그리스-로마의 문예 작품과 철학 사상의 중요성을 깨우친 운동이다. 르네상스 지식인(휴머니스트)은 고전의 수집과 연구로 인간의 참다운 가치를 인식하고 진정한 자아를 주장하는 새로운 정신 운동을 일으켰다. 그러므로 넓은 의미로 휴머니즘은 모든 인간적 가치와 인간의 가치를 높이 평가하는 사상의 경향을 뜻하게 되었다.

최초의 휴머니스트는 페트라르카Francesco Petrarca(1304-1374)였다. 후세에 와서 그가 근대적인 휴머니스트로 평가받는 이유는 연인 라우라에게 보낸 서정시 때문이었다. 그는 토스카나어로 쓴 이 서정시에서 근대적인 감각과 고전에 대한 강렬한 관심을 표현하였다. 또한 『데카메론Decameron』을 쓴 보카치오Giovanni Boccaccio(1313-1375) 역시 이탈리아 산문 발전에 기여하였다.

휴머니스트 운동은 15세기에 이르러 점차 이탈리아 전역을 풍미하게 되었다. 고전 고대의 영향은 교육과 학문의 모든 분야에서 뚜렷하게 나타났다. 문학은 고대인의 영향을 깊이 받았으며, 종교적 목적은 사라지고 세속적 주제가 극히 흔한 일이 되었다.

그러나 1520년대에 이르러 휴머니즘은 기울어지고 고전에 대한 관심 역시 퇴조하였다. 활판 인쇄술의 발달로 독서층이 증가하고, 작가와 저술가들도 라틴어보다 제각기 자기 나라 말로 표현하는 것이 훨씬 더 독창적이며 자

휴머니스트

고전 연구에 헌신하는 사람은 후마니타스humanitas를 공부한다는 뜻으로 휴머니스트라고 불렸다. 이 말에는 키케로가 사용한 뜻, 즉 인간에게 적합한 정신 교양 특히 세련된 문학 형태로 표현된 교양에 관한 것이란 뜻이 있었다.

휴머니스트는 고대 문헌을 수집·연구하여 가장 정확한 원전의 의미를 찾아내려고 애썼고 따라서 필사 원고manuscripts의 수집열이 대단하였다. 그들은 유럽 수도원의 도서관을 뒤졌고 먼 곳까지 낡은 문헌을 찾아다녔다.

고대 로마에 대한 페트라르카의 동경심

페트라르카는 고전 고대의 경험을 되살리기 위해 로마 작가들에게 마치 가까운 친구처럼 편지를 썼다. 어느 편지에서는 키케로가 그를 방문해 오는 것으로 쓴 적이 있다. 1350년 2월 파두아 시를 지나갈 때 이 도시가 로마 역사가 리비우스의 생지生地라는 것을 기억하고 즉시 그에게 다음과 같은 편지를 썼다.

> 나는 단지 당신과 같은 시대에 태어났더라면 합니다. 그랬더라면 우리 시대는 더 유익한 교훈을 얻을 수 있었겠지요. 나 자신은 당신의 시대가 더 나은 시대였다고 생각합니다. 당신 시대에 태어났더라면 나는 틀림없이 당신을 방문했을 것입니다. 지금은 단지 당신의 저작을 보고 당신에 대한 생각을 할 뿐이지요. 나는 지금의 장소, 시간, 관습을 잊고 싶을 때면 언제고 당신 저작을 열심히 읽습니다. 나는 금은보화만을 높이 평가하고 물질적 쾌락만을 좇는 오늘날의 부도덕에 분노를 느낄 때가 많습니다.
>
> 나는 여러모로 당신에게 감사하고 있습니다. 특히 당신은 나에게 오늘날의 악을 잊어버리게 하고 행복한 시절로 나를 이끌어 주기 때문입니다. 내가 당신 글을 읽을 때는 스키피오, 브루투스, 카토 기타 많은 다른 사람들과 함께 살고 있는 것처럼 느껴집니다. 내가 산다는 것은 그들과 함께 있다는 것입니다. …
>
> 아무쪼록 폴리비우스와 같은 당신보다 나이 든 역사가들, 플리니우스와 같은 젊은 역사가들을 만나게 해주십시오.
>
> 그대 필적할 자 없는 역사가여, 그럼 안녕히 계십시오.
>
> 당신이 태어나고 묻힌 땅, 생자生者의 땅에서 당신의 묘비 앞에서
>
> 1350년 2월 22일 씀.

연스러움을 알게 되었기 때문이다. 그러나 고전은 여전히 유럽의 사상과 문학의 발전에 영향을 주었다. 17세기에는 고전에 대한 수많은 번역

이 나와 고전어를 모르는 독자들도 고전 작품을 읽게 되었다.

철학 영역에서도 활발한 움직임이 있었는데 휴머니스트들은 새로운 관점에서 아리스토텔레스와 플라톤을 해석하였다. 그들은 특히 플라톤에 관심을 가졌고, 피렌체의 플라톤 학회는 르네상스의 절정기에 창립되어 가장 저명한 휴머니스트 철학자들을 배출하였다.

또한 그리스-로마의 고전을 고증하는 과정에서 사회적으로 날카로운 비판 정신이 대두되었고 그것이 르네상스 역사학의 발달을 촉진시켰다. 전통적인 교회 문서를 분석하고 비판하는 르네상스 역사가들의 연구 태도는 전통적인 그리스도교의 권위를 거부하고 인간성과 현실에 초점을 맞추고 있었다.

예를 들어 마키아벨리Niccolo Machiavelli(1469-1527)는 사건의 객관적 서술과 역사가의 냉철한 판단에 근거한 과학적 역사를 주장하였다. 르네상스 시대의 역사서술은 정치사 중심이었다. 마키아벨리는 『군주론Il Principe』에서 강력한 군주의 전제를 주장하였다. 그는 당시 이탈리아 정치정세가 혼란하고 분열되어 있었기 때문에 이탈리아를 통일할 수 있는 강력한 정치 체제가 나타나기를 바랐다.

르네상스 시대의 과학적 탐구는 근대 자연 과학의 혁명에 토대를 제공하였다. 르네상스 과학은 근본적으로 휴머니즘에 입각해 있었다. 이러한 전통을 바탕으로 새로운 패러다임을 제시한 과학자가 코페르니쿠스Nicholas Copernicus(1473-1543)였다. 그는 지동설을 부활시켰고 이것은 전통적 우주론을 비판한 하나의 '혁명'이었다.

16세기에는 관찰과 실험에도 커다란 진척이 있었는데 이탈리아의 갈릴레오Galileo

마키아벨리주의Machiavellianism

마키아벨리의 『군주론』에 따라 주장된 이른바 마키아벨리주의는 강력한 지배권을 가진 통치자를 강조하고, 정치 목적 달성을 위해서는 수단과 방법을 가리지 말아야 한다고 하였다. 마키아벨리주의는 17세기 영국의 정치철학자 홉즈Thomas Hobbes(1588-1679)의 저서 『리바이어던』에 반영되었을 뿐 아니라, 프로이센의 프리드리히 2세Friedrich II(대왕, 1712-1786)의 통치에도 영향을 주었다.

Galilei(1546-1642)는 관측에 근거한 천문학 이론을 내놓았으며, 네덜란드의 얀센Zacharias Jansen은 1590년경 현미경을 발명하였다. 해부학의 기초가 확립된 것도 르네상스 시대로 인체 해부를 금기시하던 관습을 극복하고 의학 발전의 초석을 다졌다.

르네상스 미술과 음악

휴머니스트의 고전 연구는 미술계에도 영향을 주었다. 르네상스 미술가는 고대 미술에 깊은 관심을 나타내고 그리스-로마의 조각이나 건축 양식을 모방하였다. 우수한 미술가는 군주, 제후, 대상인, 금융업자들에게 충분한 후원을 받았기 때문에 자신의 개성과 능력을 충분히 발휘할 수 있었다.

르네상스 문화가 융성한 15세기에 보티첼리Sandro Botticelli (1447-1510)는 「프리마베라Primavera」라든지 「비너스의 탄생」과 같은 우아한 그림들을 그렸다. 16세기는 르네상스 회화가 완성된 가장 중요한 시기였다. 특히, 이 시기 위대한 천재 화가로는 레오나르도 다 빈치Leonardo da Vinci(1452-1519), 라파엘로Raffaello Sanzio(1483-1520), 미켈란젤로Michelangelo Buonarroti(1475-1564)가 있다. 피렌체 출신의 레오나르도 다 빈치는 가장 다재다능한 만능인으로 피렌체의 메디치 가, 밀라노의 스포르차 가, 프랑스 왕의 후원을 받아 르네상스 자연주의를 완성시켰다. 그의 작품으로는 「최후의 만찬」과 초상화 「모나리자」가 있다.

▲ 모나리자

◀ 아테네 학원

◀ 시스티나 예배당의 천정화

라파엘로는 피렌체, 로마 등에서 주로 활동하였다. 그는 주로 종교적 주제를 다루어 조화롭고 우아한 성모의 모습을 많이 그렸으며 바티칸에 그린 「아테네 학원」은 매우 훌륭한 구도를 가진 명작으로 평가받고 있다.

피렌체 귀족 출신 미켈란젤로는 「시스티나 예배당의 천정화」에서 천지창조로부터 노아의 대홍수에 이르는 성서 내용을 웅장한 기법으로 그렸다. 그의 회화는 다음 세대에 오는 바로크 양식의 선구적 표현이라고 할 수 있다.

13세기 말에서 14세기 초에 걸쳐 시작된 르네상스 조각은 점차 고딕 전통에서 자연주의로 이행해 갔다. 기베르티Ghiberti(1378-1455)가 조각한 로마의 성 베드로 대성당에 있는 「피에타」는 르네상스 조각에서뿐 아니라 조각사 전체를 통한 일대 걸작이라 평가받고 있다.

르네상스의 건축은 중세 고딕 양식에서 완전히 벗어나 고대로의 복귀 경향을 보인다. 성 베드로 대성당을 설계한 브라만테Donato Bramante(1444-1514)는 위대한 르네상스 건축가였다. 성 베드로 대성당의 설계와 공사는 그 후 팔라디오Andrea Palladio(1518-1580)와 라파엘로 등을 거쳐 미켈란젤로에 의해 완성되었다.

북방 르네상스

처음 이탈리아에서 시작된 르네상스는 알프스를 넘어 유럽 전역으로 퍼져 나갔다. 이탈리아 르네상스를 '알프스 이남의 르네상스'라 부르는 반면, 알프스 이북의 르네상스를 흔히 '북방 르네상스'라 부른다.

이탈리아 르네상스가 화려하고 미적인 특징을 나타내는데 반해 북방 르네상스는 사회 개혁적 특징을 나타냈다. 농촌과 도시의 구별이 뚜렷한 프랑스·독일·영국 등에서는 봉건적 주종관계와 관습이 이탈리아에서보다 더 뿌리 깊이 박혀 있었다. 봉건 체제가 쇠퇴하자 이러한 국가들에서 사회와 교육에 대한 개혁이나 종교적 혁신에 더 큰 관심을 갖게 되는 것은 당연한 일이었다.

알프스 이북 유럽에서 휴머니스트의 관심은 주로 성서나 그리스도교의 고전을 그리스어나 히브리어 원어로 연구하고 그리스도교 초기의 복음 신앙이 지닌 순수함으로 돌아가는데 있었다. 이와 같은 운동을 '그리스도교적 휴머니즘Christian Humanism'이라 한다. 그리스도교적 휴머니즘은 16세기 초부터 본격적으로 일어난 프로테스탄트 운동의 기반을 마련하는 데 크게 기여하였다.

영국 르네상스 역시 독일이나 프랑스의 경우와 마찬가지로 사회 혁신을 목표로 실제 문제를 연구하는 특성을 나타냈으며, 영국의 주요한 그리스도교적 휴머니스트는 『유토피아』를 발표한 모어Sir Thomas More(1478-1535)였다. 모어의 『유토피아』는 유토피아 문학의 선구가 되었으며 이상적 사회를 추구하고 희망하는 사람들에게 사상적 기준을 제공하였다. 모어의 영향을 받은 사람 중에는 베이컨Sir Francis Bacon(1561-1626)이 있었는데, 그는 과학자들의 이상 국가를 묘사한 『새로운 아틀란티스New Atlantis』를 저술하였다.

영국의 셰익스피어William Shakespeare(1564-1616)는 엘리자베스 여왕 시대의 가장 위대한 작가일 뿐만 아니라 세계 문학사에서 탁월한 위상을 차지하는 문인이다. 그는 비극 『햄릿』, 『오셀로』, 『리어왕』, 『맥베스』와 함께 『베니스의 상인』, 『로미오와 줄리엣』과 같은 작품에서 천재적인 문학적 재능을 발휘하였다.

로이힐린 Johann Reuchlin (1455-1522)

북방 르네상스는 특히 독일, 프랑스, 영국에서 발달하였다. 독일 휴머니즘 운동의 지도자로 유명한 로이힐린은 구약성서를 해석하기 위해 히브리어 연구에 헌신하였고, 격렬한 글과 왕성한 활동으로 '독일의 불사조'라는 별명이 붙여졌다.

데타플 Jacques Lefévre d'Etaples (1455-1536)

프랑스의 휴머니스트 데타플 또한 이탈리아 유학을 마친 후 파리 대학에 머물며 신약성서의 의미를 밝히고자 하였다. 그는 그리스 원전을 가지고 신약성서를 연구해 그리스도와 사도들의 가르침을 새롭게 해석했고 후의 루터 및 프로테스탄트 개혁자들에게 영향을 주었다.

토마스 모어의 『유토피아』

『유토피아』에 묘사된 이상 국가는 매우 진보적인 정책을 취하고 있다. 예를 들면 유토피아의 수도 아모로우트 사람들은 6시간 일하고 8시간 자며 그 외에는 각자의 취미, 특히 독서에 시간을 보낸다. 유토피아의 시민은 스스로의 안위를 위해, 혹은 부당한 권력에 압박당한 국민의 해방을 위한 경우 외에는 절대로 전쟁을 하지 않는다. 교육은 범죄 예방책으로 실시되며 교도소에 갇힌 사람들은 생계를 위한 교육을 받고 석방된다. 또한 국가의 부는 모든 시민에게 균등하게 분배되어야 한다.

그리스도교적 휴머니즘의 대표자 에라스무스는 수도 성직자였지만 당시 사회와 교회를 풍자하는 『치우신痴愚神예찬』이란 책을 발표하였다. 그는 이 책에서 기성 교회의 부패와 형식주의를 비판하면서 그리스도교 초기의 순수성을 찾으려 하였다. 『치우신예찬』은 앞으로 다가올

인쇄소 증가 상황

1500년경 독일·영국·프랑스·네덜란드·이탈리아 등 유럽 각국의 도시에 처음으로 인쇄소가 설립된 상황은 다음과 같다. 영국 정부는 인쇄소 설립을 억제하기 위해 런던 및 옥스퍼드 대학과 케임브리지 대학 소재지에만 설립을 허용하였다.

시기	독일어	이탈리아어	프랑스어	스페인	영국	네덜란드	기타	합계
1471년 전	8	4	1	1	-	-	-	14
1471-1480	22	36	9	6	3	12	5	93
1481-1490	17	13	21	12	-	5	4	72
1491-1500	9	5	11	6	-	2	8	41
합계	56	58	42	25	3	19	17	220

루터의 프로테스탄트 개혁 운동을 위한 기반을 다져 놓았던 것이다.

스페인 르네상스도 역시 사회 개혁의 성격을 띠었으나 동시에 희곡이나 문학 작품에서 훌륭한 업적을 남겼다. 스페인의 르네상스 작가 중 최대 인물은 세르반테스Miguel de Cervantes Saavedra(1547-1616)이다. 그의 작품 『돈 키호테』에서는 기존의 봉건제도를 통렬히 풍자하였다.

북방 르네상스는 이탈리아 르네상스보다 뒤늦게 출발하였지만 활판 인쇄술의 보급으로 매우 신속하고 효과적으로 전개되었다. 이 새로운 인쇄술의 발달은 새로운 사상, 특히 종교 사상을 전파하는 수단이 되었으며, 책값도 크게 떨어뜨려 독서를 대중화하는데 기여하였다.

이탈리아 휴머니즘이 알프스 산맥을 넘어 북방 르네상스에 자극을 준 것과 같이 이탈리

인쇄술의 발달

활판 인쇄술이 유럽에서 실용화된 것은 1447년경 구텐베르크Johann Gutenberg(1400-1468)가 독일 마인츠에 차린 인쇄소에서 서적을 출판하면서부터였다. 그는 모형에서 똑같은 활자를 만들어 인쇄했고, 1454년 이러한 새로운 방식으로 출판한 성서가 『구텐베르크 성서』이다. 1500년경까지 유럽의 주요 국가에 1천 개 이상의 인쇄소가 설치되어서 약 3만 종류의 서적을 출판했다. 활판 인쇄술은 새로운 사상을 급속히 전파하는 매체가 되었다.

▲ 피터 브뢰겔의 농민의 축제
▲▶ 얀 반 에이크의 지오반니 아르놀피니와 그의 신부

아 미술도 북쪽으로 넘어가서 북방 르네상스 특징과 결합해 새로운 미술 기법이 유행하였다. 저지대 지방의 에이크Jan van Eyck(약 1390-1441)는 유화油畵 기법을 개발한 화가이다.

15세기 저지대 지방의 미술은 부유한 시민이나 제후들의 후원을 얻어 성장하였다. 주제는 전통적인 종교적 주제 이외에 농촌이나 도시민의 생활과 관습을 대상으로 한 것들이 많았다. 이러한 성향은 16세기 브뢰겔Pieter Brueghel(1525-1569)에 이르러 그 절정에 달하였다. 브뢰겔은 이탈리아 미술의 영향을 받지 않은 독특한 그림을 그렸다. 그가 택한 주제는 마을 광장, 스케이트 장면, 혼인 축하연 등과 같은 통속적이며 친근한 민중 생활이었다.

그 외에도 독일 지방의 대표적 화가 뒤러Albrecht Durer(1471-1528)와 홀바인Hans Holbein(1497-1543) 등도 이 시대에 활약하였다. 스페인에서는 벨라스케스Diego Velazquez(1599-1660), 엘 그레코El Greco(1547-1614), 무리요Bastolome Murillo(1617-1682) 등 위대한 화가

들이 배출되었다.

유럽 세계의 확대 : 항로 개척과 해상 탐험

유럽인들은 10세기 말부터 지리 탐험을 시작하였다. 중세에서 근대로 넘어오면서 각 국가의 군주들은 새로운 통상로通商路를 개척하려 노력하였다. 그 결과 유럽인은 활발히 해외탐험 활동을 벌여 새로운 통상로뿐 아니라 미지의 땅을 발견하게 되었다. 15세기 중반에 이르러 유럽인의 지리적 탐험은 매우 활발하게 진행되었다. 1450년 이후 약 2세기 동안 아프리카, 남북아메리카 대륙 등 많은 지역이 유럽의 지배를 받게 되었다.

이러한 해외 진출의 배경에는 경제적 동기가 있었다. 유럽인들은 향신료와 면, 금·은·보석 등을 동방에서 수입하고 있었는데, 동방으로 가는 루트는 여러 가지 위험과 과중한 경비가 들고 중간 지역에서 지불하는 세 부담이 컸다. 또한 15세기 오스만 터키 민족이 성장하면서 기존의 통상로를 위협하였다. 따라서 유럽인들에게는 새로운 통상로가 개척될 필요가 있었다.

또 다른 해외 진출의 배경에는 종교적 목적이 있었다. 12세기부터 아프리카, 아시아 등 동방에 동방 박사 중 한 명의 후손인 장로 요한Prester(Presbyter) John이 다스리는 거대하고 풍요로운 기독교 왕국이 있다는 전설이 유행하였다. 당시 서방 국가들은 이 전설을 믿고

> **유럽인의 초기 지리 탐험**
>
> 13세기 교황 인노첸시오 3세가 수도사들을 중국에 파견하였고, 제5차 십자군에 참가한 프랑스 왕 루이 9세도 몽골과 사절을 교환하였다. 또한 베네치아 상인 마르코 폴로Marco Polo(1254-1323)는 13세기 후반 중국 원나라를 방문해 칸 쿠빌라이Kubilai Khan(世祖 忽必烈, 1215-1294)를 만나고 돌아와 견문기를 쓰기도 하였다. 그의 『동방견문록』은 황당무계하고 진기한 이야기들을 과장해서 서술한 것이었지만 당시 유럽인들의 마음을 설레게 하기에 충분하였다.
>
> **장로 요한**
>
> 중세의 여러 연대기와 기록에 따르면 부유하고 권세 있던 장로 요한은 아기 예수를 방문했던 동방 박사의 직계 자손이었다. 그는 페르시아 왕들을 물리치고 예루살렘까지 진격하려했던 영웅으로 그려지고 있다. 13세기에는 신성 로마 제국 황제 프리드리히 1세에게 전달된 장로 요한의 편지가 발견되었다는 기록도 있다. 이 편지에서 장로 요한은 직접 군대를 이끌고 이슬람교도와 싸워 예수의 거룩한 무덤을 되찾기 위해 팔레스타인에 간다고 선언하고 있다. 유럽의 그리스도교인들은 이슬람 세력에 대항하려는 희망으로 이러한 전설을 만들었다.

이 왕국과 동맹을 맺어 이슬람 세력에 대항할 수 있다고 생각하였다.

마지막으로 정치적인 요인이 있었다. 우선 오스만 터키족에 의해 동방 통상로가 단절되었다는 사실, 그리고 그동안 지중해를 장악하며 동방 무역을 주도하던 이탈리아 도시 국가들이 정치적 혼란과 외세 간섭으로 쇠약해 있었다는 것은 15세기 크게 성장한 군주 국가들이 국제적인 역할을 할 수 있는 기회가 생겼다는 것을 의미하였다.

때마침 14, 15세기 유럽에서는 조선술, 항해술이 발달하고 정확한 지리 지식이 충분히 축적되어 있었다. 또 13세기경부터 나침반이 사용되면서 멀고 넓은 바다로의 항해가 가능해졌다. 게다가 지구가 둥글다는 구형설이 부활하면서 세계 지리에 대한 편견이 깨지고 더 먼 바다로의 항해가 가능하다는 생각이 유럽에 널리 퍼지게 되었다. 이제는 육지가 아닌 바다를 거쳐 아프리카를 돌아간다면 인도나 중국에 닿을 수 있으리라 믿게 되었다.

정치적 권력을 강화하고 신항로 개척을 통해 자원까지 확보하려는 절대 군주들은 적극적으로 탐험가들을 지원하였다. 특히, 포르투갈은 국가가 적극적으로 지리 탐험을 지원하였는데, 15세기 말 후안 2세John II(1481-1495)의 지원을 받은 디아스Bartholomeu Diaz(1450-1500)는 1488년 아프리카 남쪽 끝 희망봉에 도달하였다. 디아스의 뒤를 이어 바스코 다 가마Vasco da Gama(1469-1524)는 1498년 희망봉을 돌아 인도의 캘리컷에 도착하여 신항로를 발견하였다.

한편, 스페인도 이사벨 여왕의 후원 아래 대양 항해와 지리 탐험에 나섰다. 스페인의 해외 팽창은 콜럼버스Christopher Columbus(1446-1506)에 의해 실현되었다. 콜럼버스는 스페인 여왕의 후원을 얻어 1492년 중국을 향해 서쪽으로 항해하였고, 약 1개월 만에 아메리카 서인도 제도의 산살바도르에 상륙하였다. 그러나 콜럼버스는

지리상 발견의 항로

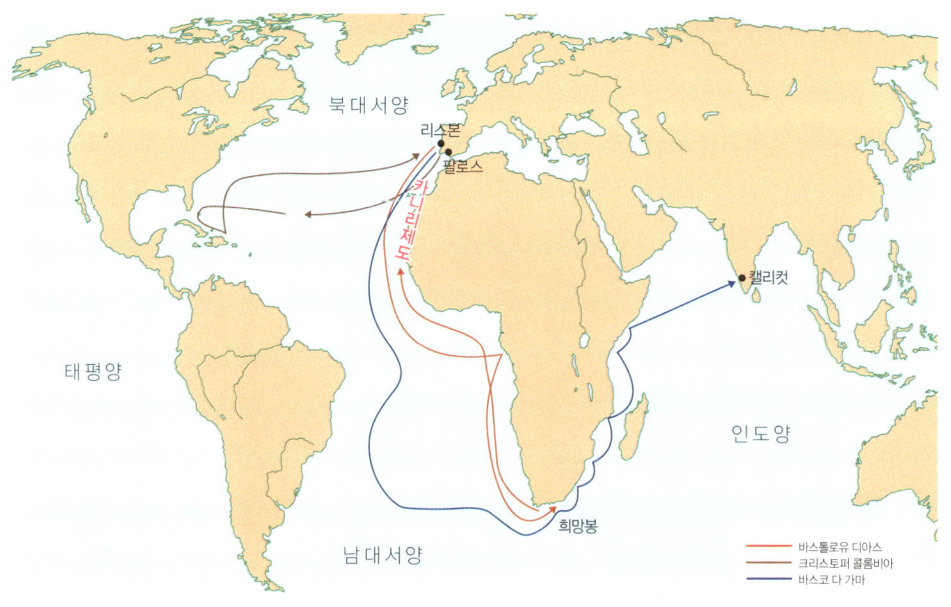

▲콜럼버스

이곳을 인도라고 착각하였고 그 후 세 차례나 더 항해를 했는데 죽을 때까지 그 곳을 아시아라 믿었다. 결국 피렌체 출신의 아메리고 베스푸치Amerigo Vespucci(1451-1512)가 아메리카가 새로운 대륙임을 발표하면서 비로소 유럽인들은 아메리카 대륙의 존재를 알게 되었다.

스페인 정부는 동양으로 가는 길을 찾기 위한 노력을 계속하였다. 최초로 지구를 한 바퀴 돌아 동과 서를 잇는 세계 항로를 발견한 인물은 포르투갈 귀족 마젤란Ferdinand Magellan(1480-1521)이었다.

신항로 개척으로 스페인, 포르투갈 사람들이 신대륙으로 이주하였다. 그런데 스페인 사람들은 무자비하게 신대륙 사람들을 약탈하여 콘키스타도르Conquistadores (정복자)라 불렸다. 그들은 멕시코에서 금·

콜럼버스에 관한 해석

콜럼버스에 관해서는 두 가지 견해가 있다. 미국 해양사가 모리슨Samuel Eliot Morison의 해석은 최근까지 학계의 대표적인 견해였는데, 이는 콜럼버스의 업적을 말하는 전통적인 해석이다. 이에 대해 환경론자인 세일Kirkpatrick Sale은 지리 탐험 해석에서 일어난 급격히 변화된 입장을 대변하고 있다.

모리슨의 해석: 콜럼버스는 그리스적 의미에서 새롭고 묘한 것을 경이의 눈으로 보고 자연미를 예술가의 마음으로 감상하는 감각을 가진 사람이었다. 콜럼버스는 자신의 업적의 숭고함을 더해 주는 국가주권과 신의 무한한 지혜를 깊이 확신하고 있었다. … 미국의 역사 전체는 네 번의 콜럼버스 항해의 결과이다. 그리스 도시 국가들이 불사신들을 건국의 시조로 간주한 바와 같이 오늘날 수십의 독립 국가들은 그리스도교 문명을 대양 너머로 확산시킨 제노아 출신 콜럼버스에게 경의를 표해야 할 것이다.

세일의 해석: 노련한 선원들이 야단 법석하는 그의 항해술이나 뜻밖의 탐험 방향에도 불구하고, 콜럼버스 제독은 가엾은 항해가였다. 네 번의 항해는 올바르게 볼 때 용감성과는 거리가 먼 것이었으며 어설픈 실수로 가득 찬 항해였다. 잘못 세운 항해 계획, 초보적인 경영을 무시한 어리석음, 기본 안전 수칙을 전혀 고려하지 않은 항해였다. … 이 모든 것들이 자연 세계에 대한 인간의 우월성을 주장한 데서 빚어졌다. 콜럼버스가 실수한 것은 거의 모두 해류와 바람, 암초의 불가피함을 알려고 하지 않았기 때문이며 더 건방진 것은 알려고 애쓰지도 않았기 때문이었다. … 콜럼버스의 아메리카 도착은 그러한 문화유산과 문화 민족의 대부분을 파괴하는 계기를 만들었기 때문이다.

은을 닥치는 대로 탈취하였다. 그리고 그들은 아스텍과 잉카 문명을 철저히 파괴하였다.

마젤란의 항해

마젤란은 스페인 정부의 지원을 받아 항해를 시작하였다. 마젤란 일행은 남아메리카의 남단을 거쳐 마젤란 해협을 통과해 폭풍이 몰아치는 바다를 항해한 끝에 태평양으로 나가게 되었다. 그러나 안타깝게도 마젤란은 필리핀 원주민에게 살해되었고 일행 12명만이 스페인으로 귀국하였다. 결국 마젤란 일행에 의해 지구가 둥글다는 것이 실제로 증명된 것이다.

콘키스타도르

1519년 스페인의 코르테스Hernando Cortez(1485-1547)는 철제 무기, 말, 화약으로 아스텍 원주민을 정복하였고, 1533년 피사로Francisco Pizzaro(1471-1541)도 페루의 잉카 제국에 들어가 왕을 사로잡고 고대 문화의 금·은 미술품을 약탈하였다.

포르투갈 사람들도 아메리카 대륙 탐험을 하면서 스페인과 영토 확장을 위해 치열하게 경쟁하였다. 경쟁이 너무나 치열해 교황 알렉산데르 6세가 두 국가를 진정시키기 위해 개입하기도 하였다.

영국과 프랑스도 지리 탐험 경쟁에 뛰어들었다. 제노아 출신 카보트Cabot 부자(아버지 Giovanni, 1450-1498; 아들 Sebastian, 1476-1557)는 영국 왕 헨리 7세의 후원으로 북아메리카를 탐험하여 상당 부분 영국의 소유권을 확보하였다. 18세기에는 쿠크James Cook(Captain, 1728-1779)가 오스트레일리아를 탐험하였다.

프랑스는 다른 나라보다 늦게 탐험에 착수하였는데 16세기 카르티에Jacques Cartier, Seiur de LaSalle(1491-1557)가 캐나다의 세인트 로렌스St Lawrence 지역을 발견한 이후 1604년 노바 스코시아Nova Scotia, 1608년 퀘벡Quebec에 프랑스 식민지를 만들었다. 1681년 라살르Robert Cavelier(1643-1687)는 미시시피 강을 탐험하여 루이 14세에게 경의를 표하는 뜻에서 그 일대를 루이지애나Louisiana라 이름 붙였다.

식민 운동과 상업 혁명

서양의 문물이 동양으로 전해지는 현상을 일컫는 '서세동점西勢東漸'이라는 말이 있다. 새로운 항로가 발견되면서 유럽의 학문과 사상, 문화와 과학기술이 동방으로 전해지고, 그리스도교도 세계 각지에 전파되었다.

특히, 종교 개혁 이후 가톨릭 내부 개혁의 일환으로 성립된 예수회는 서양의 문물을 가장 활발히 동양에 전파하였다. 예수회 수도사였던 마테오 리치Matteo Ricci(1552-1610)는 『건곤체의乾坤體義』, 『혼개통헌도설渾蓋通憲圖說』 등을 저술하였고, 예수회 소속 아담 샬Johann Adam Schall von Bell(1591-1666)도 지구의, 망원경을 제작하고 서양의 천문 지식을 번역해 중국에 알렸다.

서양 고전 문명의 중심은 지중해에 있었다. 중세에도 지중해는 서양사의 중심 무대였다. 그러나 지리상 발견으로 서양의 활동 무대는 대서양, 태평양 등 바다로 바뀌게 되었고, 결국 전통적인 지중해 중심 이탈리아 상인의 활동은 점차 둔화되면서 런던, 암스테르담, 리스본 등 대서양 연안의 항구 도시들이 번창하게 되었다.

예수회의 가톨릭 선교

예수회 신부의 가톨릭 선교도 매우 활발하게 전개되었는데, 1542년 일본에 도착한 하비에르Francis Xavier(1506-1552)가 선교에 성공해 일본의 가톨릭 신자 수가 급증하기도 하였다. 중국에서도 그리스도교는 교세를 꾸준히 확장하였다. 그리스도교 선교사들은 가톨릭 교리나 신념을 강요하지 않았고 중국의 전통적 관습을 유럽의 것과 비교해 비하하지 않았다. 오히려 중국의 전통적인 관습이나 풍속을 가톨릭 교리와 조화시키려 노력했기 때문에 선교에 성공할 수 있었다.

상업 혁명

지중해 중심의 상업이 이루어지던 시기의 수입 물품은 너무 비싸고 희귀해서 일반인들은 감히 구입할 엄두를 내지 못했다. 그러나 신항로의 개척으로 교역품이 풍부해지면서 향신료나 차·커피·면직물 등이 대량 수입되어 일반 대중까지도 손쉽게 구입할 수 있게 되었다. 이렇듯 교역 물품의 종류가 다양해지고 각국의 부가 증가하는 등 급격한 경제적 변화를 겪게 되는데 이를 상업 혁명이라 한다.

아메리카 대륙과의 교역이 활발해지면서 유럽의 해외 무역이 확대되고 교역품의 종류도 다양하고 양도 많아지게 되었다. 지리상 발견으로 통상 지역이 확대되면서 상인들은 믿을 만한 교환 수단인 화폐의 필요성을 느꼈다. 13세기에는 이탈리아를 중심으로 금과 은을 이용해 화폐를 주조하였고 이로써 유럽의 화폐 경제가 확립되었다.

아메리카 대륙이 발견되면서 유럽인들은 멕시코와 페루 등에서 엄청난 양의 금과 은을 탈취해 왔다. 그것이 유럽으로 흘러들어오면서 화폐 주조도 손쉽게 이루어질 수 있었다. 화폐가 많이 만들어지니 화폐의 가치는 폭락하였고 상대적으로 물건의 양은 그대로니 물가가 폭등할 수 밖에 없는 상황이었다. 그리하여 16세기 말에는 유럽의 물가가 2-4배로 급등하였다.

물가 폭등은 값싼 임금에 의존하는 저소득 노동자층에게 큰 타격을 주었다. 또 고정된 액수의 지대地代 수입에 의존하던 토지 귀족의 생활도 위협하였다. 반면 상품을 만들어 판매하던 상공업 종사 도시민의 경제적 지위는 확고해졌다.

지리적 발견 시대에 상업과 식민을 위한 열강의 전쟁이 시작되었다. 따라서 유럽 대륙 안에서보다 해외 식민지에서의 전쟁이 많아졌고 이는 결국 19세기 말 제국주의로 이어지게 되었다.

자본주의의 대두

르네상스 시대의 정치 변화와 함께 경제 변화도 일어났다. 인구가 급증하고 자본이 축적됨에 따라 자본주의가 발달하게 되었다. 교통 운수의 기술이 발달되어 멀리 떨어진 시장을 개척하는 것이 쉬워지고 상공인은 시장 중심으로 기업 활동을 할 수 있었다. 또한 새로운 항로와 새 대륙이 발견되어 넓은 해외 시장이 개척되고 산업에 필요한 원료가 싼 가격으로 대량 공급되어 공업이 발달할 수 있었다. 유럽의 상업이 팽창되어 자본주의가 제도적으로 정착되었고, 이에 따라 유럽 사회는 풍요로워졌으며 사회 구조의 변화도 일어나고 있었다.

인구 증가와 급속한 도시화는 자본주의적 경제 발전을 가져왔으며, 또한 근대 초 유럽 상공인은 주식회사를 조직하여 활발한 경제 활동을 하였다. 1600년에 설립된 영국의 동인도 주식회사East India Company와 네덜란드의 동인도 회사Vereenigde Oost-Indische Compagnie: VOC는 일찍이 선례가 없는 대규모의 조직적

자본주의

자본주의는 사기업이 상품과 서비스를 시장에 자유롭게 내다 팔고 이익을 취하는 경제 제도를 말한다. 사기업은 토지·기계류·설비·공장·원료 등을 소유하고 노동자들을 고용하여 생산을 결정한다. 자본주의 제도의 핵심은 기업의 상호 경쟁과 수요공급의 원리에 따라 이루어지는 자유로운 시장에 있다.

상업 활동을 벌였다.

각국 정부는 개인의 사유 재산 소유권을 보호했으며, 계약 이행을 강제하고 기업 거래의 분쟁을 조정하는 등 자본주의의 발전에 기여하였다. 또 주식회사에 인허장을 주고 상업적 이윤 추구를 위해 식민지 지배권도 부여하였다. 영국과 네덜란드 상인들은 국가 정책 결정에 중요한 영향력을 행사했으며, 국가는 자본주의 경제에 가장 유리한 정책을 채택하게 되었다.

아프리카와 노예무역

아프리카는 역사적으로 볼 때 크게 두 부분으로 나눌 수 있다. 아프리카 북쪽은 지중해와 접해 있어 유럽의 고대 문명과 관계가 깊었고 특히, 로마 제국의 지배를 받아 외부 세계와 접촉이 많았다. 반면 사하라 사막 이남의 아프리카는 8세기경까지 전통적인 생활이 그대로 유지되며 혈연 집단에 기반을 둔 씨족 사회를 구성하고 있었다. 유럽 세력의 침투 대상이 된 곳은 바로 이 지역이었다.

노예 무역로

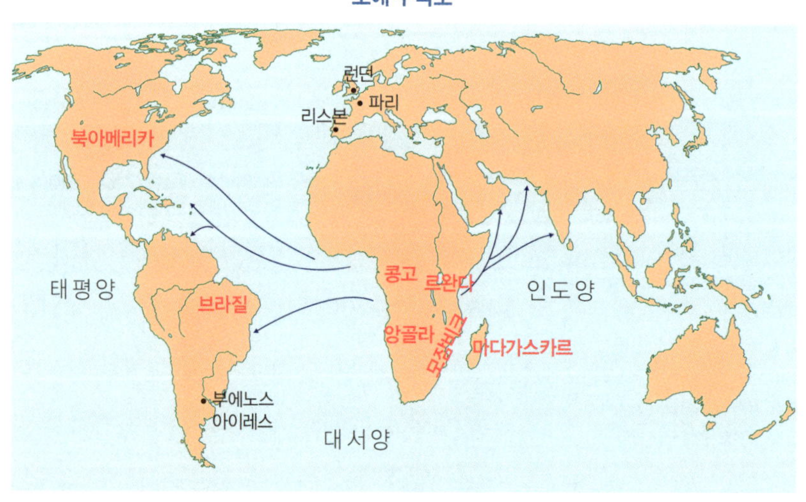

노예무역

초기 노예무역은 신항로 개척에 앞장선 스페인과 포르투갈이 주도하였다. 노예무역의 형태는 생포한 노예를 유럽으로 보내 광부, 일꾼, 가사 노동자로 일하게 하거나 대서양에 있는 식민지 농장으로 보내 농장 노동자로 일하게 하였다. 노예무역 이득에 재미를 붙인 노예 상인은 남아메리카로 사업 영역을 확대하였다. 농장주들은 콩고나 앙골라에서 브라질로 직접 노예를 보내기도 하였다.

유럽 상인들은 흑인들이 신기해하는 럼주酒, 화약, 구슬 등을 아프리카로 가져가 흑인 노예와 교환하고 이들을 아메리카 대륙에 있는 농장의 노예로 착취하는 삼각무역을 통해 막대한 이윤을 얻었다. 몇몇 아프리카 국가들은 노예를 교환해 얻은 유럽제 무기로 이웃 종족을 노예로 잡아 팔아 막대한 이윤을 얻기도 하였다. 이들은 19세기 노예무역이 사라졌을 때 생계 수단을 잃었다고 오히려 불평하고 노예무역을 차단하려는 영국 해군에 저항하기도 하였다.

노예무역의 후유증

노예무역은 아프리카 사회에 심각한 후유증을 남겼다. 아프리카는 대서양 노예무역으로 약 1천6백만을 잃고 이슬람 상인에 의한 노예무역으로 수백만 인구를 잃었다. 더욱이 노예로 젊은 남자가 선호되었기 때문에 성비性比 불균형이 생겼다. 노예무역은 인권 유린 행위일 뿐 아니라 전 세계로 흩어진 아프리카인들의 정체성과 문화적 독자성에 지울 수 없는 상처를 남기게 되었다.

지리상의 발견으로 대서양 무역이 활발해지면서 15세기 말 유럽 세력이 사하라 남쪽 아프리카로 침투하게 되었다. 이곳에는 유럽 선박들이 드나들며 이익을 챙기려는 상인들로 붐볐고 해안을 따라 도시들이 생겨났다. 아프리카에는 이미 수세기 동안 이슬람 상인이 거래하는 노예시장이 있었는데, 유럽 상인들이 침투해 오면서 노예 시장의 규모는 더욱 커졌고 역사상 유례가 없는 '인간 화물' 거래가 시작되었다. 수많은 아프리카인은 주로 카리브 해 지역이나 아메리카로 팔려 갔다.

유럽에서 가장 인기 있는 상품은 설탕과 담배였다. 유럽인들은 아메리카 대륙에 사탕수수 농장과 담배 농장을 만들어 운영하였다. 그리고 이곳을 유지하기 위한 노동력을 아프리카 노예로 충당하였다. 설탕과 담배는 워낙 인기가 높은 상품이라 그 수요가 계속 늘어났고 이에 따라 노예무역량도 늘어났다.

17세기 영국과 네덜란드가 해상권을 장악하면서 노예무역은 그 규모가 더욱 확대되었다. 1600년까지 유럽에 반입된 노예는 해마다 평균 2천 명 수준이었는데 17세기 이후 10배로 증가하였다. 18세기에는 노예무역이 절정에 달해 무려 6백만의 노예가 거래되었다. 15세기에 노예무역이 시작된 후 19세기까지 서반구로 팔려 간 아프리카 노예는 약 1천2백만에 달한다고 한다.

프로테스탄티즘의 성립

중앙 집권적인 왕정 국가가 성장하고 자본주의적 시장 경제가 활성화되는 변화 속에서 개혁을 요구하는 시대적 요청을 가톨릭교회와 로마 교황권도 무시할 수 없었다. 그러나 가톨릭교회가 개혁 조치를 취하기도 전에 교회의 권위에 대한 도전이 먼저 일어났다. 그것이 바로 프로테스탄트 운동이다.

성직자의 타락과 부패

성직자의 타락과 부패로 사람들은 가톨릭교회를 불신했다. 예를 들어 보로메오St Carlo Borromeo(1538-1584)는 12세에 베네딕토 수도원 원장이 되었다. 그는 후에 밀라노 대주교가 되었는데, 전임자들이 80년 동안 그 도시에 살지 않고 교구의 수입만 챙겨왔다는 사실을 알게 되었다. 또 교황 알렉산데르 6세는 매우 부도덕한 인물로 아들 체자레 보르지아에게 재산과 사회적 지위를 주는 데만 몰두했다. 그리고 메디치 가 출신 교황 레오 10세는 로마의 성 베드로 대성당 수축을 위한 헌금운동을 벌이고 이를 위해 성직을 팔기도 했다.

프로테스탄트 운동이 발생한 일차적인 원인은 무엇보다도 가톨릭교회의 권위 실추, 형식주의, 성직자의 부도덕 때문이었다. 십자군 운동의 실패에서부터 '바빌론 유수'와 '대분열'에 이르기까지 가톨릭교회는 확고했던 보편적 권위에 큰 타격을 받았다.

또 독일이나 저지대 지방에서는 중세에도 내적인 경건과 신과의 직접적인 교섭을 강조한 종교 운동이 있었다. 이것은 북방 르네상스의 종교적 순수성 회복 운동으로 이어졌고 결과적으로 프로테스탄트 운동의 사상적 기초를 마련해 놓았다고 볼 수 있다.

이러한 정신적 배경 외에 정치적인 요인이 종교 개혁을 촉진하였다. 이미 14세기 이래로 각국의 국가적 통일 기운이 무르익고 있었고, 일반 민중 쪽에서도 강력한 국민 국가를 원하는 목소리가 높아졌다. 그러나 군주권이 강화되었음에도 불구하고 종교는 여전히 국가 권력 밖에 있는 거대 세력이었다. 따라서 군주와 일반 민중은 교회를 국가 통합의 장애물로 여길 수밖에 없었다. 종교 개혁은 군주권 강화에 좋은 기회가 되었다.

경제적으로도 자본주의적 정신이 점차 고조되어가는 시대였기 때문에 교회나 수도원의 막대한 토지 재산이 자본화되고 생산을 위해 투자되어야 한다는 시대적 요청이 있었다. 그러므로 군주, 제후뿐 아니라 산업가나 자본가들이 교회의 위기를 활용하려는 태도는 당연한 결과였다.

마르틴 루터의 종교 개혁

독일은 영국, 프랑스와 달리 강력한 제후들에 의해 정치적으로 분열되어 있었다. 로마 교황청은 독일 지역의 분열을 이용해 제후들에게 강력히 간섭하는 일이 많았다. 이러한 지역적 분립과 로마 교황권의 강세는 독일인의 자주성과 국가적 통합을 촉구하는 목소리를 높이는 요인이 되었다.

또한 가톨릭교회의 타락과 부정이 도를 넘게 되면서 독일 비텐베르크 대학의 교수였던 마르틴 루터Martin Luther(1483-1546)에 의해 종교개혁이 시작되었다. 그는 교황 레오 10세가 성 베드로 대성당 중건 비용 마련을 위해 대사大赦 증서를 발행한 것을 비판하였다. 대사란 연옥에서 받아야 할 벌을 면제해 준다는 의미이다.

루터는 1517년 10월 「95개조의 반박문」을 발표하였다. 「95개조의 반박문」은 활판 인쇄술의 힘을 빌려 다음해 봄 독일어로 번역·인쇄되어 독일 전역에 퍼졌다. 이것은 대사 증서 판매에 큰 차질을 가져왔다.

교황과 독일 황제는 이러한 상황을 수습하기 위해 유명한 신학자 요한 에크Johann Eck(1486-1543)를 초청해 루터와 공개토론(1519)까지 벌이게 하였다. 루터는 에크에 비해

마르틴 루터

마르틴 루터는 작센 지방의 농민 집안에서 태어났다. 그는 아버지 한스 루터의 희망에 따라 에르푸르트 대학에서 법률을 전공하고 법학 박사 학위를 받았다. 1505년 친구가 벼락을 맞아 급작스럽게 죽음을 맞는 것을 보고 놀란 루터는 성 안나에게 수도성직자가 될 것을 맹세하고 아우구스티노 수도원에 들어갔다. 그는 1508년부터 비텐베르크 대학에서 신학을 강의했다. 1515년 어느 날 그는 바오로의 로마서 1:17을 읽고 인간은 신앙에 의해서만 구원받을 수 있다는 신념을 갖게 되었다. '오직 믿음에 의한 구원'이라는 루터의 신념은 종래의 선행(성사·기도·단식·순례 등)을 통해 구원받을 수 있다는 교회의 관행과 반대되는 것이었다. 그 후 루터는 교황 레오 10세의 대사 증서 판매를 비판하며 가톨릭 교리에 정면으로 맞서게 되었다.

▲마르틴 루터

교회사와 정통 교리의 연구가 부족해 오히려 곤경에 빠졌다. 그럼에도 루터는 자신의 신념에 확신을 가지고 1520년 3개의 팸플릿을 발간하여 자신의 의견을 대담하게 공표하였다.

이를 계기로 그는 가톨릭교회에서 결정적으로 분리해 나왔다. 상황이 악화되자 로마 교황청은 루터의 주장을 반박하는 문서를 공표하고 루터를 가톨릭에서 파문하였다. 신성 로마 황제는 이듬해(1521) 봄 루터를 보름스 국회로 불러 타일렀지만 그는 주장을 굽히지 않았다.

루터는 이런 신념 때문에 생명의 위협을 받았고, 은신해 지내야만 했다. 이 시기 루터는 신약성서를 독일어로 번역하기도 하였다. 루터의 명성은 전 독일에 퍼지고 많은 독일인이 그를 지지하였다. 이에 힘입어 그는 1522년 봄 비텐베르크로 돌아가 자신의 신념에 따라 이른바 루터파 Lutheranism를 조직하였다. 루터파는 중앙 독일과 북독일에서 즉각 호

95개항 논제

「95개항 논제」 중 대사 증서에 관계되는 루터의 논제는 다음과 같다.

제21항 대사 증서 옹호론자가 말하는 바와 같이 교황의 사면에 의해 모든 벌에서 면제된다고 함은 옳지 않다.

제27항 상자 속에서 돈이 쨍그랑거리자마자 사람의 영혼이 연옥을 떠나 (천국으로) 간다고 설교하는 것은 황당무계하다.

제36항 고백하는 마음을 가진 모든 그리스도교 신자는 대사 증서를 갖지 않아도 벌이나 죄에서 완전히 해방되어야 한다.

> **루터와 농민 전쟁**
> 루터는 농민에 대한 지배를 개선하지 않으면 "사람들은 피로써 손을 씻게 될 것이다"라고 봉건 제후에게 경고할 정도로 농민에게 호의적인 태도를 보였으나 반란이 과격하게 되자 태도가 바뀌었다. 농민들은 신 앞에서 모든 사람은 평등하다고 주장했는데 이에 대해 루터는 성서의 내용을 동원해 지배자에 대한 복종과 신분 제도를 옹호하였다. 또 루터는 농민을 "강도와 같은, 피에 굶주린 폭도"라 비난하고, "그들을 미친 개처럼 목매어 죽이라"고 하였다. 결국 농민 전쟁은 제후들에 의해 무자비하게 탄압되었고 수많은 농민이 학살되었다. 루터와 루터파는 이 사건을 계기로 농민의 지지를 잃게 되었다.

응을 얻었고, 독일 농민은 물론 봉건 제후의 추종을 받았다.

그러나 종교 개혁은 루터의 예상과는 달리 극단적인 방향으로 전개되었다. 그의 가르침을 과격한 행동과 폭력을 통해 실현하려는 운동이 독일 각 지역에서 일어났고 루터가 의도하지 않았지만 결국 종교 개혁은 사회 혁명의 성격을 띠게 되었다.

그 중 대표적인 운동이 바로 농민 전쟁Bauernkrieg이다. 1524년부터 1525년에 걸쳐 남독일 튀링겐 지방의 농민들이 불공평한 봉건적인 제도에 항거해 전쟁을 일으켰다. 반란의 지도자는 토마스 뮌처Thomas Müntzer(1489-1525)였다. 반란 농민들은 '농민 12개조'를 발표하고 경제·사회적 어려움에서 벗어나기 위한 사회 정의와 경제적 보상을 요구하기에 이르렀다.

루터는 처음에는 농민에게 호의적인 태도를 보였으나 농민 반란이 과격하게 되자 태도가 바뀌었다. 루터의 보수적 태도로 인해 루터파는 농민이나 노동자들과 같은 하층 계급의 공감을 얻지 못하였다. 그러나 독일 제후들 사이에는 루터파를 추종하는 세력이 증가하기 시작하였다. 교황의 간섭에서 벗어나 정치 권력을 유지하려는 제후들이 많았기 때문이었다.

칼뱅의 종교 개혁

프랑스의 중산 계급 출신인 칼뱅Jean Calvin(1509-1564)은 파리 대학에서 신학과 법학을 공부하였다. 그는 1533년 루터 개혁 사상에 매료되었는데 당시 프랑스 왕은 루터파 박해에 앞장서고 있었다. 박해를 피해 스위스로 도피한 칼뱅은 1536년 제네바에 정착하였다.

칼뱅은 제네바에서 종교와 정치가 하나의 체제로 융합된 신정神政 정치를 실현하였다. 칼뱅은 무척이나 엄격한 정치 체제를 확립했고 성경에 언급되지 않은 의식은 폐기하고 시민에게 엄격한 윤리적 생활을 강요하였다. 그 결과 축제·오락·극장은 모두 폐지되었고 간통과 같은 범죄는 사형으로 다스렸으며 비밀 경찰을 두어 시민 생활을 감시하였다.

▲ 칼뱅

> **칼뱅의 예정설**
> 칼뱅은 1536년『그리스도교 강요綱要』를 발표했고, 1559년도 판에서 예정설豫定說을 주장했다. 예정설에 따르면 신은 전지전능하여 각 개인의 구원 여부를 미리 결정해 두었다. 따라서 인간은 현세에서 자기 직업에 충실하고 근면하게 일해야 한다는 것이다.

칼뱅의 예정설은 당시 신흥 상공 시민 계층의 자본주의 활동과 일치하는 점이 많았다. 가톨릭에서는 재산을 모으는 것을 탐욕이라는 죄악으로 여겼지만, 칼뱅의 교리는 스스로의 노력과 재능을 이용해 사유 재산을 모으는 경제 활동을 긍정적으로 보았다. 이러한 합리화는 근대 자본주의 형성에 기여한 점이 컸다. 상공 시민 계층의 호응을 얻으며 칼뱅파는 북네덜란드 지방(고이젠Geusen), 프랑스(위그노Huguenot), 스코틀랜드(퓨리턴Puritan) 등의 상공 계급에 전파되었다.

영국의 종교 개혁

독일, 스위스 등 대륙과 달리 영국 종교 개혁은 순수한 종교적 요인보다는 정치·경제적 요인이 더 강하게 작용하였다. 영국을 로마 가톨릭의 교황권에서 벗어나게 한 주역은 헨리 8세Henry VIII(1509-1547)였다. 사실 헨리 8세는 확고한 가톨릭 신도였다. 그래서 루터파의 영국 침투를 매우 경계하였다. 그러나 헨리 8세의 이혼과 재혼이라는 개인적인 문제로 인해 영국에서 종교 개혁이 발생하게 되었다.

헨리 8세의 왕비 캐서린Catherine(1485-1536)은 18년간의 결혼 생활에서 딸 하나밖에 낳지 못하였다. 헨리 8세는 튜더 왕조를 이을 왕자를 낳기를 원했지만 캐서린 왕비에게는 가망이 없다고 생각하였다. 그래서 그는 1527년 캐서린과 이혼하고 궁녀 앤 불린Anne Boleyn(1507-1536)과 결혼하려 하였다. 그런데 캐서린과의 결혼을 무효로 하고 앤 불린과 결혼하기 위해서는 교황청의 승인을 얻어야 했다. 그러나 교황 클레멘스 7세는 헨리8세와 캐서린과의 결혼 무효 승인을 주저하였다.

그러나 헨리 8세는 더 이상 기다리지 않고 로마 교황과 갈라설 것을 결심하였다. 결국 헨리 8세에 의해 1533년 새롭게 캔터베리 대주교가 된 크랜머Thomas Cranmer (1489-1556)는 왕과 캐서린의 결혼을 무효화 시켰다. 1534년에는 영국 의회가 수장령首長令을 공포하여 헨리 8세가 영국교회의 우두머리임을 선포하였다. 이와 같은 왕의 조치를 로체스터 주교 존 피셔John Fisher(1459-1535)와 토마스 모어 등이 반대했지만 모두 탄압, 처형되었다.

▲ 헨리 8세

수장령을 공포함과 동시에 헨리 8세는 수도원을 해산하고 그 토지·재산을 몰수하였다. 당시 수도원의 재산은 어마어마한 것이었고 이러한 조치의 결과 튜더 정권은 근대적 절대주의 국가로 발전할 수 있는 경제적 재원을 확보하였다.

1547년 헨리 8세가 죽고 에드워드 6세Edward VI(재위: 1547-1553)의 뒤를 이어 왕위에 오른 캐서린의 딸 메리 1세Mary Tudor (재

위: 1553-1558)는 가톨릭 복귀 운동을 일으켰다. 그러나 이러한 가톨릭의 부흥기는 오래 가지 못했다. 앤 불린의 딸 엘리자베스 1세 Elizabeth I(재위: 1558-1608)가 왕위에 오르며 영국교회의 프로테스탄트 기반이 확립되었다. 엘리자베스 1세는 1559년 통일령統一令: Act of Uniformity을 공포해 가톨릭의 의식과 신교 교리를 혼합해 영국 국교회를 확립하였다.

통일령(1559)
엘리자베스 1세는 캔터베리의 대주교 크랜머가 영어로 번역한 「공동기도문」을 영국 교회의 기도서로 확정하고 의무적으로 이를 따르도록 규정하는 통일령을 공포했다.

루터로 시작된 종교 개혁은 결국 스위스와 영국에까지 확산되어 가톨릭교회의 통일성과 보편성을 무너뜨렸다. 유럽은 크게 프로테스탄트 진영과 가톨릭 진영으로 갈라지게 되었다. 16세기 이후 약 1세기 동안 각 국가의 정치와 종교는 분리되었고, 중세와 달리 정치가 종교보다 우위로 변화하게 되었다.

가톨릭 혁신 운동

가톨릭교회는 프로테스탄트의 위협으로부터 스스로를 지키기 위해 혁신을 시도하였다. 성직 계층의 도덕성을 다시 세우고, 선교 사업을 활발히 하는 등 가톨릭 혁신 운동을 시작하였던 것이다.

1545년 프로테스탄트 운동에 대한 대책을 마련하기 위해 트렌트 공의회가 소집되었다. 트렌트 공의회에서는 가톨릭 교리와 전통적 관례는 그대로 유지하고, 그 밖의 문제들에 대해서는 실질적인 개혁을 위한 법령을 만들기로 결정하였다. 교회 내의 권한 남용과 퇴폐 근절, 성직 계층의 기강을 확립하는 문제 등을 해결하기로 하였고, 대사 증서 판매를 금지하고 성직 매매의 폐단을 개혁하였다. 가톨릭 신도의 신앙에 해로운 「금서 목록」을 작성하고 이단 탄압을 위한 종교재판소의 기능을 강화하기도 하였다.

▲ 이냐시오 로욜라

또한 가톨릭 신앙의 순수성을 되찾기 위해 예수회를 조직하고 활동을 적극적으로 지원하였다. 예수회는 스페인 바스크 지방 출신의 귀족 이냐시오 로욜라Ignatius Loyola(1491-1556)가 창립했고 1540년 교황 바오로 3세는 이 수도회를 공식적으로 인가해 주었다. 예수회는 한 마디로 '종교적 목적을 위한 근대 조직'이었다. 특히, 예수회는 폴란드·바바리아·남네덜란드(지금의 벨기에)·아일랜드 등에서 선교 활동을 하였으며 남북 아메리카뿐 아니라 중국·일본 등에까지 세계적으로 가톨릭을 전파하였다.

르네상스와 종교 개혁, 종교 전쟁 등의 변화로 혼란기를 겪자 마녀 사냥이 발생하였다. 15세기 후반 신학자들은 악마에게서 초인적 힘을 받은 마녀가 밤에 빗자루를 타고 날아다닌다는 설을 내놓았다. 이에 따르면 마녀는 악마 숭배를 위해 집회를 하고 악마와 성적 교섭을 가진다는 것이었다. 이러한 논리는 일반 대중의 공포심을 자극해 집단적으로 마녀를 색출해 내려는 운동이 일어나게 되었다. 16세기와 17세기에 약 10만에 달하는 많은 사람이 마녀로 재판을 받았으며, 그 중 대부분은 여자였다.

마녀 사냥은 대체로 유럽적 사건이었으나 북아메리카 식민지에까지 전파되었다. 가장 심각한 마녀 사냥은 17세기 미국 동부 뉴잉글랜드에서 발생하였다. 1700년에 이르러 마녀에 대한 공포는 대체로 사라졌지만, 약 2세기에 걸친 마녀 사냥 소동은 근대 초의 사회 변동에 처한 유럽인의 정신적 불안이 분출된 결과였다.

슈말칼덴 전쟁

16세기 초부터 17세기 중반까지 진행된 종교 전쟁은 군주권과 전통적인 종교 체제와의 대립이라 할 수 있다. 그것은 독일 지역에서 일어난 슈말칼덴 전쟁에서부터 17세기 전반의 30년 전쟁(1618-1648)에 이르는 약 1백년간의 전쟁이었다.

16세기 전반에 합스부르크 가의 칼 5세Karl V(Charles V, 재위: 1530-1556)가 유럽의 국제 관계를 주도하였다. 독실한 가톨릭 교도였던 그의 목표는 합스부르크 가의 영역을 팽창시키고 그리스도교회를 재통일해 유럽 정치에서 주도권을 잡는 것이었다.

그러나 신성 로마 제국을 구성하고 있는 독일 제후들은 합스부르크 가의 지배력이 강화되는 것을 환영하지 않았다. 제후들은 종교 선택권을 부정하고 그리스도교회를 통일하려는 칼 5세에게 '항의'하였다. 결국 독일 지방은 프로테스탄트 제후 측과 칼 5세를 중심으로 구성된 가톨릭 측으로 갈라졌다. 그리고 갈등의 결과 1531년 슈말칼덴 전쟁이 일어나게 되었다.

종교 전쟁의 원인

16, 17세기부터 유럽에 군주권이 강화된 근대 국가가 등장하였다. 종교 개혁 때문에 그동안 강력한 권한을 행사했던 가톨릭의 권위가 추락했고 반면 애국심과 민족 의식은 더욱 공고해져 근대 국가의 등장을 도왔다. 이에 따라 권력을 강화한 왕조 간의 상호 견제와 상업·식민 경쟁이 전쟁의 구실이 되었다. 가톨릭과 프로테스탄트의 대립 또한 다른 전쟁의 원인이 되었다.

칼 5세와 프로테스탄트

제후들의 종교 선택권을 부정한 칼 5세에게 저항한 제후들을 프로테스탄트Protestant(항의하는 사람)라 불렀는데 그 후 이것은 가톨릭에 저항하는 그리스도 교도들을 부르는 일반적인 명칭이 되었다.

아우구스부르크 화의(1555)

종교 전쟁을 끝내고 평화를 가져오기 위해 아우구스부르크 국회가 소집되어 다음과 같은 주요한 결정이 이루어졌다. 첫째, 각 영방 제후는 자기 영방 종교를 결정할 권리를 갖는다. 둘째, 이 원칙은 루터파에게만 적용되며 그 밖의 프로테스탄트, 즉 칼뱅파에게는 적용되지 않는다. 셋째, 1552년까지 프로테스탄트들이 점거한 교회 재산은 프로테스탄트 측의 기득권으로 인정된다.

수 십 년 동안 양측이 팽팽하게 맞선 전쟁은 1555년 두 진영이 서로 타협하며 끝이 났다. 양측이 체결한 아우구스부르크 화의로 각 제후는 자기 영방 종교를 결정할 권리를 갖게 되었다. 이것은 루터파를 종교로 인정한다는 의미였지만 지배자인 제후의 종교 선택에 따라 피지배층의 종교도 정해진다는 한계가 있었다. 아우구스부르크 강화조약은 정치적 주체가 종교를 자유롭게 선택함으로써 종교보다 정치가 우월함을 주장하는 계기가 되었다.

왕조 전쟁

16세기 후반 스페인의 필립 2세는 아버지 칼 5세를 따라 가톨릭 노선을 더욱 강화하였다. 당시 네덜란드는 스페인의 지배를 받고 있었다. 그런데 네덜란드 북부 지역 사람들 대다수가 칼뱅파였기 때문에 가톨릭 노선을 고집하는 필립 2세로 인해 탄압을 받았다.

이에 분노한 네덜란드 북부 사람들은 스페인의 폭압에 대응하여 전쟁을 일으켰는데, 이것이 바로 네덜란드 독립 전쟁이다. 필립 2세의 뒤를 이은 필립 3세 때에도 네덜란드의 독립 전쟁은 계속되었다. 1609년 스페인과 네덜란드 사이에 12년간의 휴전이 성립되어 사실상 네덜란드의 독립이 달성되었다. 그 후 1648년 베스트팔렌 조약에서 스페인은 네덜란드의 독립을 공식 승인하기에 이르렀다.

프랑스에서도 프로테스탄트 위그노와 가톨릭 사이의 종교 전쟁이 1562년에서 1598년 사이에 발생하였다. 그동안 프랑스의 역대 왕들은 프로테스탄트 운동에 대해 박해와 탄압 정책을 펼쳐왔다. 그럼에도 프로테스탄트는 도시민, 부농 및 귀족 계층을 대상으로 세력을 확장해 갔다. 샤를르 9세Charles IX(재위: 1560-1574) 때 위그노 측과 가톨릭 측은 각각 나바르 왕 앙리Henri de Navarre(1553-1601)와 샤를르 9세의 여동생 마르그리트Marguerite(Reine Margot, 1553-1615)의 혼인을 통해 종교적 타협을 이루고자 하였다. 그러나 이들의 결혼식 직후 가톨릭 측은 성 바르톨로메오 축일(8월 24일) 새벽 종소리를 신호로 위그노들을 학살하였다.

학살이 있고 얼마 있지 않아 샤를르 9세가 서거하고 새 왕 앙리 3세 Henri III(재위: 1574-1589)가 즉위하였으나 건강이 좋지 않았다. 왕위를 탐하던 가톨릭 측의 기즈 공 앙리는 왕위가 나바르 왕 앙리에게 돌아가는 것을 반대하였고 결국 앙리 3세, 기즈 공 앙리, 나바르 왕 앙리 사이

▲ 성 바르톨로메오 축일의 학살

에 '세 앙리의 전쟁'이 일어났다.

기즈 공 앙리와 행동을 같이하던 앙리 3세는 점차 그의 지시를 받는 것에 싫증을 느껴 기즈 공을 살해하였다. 그리고 앙리 3세 또한 기즈 공의 심복에게 암살당하고 말았다. 결국 위그노의 우두머리 격이었던 나바르 왕 앙리가 프랑스의 왕이 되었다. 그가 바로 부르봉 공작 앙리 4세 Henri IV(대왕, 1589-1610)로 발로아 왕조는 앙리 3세를 끝으로 단절되고 새로운 부르봉 왕조가 시작되었다. 위그노였던 앙리 4세는 즉위 후 반대 세력을 포섭하기 위해 가톨릭으로 개종하였다.

앙리 4세는 1598년 낭트 칙령을 공포하였다. 이 칙령은 모든 프로테스탄트에게 종교의 자유와 정치적 권리를 부여하는 것이었다. 그럼에도 프로테스탄트의 저항은 17세기 초까지 계속되었다.

30년 전쟁

종교 전쟁 중 최대 규모의 전쟁이 바로 30년 전쟁(1618-1648)이다. 이 전쟁으로 스페인과 그 동맹국가, 특히 오스트리아의 합스부르크 가는 큰 타격을 받았고, 프랑스가 유럽의 새로운 지배 세력으로 등장하게 되었다.

신성 로마 제국의 제후국 중 보헤미아는 칼뱅파의 수가 많고 그들이 국가에서 주도권을 가지고 있었다. 그들은 합스부르크 가의 지배를 거부하고 칼뱅파인 팔츠 선제후(Pfarz; Palatinate 選帝侯, 1610-1623)를 프리드리히 5세Friedrich V('겨울 왕', 1596-1632)로 추대하며 독립을 쟁취하려 하였다. 프리드리히 5세를 지도자로 하는 프로테스탄트 동맹이 결성되자 이에 반발하여 1609년 바바리아Bayern; Bavaria 공 막시밀리안 1세Maximilian I(1573-1651)를 우두머리로 하는 가톨릭 연맹이 결성되었다.

1619년 합스부르크 가의 페르디난트 2세Ferdinand II(1578-1637)가 신성 로마 황제로 즉위하게 되면서 가톨릭 연맹의 도움과 스페인 지원군을 얻어 프리드리히 5세 측을 격파하였다. 반란은 진압되고 프리드리히의 영토는 바바리아에 편입되었다.

그러나 끝난 듯 보였던 전쟁은 신성 로마 제국의 제후이며 루터파인 덴마크의 크리스티안 4세Chiristian IV(재위: 1588-1648)가 프로테

30년 전쟁의 발발 배경

30년 전쟁의 발발 배경은 다음과 같다. 첫째, 종교의 자유를 보장한 아우구스부르크 화의 이후에도 독일 지방에서는 여전히 칼뱅파를 종교로 인정하지 않았다. 둘째, 유럽에서 강력한 왕조 국가가 형성되고 있는데 독일 지방은 여전히 제후들에 의해 분열되어 있었다. 셋째, 유럽 각국에게 발트 해 연안은 군사적, 경제적으로 매우 중요한 장소였다. 덴마크, 스웨덴, 신성 로마 제국, 스페인, 프랑스 그리고 영국 및 네덜란드까지 이곳에 진출하기 위해 서로 경쟁하고 있었다. 넷째, 전통적으로 프랑스는 발로아 왕조 이래로 독일의 합스부르크 왕가와 사이가 좋지 않았다. 종교적 이유뿐 아니라 정치적, 경제적 이유가 얽히면서 30년 전쟁은 종교 분쟁을 넘어 국제적인 전쟁으로 발전하게 되었다.

신성 로마 제국 The Holy Roman Empire

신성로마 제국은 샤를마뉴가 교황에게 서로마의 황제관을 대관 받은 때(800)부터 1806년에 이르는 동안 독일인 황제가 통치한 일종의 영방제국을 의미하였다. 신성 로마 제국의 황제는 독일 지역의 7명의 선제후에 의해 선출되었으며 제후들은 각 영방을 상당히 독립적으로 지배하였다. 30년 전쟁은 가톨릭교인 신성로마 제국 황제 페르디난트 2세와 프로테스탄트 제후들의 갈등에서 시작되었다.

스탄트 측을 원조하며 다시 시작되었다. 당시 발트 해 연안은 정치적, 경제적으로 매우 중요한 곳이었는데 덴마크 황제는 칼뱅파를 지원해 북해의 항구를 세력권 안에 넣으려 하였다. 이에 가톨릭 측인 신성 로마 황제 페르디난트 2세는 덴마크 군대와 전쟁을 하였고 승리를 거두었다. 그 결과 덴마크의 크리스티안 4세는 신성 로마 제국의 제후로서 가졌던 독일 내의 특권마저 모두 상실하고 말았다.

이후 페르디난트 2세가 프로테스탄트에 대한 탄압을 강화하자 열광적인 프로테스탄트였던 스웨덴의 왕 구스타부스 아돌푸스 Gustavus Adolphus(1594-1632)가 전쟁에 개입하며 종교 동란이 다시 시작되었다. 그 또한 정치적으로 영토를 확대하고 발트 해를 지배하려는 의도를 가지고 있었다. 잔혹한 전쟁이 계속되던 중 스웨덴 왕이 전사하자 프로테스탄트 측 제후들과 페르디난트 2세는 휴전하기로 타협하였다. 그러나 프랑스의 안전을 위해 합스부르크 왕조의 몰락을 열망하는 프랑스의 재상 리슐리외가 개입하면서 30년 전쟁은 새로운 국면으로 접어들었다.

프랑스는 독일의 프로테스탄트 측 제후들을 신성 로마 황제군과 싸우게 하고 남쪽으로 스페인을 공격하였다. 신성 로마 황제로 즉위한 합스부르크 가의 페르디난트 3세Ferdinand III(재위: 1637-1657)는 독일 제후들의 공격으로 수세에 몰렸고 마음이 급해져 휴전을 제의하였다. 그 결과 당사자들이 모여 4년간의 토의 끝에 베스트팔렌 조약(1648)을 체

베스트팔렌 조약(1648)

베스트팔렌 조약의 내용은 크게 종교적인 면과 정치적인 면으로 나누어 볼 수 있다. 종교적으로는 첫째, 칼뱅파는 루터파와 똑같은 모든 특권을 향유한다. 둘째, 프로테스탄트이든 가톨릭이든 교회 재산을 그대로 유지할 수 있다. 셋째, 신성 로마 제국의 황제 재판소에서 루터파와 칼뱅파는 동일한 수의 재판관 주재 아래 재판을 관장한다. 정치적으로는 첫째, 각 제후는 자기 영내에서 실질적으로 독립주권을 행사한다. 둘째, 프랑스는 스트라스부르 자유시 이외에 알자스 지방의 소유권을 양도받는다. 셋째, 스웨덴은 포메라니아 일부를 양도받는다. 넷째, 프랑스와 스웨덴은 독일 지방을 양도받게 되었기 때문에 신성 로마 제국 국회에서의 표결권을 갖는다.

30년 전쟁의 영향

30년 전쟁의 결과 유럽은 근대적인 국제적 외교 관계를 수립하게 되었다. 16세기에는 신성 로마 제국의 황제권이 강해 제후국들과 주변국들의 독립적인 주권을 억눌렀지만 베스트팔렌 조약 결과 유럽 각국은 동등한 주권 행사와 국제 관계를 수립하게 되었다. 또한 30년 전쟁의 잔혹함은 매우 유명한데, 이러한 잔인한 학살이나 무차별적인 전투 행위를 규제할 국제법의 필요성도 30년 전쟁의 결과 제시되었다.

결하였다.

이 조약을 통해 종교적으로 칼뱅파는 루터파와 동일한 특권을 얻게 되었다. 또한 아우구스부르크 화의를 보완하여 모든 개인이 종교를 선택할 권리가 인정되었다. 정치적으로는 스위스와 네덜란드가 독립하였고, 제후들은 자신들의 국가 안에서 실질적이고 독립적인 권한을 행사할 수 있게 되었다. 이로 인해 신성 로마 제국의 정치적 분열은 더욱 심화되었다.

30년 전쟁은 국제 관계에서 종교적 이유보다 정치·경제적 이유가 더 중요하다는 것을 보여주었다. 표면상 가톨릭과 프로테스탄트 측의 전쟁으로 보이지만 전쟁의 진정한 동기는 정치·경제적인 요인에 있었다.

예컨대 리슐리외 추기경과 같은 가톨릭교회의 고위 성직자가 프랑스의 영토 확장과 합스부르크 가의 영향력을 억제하기 위해 가톨릭 국가인 스페인이나 오스트리아를 상대로 전투를 벌인 것이 그 증거이다. 결과적으로 30년 전쟁 후 유럽의 패권을 장악한 것은 프랑스였고 루이 14세 시대에 이르러 프랑스는 전성기를 누리게 되었다.

2
절대 군주제의 전개

절대주의의 발달

16-18세기는 몰락하는 봉건 세력과 성장하는 시민 세력과의 균형을 이루었다. 이러한 가운데 이 두 세력 사이에서 조정자 역할을 했던 왕이 절대적 권력을 가진 군주로 국가를 다스리게 되었다. 이 시기를 절대주의 시기라 한다. 유럽의 절대 군주는 정치적으로 관료제와 상비군을 기반으로 하여 왕의 권력을 절대화하였다.

한편, 절대 왕정은 사상적으로 왕의 권리는 신으로부터 부여받은 권리라는 왕권신수설을 채택해 왕의 권력을 절대시하였으며, 경제적으로 중상주의를 채택해 왕권 확장을 위한 풍부한 재원을 마련하였다. 또한 프로테스탄트

상업 혁명과 절대주의

절대주의 대두의 주요 요인은 상업 혁명이었다. 상업을 중시하는 중상주의 정책으로 국내외의 상업 활동이 보호 육성되었고 식민지를 정복해 원료 공급지와 해외 시장을 확보하였다. 그 결과 군주들은 강력한 병력과 많은 함선을 보유할 수 있게 되고, 왕권 확장을 위한 풍부한 재원을 마련할 수 있었다.

개혁에 따른 교황의 지배력 약화로 상대적으로 군주권이 강화되어 절대 군주 국가 대두의 요인이 되었다.

프랑스의 절대주의

30년 전쟁 이후 프랑스는 유럽에서 우월한 위상을 확보하였다. 이를 바탕으로 프랑스의 루이 14세Louis XIV(1643-1715)는 유럽에서의 가장 강력한 절대주의 국가를 건설하여 반세기 이상 국제 정치를 좌우했다. 그가 주장한 왕권신수설은 17세기 거의 모든 유럽 나라들에 널리 받아들여져 절대 군주제를 채택하였다.

> **루이 14세의 절대왕권론**
>
> 17세기 초 프랑스의 주교 보쉬에가 『성서에 근거한 정치』라는 저술에서 절대 왕권을 강력히 옹호했다. 그에 따르면 왕은 모든 법을 초월한 존재이며 신의 이미지이다. 따라서 왕은 신에 대해서만 책임을 지며 백성이나 지상의 누구에게도 책임을 지지 않는다. 그러므로 신하가 왕의 행위에 이의를 제기하는 것은 신성 모독이며 중죄라는 것이었다. 루이 14세는 보쉬에의 논리에 따라 왕의 절대적인 권력을 강조하였다. 그리하여 루이14세는 태양왕으로 불릴 정도로 절대적인 권력을 가졌다. "짐은 곧 국가이다"라는 루이 14세의 말은 그의 행동 강령을 잘 말해 주고 있다.

루이 14세는 친정 체제를 확고히 하고 극히 사소한 일까지 직접 관장하였다. 모든 사항은 왕의 재가를 받아야 하며, 관리들은 왕의 지

▲ 베르사유 궁전 전경

시에 복종하기만 하면 되었다.

루이 14세는 화려한 베르사유 궁전을 건축하였다. 베르사유 궁전은 '태양왕'을 위한 하나의 작은 우주였으며 이곳은 프랑스 상류층이 모인 곳으로 당시 사교계에서는 선망의 대상이 되었다. 루이 14세의 궁중 생활은 이웃 나라 군주들에게 하나의 모델이 되었다. 프랑스 궁중에서의 유행, 프랑스어, 베르사유 예법은 유럽 귀족 사회의 표준이었다.

▲ 루이14세

중상주의 정책

중상주의Mercantilism는 상업 활동이 국가의 부를 증가시키는 가장 확실한 수단이라는 주장이다. 국가가 상공업을 통제하는 중상주의는 절대주의 국가의 근본이 되었다.

▲ 콜베르

중상주의와 일치한 것이 프랑스의 콜베르주의Colbertism이다. 루이 14세는 치세 초기에 재정 전문가 콜베르Jean Baptiste Colbert(1619-1683)를 임명해 강력한 중상주의 정책을 펼쳤다. 콜베르의 노력에 힘입어 프랑스는 상당한 재정을 축적할 수 있었다.

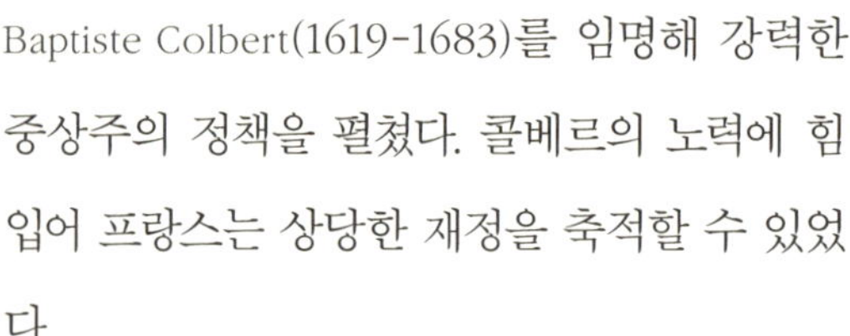

콜베르주의

루이 14세에 의해 재무총감에 임명된 콜베르는 세금을 늘리는 것이 아니라 국가 재정의 지출을 줄여 정부 수입을 증가시켰다. 콜베르는 국가 안보에 필요한 모든 물자는 국내에서 생산하거나 식민지에서 수입함으로써 경제적으로도 독립을 이루어야 한다고 생각하였다. 그는 수입에 의존하지 않으려고 유럽 각지에서 숙련공을 데려와 프랑스 노동자들이 기술을 습득하도록 하였다. 또한 외국과의 경쟁에서 프랑스 국내 산업을 보호하기 위해 수입품에 고율의 관세를 부과하기도 하였다. 이를 통해 수입을 억제하고 수출을 장려하여 프랑스 산업을 보호하였다.

17세기 절대주의 국가의 군주들이 국민 생활의 모든 분야를 철저히 장악해 초법적인 '무법' 정치를 하지는 않았다. 비록 왕이 백성을 다스리는 법을 직접 만들기는 했지만 왕도 자연법에 복종해야만 하였다. 실제 정치에서 절대 군주들은 주로 수상이나 장관의 재능과 역량에 의존하였다.

루이 14세의 전쟁

루이 14세는 절대 군주제를 확립하여 프랑스를 유럽에서 가장 강한 국가로 만들고자 하였다. 그는 콜베르가 이루어 놓은 풍부한 재원을 이용해 무력 양성에 집중하였다. 국방장관 루보아Marquis de Louvois(1641-1691)의 지휘 아래 프랑스 육군은 유럽에서 가장 효율적인 군대가 되었다. 프랑스는 정부에서 직접 훈련을 실시하고 봉급과 제복을 지급하는 근대적 의미의 상비군을 유지한 최초의 국가가 되었다.

루이 14세는 콜베르가 쌓은 풍부한 재력과 루보아가 건설한 막강한 군대를 믿고 침략 전쟁을 감행하였다. 1665년 스페인의 필립 4세Philip IV(재위: 1621-1665)가 사망하자 루이 14세는 왕비 마리아 테레사Maria Theresa(1638-1683)가 필립 4세의 장녀임을 구실로 스페인령 네덜란드를 점령하기 위해 전쟁을 시작하였다. 네덜란드는 영국, 스웨덴과 삼국동맹을 맺고 이에 대항하였고 루이 14세는 전쟁을 중단하였다.

루이 14세는 스웨덴을 삼국동맹에서 손 떼게 하고, 영국의 찰스 2세와 밀약을 맺은 후, 1672년 예고없이 네덜란드에 다시 침입하였다. 네덜란드는 유럽 각국의 지원을 받아 프랑스에 대항하였고 전쟁에 지친 프랑스는 결국 네덜란드 정복을 단념하였다. 그럼에도 이 전쟁으로 프랑스는 프랑슈-콩테를 비롯하여 많은 도시와 요새들을 점유하게 되었으며, 결과적으로 '대군주'로서 루이 14세의 국내 인기는 높아졌다.

루이 14세는 앙리 5세 때 국민을 하나로 통합시키기 위해 신앙의 자유를 인정한 낭트 칙령을 철폐하였다. 그 결과 상공업에 주로 종사하던 위그노들이 신앙의 자유를 찾아 해외로 망명하고, 프랑스 산업은 큰 타격을 받았다. 위그노 숙련공이 해외로 방출되면서 그와 함께 많은 자본이 국외로 유출되었기 때문이었다.

루이 14세의 낭트 칙령 철폐의 여파를 우려하여 네덜란드를 중심으로 1686년 아우구스부르크 동맹이 탄생하였다. 루이 14세는 인척 관계를 이유로 라인 강 일대의 팔츠에 진군하였는데 이로써 아우구스부르크 동맹과 프랑스의 전쟁이 시작되었다. 유럽은 큰 싸움터로 변하고 장기전에 돌입하였으나 양측 모두 자원이 고갈되어 휴전 조약을 체결하였다.

그러나 휴전 3년 만에 스페인 왕위 계승을 둘러싸고 대규모 전쟁이 일어났다. 1700년 스페인의 카를로스 2세Carlos II(Charles II, 재위: 1665-1700)가 아들없이 임종하면서 루이 14세의 손자 앙주 공 필립 5세Philip V(1683-1746)를 후계자로 지명하는 유언을 남겼다. 결국 이것은 루이 14세의 외교적 승리였으며, 동시에 스페인에서는 오랜 전통의 합스부르크 가계가 끊기고 새로 부르봉 가계가 시작되는 것을 의미하였다.

이에 유럽 국가들은 프랑스의 세력 팽창을 누르고 세력 균형을 유지하기 위한 대동맹을 결성하였다. 루이 14세는 전쟁을 예상하고 1701년 스페인령 네덜란드를 침공하였다. 이것이 스페인 왕위 계승 전쟁(1701-1714)이다. 동맹군은 프랑스군을 몰아내고 독일과 네덜란드를 회복하는 데 성공하였다. 프랑스는 루이 14세가 일으킨 많은 전쟁으로 쇠약해지고 국가적 자원을 탕진했으며 재정 적자를 면치 못하게 되었다. 루이 14세가 전쟁으로 과도하게 국력을 소모한 것은 뒷날 1789년 프랑스 혁명 발발의 기원이 되었다.

영국의 절대주의와 국가 발전

영국 절대주의는 튜더 왕조의 성립과 함께 시작되었다. 장미 전쟁에 시달린 중산층은 사회적 불안정을 싫어하고, 군주의 강력한 통제에 의한 보호를 환영하였다. 헨리 8세와 엘리자베스 1세는 16세기를 통해 영국의 국민적 이익을 증진하는 데 힘쓰면서도 군주권을 강화하였다. 튜더 왕조는 비교적 안정된 국가 재정과 번영된 사회를 유지할 수 있었다.

중앙 정부가 상공업을 장악하고 국왕법정이나 왕이 임명한 치안 판사가 사법·행정을 담당하면서 왕에게 권력이 집중될 수 있었다. 헨리 8세의 종교 개혁으로 교회의 성직자들까지도 왕의 통제 하에 들어가게 되었다. 봉건 귀족은 왕의 통치 수단인 국왕 회의에서 제외되고 그 대신 중산 계급이나 사법·행정의 전문직에 종사하는 새 귀족들이 탄생하였다.

그러나 튜더 왕조의 절대 왕권 체제에는 한계가 있었다. 그것은 전통적인 의회주의의 테두리를 크게 벗어나기 어려웠다는 사실이다. 왕이라도 헌법 절차를 존중해야 하였다. 제도적 변혁은 항상 의회 입법을 통해 이루어졌으며 주요한 정책은 모두 의회를 거쳐야 하였다. 왕은 전제專制는 해도 폭정을 하지는 못했던 것이 영국이었다. 튜더 왕조를 개창한 헨리 7세에 의해 기초가 다져진 영국의 절대 왕정은 헨리 8세를 거쳐 엘리자베스 1세 시절에 전성기를 맞이하였다.

▲ 엘리자베스 1세

엘리자베스 1세는 1588년 스페인의 무적함대를 격파함으로써 영국 해군의 우수성을 내외에 과시하며 해상 국가로서 기반을 확고히 하였다. 그는 국내에서 가톨릭 부흥 운동을 근절하기 위해 1587년 스코틀랜드의 메리 여왕을 처형하기도 하였다. 그 결과 귀족들은 군부와 정부에서 더 이상 우월적 지위를 누리지 못하게 되었다.

스튜어트 왕조와 내란

1603년 엘리자베스 1세가 죽은 뒤 영국의 튜더 왕조의 시대는 끝나고 스튜어트 왕조가 시작되었다. 엘리자베스 1세의 조카인 스코틀랜드 왕 제임스 1세(1603-1625)가 즉위하였다. 그는 왕권신수설을 고집하였고 헌법과 의회의 자문 역할을 무시하였으며 가톨릭을 옹호하고 청교도를 탄압하는 반청교주의 정책을 공표하였다. 당시 청교도는 대개 도시의 중산층이었는데 제임스 1세는 의회의 전통을 무시하고 마음대로 세금을 부과하였고 이에 청교도들은 큰 타격을 입게 되었다. 그는 30년 전쟁에서 가톨릭 국가 스페인을 지원하기도 하였다.

제임스 1세의 뒤를 이은 찰스 1세Charles I(1625-1649) 또한 제임스 1세보다 더 강력히 왕권신수설을 주장하며 의회를 무시하였다. 즉위 후 얼마 안 되어 찰스 1세는 프랑스와 전쟁을 하게 되었다. 전쟁을 위해서는 돈이 필요했는데 찰스 1세에게 불만이 쌓인 의회가 전쟁 자금을 대주지 않았기 때문에 '강제로' 빌려 썼다. 이와 같은 압제의 결과 유명한 「권리청원Petition of Right」이 나오게 되었다. 1628년 소집된 의회는 왕의 전쟁 자금을 위해 세금을 걷는 것에 동의하는 대신, 왕에게 의회의 권한을 인정하라는 「권리청원」을 제출하였다.

찰스 1세는 이러한 요구에 동의하긴 했지만 그 후에도 독단적으로 국정을 처리하고 의회의 동의없이 세금을 걷었다. 게다가 그는 의회를 해산시키고 11년 동안 소집하지 않았으며 왕권에 도전하는 사람들은 법을 무시하고 잡아 가두었다.

종교 부분에서도 찰스 1세는 엄청난 물의를

제임스 1세(1603-1625)

제임스 1세James I는 왕권을 강화하고 절대화하기 위해 노력하였다. 1609년 의회에서 "왕은 지상에서의 신의 대리자요, 신의 자리에 앉아 있을 뿐 아니라 신 자신에 의해서조차 신이라 불리고 있다"고 선언하기도 하였다.

권리청원(1628)

「권리청원」은 13세기의 「마그나 카르타」, 17세기 후반의 「권리장전」과 함께 영국 헌정사의 3대 중요 문서라 할 수 있다. 이 문서에는 평화 시기의 계엄 선포, 군대의 민간 숙영民間宿營, 자의적 과세, 불법적인 구속과 투옥 등을 금지하였다.

찰스 1세의 선박세

찰스 1세가 부과한 세금 중 '선박세ship money'는 가장 큰 물의를 일으켰다. 영국의 해안 도시들은 관례적으로 영국 해군의 선박 구입 비용을 위해 기부금을 내고 있었다. 그런데 찰스 1세는 이 세금을 내륙 도시에도 적용시키려 하였다. 이에 많은 도시민들이 납세를 거부하였고 그에 대한 불만이 커져갔다.

기사파와 단발파

주로 중산층 청교도로 구성된 하원 의원들은 긴 가발을 쓰지 않았기 때문에 머리가 상대적으로 짧았고 단발파라고 불렸다. 기사파의 경우 주로 신교도들에 반대하는 지주 계급으로 구성되어 있었고 가톨릭으로 복귀하려는 찰스 1세의 종교 정책을 적극 지지하고 있었다.

빚었다. 찰스 1세는 독실한 가톨릭 신자인 왕비를 맞아 스페인과 프랑스처럼 영국을 가톨릭으로 복귀시키려고 하였다. 보수적이고 엄격한 국교 의식을 실시하고 이러한 의식을 스코틀랜드에까지 강제적으로 실시하도록 하여 신교도들의 반발을 샀다. 결국 스코틀랜드에서 반란이 일어났고 반란을 진압하기 위한 전쟁 비용이 필요하게 되자 찰스 1세는 의회를 소집하였다. 11년 동안이나 의회를 소집하지 않고 갖은 폭압을 일삼은 찰스 1세에게 의회는 왕이 정치를 개선하지 않는 한, 전쟁 자금을 절대 댈 수 없다고 말하였다. 찰스 1세는 불같이 화를 내며 의회를 해산시켰지만 영국에서도 반란이 확대될 조짐이 보이고 스코틀랜드의 군대가 영국으로 침입해 들어와 왕은 다시 의회를 소집하지 않을 수 없었다.

왕의 약점을 파악한 의회는 왕권을 약화시키고 의회의 기능과 권한을 강화할 수 있는 방법을 찾기 위해 20년 동안 의회를 지속하였다. 이 의회에서는 왕의 소집 없이도 3년마다 의회를 개회할 수 있도록 3년 개회법이 통과되었다. 선박세 폐지는 물론 왕의 압제를 도왔던 인사들을 투옥하고 처형하였다. 또한 의회는 왕의 과오를 일일이 열거하고 비판하였다. 찰스 1세는 이 일에 격분하여 관련된 하원 의원을 체포하려 했으나 실패하고 말았다.

왕과 의회의 대립이 격화되자 의회는 두 가지 의견으로 양분되었다. 왕을 옹호하는 기사파騎士派; Cavaliers와 의회를 옹호하는 단발파短髮派; Roundheads로 나뉘어졌다.

두 당파는 사사건건 대립하였고 이러한 당쟁으로 영국 내란이 시작되었다. 처음에는 전쟁 경험이 많은 기사파의 왕당군이 승리했지만 크롬웰Oliver Cromwell(1599-1658)이 등장하면서 전세가 역전되었다.

▲ 크롬웰

크롬웰은 젠트리 출신이며 부농이었는데 단발파 의회군을 지휘하며 탁월한 능력을 보여주었다. 그는 왕당군을 격파하였을 뿐 아니라 의회군에 항복해 2년간 라이트Wright 섬에 감금되었던 찰스 1세가 탈출하여 스코틀랜드와 조약을 맺고 군대를 얻어 영국을 공격해 오자 이를 격파하며 결정적인 승리를 거두었다.

1649년 찰스 1세는 런던 화이트홀 궁 앞 광장에서 처형되었고 크롬웰을 중심으로 한 의회는 공화정을 선포하였다. 크롬웰을 비롯해 왕을 처형하는데 앞장선 사람들이 대부분 젠트리 출신 청교도였기 때문에 이 사건을 청교도 혁명이라고도 부른다.

크롬웰의 아일랜드 정복

크롬웰이 호국경에 오르기 전에 아일랜드의 귀족과 가톨릭 신도들은 찰스 1세의 아들 찰스 2세(재위: 1660-1685)를 왕으로 인정하면서 영국 공화정을 전복시키기 위해 군대를 조직하였다. 크롬웰은 1652년 아일랜드를 완전히 정복하였는데 이 과정에서 영국군이 아일랜드인들을 잔인하게 학살해 아일랜드 인구가 대폭 줄어들었다. 또한 아일랜드 지주들은 토지를 모두 몰수당하고 추방되었다. 아일랜드 역사에서는 이를 두고 '크롬웰의 저주'라 한다.

크롬웰은 공화국을 정비하는 과정에서 부패와 족벌주의적 부정과 이기주의 집단을 배격한다는 명목 하에 12년간 유지되어 오던 의회를 해산시켰다. 그 후 신심 깊고 도덕적인 종교인과 군 장교들로 새 의회가 구성되었으나 그 기능을 제대로 수행하지 못해 자진 해산하고 말았다. 결국 모든 권력은 크롬웰에게 위임되었고 크롬웰은 '통치 헌장Instrument of Government'이라는 새로운 헌법을 발표하였다. 이 헌법에 따라 크롬웰은 종신 임기와 막대한 절대 권한을 가진 '호국경護國卿: Lord Protector'의 지위에 올랐다.

호국경 체제는 스튜어트 왕조보다 더 전제적인 군주제였다. 이 체제

크롬웰

1656년 영국 의회가 정치 안정 회복의 방도로 올리버 크롬웰에게 영국 왕이 될 것을 제안했을 때 크롬웰은 이런 해결 방식이 자신의 원칙과 어긋난다는 것을 깨달았다. 마침내 1657년 4월 13일 의회에서의 답변에서 그는 왕위에 대한 제의를 물리치고, 영국 왕정의 재확립이 잘못이라는 점을 다음과 같이 길게 연설하였다.

> 나는 의원 여러분이 이 나라의 평화와 자유의 정착에 관심을 기울여야 한다고 생각합니다. 그렇지 않으면 이 나라는 산산조각이 날 것입니다. 그러함에 있어서 나는 될 수 있는 대로 왕으로서가 아니라 경관警官으로 봉사할 준비가 되어 있습니다. … 나는 이 직업을 처음 가진 후 아래 계급에서 위 계급으로 갑자기 올라간 사람입니다. … 신의 섭리는 왕이라는 칭호를 물리쳤습니다. 즉흥적 사건이 아닌 10년이나 12년에 걸친 내란 때문에 많은 피를 흘렸습니다. 나는 그 시기가 적절했는가를 왈가왈부하려는 것이 아닙니다. 그러나 엄정嚴正한 신은 한 가족 전체를 없앴고 나라 밖으로 몰아냈습니다. 신은 그 가족을 처부수는 데서 뿐 아니라 왕이라는 이름을 없애는 데서 섭리를 나타냈습니다. 신은 바로 그 명칭을 없앴습니다.

를 지지하는 사람은 극소수였고 영국 내부는 다양한 종교 분파로 분열되어 혼란하였다. 이들을 타협시키지 못한 크롬웰의 정치는 후기에 이르러 큰 어려움에 부딪치게 되었다. 그럼에도 불구하고 크롬웰은 막강한 군대의 힘과 중산 계층의 상업적 이익 증진, 해외 영토 확장을 통해 체제를 유지하였다.

왕정복고와 명예 혁명

1658년 크롬웰이 죽자 정치는 혼란 상태에 빠졌다. 대부분의 영국인이 크롬웰의 독재와 청교도의 엄격한 윤리를 싫어하였고 왕정으로 되돌아가기를 희망하였다. 결국 새로운 의회(1660)가 구성되었고 찰스 2세의 왕위 계승이 정당하다고 판단하여 찰스 2세는 9년의 망명 생활을 마치고 영국민의 환호 속에 귀국하였다. 그는 왕정복고 다음 해인 1661년 찰스 1세의 시해弑害자들을 처형하고, 이미 죽은 크롬웰의 묘를 파헤쳐 찰스 1세 일주기 되는 날 다시 사형에 처하였다. 찰스 2세는 오락과 연극을 허가하는 등 청교도 윤리의 엄격함에서 벗어나기 위한 노력으로 많은 영국민의 환영을 받았다.

비록 왕정복고로 청교도 체제가 끝났지만 왕은 더 이상 마음대로 정치를 할 수 없었다. 왕령만으로 법을 만들지 못하였고, 의회의 동의없이는 세금을 거둘 수도 없었기 때문이었다. 그럼에도 왕은 여전히 상당한 실질적 권한을 가지고 있었으므로 찰스 2세도 호시탐탐 의회를 무시한 전제 정치의 실현을 노리고 있었다.

찰스 2세는 외국과 조약을 맺어 가톨릭 회복 운동을 진행하였다. 첫 단계로 1672년 가톨릭 신도들을 포함한 모든 비국교도의 신앙을 관용하는 칙령을 공포하였다. 그러나 의회는 칙령을 거부하고 동시에 심사율審査律: Test Act(1673)이란 것을 제정하여 모든 공직자가 반드시 국교도 이어야만 한다는 것을 규정하였다.

찰스 2세와 의회의 대립이 심화되는 가운데 17세기 후반 여론의 지지를 비슷하게 받는 두 당파가 등장하였다. 왕과 국교회를 지지하는 토리당Tories과 프로테스탄트파로 왕의 권한을 약화시키고 입헌 군주제를 옹호하는 휘그당Whigs이었다. 바로 이 두 당파에서 영국의 현재 보수당과 자유당이 생겨났다.

찰스 2세는 가톨릭의 부활을 실현하지 못한 채 1685년 사망했다. 그의 뒤를 이어 왕위에 오른 제임스 2세도 아버지를 따라 가톨릭 부흥 정책을 유지하였고 왕의 권한을 제한하는 법안을 폐지시키며 의회를 무시하였다. 왕이 가톨릭 신도들을 고위직에 임명하자 의회의 불만이 점점 커졌다.

제임스 2세는 가톨릭교도인 메리Mary Beatrice(Mary of Modena, 1658-1718)와 재혼을 하고 왕자를 출산한 것을 계기로 가톨릭 회복을 선언하였다. 이 노선에 따라 1687년 신앙의 자유를 허용하는 칙령이 발표되었고 왕당파인 국교도들은 즉각 왕의 조치에 반발하였다. 영국의 모든 당파가 합심하여 네덜란드의 지배자인 오란여 공 빌렘(1672-1702)을 초청하여 영국 왕으로 옹립하려고 하였다.

> **권리장전**
>
> 「권리장전權利章典」이 규정한 것은 다음과 같다. ① 영국 왕은 영국교회에 속한다, ② 왕은 법 집행을 정지시키지 못한다, ③ 의회의 동의 없이 징세할 수 없다, ④ 의회 내에서 언론의 자유가 보장된다, ⑤ 국민은 청원권을 가지며 과도한 벌금과 보석금 및 잔인한 처벌을 받지 않는다, ⑥ 의회 회기는 자주 있다.
> 이러한 내용은 영국의 입헌 정치 발달사에도 커다란 영향을 끼쳤다. 「권리장전」은 부분적으로 미국 헌법과 프랑스 혁명 인권선언에도 영향을 주었다. 곧 미국의 수정 헌법이나 프랑스의 「인간과 시민의 권리선언」(1789)에서 「권리장전」의 영향을 발견할 수 있다.

1688년 11월 빌렘은 아무런 저항도 받지 않고 영국에 상륙하였다. 빌렘이 군사를 이끌고 런던으로 입성한다는 소식에 겁을 먹은 제임스 2세가 이미 프랑스로 망명했기 때문이었다. 의회는 빌렘을 윌리엄 3세William III(재위: 1689-1702)로, 제임스 2세의 왕녀이며 빌렘의 왕비인 메리를 메리 2세Mary II(1662-1694)로 추대하고 영국을 공동 통치해 줄 것을 제의하였다.

윌리엄 3세는 의회의 권리를 명시한 「권리선언」(후의 「권리장전」: Bill of Rights)을 승인하였다. 이렇듯 유혈없이 영국에서 혁명이 완성되었기 때문에 이를 명예 혁명이라 한다. 명예 혁명을 계기로 영국은 의회 중심의 입헌 군주제가 성립되었으며, 왕 중심의 절대주의 체제가 종결을 고하고 의회의 정치적 위상이 확고해졌다.

안정과 번영

18세기 영국은 경제적으로 사회적으로 큰 번영을 이루었으며 강대국으로서의 위상을 얻게 되었다. 강력한 해군을 바탕으로 식민지를 점점 확대해 나갔고 1707년에는 잉글랜드와 스코틀랜드가 통합되었다. 1694년 '잉글랜드 은행'이 설립되어 영국 정부는 재정적으로 안정되었고 런던은 세계 금융의 중심이 되었다. 상인들은 동아시아에서 북아메리카에 걸쳐 해상 무역을 활발하게 전개하였다. 경제 붐의 혜택은 결국 하층 계급에까지 돌아갔다.

메리 여왕의 동생인 앤 여왕이 1714년 아들 없이 죽으며 스튜어트 왕조가 단절되자 독일계 하노퍼Hanover가의 선제후選帝侯 게오르크 Ludwig Georg가 조지 1세George I(재위: 1714-1727)로 영국 왕위를 계승하였다. 조지 1세와 그 뒤를 이은 조지 2세George II(재위: 1727-1760)는 독일에서 태어나고 자랐기 때문에 영어를 유창하게 하지 못하였다. 언어 장벽과 독일 지역을 다스리느라 왕은 영국 정치에 관심이 거의 없었고, 그 결과 의회의 권한이 상대적으로 점차 커지게 되었다.

이러한 상황에서 월폴Sir Robert Walpole(1676-1745)이 20년 이상 영국 정치에서 가장 지배적인 위치를 차지하며 장관을 임명하고 국내 정책을 수행하였다. 이때부터 의회의 다수당이 내각을 구성하고 왕과 하원이 함께 협의해 정책을 결정하는 이른바 내각책임제가 시작되었다. 월폴이 사임한 후 1758년 상공 계층의 이익을 대변한 '대大' 피트 William Pitt(Chatham 백작, 1708-1778)가 수상이 되었다.

18세기 영국은 급속한 도시화와 산업화로 노동자들도 윤택한 삶을 살 수 있는 잘 사는 나라가 되었다. 특히, 사회 상층은 더 많은 정치적 발언권을 갖게 되고 전문직 종사자들도 많아졌다. 영국 사회의 발전에는 사법 제도를 개선하고 국가의 권한을 확립하는데 충성스러운 엘리트들의 노력이 매우 컸다. 1770년대 영국 정부의 공공비용은 명예혁명 이전에 비해 약 15배로 증가하고 관료도 3배로 증가하였다.

러시아의 발전

근대적 러시아의 창건은 1613년 로마노프Michael Romanov(재위: 1613-1645)에 의해 이루어졌다. 이것이 1917년 공산주의 혁명 때 살해되는 니콜라스 2세 때까지 300년간 계속된 로마노프 왕조의 시작이었다. 러시아는 유럽 국가들과 외교 관계를 맺고, 발트 연안 일대를 중심으로 한 국제 정치 구조 속에 들면서 점차 유럽화를 지향하였다.

표트르 대제Peter the Great(1689-1725)는 러시아를 대국으로 만들어 놓은 왕이었다. 그는 근대 러시아의 사회적·지적 대세를 결정하였으며 러시아 역사에서 가장 창조적인 시기에 있었다.

표트르는 즉위 초에 세 가지 정치 목적을 세웠다. 첫 번째 목표는 러시아의 '서양화'였다. 1697년 그는 서유럽 여행을 떠나 선진 문명을 직접 배우고 러시아의 해군을 창설하고자 하였다. 그는 선진국의 정치·교육·무역·산업을 견학하기 위한 사절단을 구성하여 발트 해 및 북해 연안 국가를 순방하였다. 표트르는 자신을 평범한 러시아 장교로 속이고 서유럽을 여행하였으며 영국이나 네덜란드의 조선소에서는 직접 노동자로 일하기도 하였다. 귀국 후 그는 러시아인의 전통적 관습을 고치려 하는 한편 '서양화' 개혁에 착수하였다.

표트르 대제의 '서양화' 개혁

그는 단발령을 내려 수염을 깎게 하고 위반하는 경우에는 수염세를 걷기도 하였다. 또한 프랑스식·독일식 옷을 장려하였으며, 남녀 간의 자유로운 교제를 권장하고 여성의 개방을 적극 유도하기도 하였다.
표트르는 문자를 개혁하고 인쇄 시설을 만들며 유럽식 달력을 채택하고 병원과 학교를 세웠다. 그리고 그는 정부 기관의 능률적인 행정을 위해 스웨덴과 프로이센의 제도를 모방하였다. 그에 따라 공장 설립, 광산 개발 등의 산업 진흥과 농업 발달에 힘썼다. 군대도 새롭게 개혁하였는데 육군은 주로 프로이센식으로 정비·확장하였으며 바다의 중요성을 인식하여 해군을 창설하였다.

표트르 대제의 두 번째 정책은 발트 해 연안을 장악하는 것이었다. 러시아의 항구는 겨울이 되면 모두 얼어붙어 해상 무역을 할 수 없었다. 이에 표트르는 겨울에도 얼지 않는 항구, 즉 부동항不凍港을 찾아야 했다. 바다로 진출하려는 표트르의 야망은 1700년의 '대북방 전쟁'으로 구체화되었다.

▲ 예카테리나 2세

발트 해 연안을 차지하기 위해 스웨덴과 러시아는 북방 전쟁을 하였고 결국 러시아가 승리하였다. 표트르 대제는 이곳에 상크트 페테르부르크St Petersburg라는 새로운 도시를 건설하고 수도로 삼았다. 표트르 대제는 이와 같은 정책들을 통해 차르의 절대권 확립이라는 마지막 목표도 달성할 수 있었다.

예카테리나 2세(재위: 1762-1792)는 즉위 후 훌륭한 정치를 하여 러시아를 강대국 지위에 올려놓았다. 예카테리나 대제는 국내 정치에서 전통주의와 서양화 사이에 적절한 균형을 취하고 대외 정책에서는 표트르 대제의 노선을 적용·확대시켰다.

그녀는 국가 주권이 다수보다 한 사람에게 있는 것이 옳다고 생각하면서도 개혁과 계몽에 주력한 계몽 군주였다. 계몽 군주로서 예카테리나의 면모는 "군주를 위해 국민이 만들어진 것이 아니라 군주가 국민을 위해 만들어졌다"고 한 말에 잘 나타나 있다. 그는 몽테스키외·볼테르·디드로 등 당대 저명한 사상가들의 책을 읽고 그들의 견해를 수용하였다.

예카테리나 대제는 러시아의 법체계를 정비하는 등 내정 개혁을 하고 교육과 사회 복지를 진흥하기 위해 학교, 병원, 고아원 등을 설립하기도 하였다. 대외적으로 예카테리나는 대외 팽창 정책을 추진하였다.

프로이센, 오스트리아와 손잡고 폴란드를 분할 점령 하였으며, 1792년에는 흑해 북쪽 연안까지 진출하였다.

프로이센의 대두

러시아보다 더 눈부신 발전을 한 것은 독일 지방의 프로이센이었다. 독일은 17·18세기까지도 하나의 통일된 국가를 이루지 못하고 3백 개 이상으로 분리된 크고 작은 제후국의 집합체였다. 그러므로 신성 로마 제국의 국회, 7명의 선제후選帝侯, 황제와 같은 기구는 독일 지방의 정치적 유대를 유지하는 형식적인 연합에 불과하였다.

> **선제후Kurfüst**
> 신성 로마 황제 선출에 참여할 권리를 지닌 신성 로마 제국의 제후를 선제후라고 한다. 1237년경에 시작되어 1356년 금인칙서金印勅書를 통해 성문화했는데 트리어·마인츠·쾰른 대주교, 작센 공작, 라인의 팔츠 백작, 브란덴부르크 변경백, 보헤미아 왕 등 7명의 선제후가 있었다. 나중에는 바이에른·하노퍼·헤센카셀의 선제후가 생겨났다. 1806년에 신성 로마 제국이 멸망하면서 이 직위는 사라지게 된다.

제후국 중 작센Saxen과 브란덴부르크Brandenburg가 가장 강력하였는데, 브란덴부르크는 호헨촐러른Hohenzollern 가에 의해 급속히 국가적 성장을 하게 되었고 프로이센 왕국을 수립하였다. 호헨촐러른 가의 프리드리히 빌헬름Friedrich Wilhelm; Frederick William(大選帝侯, 1640-1688)은 중앙 집권적 관료제를 수립하고 국가 재정을 단일화하며 군사력을 증강하였으며, 낭트 칙령 이후 프랑스로부터 이주해 온 위그노들을 받아들여 상공업의 진흥을 도모하였다.

그는 비상한 국정 수완을 발휘하여 봉건 제후의 권한을 억제하고 재정을 증대시켰다. 또 경제적으로 콜베르주의를 채택하여 프랑스와 네덜란드의 제도를 모방하였다.

프로이센을 일급 국가로 발전시킨 왕은 프리드리히 빌헬름 1세Friedrich Wilhelm I; Frederick William I(1713-1740)였다. 그는 풍부한 자원을 활용하고 군사력을 증강시킴으로써 국가적 토대를 확립하였다. 프로이센은 군사력 증강으로 8만 여명의 상비군을 보유하게 되었고, 프로이센군의 철통같은 기율·전술·충성심은 다른 어느 나라 군대보다 뛰어났다. 결국 프로이센은 유럽에서 가장 군국주의적인 국가인 동시에 가장 능률적인 관료 국가가 되었다.

프로이센을 유럽 최상급 강대국으로 만든 왕은 프리드리히 2세 Friedrich II; Frederick II(대왕, 재위: 1740-1786)였다. 1740년 28세로 즉위한 그는 약 반세기 가까이 엄격·소박·근면으로 프로이센 국민을 지배하였다. 그는 군대를 20만으로 대폭 증강시켜 오스트리아 왕위 계승 전쟁(1740-1748)과 7년 전쟁(1756-1763)에 참전하였다. 그리하여 석탄과 철이 풍부한 실레지아Silesia을 빼앗고 오스트리아 및 러시아와 함께 폴란드의 분할에 참여하여 동프로이센을 브란덴부르크에 합쳐 놓았다.

오스트리아 왕위 계승 전쟁과 7년 전쟁

유서 깊은 왕가인 합스부르크 가는 신성 로마 제국의 수장인 동시에 오스트리아를 지배하는 정치 세력이었다. 그러나 18세기에 이르러 세력이 이전에 비해 상대적으로 줄어들었다. 신성 로마 제국은 행정권·군사력·과세권을 전혀 갖고 있지 않았고, 베스트팔렌 조약으로 영토가 크게 줄어들었기 때문에 제국이란 명칭은 공허한 것이 되었다.

유럽을 하나의 제국으로 통합하려는 합스부르크 가의 노력은 수포로 돌아갔다. 그러나 합스부르크는 유럽 최고最古 가문 중 하나로서의 긍지를 가지고, 18세기 초에도 여전히 유럽의 강대 세력으로서의 지위를 유지하고 있었다.

법적으로 합스부르크 가의 왕위 세습은 남자만 가능하였다. 그러나 아들이 없는 오스트리아 황제 칼 6세Karl VI; Charles VI(1685-1740)는 딸 마리아 테레지아Maria Theresia; Maria Theresa(1717-1780)에게 제위

> **마리아 테레지아**
> 오스트리아 왕위 계승 전쟁을 통해 합스부르크 왕가는 심한 타격을 입었다. 마리아 테레지아는 개혁의 필요를 느끼고 적대국인 프로이센의 제도를 깊이 연구하였다. 그녀는 교육·과세·행정에 관한 제도를 개편하였고, 귀족 계급에게는 과세를 해 그 세력을 억제하고 중앙 집권 체제를 수립하려 하였다. 경건한 가톨릭 신자임에도 불구하고 국가 이익을 우선으로 생각해 일부 수도원의 재산을 몰수하기도 하였다. 후에 마리아 테레지아는 프로이센을 경계하기 위해 프랑스와 동맹을 맺고 그녀의 딸인 마리 앙투와네트를 프랑스의 루이 16세와 결혼시키기도 하였다.

를 계승시키고자 하였다. 이 목적으로 그는 매수·설득을 통해 프로이센의 왕 프리드리히 빌헬름 1세를 비롯해 헝가리 등의 승인을 받아냈다. 그러나 칼 6세가 죽자 프리드리히 2세는 이러한 국제적 약속을 어기고 자원과 인구가 풍부한 실레지아에 예고 없이 침입하여 프로이센 영토임을 선언하였다.

뒤늦게 프랑스·스페인·바바리아·작센 등도 이 기회를 틈타 영토를 늘릴 욕심으로 오스트리아에 도전하였다. 1742년 영국은 네덜란드와 함께 오스트리아 측에 가담하게 되었다.

한편 전쟁이 확대되면서 실레지아의 확보에만 급급한 프리드리히 2세는 오스트리아와 조약을 체결하여 실레지아를 얻는 조건으로 마리아 테레지아의 왕위 계승을 인정해 주었다. 오스트리아가 이 전쟁에서 패배한 것은 합스부르크 왕조 중심 제국의 근본적 약점을 노출시켰기 때문이었다. 마리아 테레지아는 개혁의 필요성을 느끼고 적대국인 프로이센의 제도를 연구하고 적용하였다.

프로이센의 급속한 성장은 유럽의 세력 균형을 깨뜨렸으며 강대국의 동맹 관계에도 큰 변화를 가져왔다. 프로이센을 경계하던 오스트리아와 프랑스가 동맹을 맺었고 프로이센은 이에 대항해 동북아시아와 북아메리카에서의 영국과 프랑스의 식민지 쟁탈 갈등을 이용해 영국과 상호 방위를 약속하였다.

결과적으로 유럽의 전통적인 동맹 관계는 이중으로 바뀌었다. 즉, 오스트리아 왕위 계승 전쟁에서는 영국-오스트리아 측이 프랑스-프로이센 측과 싸웠으나 7년 전쟁에서는 프로이센-영국 측이 오스트리아-프랑스 측과 대전하게 되었다.

프로이센의 세력 확장에 위협을 느낀 러시아와 스웨덴은 각각 동프로이센과 브란덴부르크 북쪽으로 진격해 들어갔다. 이로써 오스트리아·프랑스·러시아·스웨덴의 침입에 프로이센과 영국 동맹이 대항하는 7년 전쟁(1756-1763)이 시작되었다. 프리드리히 2세는 기선을 제압하여 프랑스, 오스트리아, 러시아를 차례로 격퇴하였다.

요제프 2세의 개혁

마리아 테레지아와 함께 공동 통치를 하던 요제프 2세는 마리아 테레지아가 죽은 후 1780년 단독 통치를 하였다. 그는 오스트리아에서 신앙의 자유를 인정하며 동시에 유대인에 대한 차별 정책을 중단하고, 열등한 지위를 나타낸 노란 표장을 붙이고 다니는 제도를 폐지하였다. 또한 사회적 평등을 실현하기 위한 다양한 정책을 추진하였는데, 그는 농노를 해방하고, 농민을 처벌하는 영주법정의 사법권을 박탈하였다. 동시에 과세의 평등도 이루어 귀족의 토지 재산에도 과세하는 혁명적인 정책을 추진하였다. 요제프 2세는 계몽 군주로서 오스트리아의 근대화에 기여하였다.

그러나 프리드리히는 1759년 전투에서 참패하여 베를린 함락 직전의 위기에 봉착하였다. 프로이센이 약화되고 영국마저 지원을 중지하자 곤경에 빠지게 되었다. 이러한 프로이센을 구한 것은 다름 아닌 러시아였다.

1762년 러시아의 친親프랑스적인 엘리자베타 여제가 죽고 프로이센을 동경하는 표트르 3세가 즉위하였다. 표트르 3세는 베를린 성문 앞까지 간 러시아군을 철수시켰고 프로이센과 동맹을 맺었다. 영국과의 식민 전쟁에 지친 프랑스도 유럽 대륙의 전쟁에서 발을 빼고 싶어 하였다. 오스트리아도 프로이센과 조약을 체결하고 전쟁 전과 같은 국경 유지를 약속하였다. 그 결과 프로이센은 실레지아 영유권을 재확인한 셈이 되었다.

7년 전쟁을 계기로 유럽의 국제 관계는 크게 달라졌다. 프로이센은 강대국으로서의 지위를 확고히 다졌고, 상대적으로 오스트리아는 약화되었다. 영국과 프랑스 간의 식민 전쟁에서도 영국의 우위가 확립되었다.

폴란드의 분할

18세기 국제 정치는 수단과 방법을 가리지 않는 마키아벨리즘이 상식화되어 있었다. 폴란드의 분할은 극단적인 마키아벨리즘이 빚어낸 결과였다. 폴란드는 전후 세 차례에 걸쳐 주위의 강국인 러시아·프로이센·오스트리아에 의해 분할되었다.

폴란드가 강대국들에 의해 분할된 결정적 요인은 자연적 장애물이 없는 무방비 상태의 지리적 조건과 국내의 무정부 상태 등이었다. 폴란드는 귀족 계급의 내분이 치열하여 중앙 정부의 권력이 무력화되었다. 왕은 선거를 통해 결정되었는데 심한 파쟁으로 2백 년 동안 왕이 단 두 번밖에 선출되지 못했으며, 의원 한 사람의 거부권만으로도 의회를 해산시킬 수 있는 의회 제도의 결함 때문에 국회는 제 기능을 수행하지 못하였다. 이 상황에서 이기적인 귀족들은 농노들을 무자비하게 혹사하고 도시민을 정치 참여에서 제외시켰다.

1733년 폴란드 왕위 계승을 둘러싸고 프랑스-스페인은 오스트리아-러시아와 교전하였다. 결과적으로 오스트리아-러시아가 후보로 밀었던 작센 선제후Augustus III가 왕으로 선출됨으로써 전쟁은 끝났지만 그 후에도 폴란드 왕의 선출은 외세에 의해 좌우되었다.

1763년 7년 전쟁이 끝난 해 러시아의 예카테리나 대제는 군을 동원하여 자기가 버린 옛 애인들 중 하나를 폴란드의 왕이 되게 하였다. 또한 프로이센은 7년 전쟁을 치른 후 동·서 프로이센 통합을 가로막는 장애물인 이른바 '폴란드 회랑回廊'을 차지할 생각이었다. 이리하여 러시아와 프로이센은 오스트리아와 함

> **쇠망의 길에 들어선 폴란드**
>
> 폴란드는 원래 러시아와 같은 슬라브 민족이 세운 나라였다. 그러나 폴란드는 그리스 정교 대신 로마 가톨릭으로 개종했으므로 동유럽보다 서유럽과 더 밀접한 유대를 가지게 되었다. 16세기경까지 폴란드는 북쪽의 발트 해에서 남쪽의 흑해까지 광대한 영토를 차지하고 있었다. 그러나 17세기에 폴란드는 오스만 터키 민족, 타타르Tatar인, 스웨덴, 러시아의 공격으로 약화되었다. 1674년 폴란드 왕으로 선출된 소비예스키John III Sobjeski(1624-1696)가 국가적 쇠퇴를 막기 위해 노력하였으나, 그의 사후 폴란드는 강력한 귀족 계급에 의해 중앙 집권이 결여되어 쇠퇴의 길로 들어섰다.

께 폴란드 분할을 추진하였다. 그리하여 폴란드는 세 차례에 걸쳐 이 세 나라에 의해 분할되었다.

1772년 제1차 분할에서 러시아는 드비나Dvina 강과 드네프르 강 이동 지역, 오스트리아는 크라코프Cracow를 제외한 갈리키아Galicia 지방을 각각 차지하였다. 프로이센도 단치히Danzig와 토른Thorn을 제외한 서프로이센을 차지하였다. 1793년 러시아와 프로이센이 제2차 분할에 참가한 반면 이번에는 오스트리아가 빠졌으나 1795년의 제3차 분할 때에는 오스트리아가 다시 참가하였다. 이후 폴란드 국민은 국가 회복 운동을 꾸준히 전개하였으나 약 120년 후인 20세기 초에 이르러 비로소 독립이 실현되었다.

해상 팽창의 변화

1715년 이후 전통적인 해외 팽창 세력이던 포르투갈·스페인·네덜란드는 소극적 태도를 취하는 대신 대서양 세력인 프랑스와 영국이 식민 제국 건설의 선두 주자로 나서게 되었다. 17세기 유럽의 최대 해상 국가인 네덜란드의 쇠퇴는 프랑스와 영국의 상승세를 촉진하는 배경이 되었다.

영국과 프랑스는 서인도·서아프리카·북아메리카·인도 등 네 지역에서 주로 경쟁하였다. 두 국가 모두 사탕수수 산지인 서인도를 식민 제국의 핵심으로 간주하였기 때문에 경쟁은 더욱 치열하였다. 북아메리카에서는 영국이 13주의 식민지를 가진 반면 프랑스는 주로 무역 중심의 식민지 경영을 하고 있었다.

영국과 프랑스의 식민지 경영 방식

영국과 프랑스의 식민지 경영 방식은 상당한 유사성을 지니고 있지만 명백한 차이를 드러냈다. 프랑스는 중앙 집권적 구조를 통해 식민 제국을 지배한 반면 영국은 북아메리카에서 식민지 각 주의 독립을 유지하여 본국 정부의 직접적인 지배에서 벗어나 있었다. 그러나 두 나라 모두 중상주의 원칙대로 식민지 무역을 규제하고 해군력으로 식민지를 보호했기 때문에 비슷한 문제에 봉착하였다.

식민 제국의 기반

유럽 각국 정부는 자국 상선을 보호하고 무역 경쟁을 하는 상대국에게는 규제를 가하기 위해 해군력을 강화하였다. 해군 함선은 보급 기지를 필요로 했고, 아프리카·인도·카리브 해 등과 같은 전략적 위치에 있는 항구가 그러한 기능을 담당하였다. 유럽인은 새로운 생산품을 공급하고 국내 생산업을 자극하는 식민지 산업을 통해 풍부한 경제생활을 할 수 있었다.

영국과 프랑스의 경우 18세기에 이르러 식민지와의 통상이 대외 무역 총량의 3분의 1에 달하였다. 특히 서인도와의 무역량이 급증하였는데 서인도에서는 담배·면·인디고·사탕수수 등 다른 곳에서 재배하기 힘든 값비싼 농산물이 생산되었기 때문이다. 반면 서인도에서는 일상 필수품을 유럽에서 수입하였다.

유럽의 서인도 무역은 삼각무역이었다. 삼각무역은 본국과 두 곳의 식민지 사이의 상호 교환 통상이었다. 식민지 통상은 대서양 국가들이 이익의 대부분을 차지하는 유럽 무역과 얽힌 복잡한 유형의 무역이었다.

삼각무역의 사례

영국은 종이·칼·담요 등을 북아메리카로 보내고, 뉴잉글랜드에서 생선·소고기 등으로 교환하여 이 상품을 자메이카나 바르바도스Barbados로 운송하였다. 그리고 그것은 사탕수수와 교환되어 영국의 공장으로 넘겨졌다. 또 다른 형태의 삼각무역은 로드아일랜드에서 뉴잉글랜드산 럼주를 싣고 서아프리카에서 노예와 교환하거나 럼주 원료인 당밀과 교환하는 것이었다.

식민 전쟁

영국의 북아메리카 식민지 인구는 18세기 중반 1천5백만에 달하였다. 일부 식민지인은 서부 프론티어 지역으로 진출했으나 일부는 애당초의 정착지인 뉴잉글랜드 지방을 중심으로 살고 있었다. 반면에 루이지애나나 캐나다에 이주한 프랑스인은 넓은 지역에 분산 거주하고 있었다.

캐나다에서 프랑스 어부와 모피 상인의 사업이 번창하자 프랑스는 이들을 지원하고 보호하기 위해 일부 지역에 요새를 만들었다. 프랑스의 보호 조치에 영국도 식민지인을 보호하기 위해 요새를 구축하고 프랑스의 접근을 막았다. 그런데 프랑스가 오하이오 일대를 장악하려 하면서 문제가 발생하였다. 당시 영국의 식민지인은 서부 프론티어 개척을 위해 서진 운동 중이었는데, 오하이오는 서쪽으로의 길목에 위치하였기 때문에 프랑스에 의해 길이 봉쇄될 것을 우려하였다.

영국과 프랑스 모두 아메리카 인디언에 대한 영향력을 확대하려고 하였다. 프랑스는 기선을 잡아 아메리카 인디언을 포섭해 오하이오 계곡을 봉쇄하였다. 원주민을 그들의 수렵지에서 몰아내는 영국 정착민과 달리 프랑스 정착민은 무역을 주목적으로 했기 때문에 아메리카 인디언은 오하이오 계곡을 봉쇄할 때 기꺼이 프랑스인을 지원하였다.

영국은 민병대로 구성된 원정군을 파병했으나 실패하였다. 그러자 영국 본국이 개입을 시작하였고 영국 정규군으로 구성된 원정군이 파견되어 부분적인 지역 충돌이 전면적인 싸움으로 확대되고 말았다. 비공식적인 수년간의 교전 끝에 마침내 1756년 5월 영국과 프랑스는 공식적으로 선전 포고를 하였다.

영국와 프랑스의 전쟁 초반에는 프랑스군이 우세했으나, 1759년 해군의 전투에서 영국이 승리하면서 북아메리카 식민지에서 영국의 우월성이 확립되었다. 마침내 1760년 프랑스의 최후 거점이 영국군에 함락되고 오하이오 계곡과 오대호 지역에서 프랑스 세력은 축출되고 말았다.

영국의 인도 경영

17세기 영국·네덜란드·프랑스는 각각 동인도 회사를 설립하였다. 본래 영국은 인도에 식민지를 세울 생각이 없었고 상업적 이익과 재산을 보호하기 위해서 군대를 파견하고 있었다. 그렇기 때문에 대개 통상은

> **인도의 젠트리**
> 인도의 초대 총독 콘월리스Lord Cornwallis(Charles, 1738-1805)는 영국 통치에 충성을 다하는 계급을 만들기 위해 인도의 젠트리를 지주로 전환시켰다. 젠트리는 전통적으로 농민으로부터 지대를 징수했지만 땅을 빼앗지는 않았다. 그러나 이제 서양적 의미에서 소유자가 된 인도 지주는 원하면 언제든지 농민을 땅에서 몰아낼 수 있게 되었다.

그 지역의 호족 출신 태수太守: nawabs의 협력을 얻어 이루어졌다.

그러나 1740년대부터 프랑스와 영국이 식민 제국 건설 경쟁을 벌이게 되었다. 벵골 지역을 다스리던 태수가 프랑스와 협력하면서 벵골 태수와 영국군이 마찰을 빚게 되었다. 영국은 프랑스를 축출하고 벵골 원주민을 진압하기로 결정하였다. 1757년 영국군이 벵골 태수를 격파하면서 인도의 모든 실권은 영국 동인도 회사가 장악하게 되었다.

그 후 1784년 영국 의회가 '인도법India Act'을 통과시키면서 영국 정부가 정식으로 인도를 통치하게 되었다. 영국은 인도에 총독governor-general을 파견하고 통치권을 주었다. 인도에 파견된 총독은 소금과 아편을 모두 사들일 수 있는 전매권이 있었다. 인도 국민들은 소금 전매로 영국에게 막대한 돈을 착취당하였다. 아편은 중국에 수출하여 중국차와 교환하고 중국차는 다시 영국 본토로 수출되었다. 영국은 인도인이 통치에 불만을 갖지 않도록 인도인의 가치관·도덕·취미를 모두 영국인과 다름없이 만들려고 노력하였다.

절대주의 시대의 문학

절대주의 시대의 문학의 원천은 고전 및 이탈리아 작품에 있었다. 고전주의는 절대주의 시대 문학의 주류를 이루었다. 극작가 코르네이유Pierre Corneille(1606-1684), 라신Jean Racine(1639-1699), 산문 작가 보쉬에Jacques Bénigne Bossuet(1627-1704) 등은 고전주의의 테두리에서 프랑스적 특성을 나타낸 문인이었다.

17세기 전반 프랑스어 문법이나 어휘를 정확히 사용하기 위해 애쓴 작가들의 노력과 리슐리외가 1635년 창설한 프랑스 학술원에서 주도한 프랑스어의 표준화는 루이 14세 시대 프랑스 문학이 번성하는 토대를 마련하였다. 또한 루이 14세의 후원으로 프랑스 연극은 매우 번성했는데 고전적 이상을 추구한 프랑스 비극은 인간의 심리와 정서 파악에 탁월하였다. 오페라는 물론이거니와 오늘날 발레라 불리는 무용은 작곡가 륄리Jean-Baptiste Lully(1632-1687)에 의해 처음으로 베르사유 궁전에서 연출되었다.

영국의 절대주의 문학도 이탈리아 작품의 영향을 크게 받았다. 영국은 와이엇Sir Thomas Wyatt(1503-1542), 하워드Henry Howard, Earl of Surrey (1516-1547), 시드니Sir Philip Sidney(1554-1586), 드레이턴Michael Drayton(1563-1631) 등 일급 시인을 많이 배출하였다. 영국 시는 외래적 영향을 받았지만 국민적 정서를 많이 담고 있는데 엘리자베스 여왕에 대한 송시頌詩 「선녀왕The Faerie Queen」을 지은 스펜서Edmund Spenser(1552-1599)와 독창적인 엘리자베스 시대의 드라마를 창조한 셰익스피어William Shakespeare(1564-1616)가 그 예이다.

초기 스튜어트 왕조 하에서는 그리스도교적 휴머니즘 정신을 표현한 밀턴John Milton(1608-1674)의 『실낙원失樂園: Paradise Lost』이 발표되었다. 또한 대표적인 17세기 작가는 『천로역정天路歷程: The Pilgrim's Progress』을 쓴 산문 작가 번얀John Bunyan (1628-1688)을 비롯하여 『로빈슨 크루소Robinson Crusoe』를 남긴 디포Daniel Defoe(1660-1731) 등이 있었다.

바로크 양식의 특성

16세기 전반은 유럽 미술이 저조한 시기였다. 그러나 1600년대를 전후하여 미술과 음악에 새로운 양식이 나타났다. 이 시기를 바로크

▲ 루벤스 「뤼키푸스 딸을 납치하는 카스토르와 폴룩스」

▲ 벨라스케스 「라스메니나스」

Baroque 시대라고 부른다. 바로크 양식은 절대 군주 시대의 문화적 산물이었다. 바로크 양식의 특색은 종교 건축의 장엄함과 화려한 규모에서 잘 표현되었는데 그것은 왕의 특권과 위신을 높이려는 목적이 반영된 것이었다. 따라서 바로크 미술의 특징은 호방하고 과장된 설계, 복잡하고 지나친 장식, 감각적인 기교 등이다.

저지대 지방의 화가 뤼벤스Peter Paul Rubens(1577-1640)는 풍부한 색감과 육감적인 그림을 그려 바로크 정신을 유감없이 표현하였다. 왕이나 왕가의 초상화를 주로 그린 스페인 화가 벨라스케스Diego Velázquez(1599-1660) 또한 엄격한 형식성과 호화로운 아름다움을 나타내고 있다. 17세기 네덜란드의 천재 화가 렘브란트Rembrandt van Rijn(1606-1669)는 빛과 어둠의 대조가 명확한 독특한 양식의 그림을 그려 바로크 미술의 특색을 유감없이 발휘하였다.

▲ 렘브란트

▲ 베르사이유 궁전

바로크 건축은 곡선이나 비구성적 요소 또는 정밀한 장식 등에 그 특색이 있다. 바로크 건축의 중심지는 로마였는데, 곧 유럽 각지로 전파되어 교회뿐 아니라 궁전·극장·대학·공원 등 다양한 축조물에 적용되었다.

한편, 프랑스 바로크 건축의 특징은 형식미와 화사한 장식성에 있다. 베르사유 궁전은 바로크 양식의 좋은 예이다. 베르사유 궁전의 바로크적인 특징은 넓은 정원의 구성, 건물을 비추는 큰 못, 커다란 분수대, 질서정연한 관목 숲 등 외부 구조를 비롯해 깔끔하고 정밀하게 가꾼 궁전의 내부 장식 등에서 잘 표현되었다. 18세기에 이르러 바로크 양식이 프랑스에서는 로코코Rococo 양식으로 변천하였다. 그것은 고전적 제한을 타파한 자유분방한 곡선의 중복, 이른바 패각형貝殼型 곡선의 적용으로 더 섬세하고 인공적인 우아함을 강조하는 것이 되었다.

프랑스의 양식은 독일·네덜란드·폴란드·러시아 등 북유럽의 건축양식에도 영향을 미쳤고 프로이센의 프리드리히 대왕이 지은 포츠담의 「상 수시Sans Souci」 궁전은 베르사유 궁전을 모방하여 설계한 것이었다.

3
혁명의 시대

지적 혁명

17·18세기의 사상가들은 모든 현상과 사물을 인간의 이성으로 인식할 수 있다고 생각하였다. 그리하여 중세 학문의 여왕이던 신학의 권위는 쇠퇴하고 자연의 원리를 탐구하는 자연 과학이 크게 발전하였다.

지적 혁명을 지배한 또 다른 정신은 합리주의Rationalism였다. 합리주의는 인간 이성의 능력에 대한 믿음이다. 당시 사상가들에 따르면 각 개인은 합리적 사고에 따라 자연의 법을 발견하고, 이 법과 일치하여 자신의 생활을 이끌어갈 수 있다는 것이었다. 이것은 인간이 이성의 소리와 자연법의 명령에 따른다면 인류 사회는 행복을 누리며 무한히 진보할 수 있을 것이란 낙관주의를 근간으로 하고 있다.

자연법사상, 합리주의, 낙관적 진보관, 인도주의 등은 단순히 추상적 관념이었지만 이른바 '계몽 사상가philosophes'들은 정치·사회·사상 분야의 실제 문제들을 생각하여 실제적인 해답을 구하려고 하였다. 지적 혁명은 17세기 영국의 명예 혁명, 18세기의 아메리카 혁명과 프랑스 혁명을 비롯해서 그 밖의 자유주의와 민주주의에 입각한 많은 운동에 사상적 기반을 제공하였다.

과학 혁명

근대 유럽의 지적 혁명은 사실상 17세기 과학 혁명Scientific Revolution에서 비롯되었다. 과학 혁명 때문에 이론의 정확성이 중요시되고 자연 현상이 법칙적으로 설명될 수 있게 되었다. 과학자들은 관찰과 수학적 계산으로 우주의 합리적 법칙을 설명하였다.

수학·실험·계측은 새로운 과학의 수단이었는데, 그 중 수학 발달은 과학 혁명의 필수적인 전제 조건이었다. 16세기의 고전 기하학 발견은 수학 발달의 계기가 되었다. 저지대 지방 과학자 스테빈Simon Stevin(1548-1620)이 1585년 분수를 발명하였고, 프랑스의 파스칼Blaise Pascal(1623-1662)은 확률 개념을 생각해 냈다. 17세기의 해석기하解析幾何는 철학자인 데카르트René Descartes(1596-1650)의 착상으로 시작되었다.

수학은 체계적인 탐구를 가능하게 하여 새로운 과학의 수단이 되었다. 17세기 분수·대수·해석기하 등의 발명으로 수학은 혁신적으로 발전하였으며 특히, 뉴턴과 독일의 라이프니츠Gottfried Wilhelm von Leibniz(1648-1716)에 의해 발명된 미분법은 수학사의 가장 중요한 전환점이 되었다.

> **기하학과 수학**
> 1505년 유클리데스『기하학』의 라틴 번역이 발간되었다. 17세기 데카르트는 기하와 대수를 결합하여 1637년『해석기하학』을 출판하였다. 그는 과학을 수학적 추상으로 귀착시켜 연역법을 제시하였다.

16세기 코페르니쿠스의 가설에 의해 혁명

케플러 법칙

케플러의 제1법칙은 태양을 하나의 초점으로 하여 타원형 궤도를 따라 행성들이 태양 주위를 회전한다는 것이다. 제2법칙은 각 행성이 태양에 가까워질수록 더 빠른 속도로 회전한다는 것이다. 1619년 발표한 제3법칙은 행성의 회전주기의 제곱이 태양으로부터의 평균 거리의 세제곱에 비례한다는 내용이었다.

교회의 탄압을 받은 갈릴레오

갈릴레오의 연구는 교회의 탄압을 받아 종교재판의 경고를 받기도 하였다. 또한 낙하하는 물체의 가속도가 물체의 무게가 아닌 낙하지점의 높이와 상관이 있다는 이론과 움직이는 물체는 직선 운동을 계속한다는 관성의 법칙을 주장하였으나 당시 사람들에게 받아들여지지 않았다.

뉴턴Sir Issac Newton (1642-1727)

뉴턴은 케플러, 갈릴레오 등의 발견과 학문적 공헌을 하나의 원리, 즉 중력의 법칙으로 종합하였다. 뉴턴은 1685년 중력 법칙을 수학적으로 설명하는데 성공하여 1687년 『자연 철학의 수학적 원리Philosophiae Naturalis Principia Mathematica』(약칭 『프린시피아』)를 출판하였다. 이를 통해 1세기 반의 과학 혁명은 그 절정에 달하였다.

적 변화를 겪은 천문학은 17세기에 이르러 정확한 관찰 자료를 체계화하는 수학적 추리에 근거하여 연구되었다. 코페르니쿠스의 이론을 더욱 완벽하게 만든 것은 독일 천문학자 케플러Johann Kepler(1571-1630)와 이탈리아 수학자 갈릴레오였다. 케플러는 모든 천체 운동이 반드시 수학적 질서와 일치한다고 믿었고 그 결론은 '케플러 법칙'으로 알려져 있다.

갈릴레오는 1609년 망원경을 발명하여 육안으로 보이지 않는 천체 운동을 관찰하고 1610년 그 결과를 『별들의 사자使者』라는 저서를 통해 발표하였다.

인류 역사상 가장 경이적인 천재는 영국의 과학자 뉴턴이었다. 그는 중력 법칙을 수학적 공식으로 표현하였는데, 이에 따르면 우주 안의 모든 입자는 서로 잡아당기는 힘을 가지고 있으며 그 힘은 상호간 거리의 제곱에 반비례하며 질량에 정비례한다는 것이었다.

뉴턴의 발견이 중요한 이유는 과거의 연구들을 과학적 사고와 설명 방식을 통해 간단 명료한 수학 공식으로 종합하였기 때문이다. 이러한 연구 방법은 18세기 이래의 모든 과학적 탐구에서 가장 정확하고 타당한 설명의 절차로 널리 인정받게 되었다.

특히, 프랑스의 천문학자·수학자인 라플라스Pierre Laplace (1749-1827)는 뉴턴의 데이터와 논리를 통해 성운설星雲說을 제시하였다. 라플라스의 가설에 따르면 태양은 본래 가스 상태의 성운이었는데 회전할 때 분리되어 나간 부분이 응축하여 태양계 내의 행성이 되었다는 것이다. 최근까지도 많은 과학자들은 이 설을 만족할 만한 이론으로 평가하고 있다.

천문학 이론이 발전해감에 따라 이를 뒷받침하는 정확한 관측이 필요하게 되었다. 그 결과 여러 곳에 천문 관측소가 세워지기 시작하여 17세기에는 믿을 만한 천문대가 각국에 설립되었다. 1667년 파리에 관측대, 1675년에는 영국에 그리니치Greenich 천문대가 그것이다.

근대 물리학의 창시자라고 해야 할 갈릴레오는 물체의 낙하, 진자振子 운동, 역학 운동 등 그 밖의 많은 중요한 발견을 하였다. 뉴턴이 등장하기 전 물리학 분야에서도 많은 천재들이 있었는데 이탈리아의 토리첼리Evangelista Torricelli(1608-1647)는 기압계의 원리를 발견하고(1643), 네덜란드의 레벤후크Anthony van Leeuwenhoek(1632-1723)는 현미경을, 독일의 파렌하이트Gabriel D. Fahrenheit(1686-1736)는 수은 온도계를 발명하였다.

화학은 천문학과 수학의 발달에 비해 17세기까지도 아리스토텔레스의 견해를 뒤집지 못하고 있었다. 그러나 보일Robert Boyle(1627-1691)의 등장 이후 화학의 근대적 체계가 수립되었다. 보일은 가스의 부피는 일정 온도에서 압력에 비례해 줄어든다는 이른바 '보일 법칙'을 공식으로 나타내었다. 또한 라보아지에Antoine Lavoisier(1743-1794)는 공기가 연소의 원인임을 밝히고 이를 '산소酸素: oxygen'라고 명명하였으며 연소 실험을 통해 질량보존의 법칙도 증명하였다.

현대인의 생활에 가장 큰 영향을 미치고 있는 전기는 17세기까지는 전혀 알려지지 않았다. 17세기 중반이 지나서야 전기가 어떻게 발생되는지 알게 되었고 네덜란드 레이든에서 전기를 저장할 수 있는 기구가 발명되었다. 미국의 정치가 프랭클린Benjamin Franklin(1706-1790)

▲ 프랭클린

은 피뢰침을 발명하였고, 이탈리아의 물리학 교수 볼타Alessandro Volta(1745-1825)는 희황산稀黃酸 속에 동판과 아연판으로 된 극을 넣어 전기를 만드는 실험을 통해 오늘날의 전지를 고안하였다.

지질학 분야에서는 스코틀랜드 출신의 허턴James Hutton (1726-1797)이 학계를 지배해 온 지각 형성론을 부인하였다. 그는 지각이란 갑작스러운 운동에 의해 생긴 것이 아니라 부식과 침식 및 재형성의 상호 작용에 따라 형성된 것이라고 주장하였다.

16세기 벨기에 출신 베살리우스Andreas Vesalius(1514-1564)는 해부학 분야에 획기적인 공헌을 하였음에도 심장의 기능 혹은 혈액 순환에 관해서는 거의 알지 못하였다. 영국 의학자 하비William Harvey(1578-1657)는 1628년 혈액이 심장에서 분출되어 동맥을 통해 온몸을 순환한 후 다시 정맥을 통해 심장으로 되돌아간다고 주장하였다.

그 외에도 생리학과 조직학 등도 이 시기 큰 발전을 이루었다. 18세기에 발견된 획기적인 치료법은 '접종'接種이었다. 천연두의 접종 면역에 관한 지식은 콘스탄티노플의 그리스 의사가 왕립학회에 보고함으로써 영국으로 전해졌고, 반대 여론에도 불구하고 영국에서 시작한 접종은 유럽에 널리 퍼졌다. 18세기 말 위험도가 낮은 새 접종인 백신이 제너Edward Jenner(1749-1823)에 의해 개발되었다.

이러한 근대 과학의 발달을 통해 유럽 문명은 다른 문명과 명확히 구별되는 독특한 특성을 가지게 되었다. 17세기 과학 혁명의 성과는 18세기에 이르러 우주 안에서 인간의 위치를 보는 지적 태도로 이어졌다. 그리하여 다른 학문 분야에서도 합리주의 정신을 고취시켰고 이러한 경향은 사회와 정치에서의 불합리한 요소를 제거하려는 운동이 전개되는 데에 큰 영향을 끼쳤다.

전파와 영향

17세기 이래 자연 과학의 발달이 눈부시게 이루어지면서 종교·사회·심리·문화 등 모든 분야에 걸쳐 자연 과학의 방법과 정신에 따르려는 경향이 두드러졌다. 이 때문에 신앙의 권위를 내세우는 그리스도교는 그 권위를 잃게 되었다.

특히, 베이컨Francis Bacon(1561-1626)은 이론과 사실의 결합을 중시하며 그의 저서 『새로운 논리학Novum Organum』(1620)에서 실험을 통하지 않은 이론, 혹은 체계적 이해가 없는 실험은 다 같이 무용한 것이라고 경고하였다. 그는 위대한 진보란 이론과 사실의 결합, '실험적 능력과 합리적 능력 간의 밀접하고 엄격한 통합'이 있어야만 비로소 가능하다고 주장하였다.

▲ 데카르트

17세기 최대의 철학자 데카르트 또한 중세적인 종교 신앙을 기계적 우주관과 조화시키려는 시도를 하였다. 그는 수학적으로 설명할 수 있는 자연계와 신의 세계를 분리하였다. 그는 1차적으로 물질의 존재를 수학적 속성을 통해 증명하고, 직접적 관찰을 통해 인식하는 정신의 실체도 인정하였다. 데카르트는 물질과 정신, 육체와 영혼의 실체를 함께 인정하고 구별하는 2원론에 도달하였다.

▲ 존 로크

데카르트의 방법론에 영향을 받은 스피노자Baruch de Spinoza (1632-1677)는 정신과 물질이 하나의 실재인 신(혹은 자연)의 양면이라고 보았다. 즉 그에게 우주와 신은 하나였고 신이 모든 것이며 어디든지 있는 존재로서 인식될 수 있다고 생각하였다.

> **칸트의 『순수이성비판』**
> 칸트는 지식 획득 과정에서 감관感官의 중요성에 관해서는 로크와 일치하지만, 감관 작용은 이성의 소산인 정신을 통해 해석되므로 '정신이 감관에 의해 단순히 글씨가 쓰이는 수동적인 흑판이나 다름없다'는 로크의 생각에는 공감하지 않았다. 또한 그는 과학적 법칙이 적용되는 물리적 자연을 넘어선 과학이 침투하지 못하는 '물자체物自體'(Ding-an-sich)의 세계가 있는데 이 역시 바로 철학적 탐구의 대상이라고 주장하였다. 그는 신의 존재가 과학적으로 증명될 수 없다는 주장에 동의하면서 인간은 도덕적 감정으로 인해 정신의 영원불멸과 신의 존재를 믿게 된다고 주장하였다.

17세기 이후 유럽 사상계에서 가장 중요한 사상가들 중 한 인물은 바로 로크John Locke(1632-1704)이다. 그는 영국의 사상적 전통으로 이어지는 경험주의Empiricism를 철학적으로 체계화하였다. 인간의 정신은 태어날 때 백지와 같아 다양한 경험을 통해 외부로부터의 지식을 받아들일 뿐이라고 주장하였다. 로크의 경험론은 근대적인 심리학·교육학·사회과학에 대한 다양한 연구를 발전시키는 획기적인 출발점이 되었다.

대륙의 합리주의와 영국의 경험주의를 잘 조화시킨 철학자인 칸트Immanuel Kant(1724-1804)는 『순수이성비판Kritik der reinen Vernunft』에서 철학의 합리적 기초를 상실하지 않으면서도 동시에 경험론적 관점을 회복하고자 시도하였다.

자연법과 사회 계약

17세기에 이르러 자연계를 지배하는 법칙이 있다는 것을 안 동시대 사상가들은 인간의 사회에도 자연계와 마찬가지로 '자연적' 질서가 있다고 믿게 되었다. 이와 같은 자연법 관념은 18세기 계몽 사상가들에 의해 일반인에게까지 퍼져나갔다. 인간의 자연권 회복은 18세기 시민혁명을 일으키는 가장 중요한 이유가 되었다.

자연법 관념은 근대적인 민주주의 발달사의 밑바닥에 깔려 있다. 자연법은 보편적이며 모든 사람에게 동일하게 적용되는 성질의 법이다. 이에 따르면 모든 사람은 차별없이 합리적 능력과 지능을 향유하기 때문에 자유·평등·평화를 동등하게 누릴 자격을 가지고 있다.

18세기까지 전통적으로 대립한 두 정치 철학이 있었다. 하나는 국가 주권이 군주 개인에게 있다고 주장한 절대주의 이론이고, 다른 하나는 관습이나 전통을 중시하고 의회나 신분회 등이 갖는 역사적 권리를 주장하는 입헌주의였다. 17세기에 이 두 이론은 설득력을 갖추기 위해 자연법 관념에서 그 근거를 찾으려고 하였다.

절대주의 이론을 17세기의 과학 정신과 자연법에 따라 밝힌 정치 철학자가 홉즈Thomas Hobbes(1588-1679)였다. 반면 대의제를 통한 입헌주의를 대변한 사람은 영국의 로크였다.

홉즈는 사회 계약에 의한 정부를 증명하려 노력하였다. 1651년 출판된 『리바이어던Leviathan』에서 그는 정치권력이 없는 자연 상태의 인간은 서로 물고 뜯는 싸움의 상태에 있다고 주장하였다. 홉즈에 따르면 이러한 혼란을 잠재우기 위해 강력한 정부가 필요하고 사람들은 계약을 통해 지배자에게 절대적 권력을 양도해야 한다고 역설하였다. 홉즈는 일종의 거대한 동물(리바이어던)로 묘사된 강력한 국가를 통해 왕의 절대성을 인정하였다.

홉즈의 주장에 따르면 자연 상태에서는 살기가 불편하기 때문에 사람들은 공동의 이익을 위해 사회와 정부를 세우기 위해 계약을 맺는다고 한다. 그러나 로크에 따르면 인간은 도덕심과 이성을 갖고 있으며 국가의 형성 여부에 관계없이 어떠한 권리(자연권)를 소유하고 있다. 그것이 바로 생명·자유·재산의 권리이다. 사람들은 이러한 모든 권리가 잘 보장되도록 정부를 세우는 데 합의(계약)하는 것이다.

결국 로크는 만일 정부가 기본권인 생명·자

홉즈

홉즈는 정치적으로 절대 군주제를 찬성하였다. 그는 사회 계약에 의한 정부의 존재 이유를 증명하려 하였다. 그는 자연 상태의 무정부·공포·죽음에서 벗어나기 위해서는 강력한 정부에 의한 질서가 필요하다고 주장하였다. 홉즈에 따르면 이러한 질서를 세우려면 사람들은 자신의 자유를 희생하는 수밖에 없고 계약을 통해 자신의 자유를 지배자에게 맡겨야 한다. 이 경우 지배자는 무제한의 절대 권력을 가져야 하며 그렇지 않으면 질서가 유지되지 않고 사회는 또다시 '만인과 만인의 투쟁 상태'로 돌아가게 되기 때문이다.

유·재산의 권리를 보장하지 않고 제멋대로 권한을 남용할 때에는 계약을 파기할 권리, 즉 저항권이 있다고 주장하였다. 로크는 책임있는 정부와 책임있는 국민을 강조하였으며, 정부의 실제 운영에서는 다수의 의사에 따르는 대의제代議制를 주장하였다.

계몽 사상의 영향

뉴턴이 완성한 근대적 우주관은 자연 과학의 영역을 넘어 인간과 사회에 관한 모든 분야에 걸쳐 지적 변화를 일으켰다. 학자와 사상가들은 전통적인 권위와 가치관에 회의를 느끼고 새로운 시각에 따라 인간과 사회를 합리적으로 분석하려고 하였다. 이리하여 계몽 사상 운동이 시대의 추세가 되었으며 이에 적극 동참한 사람들이 계몽 사상가들이었다.

계몽 사상가
계몽 사상가들은 인간 이성의 능력을 확신하고 과학 지식의 발달을 낙관했으며 동시에 자연의 질서와 조화를 깊이 믿고 인류 문명의 진보를 기대하였다. 계몽 사상은 동유럽의 절대 군주들에게 영향을 끼쳤으며 18세기 미국 혁명, 프랑스 혁명의 지적 토대가 되기도 하였다.

자연법 개념에 입각한 경제 체제를 주장한 중농학파重農學派: physiocrats는 대표적인 계몽 사상가들이었다. 중농학파에는 루이 15세의 주치의인 케네François Quesnay(1694-1774), 루이 16세 때 장관을 지낸 튀르고Anne Robert Jacuqes Turgot(1727-1781) 등이 있었다. 이들은 수요와 공급 및 가격을 자연의 추세에 맡겨야 한다고 주장하였다. 이에 영향을 받은 아담 스미스Adam Smith(1723-1790)는 특히 자유방임 경제를 강조하였다. 그의 저서 『국민들의 부』는 자본주의 경제 체제를 옹호하며 대량 생산 방식으로서 분업을 주장하였다.

어떤 계몽 사상가보다도 전통에 항거하고 사회악을 과감히 비판한 사람은 파리 중산 계급 출신의 볼테르Voltaire(1694-1778)였다. 그는 근본적으로 국가란 지배자 개인의 영광과 야욕을 위해서가 아니라 백성의 필요와 희망을 충족시키는 하나의 도구로서 존재하는 것이었다. 볼테르가 이상적으로 생각한 정부 형태는 지식 수준이 높은, 제한된 수의 투표권자 집단에 의한 대의민주제였다. 그러나 실제 그가 좋다고 생각한 정부 형태는 계몽 군주에 의한 정부였다. 이 점에서 볼테르는 당 시대의 테두리를 크게 벗어나지 않은 온건한 개혁자에 불과하였다.

18세기의 사상가 가운데 루소Jean-Jacques Rousseau(1712-1778)는 당시 이성 존중의 풍조에 반항하여 감정과 본능이 더 중요한 인간 행위의 동기라고 설명하였다. 그는 인위적이며 퇴폐적 문명을 비난하고 단순·소박한 생활로 되돌아갈 것을 주장하기도 하였다. 루소는 자신의 교육 사상을 밝힌 『에밀Emile』에서 교육의 목적이 지식의 주입보다도 개인의 잠재 능력과 개성을 계발시키는 데 있다고 말하였다. 한편, 『사회계약론Contrat social』(1762)의 서두에서는 "사람은 태어날 때 자유로우나 지금은 어디서든 쇠사슬에 매여 살고 있다"는 말로 사회를 필요악이라 생각하였다.

루소는 근본적으로 로크의 사회계약설에 동의했지만 루소의 계약설은 로크나 홉즈의 계약설과 다른 특징을 갖고 있었다. 그는 사회 성원들이 '일반 의지'를 가지고 있다고 생각하였다. 즉 사람들은 상호 간에 자연적 자유를 양도함으로써 전체가 융합된 하나의 의지(공동체 자체의 의지)를 만든다는 것이다. 이 경우 각 개인은 그 명령에 따라야만 한다. 루소의 일반 의지는 신성하고 불가침의 것이며 그것은 다수결로 결정되지 않고 인민 전체를 결합시키는 공동 이익에 의해 결정되는 것이다.

▲ 몽테스키외

몽테스키외의 법의 정신

프랑스의 귀족 출신인 몽테스키외는 『법의 정신L'esprit de lois』(1748)을 저술한 정치 이론가였다. 그는 정치 권력을 입법·사법·행정의 삼권으로 나누어 논하였다. 볼테르와 같이 영국의 정치 제도를 존중한 몽테스키외는 입헌대의제를 가장 적절한 정치 체제라고 찬양하였다.

루소의 일반 의지는 결과적으로 대의제에

의한 간접 민주정치 및 다수결 원칙을 거부하는 셈이 되었다. 그의 이론은 직접 민주주의와 공동 이익의 추구를 위해 개인을 희생시키는 전체주의를 합리화하는 것이기도 하였다.

1751년부터 1772년에 걸쳐 디드로Denis Diderot(1713-1784)가 편찬한 『백과전서Encyclopédie』는 '과학·예술·기술의 합리적 사전'으로 많은 지식인의 협동 작업을 통해 완성되었다. 『백과전서』의 탄생은 혁명 전의 프랑스 사회를 과감하게 비판한 획기적인 업적이었다. 그것은 전통적인 사회악과 권위에 도전하는 무기가 되었기 때문에 약 20년 동안 발매 금지 등 각종 탄압을 받았다. 그러나 이 책은 계몽 사상 시대의 새 사상을 전파하는 매개체가 되었다.

역사학은 17·18세기에 두드러지게 발전하였다. 17세기에는 역사적 사실을 수집하기 위한 사업이 각국에서 일어났고 유럽 각지의 각종 고문서를 해독하고 확인하는 작업을 통해 사료 수집과 분석의 체계화가 이루어졌다. 18세기에는 본격적인 의미의 역사학 연구가 시작되었다.

독일의 헤르더Johann Gottfried Herder(1744-1803)는 민족사를 강조하였고, 영국 역사가 기번Edward Gibbon(1737-1794)은 이교적異敎的 '문명'과 그리스도교적 '야만'을 비교하면서 『로마 제국 쇠망사The History of the Decline and Fall of the Roman Empire』를 저술하였다. 또한 문화사를 창시한 볼테르는 유럽 사회의 모습뿐 아니라 비유럽 민족들의 진보를 철학적으로 해석하는 역사 기술을 하였다.

18세기 과학의 방법을 인간과 사회 이해에 적용한 사회 과학 분야가 성립되었다. 당시 사람들의 관심 대상은 인류 복지와 인도주의였기 때문에 정치학·경제학·인류학·심리학

벤섬의 공리주의

공리주의란 효용效用: utility이 있는가 없는가의 여부가 각 개인의 행위의 동기를 결정하는 기준이 된다는 사상이다. 이에 따르면 행위 대상의 효용이 크면 클수록 행위자의 행복도 역시 더 증진된다는 것이다. 효용이란 곧 행위자의 선善이며 또는 이익이다. 공리주의는 모든 사회 과학의 목적은 최대 다수의 개인들의 최대 행복을 증진시키는 데 있다는 주장이다.

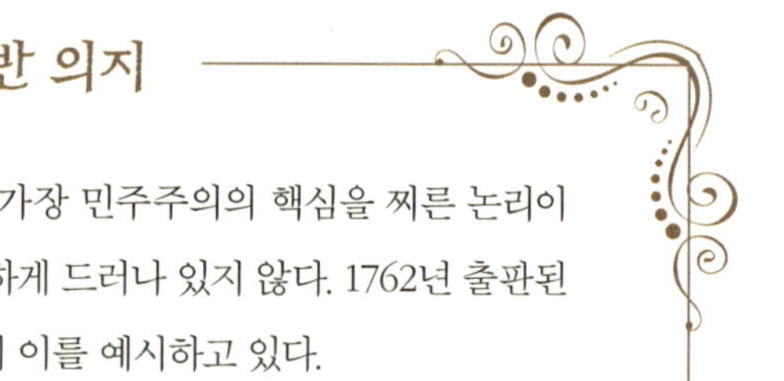

루소의 일반 의지

루소가 사회계약론에서 밝힌 일반 의지는 가장 민주주의의 핵심을 찌른 논리이지만 그 본질이 무엇인가에 관해서는 명백하게 드러나 있지 않다. 1762년 출판된 『사회계약론』에 나타난 다음과 같은 주장이 이를 예시하고 있다.

> 사회계약의 핵심은 다음과 같이 요약될 수 있다. 즉 각자는 자신의 인신人身과 모든 공유共有 권한을 일반 의지의 최고 지시에 맡겨야 하고 우리는 집단적 권한에 의해 전체의 불가분不可分의 일부로 각자를 받아들이는 것이다….
>
> 사실상 한 인간으로서 각 개인은 일반 의지와 반대되거나 상이한 특수 의지를 가질 수 있다. 그의 특수한 이익은 공동 이익과는 상당히 다른 목소리를 낼 지도 모른다. … 백성으로서의 의무를 다하지 않고서도 시민의 권리를 향유하기를 원할 것이다. 이러한 부당성이 계속되는 것은 정치적 통일체의 해체를 의미할 뿐이다.
>
> 그렇다면 사회계약이 공허한 공식이 안 되기 위해서는 누구든 일반 의지에 복종하지 않을 경우 그 사람에게 전체에 대해 복종하도록 강요되어야 한다는 것을 사회계약에 묵시적으로 포함시켜야 한다. 이럴 때만이 나머지 사람들에게 힘을 줄 수 있다. 이는 그가 자신의 자유를 위해 강제될 수 있다는 것을 의미한다. 이것은 각 시민이 스스로를 나라에 바침으로써 개인적으로는 예속됨에도 불구하고 그렇게 하는 것만이 자신의 안전을 확보할 수 있는 조건이다. 여기에 정치적 기구[국가] 운영의 관건이 있다.

을 비롯하여 범죄학·교육학 등의 분야에서 큰 진보를 보았다. 법과 정치학 분야에서는 벤섬Jeremy Bentham(1748-1832)이 공리주의功利主義: Utilitarianism에 입각한 사회 이론을 확립하였다.

계몽 사상가들의 주장은 당대의 각국 군주에게 영향을 주었고, 계몽 군주들은 개혁을 실시하여 그들의 사상과 제안을 구체화하였다. 계몽 사상가들은 폭력과 혁명을 강조하지는 않았으나 일반 대중은 혁명을 합리화할 수 있는 근거를 계몽 사상에서 찾았다. 계몽 사상이 혁명 발생에 결정적 힘으로 작용했는가는 논란의 여지가 남아 있으나 혁명의 배경에 계몽 사상이 있었다는 것은 분명한 사실이다.

아메리카 혁명의 배경

18세기 중반까지 북아메리카가 혁명의 중심이 되리라는 징조는 보이지 않았다. 북아메리카 지역에는 영국에서 신앙의 자유를 위해 이주한 청교도들과 무역으로 돈을 벌기 위해 이주한 상인들이 정착하였고 18세기에 이르러는 13주의 식민지가 건설되었다. 이 13주의 거주민은 스스로 영국법을 준수하는 영국 백성이라 생각하였다. 영국과 식민지 주민 양측의 관계는 순탄하였다. 영국 왕은 북아메리카 13주 식민지에 총독을 파견했지만 그것은 형식적인 것이었다. 1760년대까지 13주 식민지 주민은 자체 의회를 갖고 각 주를 자주적으로 운영하였다.

원래 영국은 아메리카 식민지로부터 유럽에서 생산되지 않는 쌀·설탕·담배 등을 공급받고 있었다. 1650년 이후 영국의 중상주의 정책이 더욱 강화되었다. 법령에 따라 영국 선박만이 영국과 그 식민지로 물건을 운송할 수 있었고, 식민지인은 영국 본토와 통상해야만 하였다. 식민지인들은 영국만을 상대로 통상해야 하는 것을 좋아하지 않았고 그 결과 밀수가 빈번히 일어났다. 영국 정부도 이런 밀수를 엄격하게 처리하지 않고 묵인하고 있었다.

그러나 7년 전쟁 후 영국 정부의 식민지 경영 방침이 변화하였다. 전쟁 후 재정적으로 곤란해진 영국 정부가 식민지에 막대한 세금을 부과하기로 결정한 것이었다. 영국 정부는 밀수를 단속하고 관세를 올리겠다고 선언하였다.

영국 정부가 식민지인들의 밀수를 묵인하지 않고 강경한 세금 징수 정책으로 전환하면서 식민지 상인들은 큰 타격을 받았다. 또한 1765년에는 인지세법印紙稅法: Stamp Act을 만들어 국가 공문서는 물론 신문, 팸플릿 등의 문서에 인지를 붙이고 세금을 납부하도록 하였다.

이런 정책 변화에 아메리카 식민지인들은 반발하였다. "대의없는 과세는 압제"라는 구호로 과세 정책을 철회하도록 요구하였고 결국 1766년 인지세법을 폐지하였다. 인지세는 폐지되었지만 1767년 발표한 관세법이 아메리카 식민지인들을 자극하였다. 영국은 식민지를 방위할 목적으로 북아메리카에 주둔하고 있는 영국군의 경비를 마련하기 위해 차·종이 등을 수입할 때 세금을 부과하는 관세법을 만들었다. 필라

▲ 보스턴 학살사건: 1770년 3월 5일 영국군이 관세법을 반대하는 보스턴 시민에게 발포하였다.

델피아·뉴욕·보스턴 등의 식민지인들은 이러한 세금이 부당하다고 생각해 조직적으로 세법을 거부하였다. 특히, 보스턴 지역 주민들이 가장 강력히 반발했는데 영국은 군대를 동원해 주민들을 진압하고 탄압하였다. 이 사건이 '보스턴 학살Boston Massacre 사건'이다.

1770년 영국 정부는 관세법을 철폐하는 대신 차세茶稅에 관한 법을 만들었다. 분노한 식민지인들은 아메리카 인디언으로 분장하고 동인도 회사의 선박에 몰래 침입해 배에 실린 수백 상자의 차를 바다에 던져버렸다. 이 사건이 바로 '보스턴 차 사건Boston Tea Party'이다.

보스턴 차 사건 이후 영국은 강경책을 써서 식민지인을 탄압하였다. 분노한 식민지인도 영국 정부에 강경히 대응하기로 결정하고 대책을 마련하기 위해 대표들이 필라델피아에 모였다. 이 회의가 제1차 대륙 회의Continental Congress이다(1774). 이 회의에서 식민지인의 권리와 자유의 회복을 주장하는 한편 영국과 타협하기를 희망하였다.

그러나 영국의 여론은 아메리카 식민지에 대한 강력한 보복을 주장하였다. 식민지인 대다수는 영국에 충성하는 '왕당파'였으나 소수였던 '애국파Patriots'가 일련의 사건을 일으켜 영국에서의 여론은 더욱 나빠졌다. 마침내 1775년 보스턴 근교 렉싱턴Lexington과 콩코드Concord에서 영국군과 식민지의 농민들 사이에 무력 충돌이 일어났다. 이것이 독립 전쟁의 신호가 되었다.

다시 제2차 대륙 회의가 소집되어 13주 대표가 모였다. 이들은 영국 왕 조지 3세George III(재위: 1760-1820)에게 사태의 시정을 요구하는 한편 만일에 있을 무력 충돌에 대비해 조지 워싱턴George Washington(1732-1799)을

보스턴 차 사건(1773)

1770년 영국은 차·종이 등의 수입에 세금을 부과하는 관세법을 없애고 차 1파운드 당 3페니를 부과하는 관세법을 만들었다. 그러나 영국 동인도 회사의 파산을 우려한 영국 정부는 동인도 회사가 재고로 가지고 있는 차를 아메리카 식민지에 판매하게 했다. 이것은 미국인들이 밀수하는 네덜란드에서 생산된 차보다 훨씬 싸게 인도 산 차를 판매해 이득을 얻으려는 영국 정부의 속셈이었다. 분노한 미국인들은 인디언으로 분장하고 동인도 회사 선박 3척에 침입해 차를 바다에 던져버렸다. 이것이 바로 보스턴 차 사건이다.

연합 식민지군 총사령관으로 임명하였다. 아직도 식민지인들의 일반 여론은 완전히 통일되지 않은 상태였지만 점차 강경한 여론이 지배적으로 되었다.

아메리카 합중국의 성립

1776년 7월 4일 대륙 회의는 토마스 제퍼슨Thomas Jefferson(1743-1826)이 기초한 '독립 선언서'를 채택하여 혁명적 행동을 시작하였다. 이 선언서를 통해 13주 대표는 왕권신수설에 입각한 군주권을 반박하였다.

전쟁 초기 병력과 장비에 있어 우월한 영국군은 강력한 해군을 동원해 뉴욕과 필라델피아에서 승리하였다. 그러나 식민지군은 총사령관 워싱턴의 뛰어난 지도력 하에 영국군에 끈질기게 저항하였고, 새러토가Saratoga 전투에서 영국군에게 승리하는 쾌거를 이루었다. 이 승리를 계기로 파리에 파견되어 있던 프랭클린은 프랑스의 참전을 이끌어내는 데 성공하였다.

1778년 프랑스가 영국에 선전포고를 하자 그동안 영국의 비약적인 발전에 불편해하던 스페인과 네덜란드도 아메리카 독립 전쟁에 참가하였다. 전쟁이 발발하자 영국은 중립국 선박을 나포·수색하였다. 그러나 이러한 행동은 여러 나라들을 자극하여 프로이센·포르투갈·시칠리아·신성 로마 제국 등이 추가로 참전하는 계기가 되었다. 결과적으로 영국은 유럽의 거의 모든 나라와 싸우게 되었다.

유럽 국가의 도움을 받은 식민지군은 전쟁 초반의 분위기를 역전시켜 전쟁을 유리하게 이끌어 갔다. 라파예트Marquis de Lafayette(1757-1834)가 지휘하는 프랑스군과 함대의 지원을 받은 워싱턴의 식민지군은 1781년 요크타운Yorktown(Virginia)에서 영국군을 격파하였다. 마침내 1783년 파리 조약이 체결되어 13주는 아메리카 합중국으로 독립이 승인되었다.

1783년 공식적으로 종전되자 1778년 제정된 '연방 규약Articles of Confederation'이 문제가 되었다. 종전 후 연방 규약을 둘러싸고 각 주의 독립적 지위를 유지하려는 연방주의자와 강력한 중앙 정부를 수립하자는 주권론자들이 팽팽한 대립을 이루었다. 그 결과 1787년 5-9월 필라델피아에서 제헌 회의가 개최되었다.

이 회의에서 각 주의 독자성은 어느 정도 인정하면서도 강력한 중앙 정부를 수립하는 타협안이 결정되었다. 입법·사법·행정의 삼권 분립에 입각한 새로운 헌법은 1788년 7월 2일 선포되어 워싱턴이 제1대 대통령으로 당선되었다. 3년 후에는 최초의 수정 10개 조가 추가되어 신앙·언론·출판의 자유 및 자의적 정부에 반대할 수 있는 법적 보장이 이루어졌다.

독립선언서

이 선언서는 아메리카 식민지의 자유와 독립을 선언하면서 자연권, 주권재민설主權在民說, 혁명권 등을 분명히 밝혔다. 선언서의 내용은 첫째, 모든 사람은 생명·자유 및 행복 추구의 권리와 같은, 남에게 양도할 수 없는 일정한 권리를 창조주로부터 받았다는 것, 둘째, 모든 정부는 피지배자의 동의에 의해서만 정당한 권한을 행사한다는 것, 셋째, 압제를 일삼는 정부는 전복되어야 하며 필요하다면 무력에 의한 민중 정부 수립도 완전히 정당하다는 것 등이었다. 이 선언서는 17·18세기의 과학적 세계관을 반영하고 동시에 로크의 사회계약론 및 자연권 사상을 포함시킨 것이었다.

연방 규약

이 규약은 각 주가 중앙 정부의 간섭을 받지 않고 독자적인 자유와 권리를 지키려는 것이었다.

로크의 정치사상에 큰 영향을 받은 북아메리카 식민지의 독립 전쟁은 국민 주권을 바탕으로 역사상 최초의 성공적인 민주주의 공화제를 실현했다는 점에 큰 의의가 있다. 특히, 미국 혁명은 인간의 보편적 권리와 자유를 보장해야 함을 헌법과 독립 선언서를 통해 주장하였고, 이것은 1789년 프랑스 혁명에 직접적인 영향을 주었다.

프랑스 대혁명의 발단과 진행

프랑스에서는 중세부터 이어져 온 봉건적 잔재와 제도적 모순이 여전히 남아있었다. 귀족은 농민에게 과도한 개인적 봉사와 경제적 부담을 요구하였다. 또한 제1신분(성직자)과 제2신분(귀족) 계층이 대부분의 국가 재원을 소유하고 과세를 피하면서 정치적 영향력을 행사하고 있었다. 이러한 구체제舊體制: ancien régime의 모순 때문에 일반 사람들의 불만은 커져갔다.

구체제의 모순

프랑스 인구 2천 6백만 중 1%를 조금 넘는 수의 사람들만이 특권층인 제1신분이나 제2신분에 속해 있었다. 이 특권층은 국가의 반 이상의 토지를 소유하고 있었고 정치적·경제적으로 강력한 지위를 차지하고 있었다.

부르주아 계급의 불만

부르주아 계급은 농민보다 훨씬 더 잘 살았고 형편도 좋았다. 이 계급에는 법률가·의사·교사·문인·상인·수공업자들이 포함되었는데, 특히 상공업에 종사하는 부르주아 계급의 경제적 힘은 강력하였다. 또한 이 계층은 교육 수준이 높아서 사회적 지위 향상과 정치 참여를 열망하고 있었다. 그러나 구제도 하에서는 문벌이 사회적 성공이나 출세를 결정했기 때문에 부르주아 계급의 지위 향상은 실로 어려운 것이었다. 그들은 문벌보다 능력과 업적에 의한 출세의 원칙을 바라고 있었다.

비특권층이라 할 수 있는 제3신분은 인구의 대부분을 차지하고 있었다. 이 중 농민이 인구의 80%를 차지하였는데, 그들은 여전히 봉건적 부담에 허덕이고 있었고 부역을 비롯해 교회에 내는 십일조를 포함하여 국가에 납부하는 여러 종류의 세금들로 수입의 절반을 내놓아야 하는 상황이었다.

그러나 프랑스 혁명의 직접적인 발단은 국가 예산의 파탄 때문이었다. 국가 재정 위기는 이미 루이 14세 시대에 있었던 여러 차례의 전쟁과 아메리카 독립 전쟁 참전으로 시작되었다. 정부의 부채가 기하급수적으로 늘어나 1789년에 4억 리브르에 달하였고 적자는 2천 7백만 리브르였다.

루이 16세는 국가 재정 위기를 깨닫고 1774년 튀르고Anne Robert Jacques Turgot(1727-1781)를 재무 장관으로 임명해 사태를 해결하려 하였다. 튀르고는 제1신분과 제2신분이 세금을 부담하는 것이 재정 위기에서 벗어나는 최후의 방법임을 알았다. 그러나 이러한 시도는 왕비와 귀족들의 반대에 부딪쳐 실패했고 그는 결국 쫓겨나고 말았다.

그 후 루이 16세에 의해 등용된 네케르Jacques Necker(1732-1804)와 칼론Charles Alexandre de Calonne(1734-1802) 재무 장관 역시 신분에

▲ 루이 16세

관계없이 세금을 납부하는 개혁을 계획하였으나 왕비와 귀족의 반대에 부딪쳐 역시 좌절하고 말았다. 여러 재무 장관이 임용되고 경질되었으나 국가 재정은 별반 나아지지 않았다.

1787년 절망적인 루이 16세는 마지막 수단으로 귀족과 성직자로 구성된 명사회名士會를 소집했으나 아무런 해결책도 찾지 못하였다. 이제 국가 재정 문제를 해결하기 위해 남은 수단은 1614년 폐지된 이래 150년 이상이나 소집한 적이 없는 전국 신분회身分會: états-généraux를 소집하는 것뿐이었다. 제3신분 중 부르주아 계급은 이 기회를 이용해 자신들의 권리를 주장하려 하였다.

그런데 신분회의 표결 방식이 문제가 되었다. 신분회에 참여한 제3신분의 수가 1·2신분의 두 배에 이르렀으나 표결 방식은 여전히 '1인 1표par tête'가 아닌 '1신분 1표par ordre'였다. 1·2 신분은 동일한 이해관계를 바탕으로 손을 잡을 것이 분명하니 제3신분은 2대 1로 불리한 입장이 되었다.

제3신분 대표들은 불리한 신분별 표결 방식을 즉각 반대하고 조금도 양보하지 않았다. 1789년 6월 20일 제3신분 대표들은 테니스 코트에 모여 프랑스 헌법을 제정할 때까지 해산하지 않겠다고 선언하였다. '테니스 코트의 선서'는 절대 왕권의 종말과 주권재민의 출발을 선언한 것이었다. 제3신분은 왕의 권고에도 해산하지 않고 그 자리에서 국민제헌의회國民制憲議會의 성립을 선포하였다.

6월 27일 보고를 받은 왕은 "그들이 남고 싶다면 남을 수밖에 도리가 없지 않나"하고 물러섰고 이것이 국민제헌의회를 승인한 것이 되어 버렸다. 그러나 의회가 개인의 자유, 사회적 평등, 민주적 민족주의를 목적으로 헌법을 제정하려 하자 귀족들은 강력히 반발하며 국가 재정 위기 극복을 위해 재임용된 네케르를 파면하고 군대를 동원해 의회 활동을 저지하도록 왕을 설득하였다.

> **민병대의 삼색기**
> 파리 자치시 정부가 민병을 모집한 후 처음 나온 '3색기'色旗는 수도를 상징하는 빨강과 푸른 색, 그리고 부르봉 왕가를 의미하는 흰색으로 된 깃발이었다. 부르봉 왕가의 문장紋章은 흰 색 바탕에 백합fleur de lis 꽃이 있는 것으로 흰 색이 왕가를 뜻하였다.

네케르의 파면 소식을 들은 파리 군중은 분노하였다. 파리 군중은 재정 위기를 해결할 마지막 기회가 사라졌다는 공포에 휩싸여 폭동을 일으켰고 7월 14일 바스티유Bastille 감옥을 습격하였다. 파리 시민들이 파리 자치시 정부commune를 구성하고 민병대를 조직하자 사태의 심각성을 깨달은 왕은 네케르를 다시 등용하였다. 한편, 시민들은 그들의 영웅이며 미국 독립 전쟁에서 공을 세운 라파예트를 민병대장으로 임명하였다.

7월 14일의 바스티유 습격 소식이 지방으로 퍼지자 농민들에게 큰 충격을 주었다. 농민들은 오랜 봉건적인 속박에서 벗어나고 싶었기 때문에 영주의 성을 습격하여 봉건적 의무가 담긴 장원 문서를 불태우고 성을 약탈하였다.

국민의회는 이러한 농촌의 혼란과 난동을 보고 받고 국민의 요구를 반영하여 모든 봉건적 특권을 폐지하였다. 이 법령으로 프랑스의 모든 국민은 평등해졌고 계급 차별은 없어지게 되었다.

프랑스 대혁명의 승리

국민의회는 새 헌법의 기본 원칙을 기초하며 「인간과 시민의 권리선언Déclaration des droits de 1'homme et du citoyen」을 발표하였다. 이 선언은 영국 혁명과 아메리카 혁명에서 각각 채택된 「권리장전」과 「독립 선언서」의 영향을 받았고, 또 루소의 정치 철학을 반영한 것이었다. 그러나 이 권리선언은 순수한 민주주의에 대한 주장이 아니라 오히려 중산층 부르주아의 이익을 대변하는 것이었다.

그러나 루이 16세는 보수적인 귀족 세력의 조종을 받으면서 국민의회의 활동을 인정하지 않고 무력으로 탄압하려 하였다. 이에 마침 극심한 식량난에 허덕이던 파리의 군중의 분노가 폭발해 부녀자가 중심이 되어 빵을 달라고 외치면서 10월 5일 베르사유로 행진해 갔다. 궁전 앞에서 시위하는 군중의 요구에 따라 왕은 가족과 함께 튈리Tuileries궁에 기거하며 혁명 세력의 중심지인 파리에 갇히게 되었다.

1791년 국민의회는 입헌 군주제를 규정하는 새 헌법을 만들었다. 선거를 통해 의원을 선출해 입법의회를 구성하였다. 그러나 「인간과 시민의 권리선언」에서 모든 시민의 참정권이 인정되었음에도 불구하고 의회는 제한 선거 제도를 선택하였다.

인간과 시민의 권리선언

1조: 사람은 태어나면서부터 또한 살아가는 동안 자유이며 평등한 권리를 가진다. 사회적 차별은 공공복리를 위해서만 있을 수 있다.
3조: 모든 주권의 원천은 본래 국민에게 있다. 어떠한 집단, 어떠한 개인이라도 그로부터 명백히 유래하지 않는 권한을 행사할 수는 없다.
7조: 누구든 법에 정해진 경우 외에는 또 법이 정한 형식에 의하지 않고는 고소, 체포, 구금될 수 없다….
10조: 누구든 의견 발표가 법이 확정한 공공질서를 문란케 하지 않는 한, 그 의견 때문에 위협 받고 불안감을 갖게 되지 않아야 한다. 종교적 의견에 관해서도 같다.
11조: 사상 및 의견의 자유로운 교환은 사람의 가장 귀중한 권리 중의 하나이다. 그런 까닭에 각 시민은 자유롭게 이야기하고 저술하고 출판할 수 있다. 다만, 법이 정한 경우에 이 자유의 남용에 대해서는 책임을 져야 한다.

프랑스 혁명은 1791년 중기 이후부터 새로운 국면으로 들어섰다. 입법의회는 입헌 체제의 유지를 바라는 우익과 혁명을 더 과격하게 밀고 나가려는 좌익으로 분열되었다. 입법의회의 주도권은 지롱드Gironde 도道 출신으로 된 우익 지롱드 당에 의해 장악되었다.

한편, 1791년 2월 루이 16세와 왕가가 왕비의 친정인 오스트리아로 탈출하다 붙잡히는 사건이 발생하였다. 이 사건으로 루이 16세는 국민들에게 불신의 대상이 되었고 군주제를 폐지해야 한다는 여론이 강하게 제기되었다. 혁명에 반대하며 망명한 귀족들이 군대를 동원해 반란을 일으키자 루이 16세에 대한 국민의 냉대는 더욱 심해졌다.

> **1791년 새 헌법**
> 새 헌법에 따라 3일간의 임금에 해당하는 돈을 세금으로 납부하는 남자 시민만이 능동시민能動市民: citoyen actif으로 투표권을 가질 수 있었다. 또한 입법의원으로 출마하기 위해서는 일정한도의 재산을 소유해야만 하였다. 1791년의 프랑스 헌법은 주로 재산이 있는 부유한 부르주아 계급의 이익이 반영되었을 뿐이었다.
>
> **바렌느 탈출 사건**
> 파리에 갇혀 있다시피 한 루이 16세와 왕가는 왕위가 위태롭다고 느끼고 탈출을 계획한다. 1791년 2월 왕과 왕비는 변장을 하고 왕비의 친정인 오스트리아로 도망치려다 국경 근처의 바렌느에서 붙잡혀 파리로 되돌아오게 되었다.

1792년부터는 프랑스와 인접한 유럽 여러 국가들의 왕이 혁명을 잠재우기 위해 프랑스를 상대로 전쟁을 선포하였다. 전쟁이 발발하자 파리 시민들은 왕과 왕비가 외국과 내통했다고 의심하고 튈리 궁을 습격하기도 하였다. 1792년 프로이센-오스트리아 동맹군 사령관이 프랑스 국민에게 포고문을 보냈다. 8월 10일 파리 시민들은 이 선언을 듣고 분노하여 튈리 궁에 침입하였고, 왕을 보호하고 있는 파리 자치시 정부에 반발하여 대규모 반란을 일으켰다.

급진적인 좌익 의원들은 시민의 분노를 잠재우기 위해 왕권 정지를 선언하고 임시 정부를 수립하였다. 그리고 보통 선거를 통해 국민공회國民公會: Convention Nationale를 구성하기로 약속하였다. 당통Georges J. Danton(1759-1794)은 임시 정부의 수장이 되었다. 당통은 외세 침입을 막기 위해 군대 모집 계획을 추진하는 한편, 혁명에 반대해 투옥 중인 혐의자들을 재판없이 처형하였다. 입법의회는 21세 이상의 모든 남자시민의 투표권을 인정하였다. 보통 선거에 의해 구성된 국민공회는 프랑스의 왕정을 폐지하고 1792년 9월 22일 공화정을 선포하였다.

프랑스의 제1 공화정

프랑스 혁명은 도시의 노동자·소시민층이 혁명을 민중의 주도로 이끄는 제2 단계에 들어섰다. 국민공회 소집 기간 중에는 과격한 정파가 정치계를 주도하였다. 급진적인 산악파는 왕이 살아 있는 한, 왕정복고의 음모가 계속될 것이라며 왕의 처형을 요구하였는데, 특히 로베스피에르Maxmilien Robespierre(1758-1794)는 왕의 사형을 강력히 주장하였다. 산악파는 왕의 사형을 반대하는 지롱드 당과 논쟁을 거듭하다 마침내 최종 표결을 통해 왕의 사형이 확정되었다.

그리하여 1793년 1월 21일 튈리 궁 앞 광장에서 루이 16세는 기요틴guillotine으로 처형되었다. 유럽의 왕들은 루이 16세의 처형에 경악하였고 이 사건으로 유럽의 여러 나라들이 프랑스를 적대시하게 되었다. 결국 1793년 영국·스페인·네덜란드 등 각국이 연합하여 프랑스에 대

▲ 루이 16세의 처형

▲ 처형 직전의 마리 앙투아네트

항하는 대동맹大同盟을 결성하였다. 대동맹은 프랑스 왕의 죽음을 복수하고 혁명을 저지하기로 서약하였다.

프랑스는 프랑스 국민 모두가 일치단결해 대동맹 군에 저항해야 하였다. 그러나 국민공회는 지롱드 당과 도시 하층민의 뒷받침을 받는 자코뱅 당이 주도권 쟁탈전에 돌입하며 분열을 거듭하였다. 이 싸움에서 자코뱅 당이 승리하며 지롱드 당은 몰락하고 1793년 새 헌법이 제정되었다. 그러나 대동맹의 군대가 동부에서 프랑스로 진격해 들어오는 한편, 서부에서는 지롱드 당과 왕당파가 반란을 진행하면서 프랑스 사회의 혼란은 더욱 심해졌다.

산악파山岳派와 자코뱅당

파리에 국민공회 소집 기간 중 우익과 좌익, 중도파란 정치적 용어가 생겨나기 시작했다. 보수적인 지롱드 당 의원들이 국민공회 의장석 우측에 자리 잡고 있어 우익이라 불리게 되었다. 반대편에는 급진적인 의원들이 자리 잡고 있었는데, 이들은 언제나 왼쪽 높은 곳에 앉아 있다고 해서 산악파라 불렸다. 이들 대부분이 자코뱅 당 소속 의원이었다. 이 두 파의 중간 의석을 차지한 의원들은 중도적 입장을 보였다.

공포정치La Terreur

혁명 정부의 '공안 위원회'는 혁명에 반대할 경우 사형을 선고한다는 공포심을 대중에게 심어 주었다. 공포로써 정권을 유지하는 공포 정치의 시대가 온 것이었다. 이 시기 간단한 재판 후 광장에서 처형된 사람들이 파리에서만 5천 명, 지방에서는 2만 명에 달했다고 한다.

주도권을 장악한 자코뱅 당은 혁명 정부를 구성하였다. 혁명 정부는 국내의 혼란을 '공포정치La Terreur'로 잠재우는 한편, 대동맹 국가와의 국외 전쟁을 수행하기 위해 전 국민에게 병역의 의무를 부과하였다.

자코뱅 당의 강력한 독재로 프랑스는 전쟁에서 점차 승리를 거두었다. 대對 프랑스 동맹군이 용병대로 구성되어 있는 반면, 프랑스의 시민군은 스스로의 자유와 권리를 위해 싸우고 있었다. 혁명 전쟁을 통해 민족 의식이 고조된 프랑스 시민군은 전쟁에서 승리를 거두며 스페인과 프로이센을 굴복시켰다.

그러나 자코뱅은 몰락의 길을 걷게 되었다. 1794년 봄 프랑스는 대외 전쟁과 국내 정치 모두 안정을 회복하였지만, 공안 위원회를 장악한 로베스피에르는 공포 정치를 계속하였다. 그는 혁명적 동지였던 과격파 에베르Jacques René Hébert(1755-1794)와 당통 등을 처형하고 독재 정치

로베스피에르의 '덕德의 공화국'
로베스피에르는 이상주의자였다. 그는 모든 시민이 도덕적으로 깨끗하고 사심 없는 애국자가 되어야 한다고 믿으며 '덕德의 공화국' 수립을 주장하였다. 자신의 이상에 어긋나거나 미온적인 태도를 보이는 시민들은 무차별적으로 처형하였다. 그러나 대부분의 시민은 로베스피에르의 광신적인 이념에 무관심했다.

를 확립하였다. 그러나 결국 1794년 7월 국민공회는 로베스피에르를 체포하고 처형하였다.

이후 주도권을 잡은 부르주아 중심의 온건파는 로베스피에르 시대의 법과 제도, 기관 등을 모두 폐지하였다. 프랑스 국민은 과격한 극단주의를 싫어하면서도 군주제의 복고도 바라지 않았다. 부르주아 중심의 국민공회는 새로운 정부를 구성하고 새 헌법을 선포한 결과 1795년 총통directeur 5명으로 구성된 총통부가 구성되었다. 그러나 총통부는 무능하고 부패하였다. 국내 경제 사정은 점점 악화되고 있는데 반해 대외 전쟁 중 오스트리아군과의 교전은 성공적이었다.

나폴레옹 보나파르트Napoleon Bonaparte(1769-1821)가 이끄는 프랑스군은 1796년에는 이탈리아로 진격해 승리를 거두었고, 빈까지 육박하여 오스트리아를 압박하였다. 무능한 정부로 인해 식량 부족 사태와 경제 공황을 겪고 있던 프랑스 국민 사이에서 전쟁 영웅 나폴레옹의 인기는 점점 높아졌다. 결국 민심을 잃은 총통부는 1799년 나폴레옹의 쿠데타로 무너지고 말았다.

1789년부터 1799년까지 10년간 유럽을 흔들어 놓은 프랑스 혁명은 나폴레옹의 군사 쿠데타에 의해 일단 끝이 났다. 프랑스 혁명은 인간이 자기 자신만의 책임 아래 행동할 수 있는 권리를 갖는 자유, 문벌이나 재산에 관계없이 누구나 똑같은 법의 적용을 받는 평등, 그리고 국가의 위기를 맞아 한 민족으로서 일체감을 가지는 동포애, 이 세 이념을 가져다 주었다. 이것들은 19세기 이후 유럽의 역사를 형성하는 힘이었으며 유럽 세계를 지배한 정신이었다.

나폴레옹 1세와 프랑스

나폴레옹은 총통부의 무능함을 보고 쿠데타를 일으켰다. 나폴레옹이 개정한 헌법은 1799년 12월 국민 투표를 통해 국민의 압도적인 지지를 얻으며 확정되었다. 나폴레옹은 10년 임기의 제1집정관이 되었고 제2, 3집정관과 국가위원회를 임명할 권리까지 가졌다. 형식적으로는 입법기관이 존재했으나 실제로는 나폴레옹이 입법권을 장악하고 있었다. 나폴레옹 정부는 공화제를 가장한 독재로 프랑스 국민은 혁명을 통해 힘들게 얻게 된 정치적 자유를 상실하고 말았다.

나폴레옹 정부는 효율적이고 유능하였다. 이 시기 프랑스 정부의 재정은 증가하고 농민의 세금은 크게 줄어들었다. 사법관이 유능해지고 재판은 엄정해졌으며 도로·교량·항만·운하 등이 개축되면서 프랑스는 10년만에 사회적 안정을 얻었다.

> **나폴레옹 보나파르트**
>
> 나폴레옹 보나파르트는 지중해 코르시카Corsica 섬 출신으로 가난한 법률가인 아버지와 이탈리아계 어머니의 5남 3녀 중 둘째 아들로 태어났다. 원래 코르시카는 프랑스에 매각된 섬으로 코르시카인은 독립을 갈망하고 있었고, 나폴레옹도 한때 열렬한 독립 운동가 였다. 그는 파리에서 사관학교를 다녔는데 수학이나 역사·지리에 관심이 많았다. 포병 장교로 임관했지만 가난한 탓에 어려운 생활을 하고 있었다. 프랑스 혁명이 일어나지 않았다면 나폴레옹은 하급 장교의 지위를 넘어서지 못했을 것이다. 그는 귀족 출신 장교가 부족한 제1 공화정 때에 신속히 진급하여 주목을 받았다. 1796년 상관의 부인이었던 연상의 과부 죠세핀Josephine de Beauharnais(1763-1814)과 결혼하고 곧 이어 프랑스의 이탈리아 원정군 총사령관으로 임명되었다.

나폴레옹은 대외적으로도 제2차 대동맹을 위협하였다. 1798년 영국은 오스트리아와 러시아를 새로이 대동맹으로 끌어들여 프랑스의 지중해 진출을 저지하려고 하였다. 그런데 1801년 러시아가 대동맹에서 탈퇴하면서 영국은 프랑스와 휴전을 협의하게 되었다. 1802년 아미앙Amiens 조약을 체결하면서 유럽에서의 프랑스 패권이 확립되고 제2차 대동맹이 와해되었다.

나폴레옹은 교황청과의 관계를 회복하기 위해 프랑스에서 가톨릭의 종교적 관용을 허용하였다. 대신, 주교 임명권을 프랑스 정부가 가지며 교황청이 교회 재산에 대한 모든 권리를 포기하도록 협의를 이끌어냈다. 또한 나폴레옹은 프랑스에 국민 교육 제도를 도입하였으며 능력에 따라 출세의 기회가 부여되어야 한다고 믿고 1802년에 명예 훈장 '레지옹 도뇌르Légion d' honneur' 제도를 실시하기도 했다.

무엇보다도 나폴레옹의 업적 중 가장 큰 의의를 갖는 것은 바로 「나폴레옹 법전」이었다. 1804년 민법을 완성하고 뒤이어 민사소송법·상법·형사소송법·형법 등이 추가로 완성되었다. 이 중 민법은 프랑스뿐만 아니라 벨기에·네덜란드·이탈리아·독일 민법의 기초가 되었다.

1804년 12월 나폴레옹은 공화제를 폐지하고 제정을 세웠다. 파리 노틀담 교회에서 나폴레옹 1세의 대관식이 거행되었고, 이로써 프랑스의 제1제정이 성립되었다.

나폴레옹이 황제에 즉위하기 직전 영국과 프랑스는 다시 전쟁을 시작하였다. 프랑스가 영국 침공 계획을 세우고 있었기 때문에 나폴레옹이 황제에 오르자 영국은 오스트리아·러시아·스웨덴을 끌어들여 1805년 4월 제3차 대동맹을 결성하였다.

나폴레옹은 이런 도전에 강력히 대응하기로 결심하고 신속하게 진격해 울름Ulm 전투에서는 대승을 거두었지만, 트라팔가Trafalga 해전에서 영국의 넬슨Horatio Nelson(1758-1805)이 지휘하는 영국 함대에게 대패하고 말았다. 그러나 나폴레옹은 이에 굴하지 않고 싸움을 계속해 황제 즉위 1주년 기념일인 1805년 12월 2일 오스트리아-러시아 연합군을 격파하였다.

이 전쟁의 패배로 제3차 대동맹은 해제되고 말았다. 당시 오스트리아의 프란츠 2세Franz II(Francis II, 1768-1835)는 신성 로마 제국의 황제를 겸하고 있었다. 그러나 프랑스와의 전쟁에서 패배함으로써 신성 로마 제국 황제에

나폴레옹 민법

나폴레옹 법전 중 민법은 여러 나라의 법제에 영향을 끼쳤다. 민법은 특히 가부장의 권위를 세우는데 이용되었는데, 212조 "남편은 부인을 보호해야 하며 부인은 남편에게 복종해야 한다", 214조 "부인은 남편과 함께 살 의무가 있으며 남편이 살기 편하다고 판단한 어느 곳에나 따라가야 한다" 등이 그 예라 할 수 있다.

▲나폴레옹 1세의 대관식(1804. 12. 2)

▲나폴레옹

나폴레옹 제국(1812)

서 쫓겨났다. 나폴레옹은 신성 로마 제국을 해체하고 라인 연방을 창설하였다.

나폴레옹은 뒤이어 프로이센을 격파하고 베를린에 입성하였다. 그는 계속 진격해 러시아와의 전쟁에서도 승리를 거두었다. 그는 러시아의 알렉산드르 1세Alexander I(Aleksandr Pavlovich, 재위: 1801-1825)와 틸지트Tilsit 조약을 체결하고 러시아와 동맹을 맺었다. 이로써 프랑스는 영국을 제외한 전 유럽을 좌우할 수 있는 강력한 권한을 가졌다.

대륙 봉쇄와 유럽 해방 전쟁

나폴레옹에게 대항할 수 있는 유일한 국가가 바로 영국이었다. 나폴레옹은 영국을 경제적으로 고립시키기 위해 1806년 '대륙 봉쇄Continental Blockade' 칙령을 내렸다. 다른 국가들이 영국과 통상 및 교류를 하지 못하도록 금지한 것이었다.

그러나 영국은 굴복하지 않고 역공세를 취하였다. 영국 정부는 밀수를 통해 통상을 계속하였다. 그리하여 영국 상품은 독일·네덜란드·스페인·포르투갈로 밀수입되었다. 나폴레옹은 대륙봉쇄령을 지키지 않는 국가들을 응징하기로 결정하여 1807년 포르투갈을 정복하고 스페인을 공격하였다. 그런데 예상과 달리 스페인의 저항이 매우 거세고 집요하였으며 영국군이 스페인 게릴라를 지원해 많은 희생을 치렀다. 영국과 프랑스의 관계는 점점 악화되었다.

1810년 프랑스와 러시아의 관계도 급속히 냉각되었다. 러시아는 대륙봉쇄령을 엄수하지 않았고, 나폴레옹은 러시아 세력을 견제하고자 부인 조세핀과 이혼하고 오스트리아 황제 프란츠 1세의 딸 마리 루이제Marie Louise(Maria Louisa, 1791-1847)와 결혼하는 혼인 정책을 이용해 동맹을 맺었다.

나폴레옹은 러시아를 응징하기 위해 원정에 나섰다. 그러나 러시아 원정은 실패로 끝났고, 그 결과 러시아·프로이센·오스트리아의 연합군이 나폴레옹에 대항해 '유럽 해방 전쟁Befreiungskrieg'을 시작하였다. 마침내 1813년 10월 라이프치히Leipzig 전투에서 나폴레옹은 패배하였다. 연합군은 1814년 3월 파리에 입성하여 부르봉 왕조의 복고를 결정하였고, 루이 18세Louis XVIII(Louis le Desire 1755-1824)가 즉위하였다. 영국을 비롯한 유럽 국가들은 나폴레옹을 엘바Elba섬에 감금하기로 결정하였다.

나폴레옹이 축출된 후 혁명으로 망명하였던 귀족들이 속속 프랑스로 귀국하면서 프랑스 혁명 이전과 같은 특권을 다시 누리게 되었다. 이에 대부분의 프랑스 국민은 물러간 지 9개월밖에 안 된 나폴레옹을 그리워하기 시작하였다. 1815년 2월 나폴레옹은 엘바 섬을 탈출해 군중

나폴레옹의 변명

나폴레옹은 세인트 헬레나로 유배 간 후 자신의 업적을 합리화하는 회고록을 썼다.

> 나는 혁명을 정화淨化했으며 평민을 격상시키고 왕들의 권위를 회복하였다. … 나는 위대함의 한계를 확대하였다. 내가 공격을 받고 역사가가 나를 옹호해 줄 점은 있는가? 나의 전제 정치? 역사가는 독재가 절대 필요했다는 것을 입증할 수 있을 것이다. 내가 자유를 제약했다고 말할 것인가? 역사가는 방종, 무정부, 전반적 무질서 등이 우리 문턱에 도사리고 있었다고 증명할 것이다. 내가 전쟁을 너무 좋아했다는 비난을 받을 것인가? 역사가는 내가 항상 방어의 입장에 있었음을 입증할 것이다. 내가 세계 왕국을 수립하기를 원했다고 비판하겠는가? 세계 왕국은 단지 상황의 우연한 결과이며 내가 적들에 의해 한 걸음씩 그런 결과에 도달했다고 역사가는 설명할 것이다. 나의 야망? 역사가는 내가 대단한 야망을 가진 사람이었다고 틀림없이 말할 것이다. 일찍이 볼 수 없는 가장 거대하고 가장 숭고한 야망을 가졌다고 말할 것이다. 그것은 이성 및 이성을 완전하게 행사하는 왕국, 인간적 능력을 완벽하게 향유하는 왕국을 수립하고 성화聖化하는 야망이었다.

나폴레옹의 러시아 원정

프랑스군은 신속히 진격해 모스크바에 입성했지만 모스크바는 텅 비어 있었다. 러시아군은 정면으로 나폴레옹의 군대와 전쟁을 해서는 승리할 수 없다는 것을 알고 모스크바를 비웠던 것이다. 러시아는 모든 농작물에 불을 질러 식량 보급을 차단하고 프랑스군이 지치기만을 기다렸다. 이윽고 추위가 찾아오자 프랑스군은 모스크바에서 후퇴할 수밖에 없었다. 러시아군은 후퇴하는 프랑스군을 추격해 기습 공격을 가하였고 결국 병력의 5분의 1만이 살아 프랑스로 돌아왔다.

의 열렬한 환영을 받으며 3월 20일 파리로 입성했다.

유럽 국가들은 나폴레옹의 재집권 소식에 매우 놀랐다. 나폴레옹과 또 다시 한 판 승부를 벌이지 않을 수 없었던 유럽 국가들은 벨기에 브뤼셀 근처의 바텔로(워털루Waterloo)에서 격전을 벌였다. 영국의 웰링턴이 지휘하는 연합군은 1815년 6월 18일 나폴레옹군을 격파하였고, 나폴레옹은 세인트 헬레나St Helena에 감금되어 1821년 그곳에서 생애를 마쳤다.

나폴레옹은 결과적으로 자신이 의도했든 안 했든 프랑스 혁명의 목적과 이념을 유럽 각지에 전파하였다. 유럽 전역에 자유와 평등의 이념이 전해졌고 각지에서 봉건적 잔재를 타파하기 위한 혁명 운동이 일어났다. 한편, 나폴레옹이 정복한 국가들은 프랑스의 침략에 저항하면서 민족 의식을 싹티우기 시작하였다.

인구와 경제 성장

18세기부터 유럽 인구는 증가 추세로 돌아섰다. 인구 증가는 경제 활동에 영향을 주어 17세기의 경제적 정체와 비교해 18세기의 경기는 상승 국면에 들어섰다. 인구 증가는 19세기에도 계속되어 도시화를 촉진하였다. 물가는 인구 증가와 함께 상승세로 돌아섰다.

1726년부터 1789년 사이 프랑스의 물가는 65% 상승하였다. 곡물 가격도 꾸준히 올라 가난한 사람들의 생활이 어려워졌다. 지대地代도 갑자기 올랐고 임금은 물가 상승을 따라잡지 못하였다. 인플레이션으로 농촌을 떠나는 사람들이 늘어나면서 노동자의 임금은 줄어들고 그 대신 지주와 상공 계층의 수입은 증가하였다. 이러한 인구 증가와 급속한 도시화는 경제 발전의 원동력이 되어 자본주의의 발달에 영향을 주었다.

> **18세기 유럽의 인구 증가**
> 18세기에는 17세기보다 온화한 기후가 계속되었고 그 결과 식량 공급이 비교적 원활해졌다. 영양이 좋은 음식을 먹은 18세기 사람들은 전보다 질병에 대한 저항력이 강해졌다. 이 때문에 18세기 유럽 인구는 급격하게 증가하였다.

산업 혁명의 배경

산업 혁명은 18세기 중반 영국에서 가장 먼저 시작되었다. 영국은 석탄과 철 등 풍부한 자원과 사면을 둘러싼 바다를 물자 운송 수단으로 이용하여 비약적인 산업 발전을 이루었다. 영국은 유럽 대륙의 경우와는 달리 국내 통상을 방해하는 내국 관세 제도가 없었다. 전국적으로 통일된 화폐와 상법이 통용되었으며 숙련된 기술과 높은 생활 수준을 가지고 있었다.

부유한 영국의 상층 계급은 새로운 경제 체제에 잘 적응하였다. 장자 상속 제도로 귀족의 반열에서 떨어져 나온 둘째 아들 이하의 귀족 자제들은 산업계에도 적극 진출하였고, 영국 정부도 이들의 기업 진출을 장려하였다. 또한 영국 정부는 해외 식민 운동을 장려했으며 국가의 부를 창출하기 위해 상업적 이익에 부응하는 대외 정책을 추진하였다. 영국은 식민지를 원료 공급지 및 소비 시장으로 하여 1780년까지는 세계 통상에서 중심 위치를 굳히게 되었다.

영국의 산업 혁명은 제일 먼저 면 방직 공업을 통한 기계 발달로 시작되었다. 면사를 가늘고 견고하게 뽑을 수 있는 방직기의 발명은 면방직 공업의 일대 혁명을 불러일으켰다. 영국의 제임스 와트James Watt(1736-1819)가 개발한 증기 기관이 기계에 적용되면서 공장제 기계 공업은 엄청난 발전을 이룰 수 있었다.

그러나 면사를 생산하기 위해서는 면화씨를 손으로 분리하는 작업

> **영국 면방직 공업의 기계 발달**
> 1733년에는 존 케이가 '자동북flying Shuttle'을 발명해 옷감 짜는 속도가 매우 빨라졌다. 1764년에 발명된 '제니 방적기Spinng Jenny'는 실 뽑는 속도가 매우 빨라 면방직 공업의 일대 혁명을 불러일으켰다.
>
> **제임스 와트**
> 스코틀랜드 출신으로 글라스고 대학에 근무한 와트는 증기의 팽창과 응축을 이용해 피스턴 엔진을 고안한 뉴커먼Thomas Newcomen의 발명품이 가진 비효율성을 개선해 새로운 증기 기관을 만들었다. 뉴커먼의 발명품은 연료로 석탄을 지나치게 많이 사용하는 단점이 있었는데, 와트는 이를 개선해 증기 기관의 실용화에 성공하였다.

을 해야 하는데, 한 사람의 노동자가 씨를 분리하는 면화의 양은 하루에 2-3킬로그램 밖에 되지 않았다. 면 생산 속도를 향상시키기 위해 1792년 미국의 휘트니Eli Whitney(1765-1825)가 '조면기繰棉機: cotton gin'를 발명하였다. 조면기의 발명으로 한 명의 노동자가 450킬로그램의 면화에서 씨를 분리할 수 있게 되었다.

영국에서 발달한 또 다른 산업 분야는 철강업이었다. 영국 북부에 매장된 풍부한 원광석을 기반으로 철강을 제련하는 기술이 발달하면서 18세기 영국은 세계 최고의 철강 산업 국가로 발돋움 할 수 있었다. 특히, 철강을 제련하는 기계에 와트의 증기 기관이 도입되면서 큰 효율을 올릴 수 있었다.

1784년 코트Henry Cort(1740-1800)가 원광석에서 불순물을 제거하고 더 단단하고 견고한 철을 제조하는 방법을 고안하여 영국의 철 생산은 급격히 늘어나게 되었다. 철 생산이 증가하면서 배·무기·기계·교량 등을 철강으로 제작하는 철강의 시대가 도래하였다.

산업 혁명의 영향

산업 혁명이 진행되면서 원료와 제품을 빠르게 운반해야 할 필요성으로 교통·통신·운송이 발달하였다. 영국에서는 도로와 운하가 먼저 개발되고 뒤이어 증기 기관을 이용한 기차와 배가 등장하였다.

교통의 발달에 발맞추어 통신 기술도 발달하여 편지라는 수단보다 더 빠르고 정확하게 소식을 교환할 수 있는 전신이 미국의 모스Samuel Morse(1791-1872)에 의해 1844년 완성하였다.

19세기 이후 영국에서 시작된 산업 혁명은 미국과 유럽뿐 아니라 아시아에까지 전파되었다. 산업 발달의 조건이나 정치적 상황 등으로 영국에 비해 늦긴 하였으나 프랑스와 벨기에, 그리고 미국과 독일이 산업화를 통해 영국을 추격하였다.

기관차와 증기선의 등장

가장 혁명적인 운송 방식의 도입은 증기 기관차와 증기선으로 설명될 수 있다. 이전의 조잡한 증기 기관차를 1825년 스티븐슨George Stephenson(1781-1848)이 개량하였고 5년 후 그가 만든 기관차 로케트호가 시속 58km로 달림으로써 철도 시대의 막이 올랐다. 해상 교통도 기선이 운행됨으로써 획기적으로 변화하였다. 1807년 미국의 풀턴Robert Fulton(1765-1815)은 클러몬트Clermont호로 허드슨 강 상류를 240km나 거슬러 올라갔고, 1840년부터 캐나다 출신 큐나드Sir Samuel Cunard(1787-1865)가 대서양 횡단 여객선을 운행하기 시작하였다.

프랑스는 18세기 말 영국식 기계 생산을 도입해 노르망디 지방을 중심으로 면직 공업을 발달시켰다. 석탄과 철의 생산도 점차 증가해 기계식 공장제가 도입되고 자본주의적 경제가 발전하였다. 더욱이 인구의 증가와 운하·철도 등 교통 기관이 발달하면서 산업화의 속도가 더욱 빨라졌다.

그러나 가장 비약적인 발전을 이룬 국가는 독일이었다. 독일은 1870년이 되어서야 통일 국가를 이루게 되었는데, 통일 이전에는 독일 지방의 여러 국가들이 관세 동맹Zollverein을 맺고 자유 무역을 하여 산업화를 이루었다. 이 때 영국에서 기계를 수입하면서 방직 공업·금속 공업·석탄 생산 등에서 눈에 띄는 성과를 거두었다.

통일 국가가 된 이후 독일은 정부의 적극적인 중공업 육성 정책으로 경이적인 산업 발전을 이루었다. 통일 과정에서 치른 프랑스와의 전쟁에서 독일이 승리하여 프랑스에게 막대한 배상금을 받았을 뿐 아니라 철 생산과 공업 중심지인 알자스-로렌Alsace-Lorraine을 양도받았다. 이로써 독일은 가장 짧은 기간 안에 일급 산업 국가로서의 지위를 차지하게 되었다.

미국 역시 어느 나라보다 비약적인 산업 발전을 달성하였다. 특히, 1865년 남북 전쟁 후 선철 생산에서는 물론이거니와 대륙 횡단 철도,

▲◀ 제임스 와트가 발명한 증기기관
▲스티븐슨의 기관차(로케트호)
◀1832년의 미국 기차

풍부한 지하 자원, 광대한 삼림 등 유리한 조건 아래 괄목할 만한 산업 혁명을 이루었다.

산업화는 농촌 생활에 변화를 가져왔고 도시 인구를 증대시켰다. 유럽의 생활 중심이 농촌에서 도시로 옮겨지면서 생활 양식이나 가치관도 많이 변화하게 되었다. 특히, 사회를 구성하고 있는 계급 구조가 개편되었는데 공장을 소유한 자본가와 노동자라는 새로운 계급이 생겨났다. 이 두 계급 사이에는 공무원·법률가·의사·교사·자작농 등 부유하지도 빈곤하지도 않은 중간 계급이 있었다.

새로운 산업화 과정에서 가장 중요한 것은 공장제factory system였다. 예전에는 상품을 생산하기 위해 숙련된 기술을 가진 노동자가 필요하였지만 상품을 대량 생산하는 기계가 도입되면서 노동자는 하나의 자동 기계와 같은 위치로 전락하고 말았다. 또한 기계를 공장에 더 많이 설치하여 노동자를 대신함에 따라 노동자의 임금은 계속 떨어졌다.

특히, 나폴레옹 전쟁 후 영국에서 노동자들의 실업률이 매우 높아져 기계 때문에 일터를 잃은 노동자들이 기계를 원망하고 파괴하는 일까지 벌어졌다. 러드Ned Ludd(Lud, 활동기: 1779)라는 노동자가 1779년 방직기를 부순 이후 1811-1816년에는 노동자들이 기계를 파괴하는 '러드 운동Luddite movement'이 일어났다. 이러한 운동은 아직 조직적인 노동 운동의 형태를 갖추지는 못하였다.

공장제

새로운 산업화 과정에서 가장 중요한 것으로, 정해진 장소에 동력, 자원 및 노동력이 효율적으로 집결된 생산 체제를 의미한다. 공장에서는 대량의 상품을 신속하고 저렴한 비용으로 생산하기 위해서 기계를 사용하고 분업 과정으로 작업을 하였다.

산업 혁명에 따른 가족과 여성의 역할

산업 혁명에 의해 온 식구가 일자리를 구하러 흩어지게 되자 가족의 유대감도 약해지게 되었다. 사람들은 어린 시절부터 공장에서 기술을 단련해 돈을 벌 수 있는 곳이라면 어디든 찾아갔다. 그러나 산업 혁명 이전의 구식 기술만 알고 있는 가장은 실업자가 되곤 하였다. 가장이 실업자가 되거나 앓아눕는 경우 부인과 어린이들이 노동을 해서 살림에 보태야만 했다. 남성에 비해 여성이나 어린이들의 보수가 터무니없이 적었기 때문에 이러한 가정은 가난을 면하기 어려웠다.

노동자들은 빛도 들어오지 않는 어두컴컴한 공장 안에서 환기 장치도 없어 기계 작동 시 발생하는 먼지를 모두 들이마시며 일해야만 했다. 영국의 법은 작업 중 일어난 사고를 노동자 본인의 부주의로 간주하였기 때문에 노동자들은 법적 보호를 받지 못했을 뿐만 아니라 몸이 아프면 해고되기 일쑤였다.

임금이 워낙 낮았기 때문에 여성과 어린이까지 공장이나 탄광에서 일해야 한 가족의 생활이 겨우 유지되었다. 무엇보다도 가장 비참한 것은 나이 어린 노동자들로 공장이나 탄광에서 12시간 이상을 일하고도 거의 교육을 받지 못하였다. 농촌에서 도시로 이주한 농민들과 몰락한 수공업자의 증가로 일자리에 비해 노동자의 수가 더 많았다. 노동자들은 직장을 잃을 수 있는 위험 때문에 자본가의 과도한 요구에 대항할 수가 없었다.

그러나 1820년대부터 노동자들의 의식 수준이 높아지면서 영국에서 체계적인 노동 운동이 전개되었다. 영국은 '조합 금지법Combination Acts'(1799)을 만들어 노동자의 조합 결성을 철저하게 금지하였는데, 이 법이 없어지면서 노동 운동이 점차 강화되었다. 그리하여 19세기 말부터는 유럽 전역에서 노동 운동이 활발히 시작되었고 노동자의 단결과 파업이 거세게 일어났다.

18세기 고급 문화의 국제성

계몽사상과 함께 경제 발전이 18세기 문화 활동의 범위와 질을 다양하게 만들었다. 사회를 지배하는 귀족 계급과 엘리트들이 문화를 주도했으나, 18세기 유럽의 고급 문화는 민족과 국가의 테두리를 벗어나 세계주의적인 보편성을 나타냈다. 문화를 주도한 교육 받은 소수의 부유층은 국가적 영역을 넘어 하나의 유럽 문명에 속해 있다는 자부심을 갖고 있었다. 프랑스어는 이 시대의 국제어로 사용되었고 모든 유럽에 걸친 국제적인 문화 교류도 지속되었다.

유럽의 지식인들은 시야를 확대하기 위해 런던·파리·로마·빈 등 유럽 대도시를 주로 여행하였고 고대 역사 유적을 답사하여 동일한 유럽 문명 전통을 이해하였다. 유럽 이외의 지역, 특히 아시아에 대한 이해도 깊어졌고 이러한 시야의 확대는 문학에도 나타났다. 지식인들은 인쇄물과 살롱, 학회 등을 중심으로 자유롭게 의견을 교환하였다. 18세기 문화와 사상은 유럽의 정치적 국경을 넘어섰다. 18세기 고급

살롱salons

부유한 부르주아 혹은 귀족 가문 출신 여성이 주도하여 살롱을 운영하였다. 특히, 살롱은 프랑스 파리에 집중되어 있었으나 빈·런던·베를린 등 유럽 도시에도 생겼다. 살롱은 후원자가 될 중요 인사와 저명한 저술가들을 연결시키는 장소였다. 마담 탕생Claudine Alexandrine Guerin de Tencin(1685-1749)은 몽테스키외가 1740년대에 『법의 정신』을 집필할 수 있도록 했으며, 마담 데팡Marquise du Deffand(1697-1780)의 살롱은 1760년대에 계몽사상가, 예컨대 볼테르·몽테스키외·월폴 등의 토론장이 되었다. 살롱은 또한 외국 지식인이 계몽 사상가들과 교류하는 장소가 되었다. 미국 과학자 프랭클린Benjamin Franklin(1706-1790)이 미국 독립의 명분을 프랑스 국민에게 이해시키기 위해 주로 활동을 벌인 곳도 파리의 살롱이었다.

문화는 어떤 점에서는 교육받은 계층에 한정된 배타적 세계였지만 출신과 상관없이 개방된 사회를 의미하기도 하였다.

문학과 예술

18세기의 예술 양식은 일반적으로 바로크라고 칭하는 17세기의 예술 양식과 달리 단 하나의 명칭을 붙이기 어렵다. 그러나 18세기 문화에도 몇 갈래의 분명한 특징이 나타났는데 영국에서 소설의 출현, 독일에서 로만주의 희곡의 탄생, 오스트리아에서 교향곡의 발달, 18세기 후반 프랑스에서 회화의 변천 등이 있었다.

18세기 근대 소설이 영국에서 발상되어 발전하였다. 영국 중산층은 새로운 문학 형식인 소설에 매료되었는데, 소설 형태의 문학을 도입한 영국의 주요 작가로는 『클라리서 할로우Clarissa Harlowe』(1748)를 저술한 리처드슨Samuel Richardson(1689-1761)과 『랜덤의 모험The Adventure of Roderick Random』(1748)을 쓴 스몰렛Tobias

▲ 왓토 〈아프로디테 참배〉

▲ 레늘즈 〈찬양하는 세 여인〉

Smollet(1721-1771) 등이 있었다. 독일 문학의 원천은 레싱Gotthold Ephraim Lessing(1729-1781)의 연극과 '질풍노도疾風怒濤: Sturm und Drang' 운동에 있었다. 레싱은 종교적 관용을 주장하는 『현인賢人 나탄 Nathan der Weise』(1779)을 저술하였다. 18세기에는 훌륭한 산문작가들도 많이 배출되었는데 볼테르의 수필, 레싱의 극작, 기번의 역사, 존슨의 산문 등이 탁월하였다.

18세기 미술을 지배한 것은 균형과 조화를 중시하는 신고전주의Neo-Classicism로 건축과 회화에서 두드러지게 나타났다. 파리의 콩코르드Concorde 광장 주변의 건물이 신고전주의의 좋은 예이다. 회화에서 신고전주의를 대표한 화가는 초상 화가로 유명하였던 영국의 레늘즈Joshua Reynolds(1723-1792)와 로렌스Sir Thomas Lawrence(1769-1830), 호가스William Hogarth(1697-1764) 등이 있다.

> **모차르트**
> 모차르트는 음악 가정에서 태어났다. 아버지는 유명한 바이올리니스트·작곡가였으며 누이는 피아노의 신동이었다. 모차르트와 함께 세 사람은 연주 여행으로 전 유럽을 누비고 다녔다.
> 모차르트의 천재성은 나이가 들수록 더욱 원숙해져서 다양한 작곡에서 표현되었다. 그는 「피가로의 결혼」(1786), 「돈 지요반니」(1787), 「마적魔笛」(1791) 등을 포함하여 약 600편 이상의 작품을 남겼으나 가난 속에서 35세의 젊은 나이에 요절하였다.

18세기 프랑스의 경우 바로크 양식을 연장한 로코코rococo 양식이 풍미하였다. 루이 15세 시대에 유행한 로코코 양식은 경쾌하고 우아·섬세한 것으로, 대표적인 로코코 화가로는 왓토Jean Antoine Watteau(1684-1721)가 있다. 로코코 시대에 이국 취미, 특히 중국 풍물에 대한 유행이 시작되었다.

18세기의 전환기를 전후하여 17세기적 바로크 음악을 완성한 바흐Johann Sebastian Bach(1685-1750)와 헨델George Frederick Handel(1685-1759) 같은 탁월한 음악가들이 배출되었다. 18세기 후반에는 본격적인 오케스트라 음악이 나왔고 새로운 기악 형식으로 소나타 또는 교향곡이 작곡되었다. 오페라·교향곡·실내악 등 새로운 기악은 오스트리아 출신 작곡가 하이든Franz Joseph Haydn(1732-1809)에서 비롯되었으며 모차르트Wolfgang Amadeus Mozart(1756-1791)에 이르러 절정에 달하였다.

18세기 음악가는 좁은 민족감정에 구애받지 않고 전 유럽을 누비며 수준 높은 청중의 갈채와 군주들의 후원을 받았다. 빈과 밀라노, 런던과 파리가 다 같이 그들의 활동 무대가 되었다. 그러나 18세기 말에 다가서면서 계몽사상의 기반인 합리주의가 점차 퇴색하고 대신 강렬한 정서와 자연적 감정을 예술 형식을 통해 표출하기 시작하였다.

4
자유주의와 내셔널리즘

자유주의의 확대

프랑스 혁명은 다른 나라의 혁명 운동이나 독립 운동을 자극하였으며 자유주의 사상이 확립되는 계기를 제공하였다. 자유주의는 자유와 평등이라는 가치를 통해 높은 수준의 도덕성과 번영이 도래할 것이라는 신념을 의미한다. 프랑스 혁명은 자유·평등·인민주권 등 계몽사상의 이념에 영향을 받아 억압적인 중세 사회를 해체하고 자유와 평등의 가치를 실현시킨 사건이었다. 이런 이유로 자유주의자들은 프랑스 혁명을 매우 높이 평가하였다.

자유주의 이념

자유주의 이념은 공화제 정부 형태, 대의제 입법 기관, 성문 헌법의 필요를 강조하였다. 영국의 철학자이며 경제학자인 존 스튜어트 밀 John Stuart Mill(1806- 1873)은 대표적인 자유주의 주창자로서 개인의 자유, 보통 선거, 여성의 권리를 강력히 주장하였다.

자유주의는 정치적 자유주의와 경제적 자유주의로 크게 나눌 수 있다. 정치적 자유주의는 로크와 계몽사상가들의 저술에서 그 근원을 찾을 수 있는데, 19세기 자유주의자들은 무엇보다도 개인의 자유를 신봉하였으며, 자유야말로 인간 사회가 진보로 가는 길이라 생각하였다. 자유주의 사상은 노예제 폐지 운동, 여권신장 운동 등에도 영향을 주었다. 또한, 경제적 자유주의의 핵심은 국가가 경제 활동에 간섭하거나 통제하지 않는 것이었다.

한편, 자유주의는 민족이나 국민과 관련되어 내셔널리즘으로 전환되었다. 혁명 전쟁은 프랑스 시민에게는 나라를 지킨다는 강한 애국심을 불러일으킨 반면 다른 나라 사람들에게는 프랑스에 대항해 자신의 민족을 보호한다는 국민감정을 고조시켰다. 내셔널리즘은 민족과 국민의 자유를 강조하는 '집단' 자유주의였다.

노예 제도의 폐지

계몽사상의 이념은 자유와 평등이었지만 이것은 일부 시민에게 한정된 것이었다. 프랑스 혁명 후에도 여성은 여전히 보통 선거에서 제외되었으며 아메리카 혁명 후 제정된 헌법에서도 노예는 일종의 '재산'으로 간주되었다.

18세기 식민지 통상에서 노예 무역이 상당한 부분을 차지하고 있었다. 그러나 동시에 노예 무역 금지와 노예제 폐지 운동이 일어났다. 노예제 폐지 운동의 선봉에 섰던 사람은 영국의 윌버포스William Wilberforce(1759-1833)이다. 그는 노예 무역 금지 운동과 함께 노예 해방과 노예제 폐지를 위한 운동도 전개하였다. 그리하여 1807년 영국의회는 노예 무역을 금지하는 '윌버포스 법안'을 통과시켰다. 영국은 자국에서 노예 무역을 금지했을 뿐 아니라 다른 나라에 대해서도 압력을 가하였다. 그 결과 미국은 1808년, 프랑스는 1814년, 스페인은 1845년에 각각 노예 무역을 금지하게 되었다.

노예제 폐지는 노예 무역의 금지보다 더 힘든 문제였으며 실현되기까지 큰 시련을 겪게 되었다. 노예를 재산으로 가지고 있는 노예 소유층의 저항이 거셌기 때문이었다. 1833년 영국의회는 2천만 파운드를 노예 소유자에게 보상금으로 지급하기로 하고 영국 제국 내에서의 노예제를 폐지하기로 결정하였다. 다른 나라들도 영국의 예를 따라 노예제를 폐지하였다.

그러나 노예제 폐지는 법적 의미가 있을 뿐 흑인들은 정치·경제·사회에서 실질적 평등권을 부여받지 못하였다. 완전한 의미에서 흑인의 자유와 평등이 실현되기까지 많은 시일을 기다려야만 했다. 흑인 인권 운동은 20세기까지 지속되었으며 미국의 경우 1960년대 후반에 이르러 비로소 흑인의 권리 문제가 사회 쟁점으로 대두되었다.

여권 신장 운동

계몽주의 시대에 이미 여권에 대한 주장이 제기되었으며 일부 자유주의 사상가들이 이를 강력히 뒷받침했으나 여성의 평등한 권리는 보장되지 않았다. 프랑스 혁명을 법적으로 표현한 나폴레옹 법전은 여성의 공직 취임이나 정치적 역할을 허용하지 않았다. 다만 교육의 기회, 재산 소유, 이혼권 등 민법적 권리를 보장했을 뿐이었다. 그러나 노예제 폐지 운동이 진행되고 부녀자들이 동참하면서 여성의 평등권 주장이나 지위 개선을 위한 운동도 전개되었다.

> **17, 18세기 여권신장 운동가**
> 대부분의 계몽사상가는 여성이 가정에서 하는 역할을 더 중요시하였다. 예컨대 루소는 여성 교육은 헌신적인 주부와 어머니가 되기 위한 것이라고 주장하였다. 이에 존 로크의 정치 사상을 근거로 영국 여류작가인 애스텔Mary Astell(1666-1731)은 절대주의 군주권이 국가에서와 마찬가지로 가정에서도 결코 적절하지 못하다고 주장하였다. 18세기 울스턴크래프트Mary Wollstonecraft(1759-1797)는 『여권 옹호론A Vindication of the Rights of Women』(1792)이라는 영향력 있는 글을 발표하였고 로크가 남성에게 허용한 모든 권리를 여성도 가져야 한다고 주장하였다.

19세기에 이르러 여권 운동은 사회 개

혁의 쟁점으로 부각되었다. 미국 여권주의자 스탠턴Elizabeth Cady Stanton(1815-1902)은 1848년 뉴욕 주 세네카 폴즈Seneca Falls에서 미국 최초의 여권주의자 회의를 개최하였다. 이 회의는 남성의 권리와 같은 권리를 여성에게도 부여할 것을 요구하는 12개조에 달하는 결의를 하였다.

1860년대 이후 각국 여성은 자신들의 이익을 강하게 주장하면서 조직적으로 여권 운동을 전개하였다. 19세기 여권 운동은 이러한 여성의 각성에도 불구하고 그 성과가 제한적일 수밖에 없었다. 여성은 여전히 전문직에 취업하기 어려운 실정이었고 어떤 나라에서도 여성 참정권을 허용하지 않았다. 본격적인 여성의 권리 보장은 20세기의 전환기, 특히 제1차 세계대전을 전후하여 비로소 성취될 수 있었다.

내셔널리즘의 이념

19세기 자유주의는 민족적 정체성과 민족 문화를 강조하는 내셔널리즘으로 연결되었다. 내셔널리즘의 핵심 개념은 '민족nation'이다. 초기 민족주의 사상가들은 민족 공동체의 역사 경험을 공유하고 민족 문화 전통에 대한 자긍심을 고양해야 한다고 강조하였다.

19세기 내셔널리즘은 현실에서 민족 문제를 해결하려는 정치 이념으로 발전하였다. 민족 공동체의 이익 보호와 외세의 지배를 받는 민족의 독립 국가 수립 등이 요구되었다. 그러나 정치적 내셔널리즘은 다른 민족 집단과의 마찰과 갈등을 부채질하였다. 자신이 속한 민족의 독자성을 강조함으로써 다른 민족에 대해 배타적인 태도를 취하게 되었던 것이었다.

내셔널리즘

내셔널리즘에 따르면 개인은 민족 공동체의 한 성원으로 태어나 그 공동체가 가지고 있는 언어, 관습, 가치관, 역사와 문화 전통을 공유하는 존재이다.
이데올로기로서의 내셔널리즘은 강한 민족적 유대감과 정체성을 강조하였다. 따라서 운명을 같이하는 민족 공동체는 충성의 대상이었다. 민족은 한 영토 안에서 함께 살아야 하며 다른 민족 집단이나 국가에 예속되지 않는 독자성을 유지해야 하였다.

민족의 자유를 찾고 문화의 독자성을 주장하는 내셔널리즘은 정치적 관점에서 볼 때 이탈리아와 독일이 통일을 완성하는 1860년대와 1870년대에 그 절정을 이루었다. 이후 산업 자본주의가 발달함에 따라 민족의 이익과 국민 복리 증진을 명분으로 내세운 민족 국가들이 해외 시장을 식민지로 만들고 다른 약소 민족이나 쇠망하는 국가를 침략하는 제국주의로 탈바꿈하게 되었다.

메테르니히 체제

나폴레옹 전쟁 후 유럽 각국 대표는 유럽의 영토와 정치 체제를 조정하기 위해 오스트리아의 수도 빈Wien에 모였다. 전쟁과 혁명을 겪은 유럽의 군주들과 지배 계급은 프랑스 혁명 이전의 구체제舊體制로 돌아가기를 희망하였다. 오스트리아가 이러한 반동 체제의 주축이 되었으며, 그 중심에는 메테르니히Klemens von Metternich(1773-1859)가 있었다.

빈 회의에서 메테르니히가 한 역할은 유럽 각국이 프랑스 혁명의 이념인 자유와 평등을 말살하고 전통적인 구체제로 돌아가는 것이었다. 회의를 주도한 오스트리아·러시아·프로이센·영국 등 4국은 프랑스 혁명과 나폴레옹 시대에 폐지된 왕정과 변화된 영토를 프랑스 혁명 이전의 가장 정통적인 상태로 되돌린다는 정통주의를 기본 원칙으로 하여 유럽 세계를 재편하였다. 또한 오스트리아·러시아·프로이센·영국 4국이 유럽 대륙의 패권을 나누어 가짐으로써 한 나라가 다른 나라보다 강해지지 않는 세력 균형 원칙을 세웠다.

> **빈 회의의 모순**
>
> 빈 회의에서 결정된 복고 원칙이 그대로 지켜진 것은 아니었다. 예를 들어 나폴레옹이 해체시킨 신성 로마 제국은 부활하지 않았다. 오히려 신성 로마 제국에 속하였던 독일 연방은 오스트리아의 지배에 놓이게 되었다. 세력 균형을 유지한다는 차원에서 영토를 안배하다 보니 특정 국가의 이익이 짓밟히는 경우도 많았다. 예를 들어 벨기에의 의사는 전혀 묻지 않고 네덜란드가 벨기에를 병합해 '네덜란드 왕국'을 수립하였고, 마찬가지로 노르웨이 국민의 의사를 무시하고 스웨덴이 노르웨이를 영유하기도 하였다.

빈 회의 결과 나폴레옹에 의해 폐위된 왕과

▲빈 회의 때의 무도회

왕조는 모두 부활하였다. 프랑스에서는 부르봉 왕조가 다시 세워져 루이 18세가 왕위에 올랐다. 또한 러시아의 알렉산드로 1세의 제안으로 신성동맹神聖同盟: Holy Alliance이 형성되었다. 신성동맹은 각국의 군주들이 그리스도교 원칙에 입각하여 백성을 통치해야 한다는 의미가 불분명한 동맹이었다. 이 동맹은 혁명사상의 성장을 저지하고 주권재민론 및 입헌주의 이념을 방지할 뿐 아니라 전제주의 혹은 적어도 계몽 전제 군주제를 다시 확립할 것을 목적으로 하였다. 이어 유럽 평화를 유지하기 위해(실제로는 프랑스에 의한 침략의 재발을 막기 위해) 유럽 협조 체제Concert of Europe가 성립되고 집단 안전 보장 체제가 확립되었다.

그러나 이미 자유를 경험한 유럽인들은 프랑스 혁명이 제시한 자유주의와 민주주의 이념을 잊을 수 없었다. 이러한 반동적 체제에 반발하는 움직임이 연속적으로 발생하였다. 1817년 독일 청년 운동 단체인 부르셴샤프트Burschenschaft 회원을 중심으로 메테르니히 체제에 반발하는 학생 운동이 일어났다. 러시아에서도 1825년 니콜라이 1세Nicholas

I(1825-1855) 즉위식에서 일어난 '12월파Decembrists'의 반란 등 자유화 운동이 일어났다. 그러나 각 국 정부의 강경한 대처와 일반 대중의 지지 기반 상실로 이들의 운동은 실패하였다.

한편, 영국은 한때 반동 보수 체제가 지배적이었지만 1822년에 형법이 개정되고 종교적 관용이 이루어지면서 자유주의 징조가 나타나기 시작하였다. 1829년에는 「가톨릭 해방법」이 왕당파의 반대에도 불구하고 통과되었다. 이 법으로 아일랜드인도 영국의회 의원 선거에 참여할 수 있게 되었다. 영국인은 전통적으로 자유주의에 익숙해 있었고, 다른 민족이나 국가의 독립·통일을 바람직한 것으로 보았다.

영국의 '영광스러운 고립'

전통적으로 영국은 자국의 이해 관계에 직접 영향이 없는 한, 다른 나라에 대한 간섭을 피하는 '영광스러운 고립Splendid Isolation'을 외교 정책으로 채택하고 있었다. 그래서 영국은 다른 나라에 대한 무력간섭을 달갑게 여기지 않았다. 이러한 영국의 정책이 스페인의 경우에 잘 나타났다.

스페인도 나폴레옹이 물러난 후 왕정이 부활하고 헌법 질서는 파기되었다. 또한 이탈리아는 오스트리아의 지배하에 놓이게 되었다. 복고주의 추세에 따라 프랑스의 기원을 갖는 법과 제도, 시설 등이 모두 파괴되었고 종교재판도 부활하였다. 그러나 자유주의를 위한 이탈리아 대중의 저항도 만만치 않았다. 카르보나리Carbonari: 炭燒黨와 같은 비밀 결사가 결성되어 국가의 자유와 통일 및 외세의 축출을 목적으로 활동하였고 나폴리는 시칠리아 왕국의 헌법을 공포하였다.

나폴레옹 침입 당시 브라질에 망명 정부를 두었던 포르투갈 왕족은 프랑스군 축출 후 포르투갈로 귀국해 입헌 정부를 수립하였다. 그러나 1823년 보수주의자들에 의해 헌법이 폐기되었다.

자유주의의 물결은 그리스에도 파급되었다. 그리스는 오스만 제국의 지배를 받고 있었는데, 1821년 독립 운동의 일환으로 반란을 일으켰다. 메테르니히는 정통주의에 입각해 이 반란을 부정하고 오스만 제국의 그리스 지배를 인정하였다. 그러나 러시아·영국·프랑스가 각각 자국의 이익을 위해 그리스 전쟁에 개입하면서 상황은 역전되었다. 1829년 러시아와 오스만 제국은 아드리아노플Adrianople 조약을 체결하여 그리스의 독립을 승인함으로써 독립을 쟁취하였다.

그러나 영국이 빈 체제를 이탈하고 미국이 먼로주의를 선언함으로써 메테르니히 체제의 영향력은 쇠퇴하였다. 1829년 그리스의 독립으로 메테르니히가 주도한 유럽의 협조 체제는 더 이상 자유주의의 물결을 막는데 영향력을 발휘할 수 없었다.

먼로주의

'먼로주의Monroe Doctrine' 선언은 만일 유럽 국가가 아메리카 대륙 내의 어떠한 공화국에 대해 간섭한다면 이는 미국에 대한 비우호적 조치로 간주하겠다고 천명한 것이다. 동시에 어떠한 식민화 시도 역시 배격할 것임을 명백하게 선포하였다. 먼로주의는 유럽에 대한 아메리카 대륙의 간섭을 배제하려고 했을 뿐 아니라 유럽에 대한 미국의 간여 역시 배제하려는 상호 무간섭주의였다. 이러한 고립주의 외교 방침은 당시 정세에서 메테르니히 체제를 저지하는 힘을 발휘했으며 그 후 미국의 대외 정책의 기본 원칙이 되었다.

유럽 다른 나라들과 달리 프랑스에서는 프랑스 혁명의 성과를 완전히 무시할 수 없었다. 루이 18세의 뒤를 이어 아르토아Artois 백작 Charles Philippe이 샤를르 10세Charles X(재위:1824-1830)로 프랑스 왕에 즉위하면서 프랑스의 반동 보수 체제는 확고해졌다. 그는 프랑스 혁명 당시 토지재산을 몰수 당한 귀족들에게 보상을 약속하는 정책을 추진하는 등 책임 정치의 원리를 무시하였다. 입헌주의를 무시하는 왕에 대한 시민들의 불만이 커져 1830년 선거에서 왕당파는 패배하고 공화파 세력이 승리하게 되었고, 왕은 새 의회를 해산시키는 만행을 저질렀다. 또한 왕은 칙령을 공포하여 언론·출판의 자유를 제한하고 부유한 토지 소유층에게만 투표권을 부여하였으며 입법권을 독점하였다.

이에 분노한 공화주의자들은 파리 하층민의 도움을 얻어 무력 봉기를 일으켰다. 샤를 10세는 사태의 심각성을 깨닫고 칙령을 철회하겠다고 하였지만 이미 때는 늦었다. 결국 샤를 10세는 영국으로 망명하고 부르봉 왕조의 왕통은 끊기게 되었다. 이것이 7월 혁명이다.

7월 혁명은 국외에 큰 영향을 미쳤다. 벨기에와 폴란드에서 독립 운동이 일어났고 독일과 이탈리아의 자유주의자들은 헌법과 민족 통일을 요구하였다. 그러나 프랑스의 중산층과 7월 혁명 이후 왕위에 오른 왕 오를레앙Orléans 공 루이 필립Louis Philippe('Roi citoyen', 1773-1850)은 달리 전쟁을 원하지 않았다.

루이 필립은 입헌 군주제를 수립하였다. 그는 7월 혁명 당시 파리에서 중산층처럼 소박하게 살고 있었기 때문에 프랑스 국민은 그가 훌륭한 '시민 왕'이 될 것으로 기대하였다. 그러나 그는 점점 보수화되었고 산업화 과정에서 늘어가는 하층 계급의 이익과 의견을 무시하였다. 또 다수의 시민은 선거권이 부유한 토지 소유층에게만 허용된 것에 불만을 가지고 있었다. 공화파는 점차 보수화 되는 루이 필립 체제에 반감을 나타내고 사회주의자들과 연합하려고 하였다.

1840년대 프랑스 대중을 사로잡은 사회주의자 블랑Louis Blanc(1811-1882)은 부르주아적인 7월 왕정을 비판하였다. 그는 자본가의 노동 계급 착취를 비난하고 보통 선거를 통해 노동자 계급이 국가 권력을 장악해야 한다고 주장하였다. 당시 노동자들과 일부 지식인은 블랑의 주장에 크게 공감하고 있었다. 낮은 임금에도 일자리를 지키기 위해 노동자들은 자본가에게 갖은 착취를 당하였지만 프랑스의 법은 파업이나 노동조합 결성을 금지하고 있었다. 노동자들은 선거권을 얻어 자신들의 의견을 정치적으로 표현하기를 원하고 있었다. 대중은 노골적으로 집회나 시위를 일으켜 정부에 항의하였다.

프랑스의 사회주의자들

당시 프랑스에서는 사회주의자들의 활동이 활발했다. 생시몽Claude Henri de Saint-Simon(1760-1825), 푸리에François Marie Charles Fourier(1772-1837) 등 초기 프랑스 사회주의자들이 실현 불가능한 다분히 유토피아적인 사회 이론을 제시하였다. 그러나 7월 혁명 이후 과격한 이론을 주장하는 사회주의자들이 상당수 등장하였다.

1848년 2월 보수적인 수상 기조François Guizot(1787-1874)가 대중 집회를 취소하면서 파리 군중의 분노는 폭발하였다. 파리의 군중은 거리에 바리케이드를 쌓고 정부군에 대항하여 시위를 벌였다. 사태가 심각해지자 기조는 사임하고 루이 필립은 2월 24일 퇴위해 영국으로 망명하였다. 2월 혁명으로 프랑스에서는 왕정이 폐지되고 제2공화정이 선포되었다.

그러나 제2공화정은 단명으로 끝날 운명이었다. 혁명 주도자들이나 배후 세력인 일반 대중은 보통 선거와 그 밖의 민주 제도에 대한 준비가 되어 있지 않았기 때문이다. 더욱이 사회주의 체제는 프랑스 시민에게 생소한 것이었다. 1848년 4월 선거에서 프랑스 국민은 사회주의자들을 뽑지 않았다. 대체로 온건한 의원들이 선출되어 제헌의회를 구성하였다. 사회주의자들은 선거의 패배로 정치적 위치가 위태로워졌고 파리 노동자들 중 과격파가 폭동을 일으켰다. 6월 폭동은 치열한 시가전 양상으로 진행되었으나 정부에 의해 진압되었다.

한편, 의회는 제2공화국 헌법을 제정하고 언론·출판의 자유를 규정하였다. 불법 체포가 금지되고 평화적 집회 및 단원의 권리가 보장되었으며 보통 선거가 실시되었다. 이러한 헌법에 입각하여 실시된 대통령 선거에서 나폴레옹 1세의 조카 루이 나폴레옹Louis Napoleon(1808-1873)이 공화파의 후보들을 물리치고 압도적 다수표로 당선되었다. 그는 1830년경 이래로 일어난 나폴레옹 복고 추세 때문에 불로소득을 얻은 것이었다.

2월 혁명은 이탈리아와 오스트리아에 커다란 충격을 주었다. 오스트리아의 지배에서 벗어나 통일을 꿈꾸는 이탈리아에서는 민족주의 운동이 크게 일어났다. 옛 이탈리아의 영광을 재현하고자 하는 부흥운동이 마치니Giuseppe Mazzini(1805-1872)의 지도하에 고

루이 나폴레옹
루이 나폴레옹은 나폴레옹 1세 동생인 네덜란드 왕 루이 보나파르트의 아들이다. 그는 『나폴레옹 사상』이란 저술을 통해 나폴레옹 1세의 영광을 되새겼으며 『빈곤의 추방』에서는 일종의 사회주의적인 면모를 보이기도 했다.

조되었다. 민주 공화제를 이상으로 삼은 마치니는 무엇보다도 자유와 민주주의를 열심히 설교하였으며 '청년 이탈리아 당'을 조직해 저항 운동을 지속하였다. 그러나 이탈리아는 내부 여론의 분열로 자주 독립을 실현하지 못하였다.

또한 2월 혁명의 여파로 오스트리아 빈에서 '3월 혁명März Revolution'이 일어났다. 메테르니히는 간신히 세탁물 차에 몸을 숨기고 영국으로 도망쳤고 유럽의 반동 보수를 위한 협조 체제는 사라졌다. 메테르니히가 쫓겨난 후 황제 페르디난트 1세Ferdinand I(1835-1838)는 헌법 제정을 허용하였다. 유럽은 본격적인 자유주의와 내셔널리즘의 시대로 들어서게 되었다.

프로이센에서도 혁명이 일어났다. 보수적인 프로이센의 왕 프리드리히 빌헬름 4세Frederick William IV(재위: 1840-1861)는 국민에게 결코 헌법을 허용하지 않겠다고 공언하였다. 그러나 프랑스 2월 혁명의 여파로 1848년 3월 '베를린 혁명'이 일어났고 왕은 이에 굴복해 헌법 제정에 동의하고 독일의 통일 운동을 지지하기로 약속하였다. 베를린 혁명으로 독일 내의 각 연방 국가들도 앞을 다투어 입헌 운동과 통일 운동에 나서게 되었다.

통일 독일의 실현을 목적으로 한 프랑크푸르트 의회가 1848년 5월 18일 개최되었다. 오스트리아·보헤미아까지 포함한 전 독일의 국가 대표들이 통일 연방 국가 헌법을 마련하려고 하였다.

그러나 프랑크푸르트 의회는 처음부터 두 가지 근본 문제에 부딪쳐 합의를 도출하기가 쉽지 않았다. 통일 독일 속 오스트리아의 포함 여부를 따지는 '대大독일주의Grossedeutschtum'와 '소小독일주의Kleindeutschtum' 논쟁을 비롯하여 통일 독일의 정부 형태를 공화제와 군주제 중 어느 것으로 하는가의 어려운 문제가 있었다. 그리고 독일 통일에 오스트리아를 포함시키기는 해도 오스트리아 내의 슬라브인·마자르인·체코인·폴란드인·이탈리아인까지는 포함될 수 없다는 의견이 나오자 오스트리아는 의회에서 철수하였다. 또한 프로이센의 빌헬름 4세는 프랑크푸르트 의회로부터는 제관帝冠을 받지 않겠다고 선언하며 반동 보수 체제를 고수하였다. 오스트리아와 프로이센의 완고한 태도로 인해 프랑크푸르트 의회는 실패하였고 독일의 통일도 불분명해졌다.

대大독일주의와 소小독일주의

오스트리아를 신생 독일에 포함시켜야 하는가 여부에 관해서는 대표들 간에 의견이 엇갈렸다. 일부에서는 오스트리아는 물론 보헤미아까지 포함되어야 하며 그 경우 제국의 제관帝冠이 합스부르크에 돌아가야 한다고 주장하였다. 이것이 '대大독일주의'였다. 다른 한편에서는 오스트리아가 신생 독일에 포함되지 말아야 하며 그 경우 프로이센의 호헨촐러른 가家가 왕위를 차지해야 한다고 주장하였다. 이것이 '소小독일주의'였다. 대립된 두 주장은 이후 약 20년간 논쟁으로 이어졌다.

라틴 아메리카의 독립 운동

라틴 아메리카 식민지는 이베리아 반도에서 온 '반도인peninsulares'이 주로 행정권을 차지했으나 실제 경제권을 장악한 것은 '토박이들criollos'이었다. 토박이란 스페인이나 포르투갈에서 온 사람들의 후손으로 식민지에서 태어나 대대로 살아온 백인이었다. 그들은 수가 많고 부유했으며 강력한 계급을 형성하고 있었다.

토박이들은 식민지에서 농장이나 목장을 경영하고 무역에도 활발히 종사하고 있어 이베리아 반도 본국의 행정적 통제와 경제적 제약에 반발하고 있었다. 그들은 나폴레옹이 스페인과 포르투갈을 침공하여 본국의 통치력이 약화된 틈을 타서 독립 투쟁을 주도하였다. 1810년 반스페인 폭동이 아르헨티나Argentina, 베네수엘라Venezuela, 멕시코Mexico 등 중앙 및 남아메리카 대부분의 식민지에서 일어났다. 1810-1825년 이 지역은 독립을 쟁취했으며 독립 후에는 토박이들이 강력한 사회적 지위를 차지하게 되었다.

포르투갈령 브라질도 스페인 식민지들이 독립하는 비슷한 시기에 독립을 하였다. 나폴레옹이 1807년 포르투갈을 침공하자 리스본에 중심을 두고 있던 왕조는 브라질로 가서 리우데자네이루Rio de Janeiro에 망명 정부를 수립하였다. 그러나 1821년 나폴레옹이 몰락하고 본국으로 귀환한 포르투갈 왕은 브라질에 후안 6세의 왕자 페드루를 섭정으로 두었다. 페드루는 브라질 토박이들의 독립 요구를 받아들이고 브라질 반란군을 주도하여 제정帝政을 수립하고 페드루 1세Dom Pedro I(1798-1834, 재위: 1822-1834)로 즉위하였다. 브라질은 독립한 후에도 토박이들이 득세하여 독립의 과실을 독차지했으므로 사회는 기본적으로 예전보다 크게 달라진 것이 없었다.

독립 후의 라틴 아메리카는 정치적으로 매우 불안하였다. 정치 지도층이 유럽의 계몽사상과 공화주의 이념을 숭상했지만 그 이념을 정치에 적용시킬 수 있는 실제 경험이 없었다. 잦은 헌법 개정으로 정치적 불안이 더욱 더 커졌다. 토박이들이 지배 세력으로 군림하여 정계를 좌우하였고 여론을 충분히 정치에 반영하지 않아 반란도 빈번하게 발생하였다.

더욱이 엘리트 내부도 도시 상인층과 농촌 지주층, 자유주의자와 보수주의자, 중앙 집권론자와 연방론자, 로마 가톨릭 신도와 비신도 등으로 분열되어 사회적 불안정을 부채질하였다. 그 결과 독립 전쟁 와중에 군부 지도자들이 대중의 불만을 이용하여 정치 무대에 등장하게 되었다. 군벌 정치는 자유를 제한하고 공화주의 이상을 파괴하였다. 그러나 자유주의적 개혁을 목적으로 한 반대 운동이 빈번히 일어났다.

멕시코는 독립 이후 민주주의에 대한 경험 부족한 탓으로 여러 정부 형태를 거쳤다. 군주제에서 공화제로, 다시 군벌 정치로 바뀌었으며 그 과정에서 자유주의적 개혁의 시도도 있었다. 멕시코 원주민의 후손 후아레스Benito Juárez(1806-1872) 대통령 주도하에 1850년 개혁이 시작되었다. 후아레스는 교회와 군부의 특권을 제약하고 원주민에게 토지를 재분배하였다. 그러나 토지 재분배의 혜택을 입은 사람은 원주민이 아니라 투기꾼과 대토지 소유자들이었으므로 결국 토지 개혁은 실패하고 말았다.

자유주의적 개혁이 실패한 후 멕시코의 정권은 디아스Porfirio Diaz(1830-1915)에게 넘어갔다. 디아스의 정권은 외국 자본을 도입하여 경제적으로 번영은 가져왔으나 가혹한 정치로 인해 농민 생활은 비참하게 되었다. 그 결과 농민과 노동자들은 멕시코 혁명(1911-1920)을 일으켜 1911년 디아스 독재 정권을 무너뜨렸다. 반란을 주도한 사파타Emiliano Zapata(1883-1919)와 비야Francisco Villa('Pancho', 1877-1923)의 군대는 국민들의 인기를 얻었지만 정부군에게 패퇴하고 말았다. 1917년 멕시코 헌법은 보통 선거, 국가 부담의 교육, 최소 임금과 최대 노동 시간 등 혁명군의 의도를 일부 반영하였다.

> **아르헨티나의 군벌 로사스**
> **Juan Manuel de Rosas**
> **(1793-1877)**
> 목축업자 출신인 로사스는 1835-1852년 '대평원'의 목축업자들과 도시 엘리트층과의 불화를 이용하여 아르헨티나를 지배하였다. 그는 처음 지역적 대립을 완화시킬 목적으로 지방 자치를 요구했으나 중앙 정부를 전복하고 다른 주州들을 통합한 후에는 실질적으로 최고권을 행사하여 중앙 집권화하였다. 그는 잔인한 방법으로 자유주의적 개혁과 반란을 진압하였다. 또한, 반대파를 억누르기 위해 공포 정치를 실시하여 수많은 사람들을 처형하였다. 1842년 로사스는 우루과이를 침공하였으나 브라질 혁명군에 의해 패배하고 영국으로 망명하였다.

19세기 독립 신생 라틴 아메리카 여러 나라들은 분열과 반란, 군벌 정치와 내전 등으로 정치적 불안정과 경제적 혼란을 겪었다. 더욱이 국민 대다수는 온전한 교육을 받지 못하고 보수가 좋은 직업을 가질 기회가 많지 않았으며 여론은 적절히 국가 정책에 반영되지 않았다.

영국의 개혁: 자유주의적 입법

19세기 이후 영국에서는 두 가지 문제점이 대두되기 시작하였다. 첫번째는 노동자들의 빈곤이었다. 산업 혁명은 영국의 경제·사회적 구조를 급격히 바꾸어 놓았고 산업화 과정에서 영국의 노동 계급은 생계와

공장법
1833년 공장법은 무엇보다도 어린이 노동자와 여성 노동자의 과도한 노동 시간에 제약을 가하였다. 공장법은 방직 공업 노동에 9세 이하 어린이의 채용을 금지했다. 또 9-13세 어린이의 노동은 1주 48시간으로, 13-18세 어린이의 노동은 1주 68시간으로 제한되었다. 18세 미만의 노동자에게 야간 작업을 시키는 것도 불법으로 규정되었다. 정부 파견 검사관이 이 법의 시행을 감독하기로 되어 있었다.

복지를 위협받고 있었다. 두 번째는 영국 대의제의 제도적 결함과 모순이었다. 1815년경 영국 인구의 약 5% 성인 남자만이 투표권을 가지고 있었다.

영국에서는 노동 조건 개선과 선거구 재조정을 통한 민주적 개혁이 진행되었으나 개혁이 처음부터 순탄하지는 않았다. 1815년 이후로 집권 토리당 정부는 하층 계급의 집회나 시위를 강제 해산하는 등 빈곤한 노동자들의 현실에 귀를 기울이지 않았다. 심지어 자유주의 성향의 신문은 탄압받기도 하였으나 1820년 후반 토리당 내의 자유주의파가 개혁을 주도함으로써 성공할 수 있었다.

자유주의 의원들은 1833년 영국 최초의 '공장법Factory Act'을 제정하였다. 공장법은 어린이 노동자와 여성 노동자의 과도한 노동 시간을 단축시키는 데 큰 기여를 하였다. 1842년에는 '광산법Mines Act'도 제정되어 광산에서 여성 노동 및 10세 이하의 어린이 고용이 금지되었다. 1846년에는 방직 공장의 여성과 어린이의 노동 시간을 하루 10시간으로 제한해 공장 조건이 더욱 개선되었다.

▲ 검은 석탄 먼지속에서 일하는 어린이 노동자들

▲ 여가를 즐기는 상층 가정의 어린이들

노동자들에게 가장 절실했던 것은 노동조합을 결성하는 것이었다. 1824년 '조합 금지법Combination Acts'이 철폐되었다. 이제 노동자는 열악한 노동 조건을 개선하기 위해 공장주와 평화적으로 논의할 수 있게 되었다.

이처럼 사회 정의를 실현하기 위한 운동과 함께 정치적 정의를 실현하기 위한 노력도 전개되었다. 영국에서는 1830년경까지 산업화로 인해 도시 인구가 급증하고 농촌 인구가 감소하는 변화가 일어났다. 인구 이동의 변화에도 불구하고 과거의 인구 분포를 적용해 각 지역에서 뽑을 수 있는 의원 수가 정해져 있으니 당연히 시민들의 불만이 커질 수밖에 없었다.

맨체스터나 버밍엄 같은 신흥 상공업 도시에서는 의원을 한 명도 배출하지 못하는 실정이었고, 유권자가 거의 없어진 '부패 선거구rotten borough'에서는 의원 후보자가 뇌물로 유권자를 매수하는 경우가 많았다. 또 당시 투표 제도가 공개 투표였기 때문에 소작인은 지주가 반대하는 인물에 투표하면 화를 당하기도 하였다. 영국의 자유주의자들은 이러한 대의제의 모순을 극복하기 위해 선거법을 개정하였다.

1830년 프랑스 7월 혁명 후 영국도 그 영향을 받아 진보적인 휘그당의 그레이Charles Grey(2nd Earl Grey, 1764-1845)가 수상이 되었다. 그는 선거구를 재조정하고 선거권을 확대하는 개혁을 진행하였다. 그레이 수상은 부패 선거구를 재조정하고 신흥 상공 계층들로 유권자가 확장된 '선거개혁법Reform Bill'을 제출하였으며 1832년 상원을 통과하였다. 이 법

선거개혁법

영국에서는 1867년 제2차 선거개혁법이 통과되었다. 유권자의 수가 증가해 인구의 88%가 선거권을 갖게 되었다. 노동자에게도 선거권이 부여되었기 때문에 투표 시 고용주나 지주 등에게 압력을 받는 상황을 배제하기 위해 비밀 투표의 필요성이 제기되었다. 이에 따라 1872년 영국은 비밀투표법을 통과시켰다. 그 후 1884년 3차 개혁법을 통해 거의 모든 성년 남자가 보통 선거에 참여할 수 있게 되었다. 30세 이상의 여성이 선거권을 가지게 된 것은 1918년의 선거개혁법 이후이며 1924년에는 남녀에게 동등한 선거권이 부여되었다.

은 1867년의 제2차 선거개혁법과 1884년 제3차 선거개혁법 제정의 기반이 되었다.

챠티스트 운동과 개혁

선거개혁법을 비롯한 여러 개혁에 노동 계층의 이익은 거의 반영되지 않았고 공장법과 광산법 등도 노동자들에게 큰 도움이 되지 않았다. 노동자들은 스스로의 권익을 찾기 위해 차티스트 운동을 전개하였다. 1838년 노동자들은 보통 선거와 무기명 비밀 투표를 요구하는 '인민헌장人民憲章: People's Charter'을 제시하였다. 노동자와 하층민들은 인민헌장을 적극 지지하며 의회에 제출할 청원서에 서명하였다. 차티스트들은 세 차례 청원서를 의회에 제출하였으나 의회는 인민헌장을 인정하지 않았다.

인민헌장

노동 운동 지도자들이 인민헌장을 통해 제시한 6개 원칙은 ① 성년 남자의 보통 선거 ② 무기명 비밀 투표 ③ 의원의 매년 개선 ④ 동등한 선거구 설정 ⑤ 하원 의원의 봉급 지불 ⑥ 하원 의원의 재산 자격 철폐였다.

차티스트 운동은 비록 실패하였지만 노동 계급의 정치 의식과 의회 민주주의의 가치를 보여주었다. 이 운동은 이후 계속된 선거법 개정에 반영되어 현대 영국 민주주의의 기초가 되었다.

영국은 1850년대 자유주의 경제 정책 노선에 따라 상당한 번영을 누렸다. 그러나 영국은 중상주의 정책을 통해 국가가 나서서 국내 산업을 보호하였기 때문에 자유주의 정책이 우여곡절을 겪었다. 영국의 중상주의적 경향은 수입 곡물에 대해 고율 관세를 부과함으로써 국내 농업 젠트리를 보호하는 '곡물법穀物法: Corn Laws'을 통해 나타났다.

그러나 19세기 중반 영국 인구가 급증하면서 국내에서 생산되는 곡물만으로 자급자족이 되지 않아 빵 값이 급등하였다. 또한 1845년 영국과 아일랜드에 흉작이 들어 식량 위기가 도래하였다. 이에 의회에서 곡물법 폐지와 자유 무역을 요구하는 주장이 대두되었고 1846년 곡물법은 폐지되었다. 그 결과 저렴한 곡물이 수입되고 대중의 식량난이 해소되었으며 동시에 영국 내 자유주의 경제 체제의 우월성이 확립되었다.

프랑스 제2제정 성립

1851년 루이 나폴레옹은 집권 연장을 위해 쿠데타를 일으켜 정부를 장악하였다. 그는 국민 투표를 실시해 압도적인 지지를 얻어 나폴레옹 3세로 즉위하였고 제2제정 시대가 시작되었다.

나폴레옹 1세 시대의 영광을 이용해 황제에 오른 나폴레옹 3세는 국민의 기대를 충족시키기 위해 실업자를 줄이고 상업을 팽창시키는 등 경제 살리기에 주력하였다. 또 식민지 건설을 위해 대외 전쟁을 활발히 전개하였고 크림 전쟁과 오스트리아-이탈리아 전쟁에서 승리해 국민의 지지를 얻었다.

나폴레옹 3세 시대에 산업 생산이 2배로 증가하고, 철도 부설과 파리의 도로 정비 등 프랑스는 번영을 누리는 것처럼 보였다. 그러나 이것은 자유를 잃은 대가로 얻은 번영이었다. 의회는 허수아비에 불과하였고, 비밀 경찰이 곳곳에 배치되어 위험 분자를 색출했으며 언론 검열도 엄격히 이루어졌다.

그러나 시간이 지남에 따라 나폴레옹 3세는 자유주의 정책을 수용하며 독재를 완화하였다. 나폴레옹 3세는 자신의 쿠데타·유혈 사태·체포·추방 등을 용납하지 못하는 반대파들과 타협하고 체제를 자유화하려 하였다. 그는 정치범을 석방하고 반대 언론을 허용하였지만 공화주의파와 사회주의파 등 반대파의 비판은 그치지 않았다. 1870년 나폴레옹 3세

나폴레옹 3세의 독재 체제

나폴레옹 3세는 프랑스 국민의 '나폴레옹 숭배심Bonapartism'을 이용한 독재자에 불과하였다. 그의 외형적인 업적 이면에는 기만적인 독재 체제가 숨어 있었다. 그는 독재 체제를 강화하기 위해 가톨릭 신도, 부르주아 계급, 농민과 노동자 등 각 계층 간의 갈등과 분열을 조장했다. 또한 선거를 조작하고 대학에서 가르치는 교과 과정에 간섭하는 등 비민주적 행동을 일삼았기 때문에 지식인들의 반발을 사기도 했다.

는 마침내 정치 체제를 입헌 군주제로 전환하였으나 반대파의 비판은 여전하였고 국내 정국은 불안정하였다. 나폴레옹 3세는 이러한 위기를 해결하기 위해 대외 전쟁을 선택하였다.

크림 전쟁과 제정 종말

중동 지방은 몰락하고 있는 오스만 제국을 둘러싸고 강대국의 이해관계가 복잡하게 얽혀 있었다. 러시아는 지중해로 나가는 길을 개척하기 위해 발칸의 슬라브족과 그리스 정교를 옹호하고 나섰다. 1853년 오스만 제국을 장악하기 위해 러시아는 일부러 오스만 터키와 전쟁을 하였다. 러시아의 지중해 진출 의도를 간파한 영국과 프랑스는 협동하여 러시아의 남하를 막으려고 하여 '크림 전쟁Crimean War'(1853-1856)이 시작되었다.

영국과 프랑스는 크림 전쟁에서 승리하여 대외적 입지를 강화하였다. 또한 프랑스는 1859년 이탈리아를 지원해 오스트리아와의 전쟁에서 승리를 쟁취하였으며 해외 식민지를 확장하는 등 대외 팽창 정책도 함께 하였다.

그러나 1860년대 나폴레옹 3세의 대외 정책은 실패를 거듭하고 프랑스는 외교적으로 고립된 상태에 놓이게 되었다. 나폴레옹 3세는 점점 강대해지는 프로이센을 위협으로 간주하고 있었다. 1870년 프랑스는 표면적으로는 스페인 왕위 계승 문제를 근거로 프로이센에 선전 포고를 하였다. 그러나 프로이센군의 계속된 반격을 받아 9월에는 파리의 관문인 세당Sedan 성이 함락되었다. 나폴레옹 3세는 프로이센에 항복하고 전쟁 포로가 되었으며 이로써 제2제정은 종말을 맞았다.

이탈리아 통일

나폴레옹 1세 시대에 이탈리아인의 정열을 이끌어 낸 민족 해방이라는 국민적 여망은 1830년과 1848년의 혁명기를 통해 이탈리아 국민의 부흥 운동risorgimento으로 이어졌다. 마치니·카부르·가리발디와 같은 지도자들에 의해 해방·통일 운동이 일어났던 것이다.

이탈리아 통일의 근원지는 사르디니아Sardinia의 피에드몬트Piedmont 왕국이었다. 귀족 출신 카부르Camillo Benso di Cavour(1810-1861)는 자유주의 사상에 입각하여 정계에 투신하여 1852년 사르디니아의 수상이 되었다. 그는 개혁을 단행하여 사르디니아의 번영과 근대화를 이루는 한편, 냉철한 현실 외교를 통해 사르디니아의 국제적 지위를 확고히 다져 놓았다. 그는 강대국의 지원 없이는 이탈리아의 자유와 통일이 불가능함을 알고 우선 영국 및 프랑스와 우호 관계를 수립하기 위해 크림 전쟁에 참가하여 영국-프랑스군을 지원하였다.

▲카부르

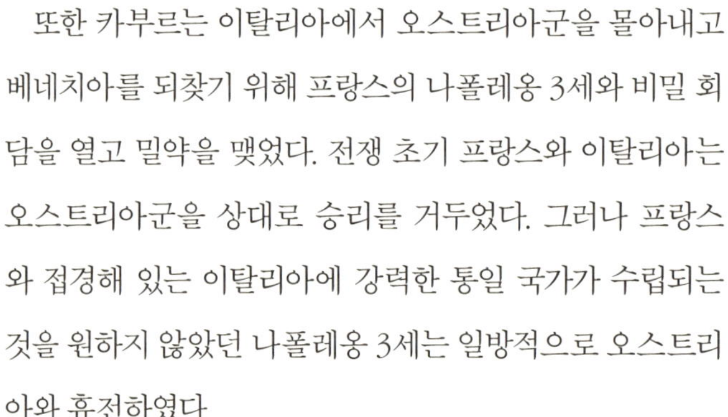

또한 카부르는 이탈리아에서 오스트리아군을 몰아내고 베네치아를 되찾기 위해 프랑스의 나폴레옹 3세와 비밀 회담을 열고 밀약을 맺었다. 전쟁 초기 프랑스와 이탈리아는 오스트리아군을 상대로 승리를 거두었다. 그러나 프랑스와 접경해 있는 이탈리아에 강력한 통일 국가가 수립되는 것을 원하지 않았던 나폴레옹 3세는 일방적으로 오스트리아와 휴전하였다.

젊은 시절 청년 이탈리아당에 가입하여 독립 운동에 투신했던 가리발디Giuseppe Garibaldi(1807-1882)는 '적의대赤衣隊'를 조직하고 1860년 시칠리아 섬을 침공하였다. 적

▲가리발디

의대는 5개월 만에 이탈리아 남부를 모두 정복하였고 가리발디는 분리된 민주 공화국을 수립하였다. 그러나 카부르가 나폴리에 군대를 파견하자 가리발디는 이탈리아의 통일을 위해 사르디니아 왕에게 나폴리를 헌납하였고, 1860년 11월 사르디니아는 나폴리 및 로마 시를 제외한 모든 교황령을 합방하였다. 1861년 토리노에서 최초의 의회가 열리고 사르디니아 왕이 이탈리아 왕으로 선포되었다.

1866년 이탈리아는 오스트리아-프로이센 전쟁에서 프로이센과 동맹하여 베네치아를 회복하였다. 이어 1870년 프랑스-프로이센 전쟁이 발발하여 로마 주둔 프랑스군이 철수하자, 이 틈을 타서 이탈리아군이 9월 20일 로마에 입성하였다. 로마 시민은 이탈리아 왕국에 병합되는 것에 찬성하였다.

독일 통일

프랑크푸르트 의회가 제시한 독일 통일안은 오스트리아의 반대로 실패하였다. 따라서 프로이센 중심의 독일 통일을 위해 제거해야 할 가장 큰 장애물은 오스트리아였다. 1859년 오스트리아-이탈리아 전쟁에 자극을 받은 독일 지방은 통일 운동을 다시 전개하였다. 독일 통일은 프로이센의 수상 비스마르크Otto von Bismarck(1815-1898)에 의해 실현될 수 있었다.

비스마르크는 전형적인 토지 귀족 융커 출신으로 자유주의 사상에 반대하고 국가와 왕을 절대적으로 지지하는 사람이었다. 그러나 그는 국가와 왕의 이익을 위해 독일을 통일하기로 결심하였다. 1862년 수상이 된 비스마르크는 의회의 반대를 무릅쓰고 군비를 확장하

> **비스마르크의 철혈 정책**
>
> 비스마르크는 독일 통일이 강력한 군대를 통해서만 가능하다고 확신하고 있었기 때문에 군비와 병력을 우선으로 하는, 철과 피에 의한 정책을 고집하였다. 비스마르크의 철혈 정책으로 프로이센은 6년 동안 세 차례의 전쟁을 겪게 되었다.

였고 '힘에 의한 정치'로 철혈 정책鐵血政策을 주장하였다. 그는 독일 통일을 위해 1864년 덴마크 전쟁, 1866년 오스트리아 전쟁, 1870년 프랑스 전쟁 등 6년 동안 세 차례의 전쟁을 감행하였다.

이 가운데 1864년 전쟁은 프로이센이 슐레스비히-홀슈타인 문제를 둘러싸고 오스트리아와 연합하여 덴마크에 맞서 일으킨 전쟁이었다. 이 두 지방은 주민의 대부분이 독일인이었는 데도 오랫동안 덴마크의 지배를 받고 있었다. 프로이센은 오스트리아와 연합하여 덴마크를 침공하고 승리를 거두었다. 빈 조약(1864)에 따라 홀슈타인은 오스트리아가 슐레스비히는 프로이센이 차지하였다.

프로이센은 승전을 위해 일시적으로 오스트리아와 동맹하였지만 오스트리아는 독일 통일을 가로막는 장애물이었기 때문에 두 나라 사이의 전쟁은 불가피하였다. 그리하여 1866년 오스트리아-프로이센 전쟁이 발발하였다. 프로이센은 사르디니아와 동맹을 체결하였으며 강력한 군대를 바탕으로 7주 만에 신속한 승리를 거뒀다.

이 전쟁의 결과 프로이센은 오스트리아와 1866년 프라하 조약을 맺었다. 이 조약에서 오스트리아는 프로이센의 우위를 인정하였고 홀슈타인을 프로이센에게 넘겨주었으며 프로이센의 동맹국인 사르디니아에게 베네치아를 양도하였다. 또 오스트리아는 독일과 이탈리아에서의 지배권을 완전히 잃었고 마인 강 북쪽의 모든 지역이 프로이센에 병합되어 북독일 연방Norddeutscher Bund이 결성되었다.

마지막으로 라인 강 북쪽에 강력한 세력의 출현을 원치 않는 프랑스가 독일 통일에 최후의 장애물로 남아 있었다. 드디어 1870년대 국내 정치의 난관을 대외 문제를 통해 해결하고

오스트리아-헝가리 이원 왕국

오스트리아는 프로이센과의 전쟁 이후 정치 개혁의 필요를 절감하고 자유화 정책을 실시하였고 1867년 헌법을 제정하고 입법부를 창설하였다. 동시에 오스트리아와 헝가리는 같은 통치자인 하나의 왕 아래 대외 정책과 전쟁 문제 등에 관해서만 공동으로 대처하고 각각 독립된 헌법과 의회를 두는 이원二元 왕국으로 관계를 재조정하였다.

엠스 전문 사건

나폴레옹 3세는 엠스Ems로 휴가를 떠난 프로이센 왕에게 프랑스 대사를 보내 장차 호헨촐러른 가에서 스페인 왕위를 계승하지 않겠다는 보증을 받으려고 하였고, 프로이센 왕은 이 무리한 요구를 거절하고 이 사정을 비스마르크에게 전문으로 알렸다. 비스마르크는 이 전문의 문맥을 교묘하게 바꾸어 프랑스 대사가 프로이센 왕을 모욕하는 말을 하였고, 프로이센 왕은 보복으로 프랑스 대사를 냉대한 것으로 공개하였다. 이것은 프로이센 국민과 프랑스 국민을 다 같이 흥분시키기에 충분하였다.

자 한 나폴레옹 3세와 비스마르크 사이에 전쟁의 구실이 생겼다. 그것이 스페인 왕위 계승 문제였다.

1868년 스페인 혁명 이후 스페인 왕좌는 비어있었다. 의회는 새 왕을 맞아들이기로 결정하고 독일 호헨촐러른 가의 레오폴드Leopold (Hehenzollern-Sigmaringen, 1885-1905) 공에게 즉위를 요청하였다. 프랑스의 나폴레옹 3세는 스페인과 독일이 연합해 프랑스를 위협할 수 있다고 판단해 왕위 계승을 반대하였다. 레오폴드 공이 왕위를 사양함으로써 문제는 일단 마무리되었다. 그러나 프랑스와 프로이센 양국 국민의 감정을 자극하는 '엠스 전문 사건Ems Dispatch'이 발생하면서 두

▲ 베르사유 궁전에서 대관식을 거행하는 독일 황제 빌헬름 1세

나라는 마침내 전쟁으로 돌입하였다.

1870년 7월 전쟁이 시작되고 프로이센군은 3주 만에 파리로 들어가는 길목인 세당을 함락시켰고, 전쟁에서 완벽히 승리를 거두었다. 파리 시민은 프로이센군을 맞아 항전을 거듭하였으나 식량 부족으로 부득이 항복하지 않을 수 없었다. 파리 시민들이 절망적인 항전을 벌이고 있는 가운데 비스마르크는 베르사유 궁전의 '거울의 방'에서 독일 제국의 성립을 선포하고 프로이센의 왕 빌헬름 1세Wilhelm I(재위: 1861-1888; 독일 황제 재위: 1871-1888)를 독일 황제로 추대하였다.

프랑스는 1871년 5월 10일 프랑크푸르트 조약을 체결하였다. 프랑스는 50억 프랑의 배상금을 지불하고 프로이센에게 알자스-로렌을 양도하는 굴욕적인 조약을 맺게 되었다. 또한 배상금을 완불할 때까지 프로이센군이 프랑스의 주요 요새를 점령한다는 것이 조건까지 있었다.

프랑스-프로이센 전쟁에서 승리한 프로이센은 제국으로 통일되었으며 반면 패전한 프랑스는 공화국이 되었다. 또한 이탈리아는 프랑스군이 로마에서 철수한 틈에 수도를 탈환하여 통일을 완성할 수 있었다. 1848년부터 1871년까지 가장 두드러진 역사적 발전은 독일과 이탈리아의 민족적 통일에서 실현된 내셔널리즘의 승리였다.

제정 러시아의 개혁과 자유화

러시아가 크림 전쟁에 패배한 결정적 원인은 니콜라이 1세 시대의 사회적 모순과 행정적 부패에 있었다. 이에 새로운 차르 알렉산드르 2세Alexander II(1855-1881)는 전반적인 개혁에 착수하였지만 전제 정치의 테두리를 벗어나지는 못하였다. 알렉산드르 2세의 가장 주목할 만한 업적은 약 4천만에 이르는 농노의 해방이었다.

러시아의 농업 제도는 유럽에서 가장 후진적이었다. 소수의 귀족 가문이 러시아 전체 토지의 10분의 9를 소유하고 있었고 대부분의 지주들이 농노를 혹사하고 체벌까지 가하였다. 1861년 알렉산드르 2세가 농노제 폐지령을 내렸지만, 농노들에게 실질적인 혜택을 주지는 못하였다. 농노가 토지와 자유를 얻기 위해서는 지주에게 그에 상응하는 보상을 해야 하는데, 그 금액이 너무 많았기 때문이었다. 이 외에도 알렉산드르 2세는 지방 의회를 창설해 지방자치제를 실시하였고, 사법 제도도 개혁하였으나 실제적인 효과를 거두기는 어려웠다.

러시아 제국의 쇠퇴

알렉산드르 2세의 개혁은 결국 사회 각층의 비판을 받았으며 대중의 반응이 없는 가운데 점차 시들해졌다. 더욱이 러시아의 지배를 받던 폴란드의 반란과 황제 암살 음모가 일어나자 폭압적인 군주제를 강화하였다. 이러한 상황 속에서 1881년 암살로 죽은 알렉산드르 2세의 뒤를 이은 알렉산드르 3세는 전제 정치를 더 강화하였다.

민족주의는 러시아에도 영향을 주어 19세기 범슬라브주의가 성행하였다. 1860년대와 1870년대 범슬라브주의는 발칸 지방의 반란을 충동질하며 슬라브 민족의 단결을 촉구하였다.

신항로 개척 이후 약화된 오스만 제국은 그들의 지배를 받고 있던 민족들이 독립을 주장하자 점차 쇠퇴하였다. 오스만 제국에 보스니아Bosnia, 세르비아Serbia, 몬테네그로Montenegro가 선전포고를 하였다.

이즈음 불가리아에서도 반反터키 반란이 일어났는데 오스만 터키는 반란을 진압하는 과정에서 불가리아인을 집단 학살하였다. 유럽의 여론이 나빠지자 오스만 제국은 개혁을 통

> **범슬라브주의Pan-Slavism**
> 크림 전쟁 후 주목을 받기 시작한 범슬라브주의는 러시아가 형제 슬라브 민족의 보호자이기 때문에 모든 슬라브계 민족을 오스만 제국의 지배에서 해방시킬 의무가 있다는 주장이다. 범슬라브주의에 따르면 대大 슬라브 제국 창설이야말로 러시아의 운명이라는 것이다.

한 사태 개선을 약속하고 1876년에 새 헌법을 내 놓았다. 그러나 러시아는 오스만 제국을 믿지 못하였고 1877년 선전포고 후 전쟁을 일으켰다.

러시아군이 콘스탄티노플을 위협하자 오스만 정부는 휴전을 제의하고 상 스테파노San Stefano 조약을 체결하였다. 이 조약에서 러시아의 범슬라브주의가 반영되어 광활한 영토를 가진 불가리아의 창설이 언급되었다. 그러나 영국과 오스트리아는 이것이 발칸의 러시아 지배를 허용하는 것이라 생각하여 반발하였다. 이에 1878년 독일의 재상 비스마르크가 첨예한 갈등을 중립적으로 중재하겠다며 베를린 회의를 열었다.

결국 러시아는 영국과 오스트리아에게 압력을 받아 불가리아 영토 일부를 오스만 제국에 반환하였다. 대폭 축소된 불가리아는 오스만 제국에게 조공을 바치는 속국이 되었다. 또한 1875년 반란의 발상지였던 보스니아와 헤르체고비나Herzegovina를 오스트리아의 관리 하에 두기로 결정하였다.

러시아는 흑해 연안에 약간의 영토를 얻는 것에 그쳤다. 러시아의 지중해 진출은 또 다시 좌절되었다. 그러나 범슬라브주의 운동은 계속되었고 두 차례의 세계대전에서 그 영향력을 증명하게 되었다.

5
19세기의 문화

관념론 철학

근대적 형태의 관념 철학은 독일 지방에서 나타나 피히테Johann Gottlieb Fichte(1762-1814)와 헤겔Georg Wilhelm Hegel(1770-1831)을 거쳐 19세기 후반까지 계속 번창하였다. 관념 철학은 영국·미국 등 독일 이외의 지역에서도 지배적인 철학 조류가 되었다.

감각의 노예 상태에서 해방되어 정신계를 통해 참다운 본성을 실현해야 한다고 주장한 피히테는 정치 사상에도 중요한 영향을 끼쳤다. 그는 나폴레옹이 프로이센에 침공해 왔을 때 통일 독일의 이념을 제시하고 문명 세계를 이끌어야 한다는 독일 민족의 사명을 선언하여 프로이센 국민의 애국심과 유대의식을 강화시켰다.

독일의 로만주의적 관념론 철학자 중 가장 위대한 인물은 헤겔이었다. 헤겔은 우주는 모든 것이 반대물反對物을 향해 전환되어 가는 변화의 상태에 있다고 생각하였다. 그는 낡은 것과 새로운 것이 서로 충돌하고 그것이 융합되어 신·구를 모두 가진 결과가 나온다고 보았다. 즉, 정正·반反·합合의 변증법적 역사 발전이 일어난다는 것이다. 헤겔에 따르면 이 과정은 계속 반복되고 발전하며 이러한 발전 과정은 신이나 보편적 이성에 의해 인도되는 것이다.

헤겔과 동시대의 철학자인 쇼펜하우어Arthur Schopenhauer (1788-1860)는 모든 성장과 운동을 인도하는 보편적 힘은 개인이나 종족이 삶을 갈망하는 의지라고 보았다. 그러나 그는 삶에 대한 의지는 강자가 약자를 삼키고 생존하도록 만들므로 이 세상은 최악의 세계라고 주장하였다. 한편, 전쟁을 합리화한 니체Friedrich Nietzsche(1844-1900)는 자연 도태가 인간에게도 적용되어야 하며, 살아남은 사람은 권위를 장악하는 힘 있는 자, 즉 이상적 지배자인 '초인超人: übermensch'이라고 주장하였다.

19세기 철학은 심리학의 영향을 받으면서 점차 부조리 세계와 직관 영역에 관심을 갖게 되었다. 헤겔이나 칸트의 이론도 여기에 크게 작용하였다. '신관념론자들'에 따르면 과학은 다만 우주의 일면을 말할 뿐이며 직관에 의한 인식이 진리라고 생각하였다. 끊임없이 변하는 자연의 진정한 실재는 인간 지성이 아닌 직관에 의해서만 파악될 수 있다고 주장한 프랑스의 베르그송Henri Bergson(1859-1941)의 철

헤겔의 역사발전론

헤겔은 역사 발전의 궁극적 목표는 모든 개인의 이해가 사회 전체의 이해와 결합된 완전 국가라고 주장했다. 헤겔의 주장대로라면 진정한 개인의 자유라는 것은 국가의 자유가 보장될 때 가능한 것이었다. 따라서 헤겔은 국가가 개인보다 우월한 권리를 갖는다고 생각하였다. 헤겔의 이러한 주장은 민족주의의 발전을 강화하기도 했지만 20세기 파시즘의 형성에도 기여하였다.

니체의 초인

니체가 이상적인 지배자의 개념으로 제시한 초인은 용기·힘·이기심·거만·잔인 등의 특성을 가진 인물이다. 그는 부적합한 사람을 끊임없이 추려낸다면 궁극에 가서는 초인 인종超人人種이 만들어질 수 있다고 믿었다. 자연 도태 과정이 시작되기 전에 장애물이 되는 종교는 제거되어야 한다. 왜냐하면 종교는 부적자不適者와 허약자를 옹호하기 때문이다. 민주주의나 사회주의도 역시 무가치한 자와 약자를 도와 강자를 방해하기 때문에 무시되어야 한다는 것이다. 이러한 니체의 반민주적인 독재 숭배는 장차 전 세계를 역사상 최악의 전쟁 속으로 몰고 간 나치즘의 이론적 기초가 되었다.

학은 20세기 많은 지식인에게 커다란 영향을 주었다.

반면 프랑스의 콩트Auguste Comte(1798-1857)는 관념론과 형이상학을 비판하며 가치있는 유일한 지식은 오직 '실증적인' 지식, 즉 과학에서 오는 지식이어야 한다고 주장하였다. 그는 진리가 경험이나 관찰에서 비롯된다는 실증주의 철학의 선구자였다.

19세기 말이 되면서 철학은 불확실해지고 혼돈 속을 방황하게 되었다. 자연 과학이 찬란한 성과를 거두면서 기계론과 유물론에 강하게 반발하는 철학자들이 등장하였다. 새로운 철학 경향은 실용주의 Pragmatism라 알려진 미국 철학으로 퍼스Charles Peirce(1839-1914)에 의해 시작되어 제임스William James(1842-1910)와 듀이John Dewey (1859-1952)를 거쳐 체계화되었다. 실용주의 철학은 추상적 사고를 높이 평가하지 않았고 형이상학은 쓸모없는 것이라고 단정하였다. 그들은 지식이란 현실 생활의 개선을 위한 도구로서 탐구되어야 한다고 주장하였다.

사회주의의 대두

영국에서 시작된 산업 혁명이 가져온 변화 중 하나는 노동자와 자본가 계급의 대립과 빈부 격차였다. 경제적 불평등은 정치 문제로 바뀌 유럽 각국에서 혁명과 개혁이 일어났다. 사회주의는 자본가와 같은 개인이 생산 수단을 소유하지 않고 국가가 주요 산업을 소유해야 한다는 것을 의미하였다. 사회주의의 가장 완전한 형태는 공산주의로 모든 사유재산을 폐지하고 토지를 포함한 모든 생신 수단을 공유해야 한다는 이념이다.

19세기 초에는 산업 경제의 문제를 이성적으로 해결하여 '유토피아'를 실현시킬 수 있다고 믿는 '유토피아적 사회주의'가 등장하게 되었다.

생시몽, 푸리에, 오웬Robert Owen(1771-1851) 등 유토피아적 사회주의자들의 주장은 많은 사람들에게 많은 영향력을 미쳤다.

마르크스Karl Marx(1818-1883)는 헤겔의 변증법에 많은 영향을 받아 유물사관을 제시하였다. 그는 헤겔과 같이 상반된 제도의 충돌을 통해 완전 사회로 나아간다는 진화론을 주장하였다. 그러나 헤겔이 정신의 영역을 중심으로 역사 과정을 바라본 것에 비해 마르크스는 물질에 의한 정신의 변화에 집중하였다.

유토피아적 사회주의

생시몽은 사회의 결함을 과감히 개혁하기 위해 그리스도교 정신과 평화적 방법에 따라 빈민층의 사회 복지를 목표로 해야 한다고 생각하였다. 푸리에는 인간의 자연적 욕구를 충족시켜야 인간 사회의 충돌이 없어진다고 믿었다. 그래서 기본적 욕구를 채우기 위한 소공동체 창설을 제안하였고 인간의 행복을 위한 쾌락의 목록을 작성하기도 하였다. 영국 웨일즈 출신의 오웬은 노동자들의 악조건과 비참한 생활에 충격을 받고 그들의 생활 개선을 결심하였다. 그는 인간적 대우를 받는 노동자가 더 많은 이윤을 낸다는 사실을 입증하기 위해 실제 공장을 운영하기도 하였다. 또 가난한 시민의 삶을 향상시키기 위해 전체 사회 조직과 경제 제도가 혁신되어야 한다고 확신하였다.

마르크스는 『자본론資本論: Das Kapital』에서 역사의 각 시기가 경제적 요인에 따라 결정된다고 주장하였다. 곧 역사는 각 시기마다 등장하는 경제 조직과 생산 수단에 가장 잘 적응한 사회 조직으로 역사는 착취 계급과 피착취 계급—예를 들면 고대 그리스의 노예와 주인, 로마의 평민과 귀족, 중세의 농노와 영주—간의 투쟁의 역사로 규정하였다. 따라서 그는 자본주의 사회에의 부르주아 계급에 맞서 프롤레타리아 계급이 투쟁해야 한다고 역설하였다. 마르크스는 궁극적으로 프롤레타리아가 봉기하여 사회의 생산 수단을 점유하고 계급 없는 사회가 도래해야 한다고 주장하였다. 부르주아 자본가들에게 착취당하던 가난한 노동자들에게 마르크스의 이론은 정말 매력적인 것이었다.

▲마르크스

그러나 마르크스의 주장은 이론상이나 실제적으로 모순을 드러냈다. 마르크스가 구상한 궁극적 사회는 비과학적인 유토피아에 불과하였고, 모든 사회 현상을 계급 투쟁의 관점에서만 설명하여 지적·이념적 영향력의 중요성을 부정하였다. 또한 실제로 마르크스가 주장한 초국가적인 프롤레타리아 연합은 탄생하지 않았고, 19세기의 많은 자본주의 국가에서는 효율적인 생산 수단에 따른 증산 덕분에 노동자의 경제적 위상은 더 향상되었다.

새로운 사회 이론

자유주의적 전통이 강한 영국에서는 독일의 관념 철학이나 사회주의와는 다른 부르주아 중심의 경제 이론과 자유주의 철학이 나왔다. 경제적 자유주의에 따르면 개인은 제각기 자유선택권을 가지고 있으므로 근면·절약 등을 통해 환경을 개선할 책임도 각자에게 있다고 한다. 그러므로 개인의 빈부를 국가 책임으로 돌릴 수 없다.

아담 스미스가 제창한 경제적 자유주의는 18세기 전환기에 맬서스Thomas Robert Malthus(1766-1834)와 리카도David Ricardo(1772-1823)의 이론을 낳았다. 맬서스가 쓴 『인구론』(1798)에 따르면, 인구는 무한히 증가하여 생산력을 능가해 대중의 비참한 삶은 계속된다는 것이었다. 한편 리카도는 '최저 임금론'을 주장하였는데, 노동자 수를 증감하지 않도록 하여 적어도 최저 생계가 유지되게 하는 노동의 '자연가격自然價格'이 있다고 생각하였다.

> **리카도의 자연가격**
> 리카도는 최저 생계를 유지하는 노동의 자연가격이 있다고 주장하였다. 노동에는 자연가격과 시장가격이 있다. 노동의 시장가격은 노동 공급과 수요에 따라 결정된다. 노동력이 부족하고 수요가 클 때에는 시장가격이 자연가격을 능가하며 좋은 보수를 받을 수 있으나 노동력이 풍부할 때에는 그 반대가 될 것이다. 그런데 노동력은 자본보다 더 빨리 증가하므로 노임은 자연가격 수준으로 하락한다는 것이다.

19세기 영국의 벤섬은 공리주의를 제창하였다. 벤섬은 공동체의 이익은 모든 구성원 개인의 이익을 모두 더한 것이라고 생각하였고 인간의 행동은 전적으로 개인적 이익 때문에 행해진다고 주장하였다. 그는 구성원 개인이 스스로의 이익을 추구하고 완전히 자유롭게 행동할 때 비로서 행복은 증진될 수 있다고 믿었다. 이는 개인의 재량을 늘리면 늘릴수록 사회 전체 복지가 증진되는 것으로 결국 벤섬의 공리주의는 경제적 자유주의를 합리화하고 있었다.

▲리카도

존 스튜어트 밀John Stuart Mill(1806-1873)은 벤섬의 사상을 좀 더 다듬었다. 그는 벤섬의 공리주의에 근본적으로 동조하였지만 만년에는 벤섬이 주장한 개인주의를 대폭 수정하였다. 그는 사회주의가 개인의 자유를 파괴하기 때문에 사회주의를 반대하였지만 비참한 생활을 하는 사람들의 복리를 위해서는 국가가 개입해야 한다고 주장하였다.

▲존 스튜어트 밀

로만주의 문학

19세기 로만주의Romanticism의 본질은 감정과 본능을 찬미하는 데 있었다. 18세기 절제節制·균형이란 형식과 법칙을 존중하고 합리성을 강조하는 고전주의에 반대하여 인간의 자연스러운 감정의 발산을 강조하는 로만주의의 경향이 등장하였다. 로만주의자는 '자연적인 것', '야성적인 것', '제어制御되지 않는 것' 등을 더 중시하였다.

로만주의의 요소는 18세기 후반 독일 문학이나 루소 사상에서 이미 나타났고, 19세기가 시작되면서 독일·영국·프랑스에서 유행하기 시작하여 결국 미국에까지 파급되었다. 로만주의는 문학에 국한되지 않고 회화와 음악의 분야에까지 확대되었다. 18세기 후반 독일에서 일어난 '질풍노도疾風怒濤'라는 문화 부흥 운동은 19세기의 로만주의로 이어졌다. 이 운동은 강렬한 감정을 문예로서 표현하려는 운동이었다.

당시 독일 국민 문학을 대표하는 위대한 두 문인은 쉴러Johann

Christoph Friedrich von Schiller(1759-1805)와 괴테Johann Wolfgang von Goethe(1749-1832)였다. 쉴러는 폭정과 압제를 공공연히 비판하며 스위스인의 국민적인 독립 투쟁과 항거를 표현한 희곡 『빌헬름 텔』(1804)을 발표하였다. 한편, 괴테는 1774년 자신의 경험을 토대로 젊은이의 감상적인 사랑 이야기 『젊은 베르테르의 슬픔』을 발표하였으며, 독일의 옛 전설에 바탕을 두고 『파우스트』를 저술하기도 하였다.

영국의 로만주의를 대표하는 워즈워스William Wordsworth (1770-1850)는 신비적인 자연에 대한 사랑을 표현하는 작품을 창작하였다. 가장 전형적인 로만주의 작가로 셸리Percy Bysshe Shelley(1792-1822)와 바이런Lord Byron(George Gordon, 1788-1824)이 있다. 셸리는 『사슬이 풀린 프로메테우스Prometheus Unbound』(1818-1819)에서 인간의 완성이 사상과 행위의 완전한 자유를 통해서만 가능하다는 믿음을 나타냈다. 바이런은 위선과 사회적 속박을 비웃는 작품을 발표하였는데, 대표작 『돈 주언Don Juan』(1818-1824)에서 직선적이며 대담한 시를 통해 로만주의 정신을 잘 표현하였다.

프랑스는 19세기 전반 로만주의의 영향을 강력히 받았는데 신비적인 비합리성을 주장하는 한편 개인적 자유와 사회 개혁을 옹호하였다. 비합리적인 경향을 대표하는 작가 샤토브리앙François de Chateaubriand(1768-1848)은 신앙의 시대로 되돌아가 인간을 이성의 위험으로부터 구제하고자 하였다. 그러나 프랑스 로만주의를 가장 잘 대변하는 작가는 위고

바이런

바이런은 10세에 남작 칭호를 이어받았지만 매우 진취적이었다. 그는 1823년 그리스인이 오스만 터키에 대한 반란을 일으켰을 때 그리스 독립 운동에 참가하기 위해 갔다가 결국 그리스에서 열병에 걸려 사망하였다.

위고

위고는 어릴 때부터 시인으로서의 재능을 인정받았다. 24세 때 책을 출판한 이래 시·드라마·소설·에세이·역사 등 많은 저작을 내놓았다. 1841년 프랑스 아카데미 회원으로 선출된 그는 1845년 정계에 투신하여 열렬한 민주주의자가 되었다. 루이 나폴레옹이 쿠데타를 일으켜 황제의 자리에 올랐을 때 이를 강력히 비판하다가 추방당하기도 하였다. 귀국하지 못한 위고는 1870년까지 소설을 쓰면서도 루이 나폴레옹을 '작은 나폴레옹Napoleon le petit'이라 부르고 공격하는 날카로운 풍자물을 짓기도 하였다. 그가 죽었을 때 성대한 장례식이 거행되었으며 그의 유해는 파리의 팡테옹Pantheon에 안치되었다.

Victor Hugo(1802-1885)였다. 정치적 자유와 사회 정의를 열렬히 옹호한 그는 『레 미제라블Les Misérables』(1862)을 통해 한 인간의 사소한 죄가 어떻게 영웅적인 인내로 보상되는가를 보여주고 사회의 냉혹함을 강하게 고발하였다.

유럽에서 미국으로 건너온 로만주의는 1830-1860년대 미국 문학에 강력한 영향을 주었다. 포Edgar Allan Poe(1809-1849), 호손Nathaniel Hawthorne(1804-1864), 멜빌Herman Melville(1819-1891) 등은 괴기하고 초자연적인 것에 대한 로만주의적 취향을 다양하게 나타낸 미국 작가들이었다.

19세기 문화를 선도한 로만주의는 자유로운 사고와 보통 사람의 존엄성을 강조한 긍정적인 측면이 있다. 그러나 지나친 감상과 과장된 정서적 표현으로 올바른 판단을 저해하고 이성과 과학적 분석을 등한히 한 한계도 있었다.

로만주의 미술과 음악

19세기 초 20년간은 회화에서 고전주의가 부활하는 시기였다. 나폴레옹 제국이 건설한 법과 질서, 권위와 안정은 조화와 균형을 중시하는 고전주의적 미술 양식을 부활시켜 놓았다.

프랑스의 고전주의 회화는 다비드Jacques Louis David(1748-1825)와 앵그르Jean Auguste Ingres(1780-1867)에 이르러 절정에 달하였다. 두 화가의 작품은 질서와 절제를 강조하고 엄격하고 정확한 형식을 존중하며 그리스-로마 신화를 주제로 하는 특징을 가지고 있었다. 18세기 스페인 화풍을 대표하는 화가 고야François José de Goya y Lucientes(1746-1828)도 다비드와 동시대 화가였다. 그는 고전주의적 경향에서 벗어나 좀 더 감정을 풍부히 표현하는 로만주의에 접근하였다.

▲ 다비드 「레카미에 부인의 초상」(1805년)

나폴레옹이 몰락하자 이성과 고전주의의 시대는 끝나고 로만주의의 반동이 시작되었다. 로만주의 화가는 형체보다 색채를 더 중요시하였으며 상상과 감정이 허용하는 한 옛 전설, 이국적 정서, 아름다운 경관 등 자유로운 주제를 선택하였다.

프랑스 로만주의의 가장 전형적인 화가는 들라크로아Eugène Delacroix(1798-1863)였다. 그는 「자유의 여신」이나 「십자군의 콘스탄티노플 입성」 등을 통해 자유를 위한 투쟁과 같은 매우 극적인 장면을 그렸다. 들라크로아의 자유분방한 채색법에 영향을 받은 풍경화가 코로Camille Corot(1796-1875)는 파리 근처의 마을 이름을 딴 바르비종Barbizon파의 주도 인물이었다. 풍경화는 영국에서 더욱 발전되어 콘스테이블John Constable(1776-1837), 터너Joseph M. W. Turner(1775-1851)와 같은 위대한 풍경 화가들을 배출하였다.

건축은 로만주의의 영향을 가장 적게 받은 분야였다. 유럽과 미국에서는 여전히 고전 작품을 모델로 하는 건축물이 만들어졌다. 1830년대에 로만주의의 영향으로 중세 고딕 건축이 부활되어 고딕 양식을 부분적으로 응용하는 건축물이 등장하기도 하였다.

음악에서도 19세기 초 30년간은 로만주의가 지배한 시기이다. 프랑스 혁명이 가져온 정치적 격변과 저항적인 민족적 애국심, 산업 혁명의 활기 등을 표현하는 강렬한 음악이 등장하였다.

▲ 들라크로아 「민중을 이끄는 자유의 여신」

독일의 경우 영웅적 투쟁의 분위기나 조국에 대한 사랑을 고무하는 음악이 많이 나타났다. 특히, 바그너Richard Wagner(1813-1883)는 줄거리로 독일의 민속담民俗譚과 옛 튜턴 신화를 다루었다. 그는 로만주의적 특성을 함께 융합시켜 「탄호이저Tannhaüser」(1843-1845)와 「트리스탄과 이솔데Tristan und Isolde」, 「니벨룽겐의 반지Der Ring des Nibelungen」 등의 오페라를 작곡하였다.

고전주의의 형식에 로만주의 정신을 담은 음악가는 베토벤Ludwig van Beethoven(1770-1827)이었다. 자연을 사랑하고 자유와 인권을 열렬히 옹호한 베토벤은 이러한 격정을 자유 분방하게 표현하였다. 이 시대의 또 다른 위대한 음악가는 슈베르트Franz Schubert(1797-1828)로 그는 고전 형식을 활용하여 풍부한 감정을 오페라, 미사곡, 현악 사중주, 교향곡 등으로 작곡하였다. 교향곡을 작곡한 멘델스존Felix

▲ 들라크로아「키오스의 학살」

Mendelssohn-Bartholdy(1809-1847), 바흐를 바탕으로 로만주의를 표현한 슈만Robert Schumann(1810-1856)도 대표적인 로만주의 작곡가였다.

프랑스에서는 혁명적인 오케스트라 이론을 전개하며 교향곡「로미오와 줄리엣」을 작곡한 베를리오즈Hector Berlioz(1803-1869)가 로만주의를 대표하는 작곡가였다. 러시아의 차이코프스키Pyotr Ilyich Tchaikovsky(1840-1893)는 독일적인 방법을 따라「1812년: 서곡」,「슬라브 행진곡」,「비창」교향곡 등을 작곡하였다. 폴란드 태생의 쇼팽Frédéric Chopin(1810-1849)은 특이하고 개성 있는 곡을 만들었다. 악기로서 피아노가 가진 가능성을 최대한 발굴하여 음악사에 기여했으며 상냥하고 우아한 음악을 창작하였다.

베토벤

네덜란드인의 후손인 베토벤Ludwig van Beethoven(1770-1827)은 서부 프로이센의 본Bonn에서 출생하였다. 그는 유럽 음악의 수도 오스트리아의 빈에서 주로 활동하였다. 30세가 되기 전에 청각에 어려움을 느끼기 시작하여 그 후 완전히 귀머거리가 되었다. 탁월한 피아노 연주가로서 명성을 떨치기 시작한 베토벤은 청각 장애 때문에 연주를 포기하고 그 대신 실내악이나 교향곡의 작곡에 몰두하였다. 그는 고전적 요소와 열정적인 이상주의를 종합한 인물이었다.

진화론과 다윈

19세기에는 자연 과학의 진보가 획기적으로 이루어진 시대였다. 이러한 과학 발전의 요인은 산업 혁명에 의한 자극, 생활수준의 향상, 안락함과 편리에 대한 욕망 등에 있었다. 17세기 과학 혁명이 지적인 논리 체계이며 우주의 비밀을 발견하려는 탐구심의 표현이었다면, 19세기 자연 과학은 논리적인 면과 함께 실제적인 면도 함께 가지고 있었다.

이 시기 과학 가운데서도 특히 생물 과학과 의학이 특기할 만한 발전을 이루었다. 생물학에서는 영국의 찰스 다윈Charles Darwin(1809-1882)이 1859년 『종의 기원』을 출판하고 '자연도태natural selection'라는 가설을 주장하였다. 이 가설에 따르면 어떤 것은 강하게, 어떤 것은 약하게 태어나는데 유리하게 태어난 종이 생존 경쟁에서 이기는 이른바 '적자생존' 현상이 일어난다는 것이었다. 또 『인간의 유래』(1871)에서 인간의 선조가 아마도 오랑우탄이나 침팬지 등의 선조와 관계가 있는 동물이었을 것이라고 주장하였다.

> **다윈**
> 다윈은 1831년부터 5년간 과학 탐험을 위한 세계 여행에 나선 비글호를 타고 각 지역의 표본을 수집하며 많은 견식을 쌓았다. 그 후 20년간 연구를 하여 1859년 드디어 『종의 기원』을 출판했다.

이러한 다윈의 주장은 당시 유럽 사회에 엄청난 충격을 안겨 주었다. 특히, 인간의 선조에 관한 학설은 신이 생명을 창조했다는 창조론을 믿는 종교계에 커다란 파문을 일으켰다. 그러나 대부분의 과학자들은 다윈의 가설이 타당하다고 인정하였다.

과학과 기술

진화론에 다음으로 중요한 생물학의 발견은 세포설이다. 동식물을 구성하고 있는 세포가 분화·증식을 통해서만 성장한다는 것을 발견한 슈반Theodor Schwann(1810-1882)과 원형질을 발견한 몰Hugo von Mohl(1805-1872)은 세포학을 체계화하는데 기여하였다.

19세기 후반 병균설의 확립은 과학계의 엄청난 혁신으로 주로 파스퇴르Louis Pasteur(1822-1895)와 코흐Robert Koch(1843-1910)의 공헌에 의한 것이었다. 파스퇴르는 세균학의 기초를 세우고 1885년 공수병恐水病 예방법을 발견하였으며, 코흐는 1882-1883년 폐결핵과 콜레라 병균을 발견하였다.

화학에서는 러시아의 화학자 멘델레프Dmitri Mendelyeev(1834-1907)가 원자의 순서를 정하고 원소를 분류하여 주기표를 만들었다. 독일의 생화학자 에를리히Paul Ehrlich(1854-1915)는 인체에 해를 입히지 않고 세균만을 파괴하는 약에 관한 실험을 되풀이하여 1909년 후에 살바르산Salvarsan이라 명명된 매독 치료제를 발명하였다. 에를리히의 매독 치료제가 나온 이후 화학 요법을 위한 연구가 더욱 진전되어 설파제와 페니실린penicillin 또는 그 밖의 항생제가 치료약으로 개발되었다.

화학 분야에서 가장 놀라운 발명은 화합물이었다. 프랑스나 독일에서 화합물에 대한 연구가 계속 있었다. 그리하여 1913년 질소의 대기 고정법이 완성되었고 이 발견은 1차 대전 중 독일의 화약 공급에 지대한 기여를 하였다.

물리학도 19세기 비약적인 발전을 이루었다. 전기 학자 패러데이Michael Faraday(1791-1867)는 1831년 10년의 실험 끝에 발전기의 원리를 처음으로 생각해 냈고 이 발견으로 전동기(모터)의 발명을 비롯해서 전신·전화·전등의 사용이 가능해졌다.

19세기 말 뢴트겐Wilhelm Konrad von Röntgen(1845-1923)은 불투명체를 꿰뚫을 수 있는 X-선을 발견하였으며, 퀴리 부부(Pierre Curie, 1859-1906; Marja Skłodowska, 1867-1934)는 라듐에서 방사능 물질을 축출해냈다. 1910년경 영국 과학자 러더포드Ernest Rutherford(1871-1937)와 덴마크의 보어Niels Bohr(1885-1962)는 각 원자가 양자를 갖고 있으며 하나의 원자가 태양계의 축소판과 같은 구조를 하고 있다고 주장하였다.

19세기 인간의 삶을 편리하게 개선하기 위한 수많은 발명과 기술 혁신이 행해졌다. 전화를 발명한 벨Alexander Graham Bell(1847-1922)은 통신에 획기적인 변화를 가져왔다. 교통 기관의 혁명적 변화도 이어졌다. 가솔린을 연료로 한 내연 기관이 1880년대 독일의 다임러Gottlieb Daimler(1834-1900)에 의해 응용되면서 자동차와 모터사이클과 같은 교통수단이 발달하게 되었다. 이러한 발전은 미국의 포드Henry Ford(1863-1947)에게 영향을 주었고, 그는 자동차의 산업화에 성공해 자동차를 대량 생산하였다. 또한 1903년 미국의 라이트 형제Orvill and Wilbur Wright는 내연 기관을 부착한 비행기로 59초 동안 날 수 있었다.

사회 과학과 근대적 역사학

1830-1914년은 사회 과학이 광범하게 발달한 시기였다. 사회 과학은 자연 과학의 영향을 받아 다양한 방법론을 발전시켰다.

1870년경 심리학은 전통적인 철학과의 관계를 끊고 독립된 학문으로 출발하였다. 심리학은 1890년대에 러시아의 파블로프Ivan Pavlov(1849-1936)의 저술에 의해 새로운 경지를 개척하였다. 파블로프는 동물 실험을 통해 조건반사條件反射의 원리를 알아냈으며 이러한 발견은 인간의 모든 행위를 신체적 반응으로 간주하는 행태주의行態主義: Behaviorism로 이어졌다.

19세기 후반부터 20세기 초에 걸친 유럽의 사상은 앞서 언급한 다윈의 진화론으로부터 큰 영향을 받았다. 이에 속한 사상가들은 스펜서Herbert Spencer(1820-1903), 헉슬리Thomas Henry Huxley(1825-1895) 등이었다. 스펜서는 사회를 살아있는 유기체로 보고 다윈의 적자생존 개념을 도입하였다. 그는 사회 속의 개인의 절대자유를 주장하고 국가의 역할은 개인의 자유를 유지시키는 기능에 한해

조건 반사와 행태주의

조건 반사란 인위적인 자극을 받아 일어나는 본능에 따라 하는 행위 형태를 의미한다. 개에 대한 조건 반사 연구는 실험으로 인간 심리를 연구하는 계기가 되었다.

행태주의에 따르면 독립적인 정신적 행위는 없으며 신체적인 것뿐이다. 설사 복잡한 정서나 관념이라 해도 환경상의 어떤 자극으로 생긴 일련의 신체적인 반응에 불과하다. 이러한 기계론적인 행태주의는 심리학을 물리학이나 화학과 같은 객관적인 자연 과학으로 만들고자 하는 사람들에 의해 아직도 신봉되고 있다.

헉슬리의 사회적 진화론

1893년 헉슬리가 옥스퍼드 대학에서 강연한 「진화와 윤리」는 사회진화론이 무엇인가를 잘 설명하고 있다. 주요한 일부를 소개하면 다음과 같다.

동물로서 인간은 사실상 감각적 세계의 어려운 길을 걸어왔으며 생존투쟁에서 성공한 탓에 가장 우수한 동물이 되었다. 인간의 조직 조건에는 일정한 질서가 있기 때문에 우주에서 투쟁 경쟁 상대보다 더 잘 자기 조정을 할 수 있었다. 인간의 경우 자기 주장, 차지할 수 있는 모든 것을 거리낌 없이 차지하는 것, 가질 수 있는 것을 악착 같이 갖는 것—생존투쟁의 핵심을 이루는 이런 것들은 보답을 받았다. 모든 야만 상태에서 인간이 성공적으로 진보한 것은 인간이 대체로 원숭이와 호랑이가 가지고 있는 자질을 가지고 있기 때문이었다. 이는 인간의 비상한 신체 조직, 교활함, 사회성, 호기심, 모방성, 방해물을 만났을 때 화나면 잔인무도하게 파괴해 버리는 성향 등의 자질을 말한다.

그러나 무정부 상태에서 사회 조직으로 옮아감에 따라, 그리고 문명이 고도로 발달함에 따라 이렇게 뿌리 깊이 박힌 유용한 인간의 자질은 결점으로 바뀌었다. …더욱이 대체로 우리를 유지하는데 반드시 필요한 우리의 생래적인 성질은 수백만 년의 혹독한 훈련을 겪은 결과이다. 몇 세기 동안에 족히 이 성질을 순전한 윤리적 목적으로 완전히 억제할 수 있다고 생각하는 것은 극히 어리석다. 인간의 윤리성은 세계가 계속되는 한 악착같은 강한 적을 청산하기 위해 기대해볼 만한 성질이다.

서만 인정했으며 무제한의 기업경쟁을 옹호하였다. 헉슬리는 스펜서 학설의 대부분을 인정했으며 논리와 과학적 사실에 의해 진화론을 옹호하였다.

사회진화론이 파생시킨 가장 큰 논란은 아마도 인종주의와 전쟁 찬양일 것이다. 생물학 이론을 정치학에 적용하여 얻은 왜곡된 사회진화론에 따르면 상대적으로 '우월한' 민족만이 생존하기에 적당하다는 것이다. 이러한 인종주의는 상대적으로 '열등한' 민족을 말살하려는 데까지 발전했으며 특히, 전통적인 반유대주의anti-Semitism가 기세를 떨치도록 하였다. 또한 사회진화론은 우월한 국가가 생존하기 위해 무력을 행사하는 것을 정당화하였다.

랑케의 역사관

랑케의 역사 연구 절차는 우선, 모든 가능한 증거를 철저하게 탐구하고 다음에 이 증거의 신빙성을 주의 깊게 검토했으며 마지막으로 그 증거로부터 논리적으로 끌어낼 수 있는 것에 한정시켜 결론을 내리는 것이었다. 그는 사실에 대한 순수한 사랑을 역사가가 갖추어야 할 기본 자질이라고 강조하였다. 그는 이른바 "사실로 하여금 스스로 이야기하게 하도록" 역사가의 '자기소거自己消去'를 강조하였다.

근대적 역사학이 대두된 것은 18세기 무비판적인 역사 서술에 반대하며 광범위한 문화사적 서술을 시도한 볼테르부터이다. 19세기 역사 기술은 민족적 전통을 탐구하는 국가사의 형태를 취하게 되었다. 한편으로 19세기 로만주의 시대의 역사가들은 민족의 전통과 특성을 파헤치기 위해 사료 집성과 고증考證작업을 촉진시켰다. 다른 한편으로는 흔히 공평성과 학자적 태도를 저버리고 민족의 과거를 예찬하는데 몰두하는 편파적 서술 경향을 보였다.

19세기 후반에 이르러 역사학도 자연 과학의 발전에 영향을 받아 객관적인 과학적 역사 서술을 시도하게 되었다. 이러한 시도를 한 사학자 중 가장 주목할 만한 역사가는 랑케Leopold von Ranke(1795-1886)이다. 랑케는 역사 서술의 목적이 '단순히 일어난 그대로' 정확하게 설명하는 데 있다고 선언하였다. 가능한 한, 완전무결한 객관성에 접근하려고 하는 랑케의 연구 방법론은 그 후 역사 서술에 근본적인 영향을 행사하였다.

프랑스 자연주의

1830년대부터 20세기 초까지 유럽의 지배적인 문학사조는 '리얼리즘Realism'이었다. 고전주의는 완전히 후퇴하였고 로만주의도 19세기 후반에 이르러 그 기세가 두드러지게 꺾였다. 리얼리즘은 로만주의의 지나친 감상에 반대하고 실제로 본 것을 미화하지 않고 인간의 경험을 정직하게 표현하려는 노력에서 시작되었다. 리얼리즘은 사회 문제 또는 심리 문제에 깊은 관심을 보이고 있어 일종의 고발 문학의 성격을 띠게 되었다.

리얼리즘 문학의 새로운 징조는 프랑스에서 먼저 나타났다. 발자크Honoré de Balzac(1799-1850)는 『인간 희극』에서 19세기 전반 남녀 부르주아 계급의 무식·탐욕·야비함을 적나라하게 폭로하였으며 플로베르Gustave Flaubert(1821-1880)는 인간 타락을 냉철하게 분석하여 『보바리 부인』(1856)을 발표하였다.

이후 리얼리즘은 졸라Émile Zola(1840-1902)에 의해 자연주의Naturalism라는 극단적인 형태로 발전하였다. 자연주의는 주제에 대해 과학적 객관성을 적용하고 소설 속의 주인공을 마치 실험실의 동물처럼 다루려는 것이었다. 그는 『나나』(1880), 『제르미날』(1885) 등의 작품에서 하층 계급의 비참한 생활과 숙명적 인생을 묘사했으며 자연주의 문학 이론을 수립하였다. 졸라와 함께 자연주의 작가로 주목되는 인물은 모파상Guy de Maupassant(1850-1893)이다. 그는 냉소적인 태도로 소설의 주인공을 풍자적으로 묘사하였다.

빅토리아 시대의 영국 문학과 튜턴 리얼리즘

빅토리아Victoria(Alexandrina Victoria, 1819-1901) 여왕은 1837년 즉위하여 1901년까지 재위하였다. 이 기간에 영국은 부르주아 계급이 집권했으며 생활수준은 급속히 향상되고 과학기술이 획기적으로 발전하였다. 빅토리아 시대는 로만주의로 시작하여 리얼리즘으로 끝났다. 이 시대를 풍미한 이른바 '빅토리아적 태도'는 고고한 도덕감, 유머의 결핍,

체면 차리려는 고답적 태도 등을 의미하였다.

빅토리아 정신을 가장 잘 나타내는 시인은 테니슨Alfred, Lord Tennyson (1809-1892)과 브라우닝Robert Browning(1812-1889)이다. 이들은 깊은 진지함을 바탕으로 형식을 존중하는 시를 저술하였다. 영국의 제국주의를 강력하게 주장한 키플링Rudyard Kipling(1865-1936)은 후진국 개화의 사명을 지닌 영국의 책임을 노래한 시를 쓰기도 하였다.

> **리얼리즘 문학의 한계**
>
> 리얼리즘은 본질적으로 미학적 기준을 설정하지 않았을 뿐 아니라 표현방법의 세련도에 깊은 관심을 기울이지 않았다.
>
> 19세기 작가 가운데는 리얼리즘과 달리 자기 나름대로의 기준에 따라 작품을 쓴 작가들도 있었다. 오스카 와일드Oscar Wilde(1854-1900)는 예술을 위한 예술을 내세워 도덕적·사회적 기준을 도외시한 순수한 아름다움을 추구하였으며 프랑스의 시인 보들레르Pierre Charles Baudelaire(1821-1867)는 시집『악惡의 꽃』(1857)에서 일상적 사실을 의미 있는 것으로 표현하여 상징주의의 선구를 이루었다.

빅토리아 시대의 주요 소설가는 디킨즈Charles Dickens(1812-1870)이다. 그는『올리버 트위스트』(1837-1839)와『두 도시 이야기』(1859) 등의 작품을 통해 영국의 산업 팽창이 낳은 사회악과 불의에 항거하는 가난한 사람들의 투쟁을 생생하게 묘사하였다. 여류 작가인 조지 엘리엇George Eliot(1819-1880)도 인간 감정 및 고통이 인간성에 미치는 효과 등을 꿰뚫는 관찰력을 발휘하였다.

19세기 말에 이르러 작가들은 점차 리얼리즘적 경향을 뚜렷이 나타냈다. 그 가운데서 가장 비관주의적인 소설가는 하디Thomas Hardy(1840-1928)이다. 그의 소설은 시골 사람들과 전원생활에 대한 깊은 통찰력을 보이고 있으나 결국 인간이란 운명과 환경에 좌우되고 있음을 표현하였다.

독일 리얼리즘은 하우프트만Gerhart Hauptmann(1862-1946)의 드라마와 토마스 만Thomas Mann(1875-1955)의 소설에서 표현되었다. 하우프트만의 사회극은 노동 계급이 빈곤과 싸우는 과정이라든지 고용자에 의해 혹사당하는 모습을 주제로 한 것이었다. 극작가 입센Henrik Ibsen(1828-1906)은「인형의 집」(1879)을 통해 사랑이 없는 결혼의 부도덕성을 공격하였으며 입센의 제자인 버나드 쇼George Bernard Shaw(1856-1950)는 매춘, 군국주의 등 다양한 사회 문제를 다룬 작품을 저술하였다.

미국과 러시아의 문학

미국 리얼리즘 문학은 19세기 중반 멜빌Hermann Melville(1819-1891)의 소설에서 뚜렷하게 나타났다. 그의 걸작 『모비 딕』은 자연의 힘과 공포를 알리고 인간과 우주의 신비성을 표현하였다. 그 후 트웨인Mark Twain(1835-1910)은 『허클베리 핀』, 『톰 소여의 모험』 등을 통해 유머로써 사회의 위선을 벗기는 리얼리즘 기법을 보였다.

19세기 초 러시아의 로만주의 시인 푸슈킨Alexander Pushkin(1799-1837)은 러시아 풍경의 아름다움을 서정시로 묘사하고 또 민속담에서 시의 원천을 찾아내려 하였다. 이어 러시아 문학은 투르게네프Ivan Turgeniev(1818-1883), 도스토예프스키Feodor Dostoevski(1821-1881), 톨스토이Leo Tolstoi (1828-1910)에 의해 창조되었다. 이들의 작품 경향은 로만주의·리얼리즘·이상주의가 두루 섞여 있었다. 도스토예프스키는 심리 소설의 대가로 『카라마조프 형제』(1880)와 『죄와 벌』(1866)과 같은 작품을 통해 세계적인 명성을 얻었다. 톨스토이는 『전쟁과 평화』(1862-1869), 『안나 카레니나』(1875-1877) 등의 작품을 발표하였다.

현대 미술의 성립 –리얼리즘과 인상주의

리얼리즘은 19세기 후반의 미술계도 지배하였다. 19세기 리얼리즘 회화를 가장 잘 대변하는 미술가는 프랑스의 쿠르베Gustav Courbet (1819-1877)와 도미에Honoré Daumier(1808-1870)였다. 그들은 현실을 본 대로 적나라하게 때로는 풍자적인 기법으로 표현하였으며, 도시 노

▲◀ 마네 「풀밭 위의 식사」
▲ 세잔 「생 빅트와르 산」
◀ 모네 「아르장티유의 빨간 보트」

동자와 하층민의 빈곤과 참상을 묘사한 사회 고발적인 그림도 그렸다.

리얼리즘 미술가들은 자연 상태에 있는 사물을 관찰하고 과학적 정확성을 기해 표현하려 노력하였다. 이러한 분석과 연구를 통해 색채·광선·대기大氣의 미묘한 변화를 주의 깊게 관찰하면서 대상의 전체적 인상에 따라 그림을 그리는 인상주의Impressionism가 등장하였다. 인상주의는 모든 대상이 화가의 주관적 해석을 통해 표현된다는 점에서 회화 기법상의 혁명을 초래하였다.

인상파 운동은 프랑스에서 시작되었는데 마네Édouard Manet(1832-

▲ 고갱「우리는 마리아 당신에게 인사합니다」

▲ 고흐「자화상」

1883)는 1870년경 회화에서 인상주의 운동을 창시하고 그 운동을 주도하였다. 풍경화가 모네Clause Monet(1840-1926)는 가장 위대한 인상주의 화가 중 한 사람이며 주로 색과 빛으로 자연 풍경을 그렸다. 드가Edgar Degas(1834-1917)는 인체에 비치는 빛과 음영의 상호 작용을 묘사하여 운동 모습을 표현하였고 르느와르Pierre Auguste Renoir(1841-1919)는 티치아노나 루벤스를 연상시키는 화려한 색채의 회화를 그렸다.

1890년대 순간적인 사물의 외관에만 집중해 형체가 없는 작품을 그리는 인상주의를 비판하며 등장한 '후기 인상주의Post-Impressionism'는 형체와 색채 문제를 종합적으로 해결하고 의미의 표현을 강조하였다. 후기 인상주의의 출발점을 이룬 화가는 세잔Paul Cézanne(1839-1906)이다. 세잔은 여러 실험을 통해 자연의 모든 대상물을 기하학적 구조로 단순화시킬 수 있다고 믿었고 다양하고 독특한 색채를 써서 공간 속에 있는 물체 상호 간의 관계를 표현하려고 하였다.

후기 인상주의를 강화시킨 화가들은 고갱Paul Gauguin(1848-1903)과 네덜란드 출신의 고흐Vincent van Gogh(1853-1890)이다. 고갱은 이국적인 상징주의와 독특한 색채법을 도입하였으며 고흐는 강렬한 감정이 가리키는 대로 대상을 마음대로 왜곡하고 개성적으로 표현하여 주관적 사고의 표현 수단으로 미술 작품을 바라보는 현대 미술의 원천이 되었다.

새로운 조각과 건축

19세기 후반 로댕Auguste Rodin(1840-1917)은 독창적인 조각 작품을 통해 현대 조각의 기법을 확립하였다. 미켈란젤로의 영향을 강하게 받은 로댕은 일차적으로 리얼리즘에 바탕을 두었으나 동시에 로만주의와 인상주의를 반영한 작가이다.

건축에도 조각의 경우와 같이 19세기 말까지 고전주의와 고딕 건축의 범위를 벗어나지 못하였다. 1880-1890년 유럽과 미국의 일부 건축가는 현대 사회에 알맞은 건축물을 설계하려는 운동을 벌였다. 이 결과 건물 외관이 실제 용도와 목적에 일치해야 한다는 기능주의functionalism라는 새로운 건축 운동이 전개되었다. 독일의 바그너Otto Wagner(1841-1918) 및 미국의 설리반과 라이트 등은 기능주의의 선구자들이었다.

▲그로피우스와 메이어 「파구스 공장」(1911)

20세기에 들어서면서 그로피우스Walter Gropius(1883-1969)를 중심으로 독일에서 기능주의를 추구하는 바우하우스Bauhaus 운동이 일어났다. 기능주의는 유리·강철·콘크리트 등의 현대적인 새 재료를 이용해 가장 효율적으로 표현한 건축 양식으로서 과학과 산업이 발달한 현대 생활에 적합한 건축이었다.

6
산업주의와 제국주의

영국의 민주적 발전과 후기 빅토리아 시대

19세기 중반 영국에서 민주화 추세는 무시할 수 없을 만큼 명백해졌고 인권을 옹호하고 선거권을 일반인에게까지 확대해야 한다는 요구가 커졌다. 1867년 보수당이 제안한 선거개혁법이 통과되면서 영국의 유권자 수가 대폭 증가하였으며, 1868년에는 이와 비슷한 법이 스코틀랜드와 아일랜드에 적용되었다.

1868년 자유당의 글래스턴William Ewart Gladstone(1809-1898)이 수상이 되었다. 그는 재임 기간 여러 가지 사회 개혁을 단행하였는데 1870년의 「교육법Education Act」을 통해 교육개혁을 실시하였다. 이 법에 따라 공립학교가 설립되고 5세에서 13세까지 아동의 의무 취학이 실시되었으며 1891년 공립학교의 수업료가 폐지되었다. 또한 고용주나 지주 등의 압력을 배제하고 노동자들이 자유롭게 투표할 수 있도록 「비밀투표법Ballot Act」이 제정되었다.

1874년 보수당의 디즈레일리Benjamin Disraeli(1804-1881)는 토리적 민주주의를 주장하여 수상으로 임명되었다. 그는 1일 10시간 노동을 규정한 공장법, 평화 시위의 합법화, 기본적 단체교섭권 등을 실현하였다.

디즈레일리 때 시작된 사회복지 정책은 그 후 자유당에 의해서도 계속 추진되었다. 국가가 일부 재정 지원을 하고 운영하는 사회보장제, 무상 공교육公敎育 및 최저 임금제 등의 복지 정책이 확정되었으며 1909년에 '인민예산People's Budget'이 제정되어 부자일수록 더 많은 세금을 내게 되었다. 자유당의 사회 입법은 상원의 거부로 입법에 어려움이 있었으나 새 왕 조지 5세George V(재위: 1910-1936)의 협력으로 쉽사리 실현되었다. 조지 5세의 협력으로 1911년 「의회법Parliament Act」이 통과되어 모든 재정 법안이 하원에서 법률화되는 것으로 바뀌었다. 이것으로 상원의 전통적인 권한 남용이 견제되었다.

디즈레일리와 글래드스턴 내각 모두 영국의 팽창 정책을 유지하였다. 디즈레일리는 수에즈 운하의 이집트 지분持分을 매입하여 이집트에 대한 영국 지배를 확고히 하였다. 1876년 빅토리아 여왕은 인도 제국의 황제가 되었다. 글래드스턴 또한 인도 북서쪽 국경에 영국군을 주둔시켜 아프가니스탄을 견제했으며 1882년 알렉산드리아를 폭격하고 이집트를 보호령으로 만들었다.

1880년 재집권한 글래드스턴은 1884년 선거개혁법을 다시 제안하였다. 이 법에 따라 거의 모든 성년 남자에게 보통 선거권이 주어졌다. 그 후 1918년 30세 이상의 여자에게 선거권이 부여되었고 1928년 남녀의 완전히 동등한 선거권이 확립되었다.

1871년 「노동조합법Trade Union Act」이 제정되고 20세기 전환기를 전후하여 노동조합 운동이 한층 더 발전하게 되었다. 노동자의 사회적 발언이 커지고 노동조합 운동이 본격화되면서 노동 계층을 대변하는 정당이 만들어졌다. 곧 1893년 하디James Keir Hardie(1856-1915)가 노동당Labor Party을 창당하였다. 노동당은 1906년 선거에서 하원의 29석을 차지하여 영국 정국에 새로운 힘으로 등장하였다. 노동당이 기존의 자유당과 노선을 같이하는 경우가 많아졌으므로 자유당은 존재 이유를 상실하였다.

영국의 평화

영국은 나폴레옹이 몰락한 1815년부터 1차 대전이 발발한 1914년까지 국내의 번영과 국제적 지위를 통해 이른바 '영국의 평화Pax Britannica'를 이룩할 수 있었다. 특히, 영국 연방은 지구상 여러 곳에 방대한 식민지를 건설하여 이른바 '해가 지지 않는 나라'가 되었다. 영국의 근본적인 대외 정책은 유럽의 세력 균형을 유지하면서 영국 해군의 우위를 견지하는 것이었다. 또한 해외 시장을 널리 확보하며 영국 연방 체제를 유지하였다.

프랑스 제3 공화정의 성립과 위기

나폴레옹 3세가 독일과의 베르덩 전투에서 패배한 후 파리 시민은 4개월간 국민방위군을 조직하여 독일군에게 저항하였다. 그러나 굶주림과 추위를 이기지 못하고 마침내 1871년 1월 파리가 함락되었다. 1871년 2월 소집된 국민의회는 군주론자들과 부르주아 계층이 주축을 이루고 있었는데, 불리한 조건으로 독일 제국과 강화조약을 체결하였다.

국민의회는 새롭게 구성될 정부의 형태에 관한 통일된 의견을 낼 수 없었다. 결국 티에르Louis Adolph Thiers(1797-1877)를 행정 수반으로 지명하고 왕정과 공화정 중 어느 것을 선택하는가는 연기되었다.

티에르는 정부가 반드시 파리를 장악해야 한다고 생각하고 첫 조치로 파리의 국민방위군을 해체하기로 결정하였다. 그러나 정부의 군대가 파리의 군중과 충돌하여 유혈 사태가 발생하였고 파리 시의회는 '파리 코뮨Paris Commune'을 선포하고 정부와의 전쟁을 준비하였다. 코뮨은 민주주의와 연방주의를 주장했으며 동시에 독일과의 굴욕적인 강화조약을 거부하였다. 이는 국민의회에 대한 심각한 도전이었다.

국민의회는 군대를 파리에 파견하였고 파리 코뮨은 진압되었다. 질서를 회복한 국민의회는 정부 수립에 착수하였다. 공화론이 점점 설득력을 얻으며 1875년 의회는 공화제를 정식으로 선포하였으니 이것이 프랑스 제3공화정이다.

정부는 온건한 공화주의적 견해에 입각하여 정치를 하였다. 제3공화정은 1880년까지 정치적 성공을 거두어 막대한 배상금을 독일에 완불했을 뿐 아니라 광범한 토목 사업을 시작하고 초등교육을 무상으로 실시하였다. 대외적으로도 식민지 확장 운동이 많이 진척되었다. 그러나 이러한 성과에도 불구하고 1880년대 중기 약 10년간 정치적 추문이 계속 일어나 프랑스의 공화제를 위협하였다.

첫 번째가 불랑제 사건이었다. 1880년대 프랑스의 부르주아 지배를 반대한 왕당파 세력은 독일에 대한 복수를 희망하고 있었다. 1886-1889년 국방장관을 지낸 불랑제Georges Boulanger(1837-1891) 장군은 "알자스에서 독일군이 프랑스군을 기다리고 있다"는 슬로건을 내걸고 독일에 대한 적개심을 부채질하여 국민적 영웅이 되었다. 왕당파는 불랑제가 쿠데타를 일으키기를 바랐으나 정부가 그의 활동을 강력하게 제지하였다.

1894년에는 정치적으로 제3공화정을 심각한 파국으로 몰아넣은 드레퓌스 사건이 일어났다. 1894년 드레퓌스Alfred Dreyfus(1859-1935) 대위가 간첩죄로 군법회의에서 종신형

파리 코뮨

마르크스는 『프랑스의 내란』(1871)에서 코뮨을 노동 계급의 해방을 위한 고도의 정부 형태라고 규정했다. 사회주의자들은 1871년의 파리 코뮨을 최초의 사회주의 혁명이라고 신성시하지만 이는 모두 사실과 다르다. 실제로 파리 코뮨에는 사회주의나 공산주의의 요소는 없었다. 그러나 마르크스주의자들은 새 시대의 여명을 여는 프롤레타리아 봉기로서 칭찬하였고 유럽 노동 계급 운동가들은 코뮨 희생자를 부르주아 지배의 이기적 잔인성의 증거라고 강조하였다.

을 선고받았다. 훗날 드레퓌스의 무죄가 증명되었으나 재판과정에서 군 고위층이 보여준 비합리적이며 강압적 태도는 여론의 비판을 받았다. 이 사건을 계기로 제3공화정은 보수적인 군부를 숙청하고 행정부에 예속시키는 개혁을 단행하였다.

프랑스 제3공화정은 19세기 말부터 20세기 전환기에 걸쳐 확고한 세력을 구축하고 광범한 대중의 지지를 얻었다. 그리하여 1914년 프랑스는 유럽 대륙에서 가장 중요한 민주 국가가 되었을 뿐 아니라 강대국으로서 국제적 기반을 굳혔다.

드레퓌스 사건

간첩죄로 종신형을 선고받은 드레퓌스 대위의 무죄를 주장하기 위해 작가 에밀 졸라를 비롯한 많은 지식인들이 재심을 요구하였다. 그러나 왕당파와 밀접한 군 고위층은 드레퓌스에게 유죄를 선고하였다. 그러나 에스테라지Marie Charles F. W. Esterhazy(1847-1923) 소령이 기밀을 누설한 것이 밝혀지면서 드레퓌스는 다시 재판을 받게 되었다. 군 고위층은 군의 위신이 추락되기를 바라지 않았고 드레퓌스에게 유죄를 선고하였다(1899). 후에 드레퓌스는 대통령에 의해 사면되었고 1906년 프랑스 최고 재판소에서 무죄가 판명되었다.

독일 제국의 팽창과 비스마르크 시대

1871년 1월 프로이센은 베르사유 궁전에서 신생 독일 제국의 성립을 선포하고 프로이센 왕 빌헬름 1세를 제1대 황제Kaiser로 추대하였다. 4월에는 새로운 제국헌법이 공포되었고 연방의회가 구성되었다. 프로이센 왕은 독일 황제와 연방의회 의장을 겸하였으며, 프로이센 수상 역시 제국재상帝國宰相: Reichskanzler을 겸직하였다. 황제의 보좌관인 재상은 최고 행정 기관으로서 다만 황제에 대해서만 책임을 지게 되어 있었다.

독일 제국은 대의제에 의한 입헌 국가였으나 보수적인 군주 국가의 범위를 벗어나지 못하였다. 군주권을 견제할 수 있는 의회의 기능이 극히 제한되었기 때문이다. 곧 독일 제국은 입헌주의를 가장한 전제 군주국이었다.

독일 제국의 각 구성 국가는 예산·종교·교육·행정에 관한 독자적인 권한을 가지고 있었다. 그럼에도 경제·교통·통신 등에서는 제국 전체에 공통되는 제도가 실행되었다. 1873년 제국 은행이 설립되어 은행 제도가 완전히 개편되었고, 철도국 및 체신 제도가 생겨서 교통망과 우편통신 시설이 전국적으로 연결되었다. 법령도 통일되면서 본격적인 산업화도 추진되었다. 유럽의 다른 열강들보다 수십 년 늦은 독일의 산업 발전은 제국의 정치적 결속을 통해 놀라운 속도로 진전되었다.

독일 제국의 프로이센 우월주의

독일 제국 체제에서 주목되는 점은 프로이센 우월주의이다. 황제인 프로이센 왕이 연방의 회의 의장을 겸하고 있을 뿐 아니라 17명의 의원을 대표로 파견하고 있었다. 그러므로 헌법 수정을 획책하는 어떠한 시도도 막을 수 있는 충분한 세력을 가진 위치에 있었다.

독일 제국

독일 제국은 독특한 연방 성격을 가진 복합 국가였다. 1871년 독일은 약 4천만 인구에 4왕국, 6대공국, 5공국 및 그 밖의 국가를 합친 26개국으로 구성되어 있었다. 4왕국이란 프로이센·바바리아·작센·뷔르템베르크 등이며, 26개의 국가는 22군주국, 3자유시 및 1제국령帝國領: Alsace-Lorraine으로 구성되어 있었다. 제국령은 1911년까지 연방의회에 대표를 파견하지 못하였다.

그러나 독일의 사회민주당이 전제 군주주의와 프로이센 군국주의에 반대하고 진정한 의회민주주의뿐 아니라 철저한 사회 입법을 요구했으므로 비스마르크는 이 정당을 탄압하였다. 비스마르크의 과격한 탄압에도 사회주의자들의 세력은 쇠퇴하지 않고 오히려 확장되었다. 그래서 비스마르크는 전략을 바꾸어 독일 노동자들을 사회주의로부터 멀어지게 하기 위해 사회 입법을 시도했으나 사회민주당의 지지표는 늘어나고 세력은 증대해 갔다.

비스마르크는 실제 정치에서 배경 세력이 될 강력한 정당이 필요하다고 느꼈다. 그는 부유한 실업가와 상인 및 상층의 중산 계층을 지지기반으로 한 정당과 제휴하였다. 비스마르크는 프로이센의 지주 귀족 융커 계급의 지지를 얻었다. 그러나 비스마르크는 중앙 정부의 재정을 튼튼히 하기 위해 고율의 관세를 실시하여 부유한 실업가와 상인 등의 지지기반과 결별하였다. 그러나 그는 고율 관세로 이익을 본 제조업자와 지주층의 지지를 기대하였다.

빌헬름 2세와 독일 제국

1888년 빌헬름 1세가 죽고 새 카이저가 된 빌헬름 2세Wilhelm II(1888-1918)는 비스마르크의 대외 정책에 대부분 찬성하지 않았으며 1890년 비스마르크를 해임하였다. 비스마르크 해임 이후 빌헬름 2세는 사회주의자들에 대한 탄압 정책을 완화하였다. 그는 사회 보장, 노동 중재, 노동 시간 규제, 노동 안정 규정 등을 지지했기 때문에 '노동 황제'라는 찬사를 받기도 하였다. 사회민주당은 계속 세력을 확장하여 1912년 제국의회에서 100석에 달하는 의석을 차지하며 독일의 최대 정당이 되었다.

빌헬름 2세

빌헬름 2세는 매우 다양한 재능을 가진 인물이었으나 정서적으로는 불안정하였다. 군국주의를 숭상한 그의 신념은 왕권신수설이었다. 카이저의 부주의와 거만은 독일 전제 군주주의가 낳은 당연한 소산이기도 하였다. 그는 남아프리카의 보어Boer 전쟁에서 영국이 승리한 것은 카이저 자신이 영국 장군에게 전략을 지시해 주었기 때문이라 생각하였다. 이어 독일 해군의 급속한 팽창은 일본을 상대한 것이라며 영국을 무시하는 발언을 서슴지 않았다. 이와 같은 신중하지 못한 발언으로 그는 독일 제국의회에서 큰 물의를 일으켰다.

평화시의 마지막 재상인 베트만-홀베크Theobald von Bethmann-Hollweg(재임: 1909-1917)는 온건 노선을 추구했으나 아무런 성과를 올리지 못하였다. 독일은 19세기 후반 산업·문화·학문 영역의 급속한 발전을 이루었음에도 민주적인 정치 의식은 거의 성장하지 못하였다.

미국의 영토 확장

1783년 독립을 얻은 미국은 여러 분야에서 급속한 발전을 이루었다. 미국은 독립 당시 진정한 민주주의 체제를 갖추지는 않았지만 서서히 발전하고 있었다. 독립 후 미국은 동부에서 아팔라치아 산맥을 넘어 서부로 향해 팽창하였다. 진취적인 미국민은 서부로 확장해 나가는 것을 '명백한 운명manifest destiny'으로 받아들이면서 서쪽으로 나아갔다.

그러나 미국민은 서부를 개척하는 과정에서 원주민과 충돌하는 일이 많아졌다. 아메리카 원주민은 체로키Cherokees, 시우Sioux, 코만치

미국 영토(1810)

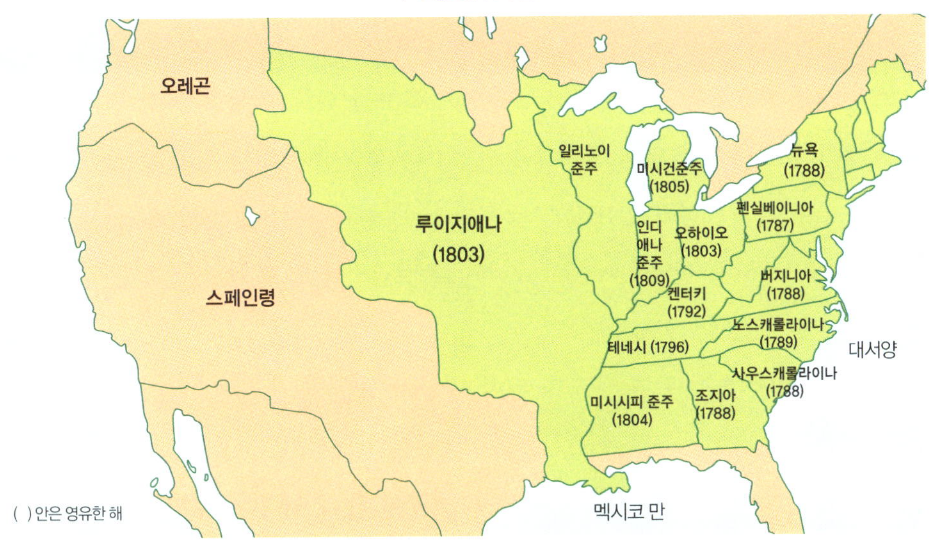

( ) 안은 영유한 해

Comanche, 포니Pawnee, 아파치Apache 등의 인디언이었다. 1840년경 미국 군대와 정부는 미시시피 강 동쪽 모든 영토를 장악하게 되었다. 그들은 원주민 일부를 플로리다나 서부의 불모지대인 변경으로 몰아냈다. 이 과정에서 미국인들의 대규모의 살상과 비인도적 행위가 자행되었다.

서진 운동으로 미국과 멕시코 사이에 긴장이 고조되었다. 1820년대와 1830년대에 많은 미국인이 멕시코 지방으로 진출하였는데 당시 멕시코는 텍사스Texas, 캘리포니아California, 뉴멕시코New Mexico 등을 포함하고 있었다. 미국에서 이주한 정착민이 많이 살고 있던 텍사스는 1836년 독립을 선언하였고 1845년에 미국은 텍사스를 합병하였다. 멕시코는 이 합병에 분노하였고 1846년 멕시코와 미국의 전쟁이 일어났다. 미국은 이 전쟁에서 압도적으로 승리하여 텍사스·캘리포니아·뉴멕시코 지역을 멕시코로부터 모두 양도받았다.

남북 전쟁과 재건

서부로의 영토 확장은 지역 간의 충돌을 심화시켰다. 1860년대에는 남부의 대농장주들이 미국의 정치계를 장악하고 있었다. 이들은 농장을 운영하기 위해 노예제를 인정하고 있었으나 상공업이 발달한 북부에서는 노예의 필요성이 떨어졌기 때문에 노예제를 금지하고 있었다. 새롭게 개척된 서부 지역에 노예제를 적용할 것인지를 놓고 남부와 북부의 지역적 갈등이 일어났다.

1860년 미국의 대통령으로 노예제 확장을 찬성하지 않는 링컨Abraham Lincoln(1809-1865)이 당선되었다. 링컨이 당선되자 사우스캐롤라이나South Carolina를 시작으로 남부 주들이 속속 합중국 정부로부터 이탈할 것을 선언하였다. 그리고 이탈한 주들이 모여 1861년 '아메리카 연방Confederate States of America'을 창설하고 데이비스Jefferson Davis를 대통령으로 선출하였다.

한 국가에 두 정부가 존재할 수 없었기 때문에 결국 남북 전쟁이 일어났다. 북부의 승리로 끝난 이 전쟁은 20만의 전사자를 포함해 40만 이상이 인명 피해를 입었다. 그러나 노예제는 영원히 폐지되었고 정부는 해방 노예들에게 시민권을 주었다.

미국은 19세기 말 풍부한 철과 석탄 등의 자원을 바탕으로 산업 발전이 가속화되었고 철도 건설 등을 통해 서부로의 인구 이동도 용이해졌다. 미국 사회는 물질적 번영을 이루었고 국민의 생활수준도 향상되어 유럽 열강을 능가하는 강대국이 되었다.

미국은 국가 내부에 시장과 투자 대상을 소유하고 있었기 때문에 1871년에서 1914년에 이르기까지는 유럽 강대국과는 달리 아프리

남부와 북부의 갈등

노예제 이외에도 남부와 북부는 여러 문제에서 이견을 나타냈다. 공업이 발달한 북부는 상공업 보호를 위해 보호 관세가 필요하였다. 그러나 농업 생산자의 입장인 남부는 자유 무역에 찬성하고 있었다. 정치적으로 북부는 강력한 중앙 정부를 요구하였고, 남부는 각 주의 독자적 권한을 유지하고자 하였다. 이러한 문제들이 노예제와 엮이면서 남부와 북부의 갈등은 심화되었다.

카나 아시아를 침략할 필요를 느끼지 않았다. 그럼에도 미국은 '명백한 운명'이란 서부 개척시의 표어를 계속 내걸고 영토 팽창에 강한 의욕을 보였다. 서쪽으로 태평양 연안까지 국토를 통합한 미국은 1898년 스페인과의 전쟁을 통해 카리브 해와 쿠바, 태평양의 괌 도島와 필리핀 제도諸島를 병합하였다.

미국의 해군도 급속히 발전하여 1914년 미국 함대는 세계 3위로 성장했다. 제1차 세계대전이 발발하기 이전에 미국은 사실상 세계 열강의 대열에 끼게 되었다.

러시아: 혁명에의 길

로마노프 왕조 말 러시아는 농노 해방과 같은 개혁 프로그램을 시도했으며 정부 주도의 산업화도 추진하였다. 산업화로 러시아는 19세기 최종 10여 년간 사회적 변화를 겪게 되었지만 러시아의 정치 상황은 이런 사회적 분위기를 따라가지 못하였다.

알렉산드르 3세Alexander III(1881-1894)는 유럽의 민주주의와 자유주의를 전면 봉쇄하고 강력한 전제 정치를 펼쳤다. 그 뒤를 이은 니콜라이 2세는 아버지의 전제 정치를 그대로 답습하였다. 당시 자유주의와 사회주의 사상이 유입되어 개혁을 주장하는 혁명 단체들이 많았지만 그는 경찰과 군부를 동원해 반정부 운동을 강력히 탄압하였다.

1904년 러시아가 일본과의 전쟁에서 패배하자 전국적으로 파업과 시위가 시작되었다. 시위가 확산되는 가운데 1905년 '피의 일요일' 학살도 일어났다. 차르는 더 이상 군중의 요구를 거부할 수 없었기 때문에 개혁을 약속하였다. 그러나 전국의 노동자들은 차르의 약속에 아랑곳하지 않고 일제히 파업에 돌입하였다. 노동자들을 중심으로 소비에트가 구성되었는데 상트 페테르부르크 소비에트에서는 레닌V.I.

Lenin(1870-1924) 등이 활동하였다.

> **피의 일요일**
> 1905년 1월 파업 노동자들과 군중이 상트페테르부르크에서 국민헌법을 제정하고 노동조합을 인정해 달라는 진정서를 제출하기 위해 행진을 하고 있었다. 그러나 군중이 궁전에 도착했을 때 군대가 무방비 상태의 군중에게 무차별 발포하여 이들을 진압하였다. 이 학살은 세계적으로 충격을 안겨주었다.

니콜라이 2세는 마침내 의회 구성과 헌법 제정을 허용하였다. 사회주의자들은 이러한 온건한 개혁을 거부하고 새로운 파업을 일으키려 하였다. 그러나 온건한 개혁파들이 정부를 지지하여 봉기를 일으킨 사회주의자들은 쉽게 진압될 수 있었다. 1906년 기본법이 선포되었고 의회인 두마Duma가 소집되어 러시아의 대의 정치 체제를 확립하였다. 그러나 니콜라이 2세는 얼마 지나지 않아 두마를 해체하고 사회 개혁 운동을 탄압하였다. 두마는 보수적인 의원들로 구성되었고 이들은 빈곤층을 대변하지 못하였다.

1906년 니콜라이 2세는 보수적인 스톨리핀Piotr Arkadevich Stolypin(1863-1911)을 수상으로 임명하였다. 체포와 처형 등을 자행하는 정부의 탄압은 계속되고 수상은 이를 지지하였다.

러시아에서는 차르의 전제 정치에 저항하는 다양한 정당이 있었다. 입헌 군주제에 입각한 평화로운 개혁을 주장하는 온건파 '입헌민주당'과 농민의 토지 소유를 실현하고자 하는 '사회혁명당' 그리고 사회주의자들로 구성된 '사회민주당'이 그들이었다. 1900년대 초 주목할 만한 정당은 러시아 사회민주당이었다. 특히, 레닌을 중심으로 폭력적이며 과격한 사회주의 혁명을 주장한 볼셰비키파Bolsheviks는 제1차 세계대전 이후 사회민주당의 주도권을 장악하였다.

일본 제국주의의 대륙 진출

일본이 서양 세력과 접촉한 것은 16세기 말이었다. 그러나 도쿠가와 바쿠후幕府는 서양 세력과의 접촉을 엄격히 통제하였다. 1853년 페리

제독이 이끄는 미국 함대가 도쿄에 도착하여 개항을 요구하면서 일본은 서양 세력에게 문을 열었다. 사실 일본은 중국이 유럽 열강들에 의해 무참히 짓밟히는 것을 보고 외국에 대한 적대 감정을 가지고 있었다. 그렇지만 개항밖에는 달리 방법이 없었고 결국 1854년 미·일 수호통상조약을 맺었다.

도쿠가와 바쿠후는 이렇게 불안한 상황에서 서양 세력에 제대로 대응하지 못하는 무능한 모습을 보였다. 서양 세력에게 대항하기 위해서는 바쿠후의 봉건적 잔재를 청산하고 서양 문화를 빨리 받아들여 일본 스스로를 보호해야만 했다. 1864년 시모노세키를 포격하는 서양 함대의 위력을 지켜본 일본은 천황을 중심으로 바쿠후를 타도하기로 결정하여 결국 바쿠후를 몰아내고 천황 중심의 메이지 정부가 수립되었다(1868).

일본 황제 메이지明治는 '메이지 유신'을 통해 서양화를 단행하였다. 일본의 메이지 유신은 중국의 개혁과 매우 대조적이었다. 중국은 정치·사회 제도는 전통적인 것을 유지하고 서양의 과학기술만 받아들이며 근대화를 추진하였지만, 일본은 서양의 모든 제도와 학문, 문화까지 받아들여 근대화에 성공하였다.

약 30년 사이에 일본의 봉건적인 모습은 완전히 바뀌었다. 특히 엄청난 산업 발전을 이루어 반세기만에 일본의 무역량은 1백배로 늘어났다. 일본은 경제력을 갖추고 제도와 문화가 서양화되자 다른 서양 세력들처럼 후진 국가를 침략해 식민지를 확보하려 하였다.

미·일 수호 통상조약(1854)

이 조약은 영사 재판권과 관세 협정권, 최혜국 대우를 포함한 불평등 조약이었다. 그 후 영국·프랑스·네덜란드·러시아들은 미국과 마찬가지로 일본에 침탈해 그들에게 유리한 조약을 맺었다.

메이지 유신

일본의 메이지 유신은 먼저 바쿠후 시대의 지방 분권적인 성향을 개혁하는 것으로 시작되었다. 각 번에 바쿠후의 세력이 아직 강하게 남아 있었기 때문에 번을 폐지하고 새로운 행정 구역을 만들었다. 지방의 번은 단순한 지방 행정 구역에 불과한 현으로 변했다. 또 일본은 신속히 유럽 제도를 모방하되 일본 사정에 알맞도록 정착시켰다. 프로이센을 모방하여 육군을 개편하고 영국을 본 따 해군을 만들었다. 형법은 프랑스, 은행은 미국의 것을 각각 모방했다.

일본은 미국이나 유럽 국가들이 강요하여 체결한 불평등 조약의 불리한 조항들을 열강들의 신용을 얻어 삭제해 나갔다. 또한 대의제를 수립하여 이미지를 개선하고 제국주의적 팽창을 시도하면서 세계 세력과 어깨를 나란히 하게 되었다.

일본은 영국의 현대적 군함을 사들여 해군을 강화하고 해상에서의 지배권을 확대하였다. 1875년 일본 군함 운요호雲揚號가 조선의 강화도 앞바다에 나타나자 조선의 수비병이 발포하였다. 1876년 일본은 이 사건을 구실로 일본이 미국과 유럽 국가와 맺은 대로 불평등 조약(강화도 조약)을 한국에 강요하였다.

1894년에는 조선의 지위를 놓고 중국과 일본이 충돌하는 청·일 전쟁이 일어났다. 당시 조선에서는 청과 일본 세력이 정치와 경제 영역에서 서로 경쟁하며 각축을 벌이고 있었다. 1894년 동학 농민군의 항쟁이 일어나자 일본은 이를 조선에서 세력 확장을 위한 좋은 기회로 보았다. 청은 동학 농민군의 항쟁을 진압한다는 명목으로 한반도에 파병하여 중국의 종주권을 주장하였고 일본과 충돌하였다. 이 전쟁에서 승리한 일본은 아시아의 전통적인 거대 국가 중국을 굴복시켰다.

이제 아시아 세력 다툼의 중심은 일본과 러시아로 옮겨졌다. 일본은 러시아의 동아시아 진출을 막기 위해 1902년 영국과 동맹을 맺었다. 당시 러시아가 삼국간섭으로 랴오둥 반도를 조차한 후 만주 점령의 기반을 확대하고 있었기 때문이었다. 러시아가 만주를 지배한다면 그것은 한국의 안전 보장을 위협하는 동시에 결국 일본의 대륙 진출을 막는 것이었다. 1904년 일본 해군은 뤼순 항에 정박 중인 러시아 함대를 기습해 전쟁을 일으켰다(러·일 전쟁). 이 전쟁에서도 역시 일본이 승리하였다.

미국의 주선으로 포츠머스에서 러시아와 일본이 강화조약을 체결하였으며 이 조약으로 러시아는 랴오둥 반도 조차를 포기하고 만주를

> **삼국간섭**
> 일본은 청·일 전쟁을 계기로 조선에서의 영향력을 강화하였으며 랴오둥遼東 반도, 펑후澎湖 제도와 타이완 등을 중국에게서 양도받았다. 일본의 세력 확대를 염려한 러시아는 독일·프랑스를 동원해 일본에 압력을 가하였다(삼국간섭). 결국 일본은 랴오둥 반도를 청에 반환하였고 이곳을 러시아가 조차하게 되었다.

중국에 반환했으며 한반도에 대한 일본의 특별한 권익을 인정하였다. 또한 일본은 사할린Sakhalin: 樺太 남반부를 러시아로부터 양도받았다. 일본이 역사상 처음으로 유럽 강대국에게 승리했다는 사실은 일본인에게 자신감을 주었다. 일본은 명실 공히 제국주의 국가로 자리매김하였고 1910년에는 한국을 병합하는 조약을 체결하였다.

열강의 중국 진출

중국의 마지막 왕조였던 청(1644-1912)은 18세기에 전성기를 이루며 동북아시아 전역에 세력을 끼친 거대한 국가였다. 그러나 권력층은 부패하였고 관리들은 과중한 세금을 백성들에게 징수하는 등 폭정을 일삼아 국내는 불안정하였다. 여기에 유럽 제국주의가 중국으로 침투해 오자 청은 유럽 열강과 치욕적인 조약을 체결하며 개항을 하였다.

중국에서 유럽으로 수출하는 품목은 주로 차·도자기·비단 등이었는데, 유럽에서는 이 상품이 대단한 인기를 끌었다. 반면 유럽이 중국으로 수출하는 면제품·피혁제품·기계제품 등은 중국에서 잘 팔리지 않았다. 그리하여 18세기까지 유럽은 상당한 무역 적자를 보고 있었다. 유럽에서는 주로 은으로 중국 상품의 대금을 지불했는데 이러한 은의 유입으로 중국은 큰 번영을 누리게 되었다.

영국의 막대한 은도 청으로 흘러들어가면서 큰 손해를 입게 되었다. 영국은 은 유출을 막기 위해 마약의 한 종류인 아편을 중국에 수출하게 되었다. 영국은 동인도 회사를 통해 인도의 아편 생산을 늘려 중국으로 수출하였다. 아편 무역은 불법이었지만 중국 정부가 법 시행을 엄격히 하지 않았고 부패 관리들이 뇌물을 받고 아편 무역을 허용하였기 때문에 방치되다시피 하였다. 점차 영국은 중국에서 수입하는 물건보다 중국으로 수출하는 아편이 더 많아져 무역 흑자를 보게 되었다.

1830년대에 이르러 중국 당국은 아편 무역의 심각성을 깨달았다. 아편을 사는데 막대한 양의 은이 쓰인다는 것도 문제였지만 더 큰 문제는 아편에 중독되어 폐인이 된 중국인들이었다. 결국 1838년 중국 도광제道光帝(재위: 1821-1850)는 아편 무역을 중단시키기로 결정하고 린쩌쉬林則徐를 파견하였다. 그는 약 2만 상자의 아편을 몰수해 소각하였고 영국 상인들은 막대한 손해를 입었다.

중국 측 조치에 분개한 영국 상인 협회는 영국 정부에 아편 무역 재개를 위한 군사 보복을 하도록 압력을 가하였다. 이 결과 일어난 아편 전쟁(1839-1842)은 중국과 유럽의 군사력 차이를 분명히 드러냈다. 청나라는 영국의 강력한 해군과 신식 보병의 상대가 되지 않았다. 결국 1842년 청은 영국과 난징南京 조약을 체결하고 아편 전쟁을 끝냈다. 난징 조약은 중국이 서양과 맺은 최초의 불평등 조약이었다. 이 조약으로 영국은 홍콩을 할양받고 중국 항구들은 개방되었으며 아편 무역은 합법화되었다. 영국은 후에 최혜국 대우 조항과 영국인의 치외법권 인정 조항을 추가하였다.

전쟁 배상금 부담과 부패한 관리들의 가혹한 착취로 중국 농민들의 삶은 비참하였다. 인구가 급증해 먹을 것이 부족한 상황이었다. 농민들은 이런 상황을 개혁하지 못하는 정부에게 큰 불만을 가지고 반란을 일으켰다. 이러한

최혜국 대우

통상 조약을 맺은 나라 가운데서 가장 유리한 대우를 받는 나라라는 뜻이다. 만약 중국이 다른 열강들과 조약을 체결하고 이권을 부여할 경우 동일한 이권을 최혜국 대우 국가에게도 부여해야 한다는 것이다. 영국인의 치외법권 인정이란 중국을 방문한 영국인이 중국에서 범죄를 저지를 경우 중국 사람이 영국인을 재판할 수 없다는 것이다.

태평천국의 난(1850-1864)

태평천국 운동을 주도한 홍수전은 그리스도교를 바탕으로 만주족의 중국 지배를 비난했다. 태평천국 운동은 사유 재산 폐지, 필요에 따른 공동 재산 분배, 전족纏足 금지를 비롯해 무상 공교육 등을 주장하여 농민들의 지지를 얻었다. 그 후 이 운동의 지도자들은 민주적 정치 제도 수립과 산업 사회 건설을 주장하였다.

반란 중 가장 위협적인 것이 광시성廣西省 동부의 가난한 농촌 지역에서 시작된 태평천국의 난이었다. 태평천국 운동은 동남 중국을 휩쓸며 1853년 난징을 점령했다. 청나라 군대는 빠른 속도로 진격하는 태평천국군을 진압할 힘이 없었다. 태평천국 운동이 과격해지자 오히려 한족 사대부들이 군대를 조직해 1864년 반란을 진압하였다. 청조는 이 사건을 계기로 변화의 필요를 느끼고 자강自強 운동을 전개하였다.

청일 전쟁의 패배 이후 유럽 열강은 앞을 다투어 중국으로 제국주의적 침략의 손길을 뻗었다. 독일, 러시아, 프랑스, 영국 등 외세 진출은 중국인이 외국 세력에 반발심을 갖게 하는 계기가 되었다. 이러한 반감을 계기로 중국 산둥성山東省을 근거지로 한 백련교 계통의 비밀결사 의화단義和團이 조직되었다.

1900년 의화단은 교회와 철도를 닥치는 대로 파괴하고 외국 공사관을 공격했으며 많은 외국인을 살해하였다. 청의 조정은 이를 묵인하는 태도를 취하였다. 제국주의 국가들은 자국의 이익을 위해 군대를 파견하였고 중국으로부터 막대한 배상금을 받기로 약속을 받음으로써 청은 거의 멸망의 위기에 직면하게 되었다.

1908년 보수적인 서태후가 죽고 3세에 불과한 선통제宣統帝: 溥儀가 즉위하였다. 청 왕조는 더 이상 개혁이나 근대화를 수행할 능력이 없었기 때문에 중국인들 사이에 혁명의 분위기가 무르익어 갔다. 1912년 1월 1일 민족, 민권, 민생의 삼민주의를 주장한 쑨원孫文: 逸仙(1866-1925)을 임시 총통으로 임시 정부가 조직되었고 중화민국이라는 새로운 공화국이 선포되었다.

1911년 혁명이 일어나자 청 정부는 군대를 파견하여 진압하려 하였다. 힘이 없는 선통제는 군벌인 위안스카이袁世凱(1859-1916)에게 전권을 넘겼다. 쑨원은 위안스카이의 군사력 때문에 공화정을 수립하는 것을 조건으로 그에게 총통 자리를 내주었다. 그러나 위안스카이는 총통에 오르자 선통제에게 퇴위할 것을 요구하였고 직권을 남용하며 의회를 해산하더니 1915년에는 스스로 황제라 칭하였다. 이렇게 청 왕조는 중국 역사에서 막을 내렸다.

6 제국주의와 두 차례의 세계대전

1882-1914년
삼국동맹

1890-1914년
범슬라브주의

1894-1899년
드레퓌스 사건

1904-1905년
러·일 전쟁

1907-1917년
삼국협상

1912-1913년
발칸 전쟁

1914년
프란츠 페르디난트 대공 피살

1914-1918년
제1차 세계대전

1917년
미국의 참전 : 러시아 혁명

1919년
베르사유조약 : 국제연맹(1919-1939)

1919-1933년
바이마르 공화국

1929-1934년
세계경제공황

1931년
일본의 만주 침략

1933년
히틀러 총통 취임

1936-1939년
스페인 내란, 프랑코 체제 수립

1939-1945년
제2차 세계대전

1941년
대서양 헌장 ; 일본의 진주만 공습

1945년
독일·일본 항복

20세기 역사는 1914년 제1차 세계대전과 1939년 제2차 세계대전, 그리고 1999년 앙골라 내전에 이르기까지 '폭력의 역사'였다. 제2차 세계대전이 종결된 이후에도 전쟁은 세계 각지에서 일어났다. 1949년 중국 공산당의 본토 석권, 1956년 헝가리의 반란, 1962년 쿠바 위기 등은 현대 세계의 소란과 불안정을 가리키는 전형적인 예인 것이다. 이렇게 볼 때 20세기는 '전 지구적 전쟁과 혁명의 시대'라 규정할 수 있을 것이다. 현대는 끊임없는 전쟁과 혁명의 반복되었지만 역설적으로 평화에 대한 희망과 기대가 큰 시대이기도 하였다. 평화를 추구하려는 노력은 각각 제1차 세계대전 후의 국제연맹과 제2차 세계대전 후의 국제연합(유엔)으로 구체화되었다. 20세기의 가속적 변화는 1914년부터 1945년에 이르는 시기에 이루어졌다. 두 차례 세계대전을 겪으면서 인류 사회는 심한 고통에 직면하고 거의 모든 나라가 정치 체제의 변화를 경험하였다. 20세기 역사는 우리와 가장 가까운 시대의 역사일 뿐 아니라 가장 많은 변화를 체험한 역사이기도 하다.

1
제국주의와 제1차 세계대전

제국주의

1900년대 이후 유럽의 주요 국가와 미국 그리고 일본까지 제국주의를 국가 최고의 목표로 삼았다. 그렇다면 19세기를 지배했던 자유주의와 사회주의가 설득력을 잃고 강대국들이 제국주의 노선을 따르게 된 이유는 무엇일까?

19세기 중반 등장한 제국주의란 용어는 식민주의와 같은 말로 쓰였다. 해상 교통의 요지나 전략적으로 가치가 높은 지역을 식민지로 정복하는 제국주의 국가들이 많았다. 그리고 국내 정치에 대한 불만이나 긴장을 외부로 배출해 국민의 관심을 외국 문제로 돌리거나 애국심을 일으키려는 명분으로 제국주의적 침략을 이용하는 경우도 있었다. 그러나 유럽 제국주의의 가장 강력한 이유는 경제적 이유였다.

18세기 말 시작된 산업 혁명이 유럽 각국에 영향을 주어 19세기 전반에는 산업 생산과 교통 운수 분야가 놀라운 발전을 거듭하였다. 특히, 전기와 석유가 실용화되면서 공장에서 가동되는 기계들의 상품 생산 속도와 효율이 매우 좋아졌다. 그러나 유럽에서 생산되는 자원만으로는 상품의 대량 생산이 불가능했기 때문에 원료를 확보하기 위해 식민지를 정복하게 되었다.

유럽 열강은 유럽에서는 거의 구하기 어려운 고무·주석·동·석유를 값싸게 얻기 위해 온갖 방법을 이용해 후진 지역을 침략하였다. 이렇게 얻은 원료를 이용해 유럽에서 생산된 상품은 다시 식민지에 판매되었다. 제국주의자들은 식민지를 단순히 상품을 판매하는 시장으로 이용하는 것에 만족하지 않고 직접 진출해 공장·광산·철도 등에 투자하였다. 유럽은 이미 고도의 산업화를 이루었기 때문에 높은 수익을 올릴 수 있는 투자 기회가 많지 않았다. 그러나 미개발 지역인 후진 지역에 투자할 경우 높은 이익을 얻을 수 있었기 때문에 자본가들은 식민지 지역으로 진출해 엄청난 이윤을 얻었다.

유럽 열강은 이러한 제국주의적 침략을 '교화의 사명'으로 미화하기도 하였다. 유럽은 아프리카와 아시아에 진출하여 야만적인 현지인들을 교화하여야 한다는 사명감을 강조하며 제국주의 침략을 정당화하였다. 영국의 유명한 문인 키플링(1865-1936)의 '백인의 짐'에 이런 점이 잘 나타나 있다.

19세기 제국주의는 군사 과학기술의 발달로 가능하였다. 군함은 제국주의 침략을 위한

현대 제국주의

현대 제국주의는 고대 식민주의와 달리 단지 새로운 땅에 이주민을 정착시키는 것을 넘어 그 지역의 정치·사회·경제·문화적 구조를 정복 국가가 원하는 대로 개조하는 것을 의미한다. 19세기 제국주의를 주장한 사람들은 다양한 명분으로 정복과 지배를 합리화했다.

키플링 「백인의 짐」(1899)

영국 문인 키플링은 어린 시절 6년간 북인도에 살았다. 그는 영국 제국의 인도 지배에 강한 확신을 가지고 있었고 「백인의 짐」이라는 시를 통해 미국의 필리핀 식민 지배를 권고하였다. 또 "백인의 짐을 지라…평화를 위한 야만의 전쟁, 굶주림에서 입을 가득 채우고, 병이 사라지라고 빌기 위해"라고 주장하며 식민지에 질서를 가져오는 것이 백인의 의무라고 생각하였다.

새로운 무기였으며, 군함의 이동을 신속하게 하고 대양을 단거리로 연결해 주는 운하는 매우 중요하였다. 통신·교통의 발달 역시 제국주의 지배를 원활하게 만든 수단이었다. 제국주의자들은 경제적 착취와 정치적 지배를 용이하게 하기 위해 우선 식민지의 철도 부설권이나 도로 건설권을 획득하였다. 식민지의 원자재를 신속히 반출하고 유럽 제품을 판매하기 위해서는 도로·철도·항만은 필수적 요소였다.

아프리카의 분할과 충돌

19세기 중반까지 유럽인은 아프리카에 대해 큰 매력을 느끼지 못하였다. 15세기 말 신항로 개척 이후 아프리카 서부 해안에서 무역 활동이 있었지만 유럽인들은 아프리카를 탐험할 생각을 가지고 있지 않았다.

그러나 1866년 아프리카에서 다이아몬드와 풍부한 금광이 발굴되고, 1870년대에는 영국이 이집트를, 벨기에가 콩고를 점령하자 식민지 쟁탈전이 시작되었다. 프랑스·독일·이탈리아 등 유럽 강대국은 아프리카에서 자기 몫을 차지하기 위해 무력행사도 서슴지 않았다.

영국과 프랑스의 경쟁이 가장 치열하였다. 영국은 1882년 이집트 반란을 진압하고 이집트를 보호령으로 만들었으며 1900년 수단을 정복하였다. 또한 보어 전쟁을 통해 남아프리카에 정착해 살고 있던 네덜란드인(보어인 Boers)들을 쫓아내고 남아프리카를 장악하였

> **아프리카에서의 충돌**
>
> 아프리카의 남북을 종단하려는 영국과 동서를 횡단하려는 프랑스는 중간 지점인 파쇼다 Fashoda에서 1898년 충돌하게 되었다. 프랑스 마르샹Jean Baptiste Marchand(1863-1934) 대위가 파쇼다를 점령하고 에티오피아를 거쳐 지부티Djibouti까지 계속 진격하자 영국군은 전쟁에 돌입할 준비를 하였다. 다행히 프랑스가 마르샹 대위를 소환하고 영국과의 관계 개선으로 전쟁으로는 번지지 않았고 위기는 지나갔다.
>
> 이탈리아도 통일 후 국내가 안정되자 식민지를 건설하기 위해 아프리카로 진출하였다. 이탈리아는 튀니지로 진출하려 하였으나 1881년 프랑스가 튀니지를 보호령으로 만드는 바람에 목적을 이루지 못하였다.
>
> 독일의 카메룬과 동아프리카 내륙으로의 진출은 영국을 긴장시켰다. 또한 독일은 1905년에 프랑스와 모로코 문제로 전쟁 상태에 돌입할 위기에 빠지기도 하였다. 프랑스가 유럽 열강들의 묵인 아래 모로코에 진출하였는데 독일이 오히려 모로코의 독립을 지원하며 프랑스를 방해했기 때문이었다. 이로 인해 외교적 위기가 여러 차례 있었다. 이 위기는 프랑스가 콩고를 독일에게 내주는 대신 독일이 모로코를 프랑스의 보호령으로 인정하는 것으로 해결되었다.
>
> 결국 유럽 열강의 아프리카 진출로 라이베리아와 에티오피아를 제외한 거의 모든 아프리카 지역이 열강의 식민지로 전락하고 말았다.

열강의 아프리카 분할

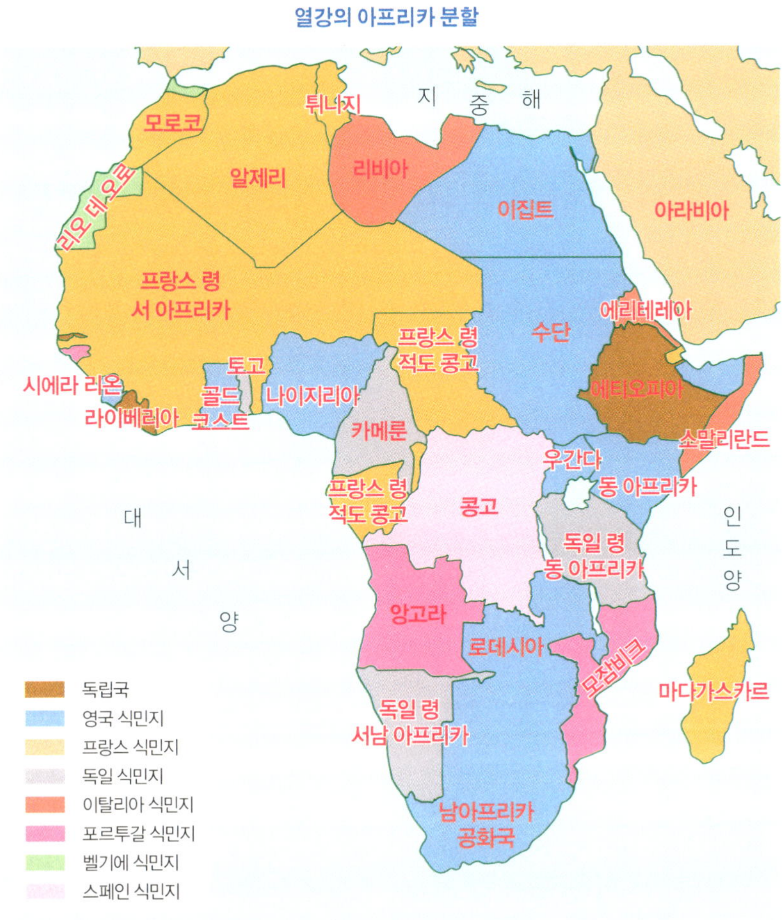

다. 영국은 남아프리카의 케이프타운에서 이집트의 카이로까지 아프리카를 남북으로 연결하기 위해 로데시아Rhodesia(지금의 잠비아와 짐바브웨)를 영국령으로 만들었다.

한편 프랑스는 1830년 알제리Algeria 전체를 합병한 후 방대한 사하라Sahara를 정복하고, 1881년에는 튀니지Tunisia를 보호령으로 만들며 아프리카의 동서를 횡단하는 정책을 실시하였다. 프랑스는 아프리카 동부와 서북부 지역을 장악하며 제1차 세계대전이 발발하기 전까지 영국 못지 않게 넓은 식민지를 아프리카에서 얻었다.

1860-1870년대에 통일을 완성한 이탈리아는 국내 문제 해결 때문에 거의 식민지 획득 경쟁에 나설 겨를이 없었다. 이탈리아가 아프리카에 큰 관심을 가지게 된 것은 1880년대 이후의 일이었다. 이탈리아는 홍해 연안의 에리트레아Eritrea와 인도양을 향한 아프리카 동부의 소말릴란드Somaliland를 차지하였다. 그후 이탈리아는 북아프리카로 관심을 돌려 터키-이탈리아 전쟁(1911-1912)을 치르고 터키의 지배 아래 있던 트리폴리Tripoli와 키레나이카 지방을 획득했으며 이곳을 리비아Libya라 개칭하였다.

1871년 통일을 달성한 독일은 1880년대에 이르러 아프리카에 진출하기 시작하였다. 1882년 독일은 광대한 서남아프리카의 땅을 얻어 독일령 카메룬Kamerun; Cameroon을 획득하였다. 독일의 식민지 확장 정책은 다른 국가와의 경쟁에서는 약간 뒤떨어졌지만 크기와 자원에서 결코 무시할 수 없는 것이었다.

열강의 아시아 진출

유럽은 아프리카와 달리 일찍이 아시아에 진출하였다. 18세기에 프랑스와 영국이 인도를 식민지화하였고 19세기에는 영국이 중국으로, 프랑스가 인도차이나로 진출하였다. 19세기 말 미국은 필리핀을 합병하는 등 아시아도 아프리카와 같이 수난의 길을 밟게 되었다.

러시아와 영국은 19세기 아시아에서 제국주의적 경쟁을 계속하였다. 러시아는 몽고·만주로 진출하고 연해주 지대를 얻어 블라디보스토크를 건설하였으며 중앙아시아의 투르케스탄Turkestan의 지배권도 획득하였다.

영국은 러시아의 아시아 진출을 항상 견제하였는데, 러시아가 남하하여 영국의 식민지인 인도를 위협할 수 있기 때문이었다. 그리하여 영국은 티베트와 양쯔 강 유역에서 우월권을 얻어 러시아의 아시아 진출을 견제하였다. 19세기 후반 영국은 버마를 비롯해 말레이시아 보르네오 북부까지를 소유하며 동남아시아의 광대한 지역을 지배하기도 하였다.

프랑스는 19세기 중반 인도차이나를 보호령으로 만든 후 전쟁과 외교를 통해 안남安南, 통킹東京, 캄보디아Cambodia 일부를 장악하였다. 프랑스와 영국은 영국령 버마와 프랑스령 인도차이나 사이에 독립국 시암을 완충국으로 만들어 충돌을 억지하였다.

오스트리아-헝가리 2원제국

유럽 국가 중 대내적으로 소수 민족을 가장 많이 보유한 나라는 러시아와 오스트리아였다. 오스트리아는 1867년 프로이센과의 전쟁에서 패배하여 독일 연방으로 통합되지 못하고 오스트리아-헝가리 이원二元제국으로 개편되었다. 왕국은 양분되었지만 한 사람의 왕이 오스트리아 황제와 헝가리 왕을 겸하였고 두 나라의 장관들도 겸직이었다.

당시 오스트리아의 황제 프란츠 요제프Franz Joseph(1848- 1916)가 두 왕국을 지배하고 있었다. 원래 합스부르크 가는 민족주의에 대한 뚜렷한 지배 철학이 없었기 때문에 국민들에게 획일적인 문화를 강요하지는 않았다.

오스트리아-헝가리 제국에서 가장 영향력이 강했던 민족은 독일인과 마자르인이었다. 비교적 다수를 차지하는 슬라브계 민족과 체코인은 정치에 참여하지 못했을 뿐 아니라 심한 탄압을 받아 결국 과격한 민족주의 운동을 일으켰다. 체코인을 시작으로 세르비아인이 해방 운동을 벌였으며 특히, 슬라브계 민족의 저항은 대외적인 문제로 확대되었다. 당시 러시아는 범슬라브주의를 내세워 공공연히 슬라브계 민족의 해방 운동을 지지하고 있었기 때문에 러시아와 오스트리아의 관계는 악화될 수밖에 없었다.

이러한 저항을 해결하는 방법은 각 민족의 자치를 허용하는 것이었지만 오스트리아 정부는 제국을 유지하기 위해 이를 허용할 수 없었다. 1903년 헝가리 마자르인의 자치 요구를 헝가리 헌법 정지와 의회 해산이라는 강경책으로 억누른 프란츠 요제프는 민족 자치를 주장하던 민족들의 증오 대상이 되었다.

터키의 쇠퇴와 근동 문제

터키의 오스만 제국은 18세기 이후 급격히 약화되었다. 대외 전쟁에서 연이어 패배하였고 안으로는 여러 민족의 저항 운동에 부딪히게 되었다. 19세기에 들어서는 경제적 난관에 부딪혀 유럽 열강의 경제적 침투를 막아내지 못하였다. 1829년 이후 결국 영토가 해체되면서 오스만 제국의 발칸 지배는 급격히 약화되었다.

19세기 중반부터 오스만 제국은 쇠망의 길에 들어섰다. 외부로부터 러시아와 오스트리아의 침략이 있었고 안으로 제국 내 그리스도교들의 끊임없는 반란이 있었기 때문이다.

물론 난관에 봉착한 오스만 제국은 여러 가지 개혁을 시도하였다. 19세기 초 유럽을 모델로 군대 개혁과 교육 개혁을 추진하였으며 마무드 2세Mahmud II(재위: 1808-1839)는 유럽식 관료 제도를 받아들여 중앙 집권 체제를 강화해 어느 정도 국력을 회복할 수 있었다. 또한 탄지마트 개혁 때 오스만 제국은 백성의 기본권을 보장하는 법률 체계를 확립하였으며 교육 개혁을 통해 초등학교 무상 의무 교육을 실시하였다.

그러나 급진적인 탄지마트 개혁은 보수층의 저항에 부딪혔다. 특히,

> **탄지마트(구조 조정) 개혁 (1839-1876)**
> 오스만 제국은 탄지마트Tanzimat 개혁을 통해 국제적으로 수용될 수 있는 법제 개혁을 단행하였다. 프랑스 법제를 참고하였으며 백성의 기본권 보장을 위한 공개 재판, 사생활 보장, 법 앞의 평등을 위한 조치를 취하였다. 평등은 이슬람이든 아니든 국민 모두에게 보장된 것이었다. 1846년 도입된 교육 개혁으로 초등 교육부터 대학 교육까지 광범위하게 교육 제도가 달라지고 모든 교육은 정부의 교육장관의 관할 아래 놓이게 되었다.

법률 체계가 확립되면서 이슬람교가 가진 권력이 제한되자 종교인들의 반대가 가장 심하였다. 보수층은 개혁 수행으로 국가 재정에 위기가 왔다고 비난하였고 때마침 열강의 간섭도 심해지면서 탄지마트는 한계를 드러내고 있었다.

1829년 오스만 제국은 러시아와의 전쟁에서 패배해 강화조약을 맺고 그리스의 독립, 세르비아의 자치 등을 허용하였다. 이것이 계기가 되어 발칸의 다른 지역에서도 자치 운동이 일어났고 1875-1876년에는 보스니아·헤르체고비나·불가리아에서 폭동이 일어났다. 술탄 하미드 2세Abdul Hamid II(1876-1909)는 폭동을 진압하던 중 학살을 일으켰고 이것을 구실로 러시아가 발칸 문제에 개입하였다. 이 전쟁에서 패배한 오스만 제국은 영토의 상당 부분을 상실하고 말았다.

하미드 2세는 헌법을 정지하고 자유주의자들을 처형한 후 30년 동안 전제 정치를 실시하였다. 그러나 이미 근대화에 눈을 뜬 지식인들과 학생, 청년 장교들은 술탄 정부의 무능함을 비판하며 서양의 문물 수용과 민주주의 정치 제도의 확립을 주장하였다.

이러한 개혁을 가장 활발히 추진한 단체가 바로 청년 터키당이었다. 그들은 1908년 혁명을 일으켜 의회와 헌법을 부활시켰지만 오스만 제국에 속한 비터키 민족의 자유는 허용하지 않았다. 청년 터키당은 오히려 터키화를 강력히 요구하였다. 그러나 민족주의는 되돌릴 수 없는 시대적 흐름이었기 때문에 오스만 제국의 통치에 저항하는 민족 운동이 곳곳에서 일어났다.

국내 정치의 소용돌이는 외부 세력의 개입을 더욱 조장하였다.

1908년 청년 터키당의 혁명을 계기로 오스트리아는 보스니아-헤르체고비나 주민들의 의견을 무시한 채 이 지역을 합병하였다. 이 지역에는 주로 세르비아계 주민들이 거주하고 있었는데 이러한 조치 때문에 세르비아 민족은 오스트리아에 대한 적대심이 커져갔다.

▲ 청년 터키당의 혁명(1908)

> **러시아와 오스트리아의 갈등**
>
> 오스트리아-헝가리 제국은 여러 민족이 집결한 제국이었다. 특히 이 제국 안에는 독립의 희망을 버리지 않은 슬라브 민족이 많았다. 러시아에서 크림 전쟁 이후 범슬라브주의가 인기를 끌었고 러시아는 형제 슬라브족의 안정과 독립을 지원하였다. 오스트리아는 이런 러시아의 행동에 위협을 느끼고 있었다.

1911년 이탈리아가 오스만 제국이 지배하는 트리폴리를 빼앗기 위해 전쟁을 일으켰다. 이 전쟁에서 오스만 제국은 크게 약화되었고 이 틈을 이용해 발칸 반도의 그리스·몬테네그로·세르비아·불가리아가 동맹을 체결하고 오스만 제국을 공격하였다. 이것이 제1차 발칸 전쟁(1912)이다. 이 전쟁에서 오스만 제국은 비참히 패배하였다.

전쟁 후 점령한 영토를 배분하는 과정에서 발칸의 나라들이 의견 대립하였다. 특히, 불가리아는 불만이 많아 오히려 동맹군을 공격하였고 이로 인해 제2차 발칸 전쟁이 일어났다. 이 전쟁에서 불가리아는 참패하였고, 승리한 동맹군 중 세르비아는 슬라브 민족을 통일해 대 세르비아 국가를 건설하고자 하였다. 또 알바니아 합병을 추진하였지만 오스트리아의 방해로 실패하고 말았다.

러시아는 발칸 지역의 슬라브 민족들을 지원하였다. 이러한 러시아의 태도는 다양한 민족이 포함된 제국을 운영해야 하는 오스트리아와 갈등을 불러일으키는 원인이 되었다. 이는 또한 범슬라브주의와 범게르만주의의 민족적 대립으로 격화되었다.

삼국동맹과 삼국협상

국가적 이익과 자국의 안보를 우선하는 국가 간 경쟁은 소수 민족의 이해 관계와 얽혀 국제 질서를 복잡하게 만들었다. 대개 유럽 주요 국가들은 두 편으로 갈라져 동맹 체계를 형성하였다.

1871년 독일이 통일되고 프랑스 제2제정이 몰락하자 독일은 유럽의 중심세력으로 등장하였다. 루이 14세 이래로 프랑스는 유럽에서 가장 영향력 있는 국가였지만 이제 세력 균형의 판도가 바뀌어졌다. 우월성을 잃은 프랑스는 다른 나라와 제휴하며 독일의 팽창을 저지하고자 노력하였다.

독일의 통일을 성공적으로 이끈 수상 비스마르크의 외교적 원칙은 유럽의 평화를 위해 세력 균형이 유지되어야 한다는 것이었다. 그는 새롭게 탄생한 독일의 국제적 지위를 강화하는 한편, 독일에게 가장 위협적인 프랑스를 외교적으로 고립시키려 하였다. 그 첫 단계로 독일은 1873년 러시아·오스트리아와 함께 삼제동맹三帝同盟을 체결하였다. 그러나 오스트리아와 러시아가 1877년 발칸 지역에서 분쟁에 휘말리게 되면서 삼제동맹은 해체되었다.

발칸에서 오스트리아와 러시아 사이의 분쟁이 발생하자 비스마르크는 그 해결을 위해 베를린 회의(1878)를 개최하였다. 그는 여기에서 중립을 유지하려고 하였지만 문제 해결 과정에서 오스트리아 편을 들고 말았다. 이 결과 독일과 러시아의 관계는 냉담해졌고 결국 삼제동맹은 무너졌다.

그러나 이에 굴하지 않고 1879년 비스마르크는 오스트리아 정부와 합의하여 '양국동맹Dual Alliance'을 맺었다. 이 동맹에서 오스트리아와 독일은 러시아와 전쟁을 할 경우 서로 협력하기로 약속하였다. 비스마르크는 튀니지를 프랑스에게 빼앗겨 좌절해 있던 이탈리아를 이 동맹에 끌어들였다. 그리하여 1882년 삼국동맹이 결성되었다.

비스마르크는 프랑스를 고립시키기 위해 러시아에게 다시 접근하였다. 그는 1887년 비밀리에 러시아와 접촉해 재보장조약再保障條約: Reinsurance Treaty을 체결하였다. 이 조약에서 독일과 러시아 중 어느 하나가 강대국에 의해 공격을 받을 경우 중립을 지키기로 합의하였다.

삼국동맹

삼국동맹의 규정은 다음과 같다. 첫째, 삼국은 절대로 동맹국의 이익에 배치되는 어떠한 다른 동맹에도 가입하지 않는다. 둘째, 이탈리아 혹은 독일이 프랑스의 공격을 받을 경우 양국은 함께 프랑스에 선전 포고한다. 셋째, 삼국 중 어느 한 나라가 둘 또는 그 이상의 나라로부터 공격을 받는 경우 삼국은 함께 상호 지원한다.

그러나 빌헬름 2세가 새로운 독일 황제로 즉위하자 비스마르크는 해임되었다. 또한 황제는 비스마르크가 만들고 유지해 온 외교 원칙들을 모두 무시하였고, 러시아와의 재보장조약을 갱신하지 않았다.

동맹국을 잃은 러시아는 새로운 동맹국을 찾게 되었다. 프랑스는 이 기회를 놓치지 않았다. 당시 러시아는 철도 부설과 근대적 산업을 일으키기 위해 많은 자본이 필요하였다. 프랑스 정부와 금융계는 산업화를 지원해 주겠다며 러시아에게 접근하였던 것이다. 마침내 1894년 프랑스와 러시아 사이에 비밀 조약이 체결되었다. 이 조약은 두 나라가 독일의 공격을 받을 경우 서로 협력해 독일을 공격한다는 내용을 담고 있었다.

비스마르크는 프랑스를 외교적으로 고립시키며 동시에 영국이 유럽 대륙에 간섭하지 않도록 영국에 대한 도발과 자극을 피해 왔다. 만일 유럽 대륙에서 전쟁이 발발할 경우 영국의 간섭은 전쟁의 승패에 큰 영향을 끼칠 수 있었기 때문이었다.

그러나 빌헬름 2세는 1898년 이후 세계 일급 해군을 건설하여 독일 무역을 보호하겠다고 선언하며 유럽의 가장 강력한 해상 세력인 영국을 위협하였다. 이 때 부터 영국과 독일의 해군 증강 경쟁이 벌어졌고 두 국가의 관계도 냉랭해졌다.

러시아는 일본과 전쟁에서 패전한 뒤 국력이 많이 약해졌다. 러시아는 위기를 의식해 프랑스와 더 확고한 동맹 관계를 맺을 필요가 있다고 느끼게 되었다. 또한 프랑스의 중개를 통해 영국에게 접근하였다. 이 과정에서 영국·프랑스·러시아의 삼국협상Triple Entente이 성립되었다. 삼국협상의 목적은 독일의 팽창을 저지하는 데 있었다. 이후 삼국동맹 국가들과 삼국협상 국가들 사이에 사소한 충돌이 생겼고 점차 제1차 세계대전에 이르는 국제적 위기가 고조되어 갔다.

제1차 세계대전: 파국으로 이르는 길

1910년대에 접어들어 전 유럽에 걸쳐 불안한 기운이 감돌고 충돌의 조짐이 보였다. 삼국동맹과 삼국협상이라는 두 동맹체의 긴장이 더욱 고조되는 1905년부터 1914년 사이에 일련의 외교 사건들이 돌발하여 세계대전 전야의 조짐이 보이기 시작하였다. 외교적 충격은 먼저 모로코 사건에서 나타났고 다음으로 발칸 문제로 파급되었다.

프랑스는 이탈리아와 영국 등 유럽 주요 국가들로부터 아프리카 튀니지와 모로코에서의 세력 범위를 인정받고 있었다. 그런데 독일의 빌헬름 2세가 모로코 문제에 간섭하기 시작하였다. 곧 1905년 빌헬름 2세는 갑자기 모로코의 탕히에Tangier 항을 방문하여 모로코 독립을 존중해야 한다고 주장하며 국제회의 개최를 요구하였다. 이에 프랑스 외상도 대독일 선전포고를 하며 제1차 모로코 위기가 발생하였다. 1906년 스페인 알제시라스Algeciras 회의에서 각국 대표는 모로코의 독립 주권을 인정하고 프랑스는 모로코의 경찰권을 보유하는 한에서 합의를 하였다.

그런데 1911년 프랑스가 분쟁 지역의 질서 유지를 명목으로 모로코의 수도 페스Fez를 점령하자 독일은 전함 판터Panther호를 아가디르Agadir항에 급파하였다. 제2차 모로코 사건이 일어나며 또 다시 전쟁 위기가 고조되었다. 그러나 영국이 프랑스에 대한 지지를 밝혔기 때문에 프랑스는 독일에게 '적도赤道 아프리카'를 양도하는 대신 모로코에서의 자유 재량권을 인정받았다.

▲암살직전의 페르디난트

오스트리아의 최후 통첩

오스트리아가 세르비아 정부에 보낸 최후통첩에는 두 가지 요구 조건이 있었는데 첫째, 세르비아 정부는 오스트리아 관리의 입회하에 반反오스트리아 활동에 동조하는 관리를 모두 해임하고 이러한 활동을 금지할 것, 둘째, 대공의 암살 음모에 가담한 자들의 처벌에 협력해야 한다. 세르비아 정부는 요구 조건을 대부분 수용하였다. 그러나 오스트리아 정부는 회답이 불만족스럽다며 세르비아에 선전 포고하였다.

제1차 세계대전의 불씨는 발칸에도 있었다. 프랑스와 독일이 모로코에서 다투고 있을 즈음 러시아와 오스트리아는 발칸 반도에서 각축을 벌이고 있었다. 러시아는 슬라브 민족이 압도적으로 많은 세르비아가 오스트리아의 지배하에 있는 보스니아나 헤르체고비나를 통합하여 '대大 세르비아'를 건설하는 것을 지지하였다. 이것은 수백만의 슬라브 민족을 포함하고 있는 복합 민족 국가인 오스트리아-헝가리 이원 제국에게 큰 위협이었다. 그러므로 세르비아의 민족주의를 가능한 한 제압하는 것이 오스트리아의 과제였다.

발칸의 정세는 한층 더 복잡해지고 위기가 더욱 고조되어 갔으므로 당시 발칸을 유럽의 화약고라 부르게 되었다. 이 화약고에 불꽃이 튈 경우 전 유럽적인 규모의 전쟁이 일어나는 것은 불가피해 보였다.

발칸 반도에서의 대립이 격화되는 가운데 1914년 6월 28일 보스니아의 수도 사라예보Sarajevo에서 오스트리아의 황태자 페르디난트Franz Ferdinand 대공 부처가 대 세르비아 운동을 지지하는 보스니아 청년의 총에 암살되는 사건이 발생하였다. 이에 즉각 오스트리아 정부는 세르비아에게 최후통첩을 보냈으며 7월 28일 선전포고를 하였다. 오스트리아는 이미 독일의 빌헬름 2세와 연락을 취해 전쟁의 무조건적인 지지를 얻은 상태였다.

대전의 진행

오스트리아와 세르비아의 전쟁은 경직된 동맹 관계 때문에 연쇄 반응을 가져왔고 국지전으로 끝나지 않았다. 러시아가 슬라브 형제 국가인 세르비아를 지지하자 독일은 오스트리아를 지지하며 러시아에 선전 포고하였다. 프랑스가 러시아를 지지하자 독일은 프랑스에게도 선전포고하였다. 또 영국은 중립을 지키는 듯했으나 프랑스를 지지해 독일에게 선전 포고하였다. 오스만 제국은 독일 측에 가담하였다. 이리하여 1914년부터 1918년까지 계속된 제1차 세계대전에 참전한 국가는 모두 27개국에 달하였다.

독일의 베트만-홀베크 재상은 오스트리아가 세르비아에 선전포고를 하기 전 러시아와 협상하기를 조언하였다. 또 독일의 황제 빌헬름 2세도 러시아의 차르 니콜라이 2세에게 전보를 보내 군사 동원령을 취소해 달라고 하였다. 그러나 결국 전쟁은 확산되고 말았다.

독일은 속전속결 전략으로 프랑스를 치기 위해 중립국인 벨기에를 침공하였다. 영국은 벨기에의 중립을 존중해 줄 것을 독일에 요구했지만 답이 없자 마침내 전쟁에 뛰어들게 되었다.

독일은 벨기에를 통과해 재빨리 파리로 진격해 들어갔다. 독일은 러시아가 군사를 집결시키기 전에 프랑스를 번서 십중 공격해 승리를 거두겠다는 슐리펜 계획을 수립하였다. 독일의 작전은 순조롭게 진행되는 듯했다. 그러나 생각보다 러시아가 빠른 속도로 진격해 와 독일군은 파리를 눈앞에 두고도 점령하지 못하고 동부전선으로 병력을 이동시킬 수밖에 없었다.

프랑스군은 무모한 작전으로 패배를 거듭해 베르덩 서쪽의 전선이 완전히 무너지는 위기에 봉착하였다. 그러나 프랑스군 총사령관 조프르Joseph Jacques Joffre(1852-1931)는 9월 6일-12일까지 5일간의 치열한 마른Marne 전투에서 승리하며 독일군을 후퇴시켰다. 그러나 이러한 승리에도 독일군은 프랑스 땅에서 완전히 물러나지 않고 참호 작전을 펼쳤고 전쟁은 장기화되었다. 그리하여 1914년 11월 겨울 이후 서부 전선은 교착 상태에 빠지게 되었다.

참호전과 지구전

서부 전선은 숲이 많고 험한 지형이라 대규모 전투를 벌이기에 적당하지 않았다. 견고하고 복잡하게 참호를 만들게 되면서 전진 후퇴가 거의 없는 소강 상태에 돌입했고, 철조망·기관총·독가스 등의 새로운 무기가 등장해 전쟁은 더욱 장기화 되었다.

다다넬즈 원정

영국은 다다넬즈 해협 갈리폴리 반도를 점령해 흑해와 지중해를 연결하는 오스만 제국의 전략적 요충지를 장악할 작정이었다. 처음에는 해군만 동원했지만 후에 육군 병력까지 추가하였으나 이 원정은 실패하였다. 1915년 3월 공격을 개시했으나 전함 3척이 침몰당하고 오스트레일리아와 뉴질랜드군도 갈리폴리 반도 절벽으로 상륙하려 했지만 기관총 공격으로 희생되었다.

동부 전선에서는 서부 전선보다 치열한 전투가 벌어졌다. 빌헬름 2세가 동부 전선 지휘를 맡긴 힌덴부르크Paul von Hindenburg(1847-1934) 장군은 탁월한 지휘 능력을 발휘해 러시아군에 엄청난 손실을 입혔다. 그러나 동부 전선에서 승승장구하는 독일군과 달리 오스트리아는 어려운 상황에 빠져있었다. 러시아군은 갈리키아Galicia 지방을 점령하였고 오스트리아군 10만을 포로로 잡았다. 독일은 마켄젠August von Mackensen(1849-1945)을 보내 오스트리아를 지원하여 1915년 폴란드를 공격해 대승을 거두었다. 러시아군은 급히 후퇴했고 독일과 오스트리아는 폴란드를 점령하였다.

발칸 지역에서도 치열한 전쟁이 벌어졌다. 오스만 제국과 불가리아는 독일 측으로 전쟁에 참전하였다. 세르비아와의 전쟁 승리를 시작으로 1915년 말까지 오스트리아와 독일 군대는 발칸 지역을 장악하였다.

영국의 처칠은 오스만 제국을 고립시키고 러시아에 대한 보급로를 확

▲솜 대공세를 준비하고 있는 영국 측의 인도 병사들

보하기 위해 다다넬즈Dardanelles 해협 갈리폴리Gallipoli 반도를 점령할 계획을 세웠다. 그는 이 전투에 오스트레일리아와 뉴질랜드의 지원 병력까지 배치하였으나 참패하고 말았다. 영국은 1915년 아랍 세계를 상대로 또 다른 작전을 세웠는데 여기서는 성공을 거두었다. 영국 고고학자인 '아라비아의 로렌스Thomas E. Lawrence'(1888-1935)의 설득을 통해 아랍 유목민들은 영국을 지지했다.

전쟁이 장기화 되는 가운데 전쟁의 분기점이 된 전투는 1916년의 베르딩 전투와 솜Somme 전투였다. 독일군은 1916년 서부 전선으로 관심을 돌려 프랑스를 공격하였다. 베르딩 전투는 초반에는 독일군에게 유리하게 진행되었으나 페탕Henri Philippe Pétain(1856-1951)이 지휘하는 프랑스군의 저항이 거세지고 영국군이 베르딩 사수를 결정하면서 어렵게 되어 독일군은 오히려 방어태세에 들어가게 되었다.

솜 전투에서 영국군은 독일군에게 대대적인 공세를 퍼부었지만 전투는 쉽게 끝나지 않았다. 솜 대공세에서 독일군 약 50만, 영국군 41만, 프랑스군 19만의 희생을 치렀다. 베르딩 전투와 솜 전투를 거치면서 유럽 사람들은 전쟁이 빨리 끝나기를 희망하였다. 1917년부터 평화를 위한 외교적 교섭이 시작되었지만 성과를 거두지 못하고 전쟁은 지속되었다.

러시아 혁명

1917년 당시 러시아의 가장 강력한 정당은 사회혁명당과 사회민주당이었다. 사회혁명당은 농촌 대중을 대변하고 '농민에게 땅을'이라는 목표를 표방하고 있었지만 조직은 엉성하고 강령도 일관성이 없었다. 마르크스 사회주의를 수용한 사회민주당은 레닌의 의견에 동조하는 볼셰비키Bolsheviki와 반대파 멘셰비키Mensheviki로 구성되어 있었다.

볼셰비키와 멘셰비키

1903년 브뤼셀과 런던에서 개최된 러시아 사회민주당 회의에서 레닌은 잠시나마 자신의 견해에 동조하는 다수의 뒷받침을 받았다. 이 때 레닌과 동조자들은 이후부터 다수를 의미하는 러시아어로 볼셰비키Bolsheviki라고 자칭하였다. 반대파는 소수파를 의미하는 멘셰비키Mensheviki라 칭하였으나 실제 상황은 곧 뒤바뀌어 멘셰비키가 회의의 다수를 차지하게 되었다.

1914년 제1차 세계대전이 발발하자 전쟁 수행 부담 때문에 러시아 경제와 정치 기반은 붕괴해갔다. 왕비는 미친 사제 라스푸친Grigori Rasputin(1872-1916)을 두고 국정을 좌우하였고 그로 인해 정치가 문란해졌다.

1917년 2월 상트 페테르부르크에서 노동자들이 파업과 폭동을 일으키자 수도에 주둔하던 군대도 폭동에 가세하였고, 이들은 마르크스주의자들과 함께 소비예트Soviet를 조직하였다. 2월 혁명이 전국으로 확대되자 3월 15일 니콜라이 2세는 임시 정부 수립을 위해 동생 미하일Michael Alexandrovich 대공大公에게 양위하고 러시아에는 입헌의회와 임시 정부가 수립되었다.

한편 2월 혁명 소식을 들은 레닌은 1917년 4월 귀국해 상트 페테르부르크의 핀란드 역에서 연설하였다. 그는 이 연설에서 즉각적인 전쟁의 중단과 토지 국유화, 그리고 노동자 대표로 구성된 소비예트에게 모든 권력을 주겠다고 선언하였다.

당시 러시아 국민은 전쟁의 종결과 농민의 토지 소유를 무엇보다 바라고 있었다. 그러나 2월 혁명의 결과로 수립된 임시 정부는 이런 국민의 요구를 들어주지 않았다. 핀란드 역에서의 약속으로 레닌은 러시아 사람들의 지지를 얻었다. 레닌의 볼셰비키가 1917년 10월 상트 페테르

▲ 니콜라이 2세와 왕비 알렉산드라, 그리고 5명의 자녀

부르크 소비에트에서 다수를 차지하자 그 기세를 몰아 임시 정부를 무너뜨렸다.

볼셰비키는 국정을 운영할 인민 위원회를 임명하고 혁명 정부를 수립하였다. 이것이 10월 혁명이다. 볼셰비키는 입헌의회를 해체하고 공산당으로 이름을 바꾼 후 독재를 시작하였다. 혁명 정부는 약속대로 전쟁을 종결하였다. 사실 레닌은 국내에서 볼셰비키 독재에 반대하는 세력이 전쟁을 일으켜 제1차 세계대전에서 빨리 이탈해야만 하는 상황이었다. 그는 1918년 3월 황급히 독일과 휴전조약(브레스트-리토프스크 Brest-Litovsk조약)을 체결하였다.

레닌은 토지 개혁을 통해 지주로부터 땅을 빼앗아 농민에게 분배하였으며 산업을 국유화하였다. 그러나 일부 산업의 국유화 외에는 혁명이 약속한 새로운 변화는 거의 찾아보기 어려웠다. 사회와 경제가 모두 혼란스러운 가운데 일부 제정 러시아 군대白軍가 사회주의 체제에 저항하기 시작함으로써 내란으로 혁명 정부는 위험에 처하였다. 1917년 12월 20일 인민 위원회는 반혁명 세력과 싸우기 위해 '체카'Cheka(후의 GPU)라는 비밀경찰 기구를 세우고 공포 정치를 시작하였다. 또한 혁명 세력의 적군赤軍은 1918년 7월 니콜라이 2세와 가족을 총살하였다.

반혁명 세력의 백군과 적군의 전투는 1920년까지 계속되었다. 볼셰비키를 싫어하는 독일·일본·영국이 백군을 지원하자 러시아에서는 외국 혐오증이 강화되었고, 오히려 볼셰비키를 조국을 지킨 애국자라고 찬양하게 되었다. 내전은 적군의 승리로 종식되었지만 토지의 황폐와 산업 생산의 감소로 경제는 매우 어려워졌다. 게다가 대규모 기근으로 약 3백만이 죽자 레닌은 1921년 신경제 정책NEP을 시작하였다. 이것은 농민이 곡물을 시장에서 팔 수 있게 유도하는 정책으로 자본주의 경제 체제를 일부 인정하는 것이었다. 상공업에도 비슷한 조치가 취해져 합법적인 시장이 조성되었다.

전쟁의 세계화와 미국의 참전

영국은 독일을 고립시키기 위해 독일의 해상 보급로를 차단하는 해상봉쇄령을 내렸다. 독일은 이에 대한 보복으로 1917년 '위험 수역'에 들어오는 선박은 적국의 것이든, 중립국의 것이든 사전 경고 없이 격침하겠다는 무제한 잠수함(Unterseeboot: U-보트) 작전을 선언하였다.

이미 독일은 1915년 영국 주변 해역을 교전 수역으로 정하고 이곳을 지나는 연합국 배를 사전 경고없이 어뢰로 공격해 침몰시킨 경험이 있었다. 이러한 독일의 정책으로 당시 여러 척의 영국 함선과 상선이 격침되었는데 침몰한 상선에 많은 미국인 선원과 여객이 타고 있었다. 이에 미국 정부는 독일에 강력히 항의하였다.

그럼에도 불구하고 독일이 다시 무제한 잠수함 작전을 실행한다니 미국 정부로서는 가만히 있을 수 없었다. 이런 이유로 먼로주의에 따라 유럽에 대한 간섭을 하지 않던 미국은 참전을 결심하게 되었다. 미국의 참전은 전쟁의 판도를 바꾸기에 충분하였다. 곧 미국은 막대한 자금과 자원, 인력을 삼국협상 측에 지원하며 독일을 궁지로 몰아넣었다.

총공세와 종전

1917년 러시아 혁명은 독일에게 큰 기회였다. 독일은 러시아가 혁명으로 어려운 형편에 있는 동안, 그리고 미국군이 유럽에 상륙하기 전에 승패를 가려야 한다고 생각하였다. 이에 독일은 러시아와 브레스트-리토프스크 조약을 맺어 휴전을 협상하였다. 그러나 연합군은 서부 전선에서 독일에 대한 반격을 시작하였고, 연합군과 독일군은 1917년 이후 비행기로 서로 폭격을 감행하였다. 특히, 1917년 9월 독일 공군이 일주일 동안 밤낮으로 런던을 계속 공습해 런던은 폐허가 되어 버렸다.

러시아와 강화조약을 체결한 독일은 동부 전선의 군대를 급히 서부 전선으로 이동해 마지막 총공세를 펼쳤으나 이미 독일군은 자원이 바닥이 난 상황이었다. 연합군은 미국의 지원군이 도착해 사기가 충전되어 있었으며, 최종 공격을 계획하고 있었다. 1918년 8월 8일 연합군은 모든 전선에 걸쳐 독일군을 무찌르기 시작하였다.

독일은 더 이상 버티기 어렵다는 것을 깨닫고 1918년 9월 28일 휴전을 제의하였다. 독일은 윌슨 미국 대통령에게 전쟁 행위의 중지를 요청하였다. 그러나 윌슨은 독일 전제 정치의 종식이 없는 한 평화가 불가능하다고 역설하였다. 10월 4일 카이저 빌헬름 2세는 자유주의적인 막스 Maximilian Alexander Friedrich Wilhelm; Max von Baden(1867-1929) 공公을 재상으로 임명하고 위로부터의 개혁과 독일 제국의 민주화를 시작하였다. 그리고 전쟁의 패배를 선언하자 오스트리아와 오스만 제국도 항복하였다.

전쟁에 패배한 독일 국민은 놀라고 격분하여 뮌헨과 베를린 등에서 혁명을 일으켰다. 빌헬름 2세는 혁명이 격화되자 퇴위를 선언하고 네덜란드로 도망쳤다. 정권은 사회민주당의 에베르트Friedrich Ebert(1871-1925)에게 이양되었으며 독일 공화국이 선포되고 에베르트는 바이마르Weimar 공화국 초대 대통령(재임: 1919-1925)이 되었다. 정전 회의를 통해 1918년 11월 11일 아침 11시에 제1차 세계대전은 공식적으로 끝났다.

2
두 차례 세계대전 사이의 세계

베르사유 체제: 제1차 세계대전의 영향

제1차 세계대전의 살상 규모는 일찍이 유례가 없는 것이었다. 농경지는 황폐화되었고 공장과 교량, 철도가 거의 모두 파괴되어 사용이 불가능하였다. 세계 무역은 중단되다시피 했고 유럽은 세계 최대 채권자에서 채무자로 입장이 바뀌었다.

1919년 32개국 대표들이 참석한 가운데 개최된 프랑스 파리에서의 강화 회의는 영국·프랑스·미국 3대국이 주도하였다. 수개월에 걸친 회의 끝에 베르사유 강화조약이 체결되었다.

여기에서 미국 대통령 윌슨은 14개조 평화안을 내놓아 전후 세계 질서의 기본 원칙을 제시하였다. 그것은 모든 피압박 민족의 자결 원칙 보장, 군비 증강과 군국주의에 대한 반대, 세계 평화를 위한 국제연맹 조직 등으로 되어 있었다. 그렇지만 참전국마다 미묘한 입장 차이가 있었다. 거대한 식민지를 가진 영국·프랑스 등의 승전국은 이 평화안에 쉽게 찬성할 수 없었다. 게다가 윌슨의 국제연맹 창설 제안은 미국 상원의 승인도 받지 못하였다.

윌슨은 14개조 평화안

윌슨의 14개조 평화안은 다음과 같다. 1. 비밀 외교 폐지, 2. 해양의 자유, 3. 경제 장벽의 철폐, 4. 군비의 제한, 5. 식민지 문제의 공정한 해결, 6. 러시아 민족 문제의 공정한 해결, 7. 벨기에 영토의 회복, 8. 프랑스의 부흥과 알자스-로렌 두 주의 회복, 9. 이탈리아 국경의 민족적 해결, 10. 오스트리아-헝가리 제국 내 여러 민족의 자결, 11. 발칸 반도 여러 나라의 복구, 12. 투르크 영토 안의 여러 민족의 자결, 13. 폴란드의 재건, 14. 국제 평화 기구의 설립

강화조약은 독일에게 매우 가혹한 것이었다. 이 조약으로 독일은 인구와 영토의 10분의 9를 상실하였다. 알자스-로렌 지방을 프랑스에 반환하고 석탄 자원이 풍부한 자알Saal 지대를 국제연맹의 위임통치하에 두기로 약속하였다. 폴란드는 독립했으며 슐레스비히Schleswig 일

▲ 베르사유 체제의 주역: 제1차 세계대전을 마무리 짓는 조약이 베르사유 궁전 '거울방'에서 이루어졌다. 왼쪽부터 영국 수상 로이드 조지, 이탈리아 수상 올란도, 프랑스 수상 클레망소, 미국 대통령 윌슨

부는 덴마크에 되돌려졌다. 그리고 독일이 포기한 식민지를 승전국들이 나누어 가졌다. 결국 윌슨이 주장한 민족자결의 원칙은 지켜지지 않았다.

녹일은 승전국 국민에게 끼친 재산 피해에 대한 보상으로 배상금 330억 달러를 지급해야 하였다. 또 군장비와 전쟁 물자를 연합국에 넘기고 베르사유 조약에 따라 군비를 감축해 육군의 수를 줄여야 했으며 잠수함과 비행기도 보유할 수 없게 되었다.

유럽의 평화와 국제연맹

베르사유 체제가 확립 된 후 세계 평화를 위한 여러 가지 노력이 계속되었다. 그 노력 중 하나가 국제연맹이라는 국제 평화 기구가 창설된 것이었다. 1919년 윌슨이 창안한 국제연맹은 1920년 최초의 국제 평화 유지 기구로서 정식 설립되었다. 그러나 패전국인 독일과 사회주의 국가인 소련은 회원국에서 제외되었고 정작 국제연맹 창설을 제안했던 미국도 의회가 반대하자 가입하지 않았다.

국제연맹의 목적은 국제 협력 및 국제 평화와 안전의 확보에 있었다. 과거에는 비밀 외교를 통해 동맹 관계를 맺었으므로 조약 내용을 지키지 않거나 비밀리 전쟁 준비를 하는 경우가 많았다. 국제연맹은 투명하게 가입하고 서로의 독립을 존중하고 보호하겠다는 약속을 함으로써 전쟁의 위험을 낮출 수 있었다.

그런데 국제연맹은 국제 분쟁이 발생할 경우 그에 대응할 수 있는 군사적 제재 수단도 없었고 처벌 능력도 의심스럽다는 한계를 가지고 있었다. 결국 국제연맹은 이러한 무능함 때문에 제2차 세계대전이 발발하는 것을 막지 못하였다.

동유럽과 중동

> **위임통치령**
> 위임통치령Mandates이란 제국주의적 합병의 위장에 불과하였다. 독일이 소유했던 해외 식민지는 국제연맹이 인계하되 그것을 다시 특정 국가에 위임 통치한다는 것이었다.

제1차 세계대전의 책임을 물어 오스트리아의 영토는 이전의 10분의 1 정도로 줄어들었다. 헝가리도 오스트리아와 같이 배상금을 부담하고 좁은 땅에 많은 인구를 갖게 되었다. 또한 연합국 측은 합스부르크 가계家系가 헝가리 왕으로 즉위하지 못하게 했으므로 헝가리는 이후 왕없는 왕국으로 남게 되었다.

오스트리아-헝가리 2원제국 내의 약소 민족은 통합을 거쳐 신생 국가가 되거나 그 밖의 기존 국가에 합병되었다. 그 결과 체코족Czechs과 슬로바크족Slovaks을 주축으로 한 체코슬로바키아Czechoslovakia가 창설되었다. 보스니아 및 헤르체고비나 등은 세르비아와 몬테네그로 합병으로 구성된 유고슬라비아Yugoslavia 왕국에 흡수되었다. 불가리아는 독일 측에 가담했으므로 발칸 전쟁에서 얻은 땅과 그 후에 얻은 영토를 모두 내놓게 되었다. 그리스와 유고슬라비아(세르비아)가 각각 그 영토를 할양, 인수하였다.

패전국 중 오스만 제국은 가장 먼저 붕괴될 운명에 놓여 있었다. 1923년의 로잔 조약에 따라 오스만 제국 영토는 아나톨리아Anatolia 반도와 유럽 쪽 일부 지역으로 한정되었다. 오스만 제국은 새 수도를 앙카라Ankara로 정하고 케말 파샤Mustafa Kemal Pasha(Kemal Atatürk, 1881-1938)의 강력한 지도하에 1921년 헌법을 채택하고 1923년 공식적으로 터키 공화국이 선포되었다. 오스만 제국이 지배했던 아라비아 반도에서는 민족 자결주의라는 명분 아래 프랑스는 시리아와 레바논을, 영국은 팔레스티나와 이라크를 각각 위임 통치하였다.

전후의 민주 국가: 미국의 번영

제1차 세계대전이 종결되는 데 가장 결정적 역할을 하였던 미국은 전쟁 중 유럽을 지원하는 과정에서 산업이 발달하여 1919년에는 세계 경제에서 막강한 지위를 차지하였다. 미국이 전쟁 후 이룬 경제적 번영은 국제적으로 강력한 영향력을 행사했고, 더 이상 고립주의를 채택할 수 없게 되었다.

1924년 대통령 하딩Warren G. Harding(1865-1923)의 사망으로 대통령이 된 쿨리지Calvin Coolidge(1872-1933)는 산업 부문의 번영을 촉진시킨 결과 산업 생산량이 늘어나고 주식 투기열도 고조되었다. 그러나 미국은 대외 정책에 있어 여전히 고립주의를 고집하고 있었다.

1929년 공화당의 후버Herbert Hoover(1874-1964)가 대통령으로 집권하면서 미국의 대외 정책은 변화하였다. 미국은 도즈Charles Dawes(1865-1951)와 영Owen D. Young(1874-1962) 등 금융 전문가들을 파견해 독일의 배상금 문제에 참여시키는 등 국제 문제에 관심을 갖기 시작하였다. 또한 1930년에는 런던의 해군 회의에 참석하면서 국제 정치에 대한 깊은 관심이 나타냈다.

영국의 경제와 식민지 문제

영국은 휴전 직후부터 심각한 경제난에 직면하였다. 대외 무역은 저조하고 실업자는 급증하였다. 영국은 종전 후 10여 년간 유능한 지도자를 배출하지 못하였으며 경제 개혁에 대한 장기 계획 또한 수립하지 못하였다. 게다가 1929년에는 세계적 경제 불황까지 시작되어 전후 경제는 심각한 난관에 봉착하였다.

영국은 제1차 세계대전 당시 연합국 측을 도와준 캐나다·오스트레일리아·뉴질랜드·남아프리카에 대한 보답으로 영국 본국과 상호 평등한 자치령dominions으로 인정하였다. 1931년 영국 의회는 영국연방British Commonwealth of Nations의 성립을 선포하고 거의 모든 부분에서 각 자치령의 독립을 허용하였다.

그러나 그 밖의 식민지 문제는 영국의 이해와 원주민의 이해가 상충되어 쉽게 풀리지 않았다. 영국으로부터 독립하려는 아일랜드의 움직임은 제1차 세계대전 이후 격렬해졌다. 결국 1921년 영국은 '아일랜드 자유국Irish Free State' 수립에 동의하였다. 그러나 아일랜드 남부만이 자치령으로 인정 받은 것이기 때문에 아일랜드인 사이에서도 갈등이 첨예하였고 결국 내란이 발생하였다.

더블린을 수도로 한 아일랜드 자유국 정부는 반란을 진압하였다. 그리고 의회는 영국 왕에 대한 충성을 서약하고 영국 정부가 자유국의 군사·외교 문제를 관장하기로 하였다. 이에 대해 북부 6주는 남부의 아일랜드 자유국에 편입되기를 원치 않았으므로 북아일랜드로 독립 정부를 두어 영국에 소속되었다.

1932년 아일랜드 자유국의 수상이 된 드발레라Eamon DeValera(1882-1975)는 영국 왕에 대한 충성을 다짐하는 의원 선서를 철폐하여 영국과 충돌하였다. 1937년 아일랜드는 에이레Eire라고 국명을 개칭하고 새 헌법을 채택하여 독립 주권의 민주 국가가 되었다.

전후 유럽의 문제

제1차 세계대전에서 프랑스만큼 큰 손실을 입은 나라는 없었다. 약 1백 35만 명이 죽고 거의 모든 프랑스의 국토가 황폐해졌다. 그러나 폐허가 된 나라를 다시 일으키는 프랑스의 노력은 계속되었다.

한편, 독일은 330억 달러에 이르는 배상금 때문에 경제가 파탄 지경에 이르렀다. 독일은 배상 능력이 없어 해당 년도에 지정된 액수도 승전국들에게 지급하지 못하였다. 특히, 가장 많은 배상금을 받기로 되어 있던 프랑스는 독일의 태도에 분노했고 1923년 프랑스의 수상 포앙카레Raymond Poincaré(1860-1934)는 프랑스군에게 독일 루르 지방을 점령하라는 명령을 내리기도 하였다. 그러나 독일 국내 경제 침체는 더욱 심화되어 마르크화가 폭락하고 인플레이션이 발생해 배상금 지급이 더욱 어려워졌다.

한편, 프랑스가 독일로부터 되찾은 알자스-로렌 지방은 세계 최상급의 철광 소재지였다. 프랑스는 이 지역을 통해 경제 부흥을 일으키고 유럽 일급의 철 생산국이 되었다.

독일의 배상금 문제를 해결하기 위해 미국 은행가 도즈와 영이 배상 원칙을 확립하였다. 독일이 배상금을 제대로 지불하려면 독일 경제가 부흥해야 한다고 생각한 도즈는 미국 금융계가 차관을 주어 마르크를 안정시키고 산업을 활성화시켜야 한다고 제안하였다.

영은 도즈 안을 좀 더 보완하여 분할 배상을 가능하게 하였다. 그 후 세계불황의 여파를 생각해 연합국은 1932년 '로잔 협정Lausanne Settlement'을 체결해 독일의 배상액을 과감하게 줄여주었다. 그러나 독일은 로잔 협정에서 규정한 배상액조차 지불하지 않았다.

도즈 안

도즈 안Dawes Plan은 독일 부흥을 돕는 한편 독일이 1924-1929년간 약 19억 달러의 배상금을 연합국에 지불하면 되도록 하였다. 독일은 해마다 보상금을 지불하며 점차 5년간에 걸쳐 증액하여 청산의 마지막 단계에서는 2배로 보상금을 올린다는 것이었다. 이와 동시에 연간 보상금에 해당하는 외국 차관을 독일에 제공함으로써 마르크를 안정시킨다는 것이었다. 외국 차관의 반 이상이 미국 금융계에서 나오는 것이었기 때문에 결과적으로 독일은 미국 자본에 의존하게 된 셈이었다.

1920년대 국제 문제의 중심에는 군축 문제가 있었다. 독일의 군사력과 군비는 베르사유 조약으로 제한되고 축소되었지만 승전국의 군비 제한은 없었다. 승전국의 군비 경쟁이 치열해졌고 전쟁 위험이 커졌다.

군비 축소 노력으로 1925년 프랑스·독일·벨기에와 영국 이탈리아까지 프랑스-독일 국경과 독일-벨기에 국경을 보장하고 절대 침입하지 않겠다는 '로카르노 협정Locarno Pact'을 체결하였다.

로카르노 협정 체결 이후 1926년 독일이 국제연맹에 가입하고 1928년 국제 분쟁을 해결하는 방식으로 전쟁을 선택하지 말자는 켈로그-브리앙 협정Kellogg-Briand Pact(파리 협정)의 체결로 전쟁의 상처는 아물고 평화가 정착하는 듯하였다. 그러나 이것은 평화에 대한 막연한 희망에 불과하였다. 각국이 평화 유지를 희망하였음에도 1929년부터 30년대 유럽의 주요 국가, 특히 영국·프랑스·이탈리아 등은 더욱 많은 예산을 들여 군비를 증강하였다.

유럽의 사상적 위기

19세기 역사를 이끈 평화·번영·민주화는 다가오는 새로운 세기에도 지속될 것이라는 기대가 팽배하였다. 과학기술의 발달, 인간 복지의 향상, 평화 운동의 전개 등이 낙관주의의 근거였다.

그러나 1920년대에 이르러 제1차 세계대전이 남긴 상처는 깊어 기존의 정치 사회 제도와 유럽의 우월성을 불신하게 만들었다. 여류 작가 스타인Gertrude Stein(1874-1946)이 헤밍웨이Ernest Hemingway(1899-1961)에게 '당신들은 모두 잃어버린 세대lost generation입니다'라고 말했을 때, 이 세대는 전후 지식인과 문인들을 가리킨 것이었다.

이 '잃어버린 세대'의 작가들은 시와 소설을 통해 제1차 세계대전 후의 유럽과 미국의 특징인 불안 심리, 그리고 환멸을 표현하였다. 이 기풍은 1920년대에서 1930년대에 헤밍웨이의 『무기여 잘 있거라』(1929), 레마르크Erich Maria Remarque(1898-1970)의 『서부전선 이상 없다』(1929), 독일 역사철학자 슈펭글러Oswald Spengler(1880-1936)의 『서양의 몰락』(1918-1922)에서 잘 나타나고 있다.

19세기 진보관에 대한 맹렬한 비판과 함께 민주주의 역시 비판의 도마 위에 올랐다. 제1차 세계대전을 전후하여 인권 신장, 여성 참정권 및 교육 기회가 꾸준히 확대되었음에도 불구하고 비효율적인 정당 정치와 우민 정치에 대한 우려의 목소리가 높아졌다.

1930년대 유럽 문명의 미래를 회의적으로 생각하는 사상적 위기는 한층 더 심화되었다. 영국과 프랑스는 불경기와 전쟁의 공포에 사로잡혀 과학·철학 등의 분야에서 거의 발전하지 못하였다.

유럽은 출생률 감소에 따른 노동력 감소뿐만 아니라 실업까지 증가하였다. 유럽 각국은 자국민의 노동력을 보호하기 위해 타국민의 취업을 막으려 하였고 이민을 제한하였다. 그러나 정치적 망명을 요청하는 이민 수는 증가하였다. 특히 1930년대 후반부터 독일과 이탈리아의 정치적·인종적 박해를 피해 프랑스, 미국 등으로 망명하는 엘리트층이 늘어났다. 지식인들이 해외 이민을 했기 때문에 이탈리아와 독일은 두뇌 집단을 상실하고 문화적·지적 손실을 입었으나 반면, 이민을 받아들인 수용국受容國의 문화 수준은 높아졌다.

1930년대 지성계에 가장 커다란 영향을 준 것은 경제 대공황과 정치적인 파시즘이었다. 문인들은 더 이상 무관심이나 객관성을 내세울 수 없었다. 그들은 사회적 현실에 직면하였고 사회 정의와 이상적 사회라는 문학적 주제를 다루었다.

3
전체주의의 대두와 제2차 세계대전

소련의 성립

1924년 '소비에트 사회주의 공화국 연방Union of Soviet Socialist Republics: USSR'(소련)이 공식적으로 성립하였고, 수도는 모스크바Moscow로 정했다. 볼셰비키는 집권 6년 동안 외국의 지지를 기대만큼 얻지 못했고 혁명 이념도 더 이상 전파하지 못하였다. 제1차 세계대전이 끝났을 때 유럽 대부분의 지역이 공산주의 혁명을 준비하고 있었지만 대부분 진압되었다.

그러나 레닌이 죽은 1924년경 공산당 세력이 러시아에 깊숙이 뿌리를 내림과 동시에 세계적으로 공산주의가 확산되었다. 1936년 소련은 수정헌법을 채택하여 외관상 민주적으

스탈린의 계획 경제

스탈린은 제1차 5개년 계획을 통해 기계 공장을 건설하고 전력 개발, 상공업 촉진 등을 추진하였다. 그는 국립 농장을 만들어 농업 생산을 높이고 노동자들에게 열성적으로 일할 것을 강요하여 산업 생산량을 증대하였다. 그 결과 5년 안에 목표를 133%나 초과 달성하였다.

▲레닌과 스탈린

로 보이는 형식을 갖추었다.

레닌의 뒤를 이어 집권한 스탈린Joseph Stalin(1879-1953)은 반대당이나 견제 세력을 절대 허용하지 않은 독재자였다. 그는 강력한 독재 권력을 바탕으로 레닌이 추진하였던 신경제 정책을 대신해 1928년부터 계획 경제를 실시하였다.

스탈린이 산업화를 이룩한 것은 사실이지만 중공업 우선 정책으로 일반 시민은 산업화의 혜택을 입을 수 없었다. 가혹한 경제 개발 정책에 대한 불만이 제기되자 스탈린은 이러한 비판을 제기하는 사람을 숙청하였다. 1935-1938년의 대대적인 숙청으로 8백만 소련 시민이 강제 노동 수용소에 수용되었고 3백만이 살해당하였다.

소련은 1917년 혁명 이후 국제 사회에서 거의 고립되어 있었다. 혁명 초기 영국과 미국은 반혁명파인 백군을 지원하였고 연합국 측도 소련이 외국인 재산을 몰수하고 과거에 빌려간 차관을 무효화시킨 것 때문에 적대적이었다.

소련은 국제적 고립을 면하기 위해 1922년 독일을 시작으로 서방 국가에 접근하여 통상 협정을 맺었다. 이어 1933년 미국이 소련과의 공식적 외교 관계를 수립하면서 소련의 대외 관계는 정상화되었다. 마침내 소련은 1934년 국제연맹에 가입하고 이사국이 되었다.

이탈리아의 파시즘

이탈리아는 제1차 세계대전의 승전국이었지만 전후 강화조약에서

별로 큰 몫을 차지하지 못해 불만을 가지고 있었다. 이탈리아의 과격한 민족주의자들은 그들의 권리가 무시되었다고 분노하였다.

무솔리니
제1차 세계대전 당시 자원입대 해 부상을 당하기도 했던 무솔리니는 전쟁 후 퇴역 군인들을 끌어들여 파시스트 집단인 흑의대黑衣隊를 조직하였다. 흑의대는 공산당을 공격하고 집회를 방해하였으며 노동자들이 파업을 일으키면 훼방하려는 공작을 꾸몄다.

제1차 세계대전으로 노동자들이 파업을 일으키고 공장을 점거하며 무질서와 소란이 발생하는 경제적 위기가 찾아왔다. 공산주의자들이 노동자와 농민들을 선동해 생산 활동을 마비시키고 토지를 약탈하자 중산층 시민들과 산업 자본가들은 공산주의의 위협에서 스스로를 보호하기 위해 파시즘Fascism을 지지하게 되었다. 파시스트는 이러한 국가적 혼란을 배경으로 새로운 정치 세력이 되었다. 이탈리아 국민은 공산주의를 막고 산업의 평화적 재건을 주도할 효율적인 정부를 원하고 있었다.

1922년 무솔리니Benito Mussolini(1883-1945)가 정계에 등장하였다. 그는 무능한 정부를 비난하고 이탈리아를 공산주의로부터 구제하는 것은 파시스트에게 있다고 선언하였다. 1921년 5월 선거에서 무솔리니를 포함한 35명의 파시스트들이 의원으로 당선되면서 '국민파시스트당'을 결성되었다. 1922년 무솔리니는 정권을 잡기 위해 5만 명의 파시스트들과 함께 로마까지 행진을 시작하였다. 결국 이탈리아 왕Victor Emmanuel III(1869-1947)은 무솔리니를 수상으로 임명하였다.

1923년 무솔리니는 의회를 압박해 법을 통과시켜 자신의 독재권을 인정하게 만들었으며 외무장관과 내무장관 외 5개부의 장관을 모두 겸임하였다. 그는 반대당을 모두 해제하고 파시스트당을 유일 정당으로 만들어 일당 독재 체제를 구축했으며 이러한 독재를 비판하는 정당이나 개인은 제거되었다.

무솔리니는 협동조합을 만들어 이탈리아의 자급자족을 위한 경제

▲ 파시스트 이탈리아: 어린이의 무장

▲파시스트 청년 당원의 행진을 바라보고 있는 무솔리니

발전을 이룩하려 하였다. 그는 스스로 협동조합장관이 되어 생산 방법과 생산량, 생산주기까지 모두 계획하고 가격까지 조정하는 계획 경제를 추진하였다. 또 선거권은 조합에 소속된 사람이나 세금을 많이 내는 사람들에게만 부여하였다.

무솔리니는 경제적 자립을 신속하게 달성하기 위해서는 전쟁을 해야 한다고 공언하였다. 이탈리아의 파시즘에서 개인은 국가 구성원이라는 사실 이외에는 아무런 존재 의의가 없었다. 전쟁에 투입된 이탈리아 사람들은 믿고 복종하고 싸우라고 교육받았다.

이탈리아 파시스트 체제의 외관상 성공은 유럽의 다른 나라들을 자극하였다. 전후의 경제 침체와 정치가들의 무능 때문에 사람들은 좀 더 효과적인 정권 수립을 원하게 되었으며 파시스트 이론은 공산주의를 싫어하는 사람들에게 강한 호소력을 가졌다.

독일의 나치즘

제1차 세계대전의 패전국 독일은 전쟁에 패배한 직후 군주정을 폐지하고 공화국을 선언하였다. 1919-1933년까지 독일에는 민주적 공화 정부가 국정을 운영하였는데 이 정부를 바이마르 공화국이라 한다. 온건한 사회주의 노선을 따르는 바이마르 공화국의 에베르트는 민주주의와 언론 자유, 8시간 노동제, 사회보장제 개선을 약속하였다. 또한 과격한 공산주의자들의 반란을 염려해 재빨리 군과 타협하고 혁명을 일으키려는 스파르타쿠스 연맹 공산주의자들을 총살하였다.

스파르타쿠스 연맹

전후 독일에는 온건한 사회민주주의자 에베르트를 중심으로 공화국이 선포되었지만 독일 공산주의자들은 정권 찬탈을 시도했다. 1919년 레닌보다 훨씬 더 자유주의적이고 유능한 독일 좌파지도자 로자 룩셈부르크 Róza Luxemburg(1871-1919)가 포함된 스파르타쿠스 연맹 폭동이 베를린 거리에서 일어났다. 그러나 지도자 대부분이 군대에 의해 처형당하고 폭동은 진압되었다. 1923년 가을의 폭동도 진압되면서 유럽에서의 공산주의 혁명은 좌절되고 말았다.

전후 독일의 경제 상황은 매우 좋지 않았다. 1923년 마르크의 가치가 천문학적으로 폭락했고 그에 따른 인플레이션이 발생하였다. 바이마르 정부는 화폐 개혁을 단행해 1조 마르크의 가치를 1마르크로 낮춰버렸다. 이 조치로 열심히 저축하며 돈을 모은 시민이나 연금 생활자들은 하루아침에 모든 돈을 날렸고 저축에 의존하던 중산층은 도시 빈민으로 전락하고 말았다.

경제적 위기가 만연한 1920년대 중반 독일에서 제1차 세계대전의 패배는 민족적 수치라는 과격한 민족주의가 등장하였다. 이들은 정부 요인을 암살하거나 테러를 시도하였는데 히틀러Adolf Hitler(1889-1945)도 이들 중 한 명이었다. 히틀러는 1923년 공화정 전복 쿠데타를 시도하였다가 옥살이를 하였다. 그는 출옥 후 이탈리아 파시스트당을 본뜬 정당 조직에 착수하였다.

히틀러가 소속된 '민족사회주의당'(Nationalsozialist; Nazi, 나치)은 민주주의와 공산주의를 모두 배격하는 동시에 아리아 민족의 우월성을 주장하였다. 또한 나치는 유대인을 가장 증오해야 할 적으로 보았는데 나치의 사상은 히틀러가 감옥에서 집필한 『나의 투쟁Mein Kampf』에 잘 나타나 있다. 나치는 독일 국민의 적극적 지지를 얻어 의회의 의석

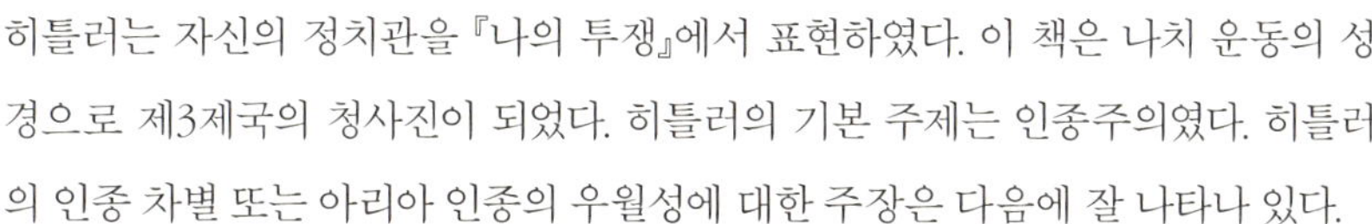

『나의 투쟁』

히틀러는 자신의 정치관을 『나의 투쟁』에서 표현하였다. 이 책은 나치 운동의 성경으로 제3제국의 청사진이 되었다. 히틀러의 기본 주제는 인종주의였다. 히틀러의 인종 차별 또는 아리아 인종의 우월성에 대한 주장은 다음에 잘 나타나 있다.

대자연이 고급한 개체와 저급한 개체의 짝짓기를 승인하지 않는 것처럼 고급 인종과 저급 인종의 혼혈을 승인하지 않는다. 왜냐하면 그렇지 않을 경우 수 만년 동안 지속되어 온 고급 단계를 향한 대자연의 발전이 단번에 수포로 돌아가기 때문이다. 그렇지 않으면 진화적 발전은 정지하고 퇴보하기까지 할 것이다…. 피의 오염이 퇴보의 원인이 되었기 때문에 과거의 모든 위대한 문명은 사라졌다.

…오늘날 모든 예술, 과학, 기술의 소산물 등 인간 문화는 거의 아리아인의 독창적 산물이다. 이 사실 하나만으로도 아리아인만이 인류의 고급형 인간의 창시자이며 더 나아가 아리아인이 인간의 원형을 대표한다는 타당한 결론에 도달할 수 있다. 유대인은 아리아인과 매우 대조를 이룬다. … 유대인은 자신들의 문명을 전혀 가진 바 없으며 다른 민족이 항상 그들의 지적 작업의 기반을 제공해 왔다는 것이다. 유대인의 지능은 항상 자기 주변에서 이용할 수 있는 문화적 업적을 활용함으로써 발전되어 온 것이다. 그 반대는 결코 있었던 적이 없다.

유대인은 무슨 일에도 망설이지 않으며 그의 야비함은 너무 악독해서 유대인의 혐오스러운 모습이 악마의 탈을 쓴 인간이라거나 악의 상징물이라 해도 우리 가운데 전혀 놀랄 사람이 없을 정도이다.

수를 계속 늘려 1932년에는 독일 최대 정당으로 발돋움하였고 마침내 1933년 히틀러는 재상으로 임명되었다.

나치는 모든 대중 매체를 지배하며 나치의 사상을 전달하도록 조종하였다. 문화부장관 괴벨스Joseph Goebbels(1897-1945)는 다른 사상을 통제하고 나치즘의 우월성을 선전하여 대중을 세뇌하였다. 히틀러도 이탈리아 파시스트와 같이 기업과 노동을 완전히 정부가 장악하였고 자급자족을 달성한다며 철저한 국가 경제 체제를 만들었다.

> **민족사회주의당**
> 히틀러는 일찍이 독일 노동자당에 가입하였다. 이 당은 열렬한 민족주의 이념을 내세우는 동시에 반反민주·반자본·반공산·반유대 노선을 표방하였다. 그 후 이 당은 민족사회주의당으로 개칭하고 나치Nazi라 약칭하게 되었다.

히틀러 정권은 1933년 3월 제국의회 의사당에 불을 지른 것이 공산당이라며 공산당 지도자들을 투옥하고 당을 해산시켰다. 6월에는 사회민주당도 똑같이 탄압해 의원들은 의원직을 잃게 되었다. 그 후 독일의 유일 정당으로는 나치만이 남아 정권을 좌우하였다.

1933년 3월 선거에서 나치가 승리한 후 제국의회는 히틀러에게 독재권을 부여하였다. 히틀러는 강력한 중앙 정부와 군대를 완전히 장악하였으며 노동조합이나 교회까지도 국가 통제 하에 두었다.

▲히틀러

세계적 공황

1929년 9월부터 하락하던 미국의 주가가 10월 24일 '검은 목요일'에 크게 폭락하고 이러한 미국의 경제 위기는 전 세계로 퍼져나갔다. 결국 1929년 세계적으로 경제적 불황이 닥쳐왔는데 이를 대공황Great Depression이라 한다.

세계적인 경제 불황으로 독일을 비롯한 패전국은 배상금을 지불하지 못하였고 유럽 여러 국가들은 전후 복구를 위해 빌린 돈을 제대로 갚지 못해 국제 경제가 거의 불능 상태에 빠지고 말았다. 1931년 미국의 후버 대통령은 모든 정부 간의 채무 지불을 1년간 유예하자고 제안하여 각국의 동의를 받았다.

뿐만 아니라 1932년 로잔 회의에서는 독일의 배상 의무를 실질적으

대공황의 원인

대공황의 원인은 첫째로 1929년까지 세계적으로 생산이 과잉 상태를 빚었다. 둘째로 각국이 국민에게 마음 놓고 소비를 하도록 조장한 이른바 번영의 대부분은 거품에 불과하였다. 주식이나 채권 가격이 2-3배 뛴 것을 보고 투자자들은 실질적으로 부유해진 것 같이 생각하였다. 셋째로 자본, 특히 미국 자본이 더 이상 수출되지 않았으므로 채무국, 특히 독일은 지불과 구매를 중지하였다. 다른 나라들도 재정적 의무를 수행할 수 없다고 주장하면서 같은 과정을 밟았다.

로 말소하였다. 유럽 각국은 미국이 채권을 감축하리라는 희망에서 이러한 조치를 취했지만 미국은 배상과 전쟁 채무 사이에는 상관 관계가 없다며 그 제의를 거부하였다. 불황이 심화되고 독일로부터 배상금도 받지 못한 유럽 각국은 미국에게 빚을 갚을 수 없었다. 결국 그들은 미국에 대한 채무 상환을 거부하였다.

1933년 미국의 로우즈벨트Franklin D. Roosevelt(1882-1945) 대통령은 '뉴딜 정책New Deal'을 채택하고 불황에서 벗어나기 위해 노력하였다. 그는 수요를 늘려 소비와 생산 투자가 활발해야만 경제 공황을 해결할 수 있다고 생각하였다. 뉴딜은 실업자를 구제하기 위해 국가 차원의 광범한 토목 공사와 건설 계획을 추진하였으며 잉여 농산물을 국가가 직접 구입해 가격을 안정시켰다. 또 1935년 사회보장법Social Security Act을 만들어 사회적 약자들을 보호하였다.

국제 관계 : 무능력한 국제연맹과 국제 사회의 위기

경제 불황의 충격에서 벗어나기 위해 여러 국가들이 모든 비상수단을 동원하였다. 영국은 금본위제를 폐지하고 국내 산업을 보호하기 위해 보호무역주의로 되돌아갔다. 그러나 프랑스 내각은 경제적 불황에 대해 별다른 대책을 세우지 못하였다.

독일에서는 대공황 때문에 히틀러의 나치당이 국민적 지지를 얻게 되었고, 이미 파시스트 체제 하에 있던 이탈리아는 협동조합 국가 건설을 계속하고 있었다. 소련은 스탈린 독재 하에서 두 차례에 걸쳐 5개년 계획을 수행해 경제 성장을 이루며 공황에서 벗어나려 노력하였다.

경제 불황은 일본에도 닥쳐와 커다란 충격을 주었다. 일본은 청·일 전쟁과 러·일 전쟁에서 승리하고 자신감에 넘쳐있었다. 그러나 일본은 대공황으로 미국에 대한 비단 수출이 거의 반으로 줄면서 실업률이 급증하였다. 일본인들의 절망감은 컸고 정부의 무능을 비판하였다. 이 기회를 틈타 군국주의자들이 정권을 장악하여 1931년 만주 침략, 1937년 중·일 전쟁을 일으켰다. 국제연맹은 일본을 억제하지 못했고 일본의 침략은 더욱 대담해져 제2차 세계대전의 한 부분인 태평양 전쟁으로 확산되었다.

제1차 세계대전 이후 국제 평화와 질서 유지를 위해 조직된 국제연맹의 취약점은 1930년대 이후 더 분명하게 드러나기 시작하였다. 국제연맹은 강대국의 침략 행위를 징계할 어떠한 수단도 없었다. 1931년 일본이 만주를 침략하였을 때도 국제연맹은 조사단을 파견했지만 어떠한 조치도 취하지 못하였다. 일본은 1933년 국제연맹에서 탈퇴하였고, 이 일로 국제연맹의 권위는 크게 실추되었다.

1933년 독일 재상으로 임명된 히틀러가 국제연맹에서 탈퇴하면서 유럽은 충격에 휩싸였다. 다행히 1934년 소련이 국제연맹에 가입해 집단 안전 보장 체제를 강력히 주장하면서 국제연맹의 권위가 조금 회복되는 듯하였다.

1930년대 중반을 넘기며 히틀러의 전쟁 야욕이 서서히 그 모습을 드러냈다. 1935년 히틀러는 베르사유 조약을 폐기하고 재무장을 선언하였다. 곧 그는 1918년 제1차 세계대전의 패배로 폐지되었던 징집 제도를 부활시키고 다른 국가가 군비를 축소하지 않는 한 독일의 재무장은 불가피하다고 주장하였다.

국제연맹은 독일의 재무장을 비난하였으나 어떠한 제재도 가하지 못하였다. 국제연맹의 무력함을 파악한 히틀러는 1936년 3월 비무장 지대인 라인란트를 침공하면서 프랑스의 안전 보장에 큰 타격을 가하였다.

이탈리아도 침략 의도를 노골적으로 드러내기 시작하였다. 에티오피아는 식민 지배를 받지 않는 아프리카의 유일한 국가였는데 이탈리아가 오랫동안 탐내고 있었다. 1935년 여름 이탈리아가 에티오피아에 대한 전쟁 준비를 하자 영국은 국제연맹에서 이탈리아의 침략 행위를 비난하고 저항 세력을 지원하겠다고 공식 선언하였다.

영국과 프랑스의 만류에도 불구하고 무솔리니는 나치 독일과 손을 잡았고 1935년 가을 이탈리아군은 에티오피아를 침공하여 합병시켰다. 국제연맹은 이탈리아를 침략자로 규정했지만 유럽 각국은 이탈리아를 제재하지 않았다.

일본·이탈리아·독일의 침략 행위가 노골적으로 드러날 무렵 스페인 내란이 유럽 평화를 위협하는 또 다른 문제로 등장하였다. 1936년 스페인 총선거에서 좌파 연합인 민중전선이 정권을 잡자 프랑코Francisco Franco(1892-1975)가 지휘하는 군대가 민족주의적 명분을 내세워 쿠데타를 일으켰다.

파시스트 정권이 들어선 독일과 이탈리아는 프랑코의 민족주의적 반란군을 지원하였다. 영국은 독일과 이탈리아의 지원에 강력히 항의하였고 프랑스는 스페인 민중전선 정부를 지원하여 이에 대응하였다. 그러나 프랑스는 내부 여론이 좋지 않아 더 이상 스페인 민중 전선을 지원할 수 없게 되었고 독일의 재무장을 경계하였던 소련이 그 뒤를 이어 민중전선을 지원하였다. 이제 스페인 내란은 파시스트 국가와 공산주의 소련이 힘을 겨루는 각축장이 되었다.

> **스페인 국내의 여론 분열**
>
> 스페인은 왕정 폐지에 대한 국민의 요구로 1931년 왕 알폰소 13세Alfonso XIII(1886-1941, 재위:1902-1931)가 해외로 망명하고 공화정이 선포된 상태였다. 그러나 스페인 국내의 여론은 여러 갈래로 분열되어 있었다. 처음에는 자유주의 온건파가 정치를 주도하였으나 개혁의 진전이 더뎠고 군부와 대중들의 불만이 많았다. 결국 1933년 말 의회를 파시스트와 유사한 보수파가 장악하였으나 1936년 총선거에서는 좌파 연합인 민중전선이 정권을 잡았다. 이에 프랑코가 지휘하는 군대가 쿠데타를 일으켰다.

소련은 다른 서방 국가들이 스페인을 지원하지 않자 1938년 스페인 공화국을 포기하였

▲ 피카소「게르니카」(1937): 1936년 2월에 일어난 스페인 내란을 그린 것이다.

고, 프랑코군은 총공세를 펼쳐 정권을 찬탈하였다. 프랑코의 승리로 스페인의 민주주의적 가치는 모두 사라졌다. 유럽 민주주의 국가들이 불분명한 태도를 보이는 사이에 파시스트 국가들은 힘을 합쳐 강하게 대처하였다.

침략과 군사적 긴장

1930년대 유럽과 아시아의 국제적 긴장감이 점차 고조되었다. 아시아에서는 일본이 1931년 만주사변을 일으켰고 1937년 중국 대륙으로 공격을 확대하면서 세계 전쟁의 시작을 알렸다. 한편, 유럽에서는 히틀러가 1938년 오스트리아 합병을 시작으로 영토를 확대하려는 야욕을 드러내었다.

1930년대 중국은 내분을 겪고 있었다. 장제스蔣介石(1887-1975)의 국민당 정부는 한편으로는 일본과 다른 한편으로는 마오쩌둥毛澤東(1893-1976)의 공산당 세력과도 싸워야 했다. 그러나 국민당과 공산당은 일본이라는 공동의 적을 앞에 두고 1936년 마침내 국공합작國共合作이라는 통일전선을 형성하였다.

그럼에도 불구하고 일본은 1937년 중국에 대한 대규모 공격에 착수하였다. 일본군은 베이징에서 시작하여 양쯔 강을 따라 신속하게 난징으로 쳐들어갔다. 일본 해군과 공군은 상하이를 폭격한 후 민간인 수천 명을 살해하고 난징을 공격하였다(난징대학살). 당시 일본의 행위는 분명 불법적인 침략이었지만 유럽 열강은 자기들의 문제로 아시아 상황에 개입할 수 없었다. 중국 침략에 성공을 거둔 일본은 1938년 '대동아공영권大東亞共榮圈' 수립을 선포하고 침략을 노골화하였다.

1936년 침략과 팽창이라는 공동 목적을 가진 세 나라 독일·이탈리아·일본은 베를린-로마-도쿄 추축을 이루고 우호협정을 체결하여 추축국樞軸國: Axis Powers을 형성하였다. 추축국은 베르사유 조약에 불만을 품고 수정을 강력히 요구하였으며 국가가 필요로 한다면 전쟁도 불사하겠다는 엄포를 놓았다. 이에 대해 연합국 측에서는 프랑스와 영국이 중심이 되어 추축국에 대항하는 동맹체를 형성하였다. 이 동맹에 영연방 캐나다·오스트레일리아·뉴질랜드와 소련·중국·미국이 동참하고 라틴 아메리카의 여러 나라가 가세하였다.

1938년 독일은 언어와 전통이 같은 오스트리아를 독일 제국에 합병Anschluss하였다. 이 합병은 분명 1919년 베르사유 조약을 위반한 것이었으나 영국과 프랑스는 '유화 정책' 방향을 고수하여 뚜렷한 항의를 하지 않았다. 히틀러는 합병 2주 후 체코슬로바키아를 공략하였다. 파리 강화 회의의 결정에 따라 당시 독일어 사용 인구가 대다수인 주데텐란트Sudetenland가 체코슬로바키아의 영토에 포함되어 있었다. 히틀러는 주데텐란트의 독일인들을 부추

만주사변

1931년 9월 일본군은 남만주 철도 선양瀋陽: Mukden 북쪽 교량을 폭파하고 이 사건의 책임을 중국에게 뒤집어 씌웠다. 당시 일본 정부는 이러한 군사 행동을 억제하려고 했으나 군부는 이에 개의치 않고 1932년 만주를 장악하였고 괴뢰 정권 만주국을 수립하였다. 이제 일본은 실질적으로 전쟁을 시작한 셈이었다.

대동아 공영권

일본 군부는 중국 대륙뿐 아니라 모든 아시아를 정복하겠다는 '대동아공영권'의 야욕을 가졌다. 이것은 서양 제국주의로부터 아시아의 독립을 지킨다는 명분을 내세웠지만 실은 침략 의도가 반영된 것이었다.

▲ 히틀러와 타협을 모색하는 체임벌린

▲ 뮌헨 협정(1938)때의 네나라 대표. 히틀러의 모습이 보인다.

겨 자치를 요구하도록 하였다.

주데텐란트를 합병하려는 히틀러의 의도를 간파한 체코슬로바키아 대통령은 전쟁도 불사하겠다며 저항하였다. 그러나 영국과 프랑스는 또 한 번 히틀러의 손을 들어주었다. 영국은 유럽의 평화를 위해 체코슬로바키아의 희생은 불가피하다고 주변국을 설득하였다. 결국 1938년 '뮌헨 협정Munich Pact'에 따라 더 이상의 영토를 요구하지 않는다는 조건으로 독일의 주데텐란트 합병이 승인되었다. 1939년 3월 히틀러는 체코슬로바키아를 공격하고 강제적 합병하였다.

뮌헨 협정을 무시한 히틀러의 만행에 충격을 받은 프랑스와 영국은 유화 정책을 버리기로 결정하였다. 영국은 징집령을 내렸고 프랑스도 국가 방위를 위해 달라디에Édouard Daladier(1884-1970) 수상에게 비상권非常權을 부여하였다. 그러나 유럽의 긴박한 정세에도 미국은 고립주의를 지켰다. 1930년대 후기 나치와 파시스트의 위협이 심해 세계대전으로 발전될 가능성이 높아졌지만 다른 지역에 위치한 미국의 정책에는 큰 변화가 없었다.

제2차 세계대전: 추축국의 선제공격

유럽에서 전쟁이 일어나게 된 것은 무엇보다도 폴란드 문제 때문이었다. 폴란드는 베르사유 조약을 통해 서프로이센(폴란드 회랑回廊)을 영토로 얻었다. 이 지역의 주민 90%가 폴란드인이었지만 단치히라는 항구의 주민은 거의 독일인이었다. 히틀러는 단치히 자유항이 조국 독일의 품으로 돌아가야 한다고 선언하고 폴란드에게 이 지역을 요구하였다. 프랑스와 영국은 히틀러의 행동에 강경히 대응하겠다고 경고하였다.

그러나 독일은 적대국인 소련과 불가침조약을 맺어 폴란드 침공 시 소련의 개입을 미연에 방지하고 1939년 9월 1일 폴란드 침략을 단행하였다. 9월 3일 아침 영국은 독일에 최후 통첩을 보냈으며 프랑스도 같은 조치를 취하였다. 이리하여 제1차 세계대전이 끝난 지 21년 만에 다시 세계대전이 발발하였다.

폴란드를 침략한 후 독일은 1940년 덴마크를 침공하여 하루 만에 굴복시키고 이어서 노르웨이의 중요 전략 기지를 간단히 점령하였다. 벨기에와 네덜란드도 차례로 독일군에게 굴복하였다. 서부 전선의 두 국가가 함락되면서 프랑스의 마지노선Maginot Line은 세당Sedan 지역에서 뚫렸다.

프랑스와 영국의 군대는 독일 공군의 폭격으로 후퇴를 거듭하여 결국 독일군은 파리를 함락시켰다. 프랑스가 약해진 틈을 타 무솔리니도 선전포고를 하고 남프랑스에 침입하였다. 결국 프랑스는 항복을 하고 독일과 휴전조약을 맺었다. 제1차 세계대전 당시 베르됭 전투의 영웅이던 페탕이 독일의 휴전조약에 굴욕적으로 서명하였고, 프랑스 국토의 5분의 3을 나치

> **독일-소련 불가침조약**
> 이 조약을 통해 소련은 히틀러에게 폴란드 문제에 대한 재량권을 부여했고 독일에게 영국과 프랑스를 상대로 전쟁을 할 수 있는 여지를 마련해 주었다고 할 수 있다.

에게 넘기고 비점령지인 비쉬Vichy에 프랑스 정부를 세웠다.

독일의 나치군은 1940년 그리스와 유고슬라비아를 동시에 공격해 쉽사리 정복하였다. 루마니아는 독일의 위성 국가가 되었고 불가리아와 헝가리도 독일의 괴뢰국으로 전락함으로써 추축국은 지중해 전체를 장악하였다.

페탕의 비쉬 정부

페탕의 비쉬 정부는 독일 나치의 괴뢰 정부였다. 프랑스는 독일에 항복하였지만 독일에 저항하는 프랑스 사람들도 많았다. 특히 드골은 런던으로 망명해 페탕이 세운 친독 정부를 부정하고 자유 프랑스 정부를 수립하였다. 영국 BBC에서 들리는 드골의 목소리를 들으며 프랑스의 저항 세력은 독일에 대한 테러와 기습 공격을 계속하였다.

독일의 승승장구에 영국이 제동을 걸며 독일에 반격을 시작하였다. 영국은 새로운 수상 처칠Sir Winston Churchill(1874-1965)을 중심으로 독일과 전쟁을 시작한 것이다. 독일 공군은 영국에 대한 대대적인 공습을 시작하였지만 영국은 전파 탐지기 레이더를 개발하여 수많은 독일 비행기를 추락시켰다. 그 결과 독일군은 공습을 포기하고 야간 폭격에만 의존하였다. 또한 영국군은 1941년 아프리카에서도 이탈리아를 상대로 승전보를 울렸다. 영국군은 이집트에 침공한 이탈리아군을 막아

▲ 독일의 공습을 받은 런던(1940)

내고 계속 공격해 이탈리아가 합병한 에티오피아를 점령하였다.

히틀러는 그리스와 유고슬라비아를 정복한 후 대륙 전체를 지배하겠다는 욕심을 가지게 되었다. 또 그는 소련이 보유한 막대한 자연 자원이 탐이 났다. 결국 소련과 독일 사이의 불가침조약은 히틀러의 야욕으로 무용지물이 되어 버렸다.

1940-1941년 독일 제3제국의 세력은 절정에 이르렀다. 전쟁은 강력한 군대와 공군, 잠수함 1백 50척을 보유한 해군을 가진 독일이 압도적으로 유리하다고 판단하였다. 1941년 6월 독일군은 선전포고 없이 소련 국경을 침공하였다. 독일군은 소련 영토 내로 공격해 들어가 수많은 소련군을 포로로 삼고 스몰렌스크Smolensk · 키예프Kiev · 오데사Odessa 등 주요 도시를 점령하면서 모스크바에 육박하였다. 그러나 점령당하기 직전이던 소련은 강력한 항전을 계속하였다. 1941년 11월까지 소련군은 끈질긴 전투로 상당한 지역을 독일군으로부터 재탈환하였다.

전쟁의 세계화: 1942-1945

1942년경부터 유럽의 전쟁은 북아프리카와 아시아에까지 확대되었으며 미국 참전으로 세계 전쟁이 되었다. 1941년 8월 처칠과 로우즈벨트는 전쟁의 도덕적 목적을 밝히기 위하여 '대서양 헌장Atlantic Charter'을 기초하였다. 미국 의회는 연합국 측 국가들에게 부족한 전쟁 물자를 대여할 수 있는 권한을 행정부에 부여하여 히틀러의 심기를 건드렸다. 따라서 1941년 여름 독일 잠수함이 미국 선박 로빈 무어Robin Moor호를 침몰시킨 것을 시작으로 여러 척의 미국 구축함이 독일의 어뢰 공격을 받고 침몰하였다. 미국 국민을 공격하는 것에 분노한 로우즈벨트 대통령은 히틀러와 나치 세력을 쳐부수는 데 전력을 다하겠다고 선언하고 유럽 전쟁에 개입하게 되었다.

한편, 일본은 중·일 전쟁을 계기로 1940년대 전선을 태평양으로 확대하였다. 일본은 1941년 프랑스령 인도차이나를 점령하였는데, 그 동안 침략 행위가 있을 적마다 일본은 미국과 마찰을 빚었다. 1941년 12월 일본 비행기는 진주만에 정박 중인 미국 함선을 기습·대파하였고 태평양 전쟁이 시작되었다.

독일·이탈리아도 미국에 선전포고를 하였고 영국 및 남아메리카의 여러 나라는 미국과 함께 일본에 선전포고하였다. 미국의 참전으로 추축국에 대항하는 26개국이 연합 전선을 펴게 되었다. 연합국은 1942년 연합 전선의 명칭을 국제연합United Nations; UN으로 선언하였다.

태평양 섬들을 점령한 일본은 1942년에 이르러서는 영국과 미국의 태평양 기지가 거의 그들의 수중에 들어갔다. 그러나 1942년 봄 일본은

대서양 헌장

1941년 8월 영국과 미국의 수뇌가 기초한 대서양 헌장의 원칙은 대체로 다음과 같이 간추릴 수 있다.

첫째, 영국과 미국은 아무런 영토상의 팽창을 추구하지 않는다. 둘째, 관련 민족의 자유의사에 의하지 않는 영토상의 변화는 있을 수 없다. 셋째, 모든 인민은 정부 형태를 선택할 자유가 있다. 넷째, 모든 국가는 크고 작고 간에 또 승패에 상관없이 동등한 조건으로 통상권과 자원 이용권을 가진다. 다섯째, 노동 기준의 향상, 경제적 발전, 사회 보장을 증진시키기 위해 모든 국가 간에 협동이 이루어져야 한다. 여섯째, 평화가 수립된 후 각 국민은 자국 영토 내에서 거주 안전을 위한 수단이 허용되며 공포와 가난으로부터 해방된 생활이 보장되어야 한다. 일곱째, 자유로운 공해항행公海航行이 보장되어야 한다. 여덟째, 안전 보장에 관한 항구적 제도가 수립될 때까지 침략 가능성이 있는 모든 국가는 무장 해제되어야 한다.

▲ 일본의 진주만 공격

한계에 도달하였다. 미국이 해군과 공군을 증강하고 일본이 차지한 태평양 지역을 공격하여 승리하였기 때문이다. 또한 미국은 인구가 많이 밀집된 일본 도시들을 폭격해 타격을 주었다.

독일과 소련의 동부 전선 싸움에서 갈림길이 된 중요한 전투는 스탈린그라드에서 있었다. 1942년 8월 시작된 전투가 수개월 동안 지속되어 겨울이 다가오자 독일군은 줄어든 보급과 장기화로 인한 피로감으로 사기가 떨어지게 되었다. 이러한 상황 하에 독일군 상당수가 전선을 이탈하면서 전세가 바뀌었다.

서부 전선에서도 추축국은 패배를 거듭 하였다. 연합국 공군이 독일에 비해 월등히 우세해서 독일에 엄청난 양의 폭탄을 투하하였다. 미국 공군은 주간에 전략 기지를 폭격하고 영국 공군은 야간에 도시 공습을 감행하였다. 그리하여 1943년에는 함부르크가, 1945년에는 드레스덴이 연합군의 폭격으로 쑥대밭이 되었다.

진쟁은 북아프리카에서도 이어졌다. 히틀러 휘하 장군 가운데 가장 뛰어난 롬멜Erwin Rommel(1891-1944)은 1942년 리비아Lybia에서 영국군을 상대로 큰 승리를 거두었다. 그러나 곧 독일 '아프리카 군단Afrikakorps'은 영국의 몽고메리Bernard Law Montgomery(1887-1976) 장군이 이끄는 군대에 패배하면서 후퇴하였다. 또 영국-미국 합동군은 모로코와 알제리에 상륙해 독일 아프리카 군단과의 전투에서 승리하였다. 북아프리카에서 추축국의 패배는 소련에서 독일의 패배와 거의 동시였다.

유럽인의 나치에 대한 저항

수백만 명의 유럽인은 각 지역마다 영국 BBC 방송의 뉴스를 들으면서 저항 운동을 전개하였다. 덴마크·노르웨이·네덜란드·프랑스·유고슬라비아 등에서는 소수 정예로 편성된 군의 집요한 저항 운동이 전개되었다. 이 중 많은 저항 운동가들은 드골이 이끄는 런던의 프랑스 망명 정부 지원을 받았다. 나치의 레지스탕스에 대한 가혹한 탄압에도 지하 운동은 계속되었으며 세력도 커졌다. 프랑스에서의 팔치산 활동은 처음에는 연합군 공군 병사들의 탈출, 교량 폭파, 독일 장교 습격 등에 국한되어 있었다. 그러나 점차 활동 범위와 차원을 넓혔으며 런던 본부와의 긴밀한 연락 아래 대규모 작전을 수행하였다.

제2차 세계대전이 그 어떤 전쟁보다 잔혹했던 이유는 인종 학살 때문이었다. 독일의 나치는 유대인, 슬라브족, 집시, 동성애자, 여호와 증인, 공산당원 등을 색출하여 수용소에 가두고 잔인하게 살해하였다. 특히 유대인의 희생이 가장 컸는데 독일은 1941년 가을부터 유대인을 체포하고 수용소에서 강제 노동을 시키거나 학살하였다. 1945년까지 약 6백만 명의 유대인이 나치에 의해 학살당하였다. 수용소로 이송된 유대인들은 주로 샤워실로 알려진 가스실에서 독가스를 마시고 집단으로 살해당하였는데 나치

▲ 수레에 실려 화장터로 이동되는 나치 수용소 가스실 희생자들

는 증거를 없애기 위해 소각장에서 시체를 태웠다. 이와 같은 조직적인 학살은 전쟁 후 전범 재판소에서 '전 인류에 대한 범죄'로 규정되었다.

연합군의 승리

1943년 1월 로우즈벨트와 처칠은 모로코 카사블랑카에서 회담하였다. 이 회담에서 두 지도자는 추축국의 무조건 항복을 전쟁의 궁극적 목표로 다짐하였다. 카사블랑카 회담에서의 합의를 바탕으로 연합군은 이탈리아의 시칠리아에 상륙하였다. 연합군의 침공이 임박해짐에 따라 이탈리아의 파시스트들은 무솔리니의 사임을 요구하였다. 결국 무솔리니는 체포되었고 이탈리아에서 파시스트 세력이 약화되었다. 이어 이탈리아 정부는 연합국과 휴전을 맺고 연합국에 가담하기로 약속하였다.

한편, 북이탈리아에서 독일의 저항은 전쟁이 끝날 때까지 계속되었다. 독일군은 대담하게 감금 중인 무솔리니를 구출하여 북이탈리아에 세운 정권의 우두머리로 내세웠다. 그러나 연합군이 끈질긴 공격으로 1945년 볼로냐·베로나·제노아 등이 차례로 점령당하자 독일군의 저항은 사라졌다.

전후 문제

1943년 이탈리아에 대한 공격을 시작한 연합국은 승리를 이끌어 낼 전략과 전쟁이 끝난 후의 세계를 구상하기 위해 로우즈벨트·처칠·장제스 등은 카이로에 모여 회담을 가졌다. 그들은 일본이 중국에서 빼앗은 영토를 모두 중국에 반환하고 1914년 이래 획득한 모든 영토를 반환하는 것을 합의하였다. 또한 한국은 '적절한 시기in due course'에 독립시키자고 의견을 모았는데, '적절한 시기'라는 말이 매우 애매모호해 실제로 종전 후 한국 사태가 복잡하게 전개되었다.

그 후 처칠·로우즈벨트·스탈린은 이란의 수도 테헤란Teheran에서 회담을 갖고 영국·미국·소련이 모두 협동하여 강력히 전쟁을 수행하기로 다짐하였다. 이 회담 이후 연합군은 노르망디Normandy(1944) 해안에 상륙하여 독일군을 공격하였다. 연합군은 큰 인명 손실을 입었지만 프랑스 내륙으로 돌진해 파리에 입성하였고, 브뤼셀을 함락하고 기세를 몰아 독일 국경을 넘어 진격하였다. 1944년 12월 아르덴Ardennes에서 독일군은 연합군에게 필사적으로 반격하였으나 패배하고 말았다. 1945년 이후 연합군은 유럽 대륙에서 우세를 회복하였다.

승리에 힘입어 연합국 지도자들은 얄타Yalta에 모여 회담을 진행하였다. 이 회담에서 미국·소련·영국은 유엔 창설과 전쟁 후 추축국 및 위성 국가의 처리 방안, 독일의 무조건 항복 등에 대해 논의하였다. 또 소련은 독일이 패전하면 일본에 선전포고를 하기로 약속하는 대신, 소련이 러·일 전쟁 당시 일본에게 빼앗긴 영토를 되돌려 받는 것과 만주에서의 영향력 행사를 약속받았다.

연합군은 1944년 파리 해방을 시작으로 독일 중부까지 진격하였다. 소련군이 베를린을 정복하자 히틀러는 스스로 목숨을 끊고 무솔리니도 저항 세력에 의해 사살되었다. 1945년 5월 독일 장교들은 무조건 항복에 서명하였다. 한편, 미국의 대통령 로우즈벨트도 종전 한 달 전에 사망하여 트루먼Harry S. Truman(1884-1972)이 그 뒤를 이었다. 독일이 패배하자 강대국 정상들은 포츠담에 회동해 패전국 독일을 어떻게 처리할 지 논의하였다.

노르망디 상륙 작전

노르망디 상륙 작전은 역사상 최대 규모의 수륙 양면 작전이었다. 4천 척의 수송선, 8백 척의 군함이 1만1천대의 비행기 엄호와 1천 5백대 탱크의 지원을 받으며 이틀 사이에 약 15만 병력이 성공적으로 상륙을 마쳤다. 아이젠하워가 지휘하는 연합군은 프랑스 해안으로 파도처럼 밀려들어 독일의 방어선을 뚫고 프랑스로 진격하였다.

포츠담 회담에서는 독일 나치 체제의 폐지,

▲결전의 날: 1944년 6월 물자를 공급하기 위해 상륙하는 독일 화물선
▲▶항복에 서명하는 독일 장교(1945. 5. 7)

군사력 해체, 무기 생산 금지, 산업 통제 등과 함께 독일 영토의 축소 및 배상 문제 등이 논의되었다. 또한 일본과의 강화 조건도 제시되었는데, 그것은 소련이 일부 영토를 차지하며 유럽 국가들은 아시아의 식민지들을 다시 찾게 된다는 내용이었다.

아시아에서도 1943년부터 연합국에게 유리한 전쟁이 진행되었다. 일본은 미드웨이Midway를 침공하며 반격하였지만 미국에게 대패하고 말았다. 이후 연합국은 공세를 취해 일본이 점령한 섬을 하나씩 탈환하며 일본 본토로 진격하였다. 1945년 위기에 봉착한 일본군은 비행기를 적의 군함에 충돌시켜 비행사가 자살하는 '가미가제神風' 전술로 대응하였지만 6월 미국군이 이오지마硫黄島와 오키나와를 탈환하는 것을 막지는 못하였다.

미국은 끈질긴 항전을 계속하는 일본에 비밀리 개발한 원자탄을 투하하며 전쟁을 끝냈다. 곧 1945년 8월 6일 히로시마에 원자 폭탄이 투하되었고, 9일에는 나가사키에 더 강력한 원자 폭탄이 떨어져 도시가 완전히 파괴되었다. 이에 충격을 받은 일본 천황 히로히토裕仁(1901-1989)와 내각은 1945년 8월 15일 무조건 항복하였다.

제2차 세계대전은 엄청난 인명 피해를 가져왔다. 유럽의 주요 도시와 산업 시설 대부분이 파괴되었고 농토가 황폐해져 농작물을 경작할 수 없을 정도였다. 나치가 점령하였던 여러 나라에서는 나치 동조자들을 색출해 즉결 심판하는 경우가 빈번하였다. 나치에 협력했던 프랑스의 페탕과 라발Pierren Laval(1883-1945)은 재판을 받고 사형이 선고되었다. 뉘른베르크Nürnberg;Nuremberg 전범 재판을 통해 히틀러의 측근들의 반인륜적 범죄 행위가 만천하에 공개되었다. 유대인 학살에 대한 사실들도 이 재판에서 공개되어 전 세계를 충격에 빠뜨렸다.

제1차 세계대전 후에 일어난 사태를 교훈 삼아 국제 사회는 징벌과 보복보다는 평화와 상호 원조를 기조로 한 국제기구가 설립되어야 한다고 생각하였다. 또한 제1차 세계대전 직후 전 세계가 겪은 급속한 인플레이션과 경제 위기를 예방하기 위한 기구가 필요하다는 의견도 있었다. 그 결과 탄생한 기구가 국제통화기금International Monetary Fund과 국제재건개발은행International Bank for Reconstruction and Development(지금의 세계은행 World Bank)이다.

또한 국제 평화 기관으로 유엔이 1945년 10월 공식적으로 성립되었다. 유엔 헌장에 따라 총회, 안전보장이사회, 경제·사회·사법을 관장하는 기구가 창설되었다. 유엔은 제1차 세계대전 이후 구성된 국제연맹의 한계점을 극복하기 위한 국제 평화 기구였다. 그러나 1945년 이후 소련과 미국이 유엔에서 대립하면서 냉전 시대 두 강대국의 대립과 갈등을 해소하는 데 큰 역할을 하지 못하였다.

7
전후 세계의 발전

1941년

대서양 헌장(8월), 일본 진주만 기습(12월)

1945년

독일 항복(5월) : 국제연합(UN) 헌장 기초 : 원자탄 투하, 일본 항복(8월)

1947년

트루먼 독트린

1948-1949년

베를린 봉쇄

1949년

독일연방공화국(서독: 5월)과 독일민주공화국(동독: 10월) 성립,
중화인민공화국 수립, NATO 창설

1950-1953년

한국 전쟁

1958년

유럽경제공동체 발족

1962년

쿠바 미사일 위기

1963-1975년

베트남 전쟁

1968년

체코슬로바키아 폭동

1980-1988년

이라크-이란 전쟁

1985-1991년

소련 고르바초프 집권

1990년

독일 통일

1991년

소련 해체

1992년

유럽연합 결성

1995년

WTO 출범

제2차 세계대전이 독일 나치즘과 이탈리아 파시즘을 물리친 민주주의 체제의 승리로 끝나면서 입헌주의와 의회 제도가 부활되고 시민의 자유가 강화되었으며 복지 국가의 이념은 현실 정책을 통해 구체화되었다. 또한 서방 제국주의 세력이 후퇴하면서 식민지들의 해방이 이어지기도 하였다. 1960년대 말에는 거의 모든 주요 유럽 식민지가 독립하였다.

제2차 세계대전 후 현대 세계는 자본주의 진영과 공산주의 진영으로 나뉘어 대립하게 되었다. 미국과 소련이라는 두 초강대국을 중심으로 한 양극 체제가 성립되어 냉전 시기가 시작되었던 것이다. 그러나 1960년대 이후에는 공존을 모색하는 데탕트 시대로 전환되면서 국제 관계는 양극 체제에서 다극 체제로 바뀌었다. 그 결과 유럽의 주요 국가들 및 일본, 그리고 제3세계의 국제적 발언이 커졌다.

제2차 세계대전 후 세계는 과학기술의 발전, 산업주의 발달, 국가 주권의 확립 등을 이루었지만 세계의 광범한 지역이 여전히 굶주림과 공포, 폐허와 잿더미, 충돌과 폭력으로 얼룩지고 있다.

1
새로운 아시아와 변화하는 제3세계

인도와 파키스탄

제2차 세계대전 후에 인도는 영국으로부터 독립하였다. 인도의 독립은 20세기 초부터 약 40년간 계속된 운동의 결과였다. 영국의 식민통치에 대한 인도인의 불만을 해소하기 위해 영국 정부는 1909년 이래 개혁과 법령을 통해 인도의 자치를 준비하고 있었다. 특히, 영국 정부는 제2차 세계대전 중 인도인들이 전쟁에 협력한 대가로 전쟁 후 독립을 약속하였다. 그러나 자치령이 아닌 완전 독립을 원했던 인도인들은 간디Mahatma Gandhi(1869-1948)와 네루Jawaharlal Nehru(1889-1964)를 중심으로 영국에 저항하였다. 결국 1947년 영국 정부는 인도의 독립을 결정하였고 영국 의회는 '인도 독립법'을 통과시켰다.

독립 후 인도는 끝내 두 진영으로 분열되고 말았다. 진나Muhammad

Ali Jinnah(1876-1948)가 영도하는 이슬람 연맹파는 간디와 네루가 주도하는 의회파와 끝까지 타협하지 않고 인도 무슬림을 위한 별개 국가를 수립하려고 하였다. 그리하여 1947년 힌두교 중심의 인도와 무슬림 중심의 파키스탄이 영국 연방의 일원으로 각각 새로운 독립 국가로 탄생하였던 것이다.

그러나 이러한 지역적 분리에 의해서도 분명한 종교적 경계선을 그을 수 없었다. 힌두와 이슬람 사이에 심각한 폭력 사태가 벌어졌고 이 와중에 1948년 간디는 광신적인 힌두 민족주의자에 의해 암살되었다. 또한 1948년 무슬림이 다수 인구를 차지하면서도 인도의 지배를 받게 된 카슈미르Kashmir의 지위를 둘러싸고 인도와 파키스탄 사이에 전쟁이 벌어지기도 하였다. 비록 이 전쟁은 유엔이 개입하여 휴전을 성립시켰으나 분쟁 자체는 여전히 해결되지 않고 있다.

인도는 독립 초부터 제1대 수상 네루의 지도하에 민주주의 정치 체제를 구축하였다. 당시 대부분의 인도인은 가난하고 문맹이었으나 네루는 자유로운 사회주의 정책을 추구하여 세 차례의 5개년 계획으로 중공업과 경공업 건설에 힘을 기울였다.

네루 사후 1966년 네루의 딸 인디라 간디Indira Gandhi(1917-1984)가 수상이 되었다. 그는 빈곤과 인구 과밀 문제를 해결하기 위하여 녹색혁명과 산아제한 등을 시행하였으나 문제를 해결하지는 못하였다. 인도인들의 불만이 심화되는 가운데 인디라 간디는 1975년 초부터 독재와 탄압을 시작하였다. 그녀는 민주적 절차를 중단시키고 반대자들을 투옥하는 등

간디

간디는 영국에서 교육받은 중산층 힌두 출신으로 대중 심리를 잘 파악하고 있었다. 그의 대영對英 투쟁 방법은 영국 지배층과 그 기관에 대한 무력 공격을 승인하지 않는 비협력·불복종과 같은 피동적인 저항이었다.

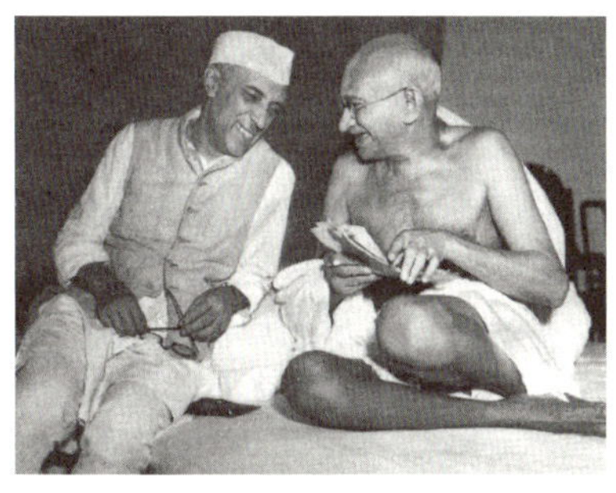
▲ 네루와 간디

반민주적 행동을 일삼았다. 결국 인디라 간디는 1977년 선거에서 패배하여 물러났으나 1980년 다시 수상으로 복귀하였다.

인도는 여전히 종교 분쟁, 종족 갈등, 분리주의 운동 등 난관이 지속되었다. 특히 펀자브 지역에서 시크교도들이 자치를 요구하며 폭동을 일으켰고, 이를 수용하지 않은 간디는 군을 동원해 이들을 공격하였다. 이 사건을 계기로 간디는 시크교도 출신에 의해 암살되었다.

이후 간디의 아들 라지브 간디Rajiv Gandhi(1944-1991)가 1985년 수상직을 계승하고 시크교도와의 화해 정책을 제시하였지만 그 역시 오랫동안 인도 사회를 괴롭혀 온 종교와 언어 문제를 비롯해 불균형한 경제, 인구 과다, 빈곤 문제를 해결하지 못하였다. 그 역시 1991년 암살되었다.

한편, 파키스탄의 영토는 동·서 파키스탄으로 분리되었다. 파키스탄 정부 체제는 주로 서파키스탄 중심으로 운영되었기 때문에 동파키스탄인의 불만이 컸다. 게다가 정치적 부패가 극심하여 정국이 혼란스러웠고 이 틈을 타서 군부의 1958년 아유브 칸Mohammad Ayub Khan(1907-1974)이 쿠데타를 일으켜 군사 독재 정권을 수립하였다. 칸 이후에도 파키스탄은 연이은 쿠데타로 군부 집권과 독재의 악순환에서 벗어나지 못하였다.

인도와 파키스탄 두 나라에서는 주로 힌두교도·이슬람교도·시크교도 간의 종교적 갈등으로 무질서가 계속되었고, 1970년대 초에는 유혈 사태까지 벌어졌다. 이를 계기로 1971년 동파키스탄은 인도의 지원을 받아 서파키스탄으로부터 분리·독립하여 결국 1972년 방글라데시 공화국으로 세웠다.

동남아시아

유럽의 식민지 중 가장 수탈을 심하게 당한 곳은 베트남越南:

▲호치민

Vietnam · 캄보디아Cambodia(Khmer) · 라오스Laos로 구성되는 인도-차이나(印度支那)였다. 그 중 캄보디아와 라오스는 1946년 프랑스에 의해 어느 정도 자치가 허용되었으나 베트남의 경우 그렇지 않았다. 따라서 베트남에서는 강력한 민족주의 세력이 형성되어 프랑스에 대항하기 시작하였다.

공산주의자 호치민胡志明, Ho Chi Minh(1890-1969)은 독립 베트남 공화국을 선포하고 중국의 지원 아래 프랑스군에 강력하게 맞섰다. 프랑스군은 미국 마샬 안의 지원을 받았으나 대다수 베트남인이 호치민 편에 섰기 때문에 연전연패하였다. 결국 프랑스 정부는 베트남의 북쪽 부분을 공산주의자들에게 양도하였다. 이 결과 북쪽에는 공산 국가 월맹越盟: Vietminh이 서고 남쪽에는 프랑스 후원으로 베트남(南部越南) 정부가 수립되었다.

한편, 미국은 러시아와 중국의 공산주의를 봉쇄하기 위해 보수적인 베트남의 디엠Ngo Dinh Diem(1901-1963) 정권에 군사 · 경제적 원조를 하였다. 그러나 디엠은 독재 체제를 강화하여 일반 대중의 인기를 잃었으며, 1960년 베트남 민족주의자들은 민족해방전선NLF을 조직하여 반정부 투쟁을 시작하였다.

베트남 반란군 베트콩Viet Cong은 월맹의 지원 아래 테러 공격을 하기 시작하였다. 미국은 월맹의 공격에 맞서 베트남 정부에 대한 지원을 증가하고 병력을 보냈다. 특히, 1965년 대통령 존슨Lyndon Johnson(1908-1973)은 월맹에 대해 폭격을 명령했을 뿐 아니라 미국 지상군을 파병하였다.

미국의 적극적인 지원에도 불구하고 월맹군의 끈질긴 공격이 이어졌다. 존슨의 뒤를 이어 대통령이 된 닉슨 행정부는 1969년 베트콩 및 월맹과 휴전을 맺었다. 1973년 평화조약이 체결되고 미국은 병력을 철수하였으나 베트콩은 휴전협정을 지키지 않고 대공세를 취하여 1975년 남쪽 베트남을 점령하였다.

필리핀은 1946년 미국으로부터 독립하고 상당한 민주주의의 성장을 보았다. 그러나 1970년대 마르코스Fredinand Emanuel Edralin Marcos(1917-1989)가 대통령으로 당선된 이후 가장 심한 독재 국가 중 하나로 전락하고 말았다. 한편, 네덜란드령 인도네시아는 2차 대전 종료 후 독립을 선언하였고 1949년 인도네시아 공화국은 독립 국가로 인정받았다. 스리랑카는 1500년대에 유럽인에 의해 실론Ceylon이라 불리던 섬이었다. 1505년 포르투갈인이 처음 발견한 이후 1658년 네덜란드, 1796년 영국이 차례로 실론을 통치하였다. 실론은 1948년 독립이 허용되고 1956년 공화국이 되었다. 이후 실론은 1972년 새로운 헌법을 채택하고 국명을 스리랑카Sri Lanka라 하였다.

▲베트남 전쟁에 반대하는 시위대

19세기에 영국은 미얀마를 침략의 대상으로 삼고 1826-1885년 일련의 전쟁을 거쳐 인도 제국의 일부로 합병하였다. 그 후 1937년 미얀마는 영국 연방의 구성원이 되었으나 제2차 세계대전 중 일본군이 점령하여 괴뢰 정권을 수립하였다. 이후 1948년 독립하여 '버마 연방'이 수립되었지만 1962년 네윈Ne Win(1911-2002) 장군의 쿠데타로 민주헌법은 정지되었다. 1980년대 후반 아웅산 수찌Daw Aung San Suu Kyi (1945-)는 민주주의 지도자로서 미얀마 독재 정권에 대항하는 비폭력 혁명을 일으키려 하였으나 정부는 1989년부터 1995년까지 그를 가택

연금하였다. 1990년 선거에서 아웅산 수찌와 그의 정당이 승리했으나 집권이 허용되지는 않았다. 그러나 비민주적 정권에 대한 그의 저항 행위는 1991년 노벨 평화상으로 보답 받았다.

중국의 성립

제2차 세계대전 이후 가장 주목할 만한 혁명은 중국에서 일어났다. 중국 혁명의 뿌리는 20세기 전환기에서 찾을 수 있다. 19세기 말 중국은 열강의 침입으로 청 왕조가 힘을 잃게 되었다. 1892년 쑨원孫文은 입헌주의 군주제를 지향하는 개혁을 시도했으나 성공하지 못하였다. 그러나 쑨원은 청 왕조를 무너뜨리고 민주주의 공화국을 세우는 것을 목표로 1911년 신해혁명辛亥革命을 일으켜 다음해 '중화민국'의 임시대총통으로 취임하였다.

▲쑨원

▲장제스

1919년 5·4 운동이 일어나자 쑨원은 러시아 볼셰비키와 접촉하여 국민당을 재정비하고 후난湖南 지역에서 중국 공산당을 조직한 마오쩌둥과 연합하였다. 그러나 쑨원이 죽고 젊은 군인 장제스가 국민당을 이끌면서 공산당과의 우호는 깨졌다. 장제스의 군대는 지주층·기업인 등과 연대하게 되면서 공산당과 결별하였다. 장제스는 공산당원들을 숙청하는 한편 나머지 세력들을 서북쪽으로 쫓아버렸다. 국민당이 토지 개혁을 포기하자 중국 민심은 공산당 쪽으로 기울었다. 공산당을 이끄는 마오쩌둥은 가난하고 토지 없는 농민들에게 발언권을 주고 지주에게 토지를 빼앗아 농민에게 나누어 주는 정책을 통해 지지를 얻었다.

일본이 중국을 침략하자 국민당과 공산당은 공동의 적 일본에 대항하기 위해 잠시 휴전하고 협력하기도 하였으나

▲마오쩌둥

1945년 종전 후에도 중국에서는 내전이 계속되었다. 당시 중국인들은 국민당보다 열심히 항일 게릴라전을 계속했던 마오쩌둥의 공산당을 더 지지하고 있었다. 미국의 지원을 받는 국민당 정부는 처음에는 내전에서 우세했지만 점점 민심을 잃고 사기는 저하되었다. 공산당 군은 서서히 진격하여 1948년 전세는 그들에게 우세하게 전환되었다. 국민당 군은 속속 공산당 군에 투항했고 후퇴를 거듭하던 장제스의 국민당 정부는 결국 타이완으로 도망해 간신히 정부를 유지하였다.

1949년 내전에서 승리한 마오쩌둥은 중화인민공화국을 수립하였다. 중국의 새로운 정부는 토지 개혁을 하고 두 차례에 걸친 경제 5개년 계획을 실시해 계획 경제를 실행하였다. 이로써 중국의 모든 산업은 국유화되었고 농업은 집단화되었다. 이어 마오쩌둥은 제2차 5개년 계획인 대약진 운동을 통해 15년 안에 영국과 같은 선진 국가를 따라잡을 수 있다고 자신하였다. 그러나 대약진 운동은 실패하였고 중국민의 분노가 폭발하였다. 그러나 마오쩌둥은 실패의 원인이 반동분자에게 있다고 책임을 떠넘겼다.

대약진 운동의 실패는 공산당 내부의 의견 분열을 가져왔다. 공산화를 늦추고 일시적으로나마 개인 기업을 허용하자는 일부의 주장에 마오쩌둥은 수정주의를 뿌리 뽑아야 한다며 1966년 문화 대혁명을 일으켰다. 마오쩌둥 숭배자와 홍위병은 마오쩌둥에게 반대하는 온건파 세력을 모두 숙청하였다. 이들의 무차별적인 공격으로 중국의 각종 문화재와 예술품이 파괴되고 수백만 명의 예술인과 지식인 등이 목숨을 잃었다.

마오쩌둥이 사망하자 문화 대혁명 때 숙청당했던 덩샤오핑鄧小平(1904-1997)이 후계자로 등장하였다. 중국의 실권을 장악한 덩샤오핑은 문화 대혁명의 잘못을 깨닫고 자급자족과 고립주의에서 벗어나 개방 정책을 썼다. 또 그는 유럽 자본주의 가치관을 받아들이고 해외에 유학생을 보내 기업의 경영 기법과 전문 지식을 배워오게 했다.

문화 대혁명

대약진 운동이 실패하고 공산당 내부에서 수정주의가 대두되자 마오쩌둥은 혁명 전부터 이어진 자본주의 잔재와 새로운 관료주의를 분쇄하고 중국 민중에게 새로운 혁명을 일깨워주어야 한다고 생각하였다. 그리하여 그는 적위대와 정규군을 동원하여1966년부터 온건파를 대대적으로 숙청하였다. 지식인·교사·전문직·경영인 등 부르주아 가치관과 관계있다고 간주된 엘리트가 타도의 대상이 되었다.

대약진 운동의 실패

대약진 운동을 통해 중국은 소련보다 더 심하게 노동자와 농민을 압박했다. 전 국민은 엄격한 통제를 받으며 생산 목표량을 완전하게 달성해야만 했다. 이 운동의 계획은 엉성한데 비해 지나치게 야심적이었다. 그러나 1959년 기근이 발생하면서 1962년까지 2천만 중국 농민이 기아와 영양실조로 사망하였다.

이러한 개방 정책은 결국 민주주의를 요구하는 움직임으로 확산되었다. 지식인과 학생들은 경제적으로 자본주의를 따르면서도 정치적으로는 사회주의를 유지하고 있는 중국을 비판하였다. 그들은 톈안먼天安門에 모여 부정부패의 일소와 정치적 자유주의를 요구하는 시위를 벌였지만 덩샤오핑은 군과 탱크를 동원해 이들을 무자비하게 진압해 국제 사회의 지탄을 받았다. 이를 톈안먼 사태(1989)라고 한다. 그 후 1990년대 말에 이르러 장쩌민江澤民(1926-)은 개방 노선에 따라 일본과 우호 통상 조약을 체결하고 미국과의 관계를 개선하였으며 관광과 외국인 투자 개방 등의 성과를 올렸다.

일본의 부흥

일본은 제2차 세계대전 후 새로운 국가로 다시 부상하였다. 트루먼 미국 대통령은 맥아더Douglas MacArthur(1880-1964)를 일본 점령 연합군 총사령관으로 임명하고 전권을 부여하였다. 미군정 하에서 일본은 1946년 민주헌법을 채택하고 다양한 개혁을 단행하였다.

1950년대 이후 아시아에서 공산주의 세력이 점차 증가함에 따라 미국은 소련과 중국의 공산주의를 막기 위한 교두보로 일본을 선택하고 경제 부흥을 지원하였다. 일본은 미국의 원조 아래 전쟁 후유증에서 빠르게 회복되었다. 뿐만 아니라 태평양 지역의 방위 책임을 미국과 나누어 부담하게 되었다. 또 일본은 1950년 한국 전쟁의 와중에서 경제적으로 큰 이익을 보았다. 한국 전쟁 발발로 미국은 일본을 동맹국으로 유지할 필요성을 느꼈고, 결국 1951년 9월 일본과 공식적인 강화조약을 체결하였다.

미국의 대일對日 강화

일본과의 강화조약으로 미국은 일본 내에 군사기지를 확보하게 되었다. 또 오키나와를 포함한 류큐열도 및 이전의 일본 위임통치하의 태평양 도서島嶼를 보호령으로 만들었다. 일본은 배상금을 전혀 지불하지 않았으며 재무장이나 동맹관계 체결을 자유로이 할 수 있게 되었다.

1950년대와 1960년대에 일본은 놀라운 경제 부흥을 이룩하여 서독을 능가하게 되었다. 서독과 같이 일본은 막대한 미국 원조를 받았고 미국의 안보 우산 덕분에 군사비를 줄이고 여유 자금을 경제 발전에 집중시킬 수 있었다.

일본은 저임금 수출주도형 경제로 급속히 팽창하였으며 1960년대부터는 자본집약적 제조업으로 전환하였다. 이어 1970년대에는 고도의 훈련과 교육을 받은 고급 노동 인력을 기술집약적 산업에 집중 활용하여 가격 경쟁력이 높은 질 좋은 제품을 전 세계로 수출하였다.

1960년 중반 이후 일본은 미국과 소련에 이은 세계 제3의 산업 강국으로 성장하였다. 이러한 놀라운 경제 성장으로 일본은 세계 강대세력으로 부상하였으며, 일본 금융계·기업·정부는 점차 세계 문제에 대한 발언권을 갖게 되었다. 일본의 정치 안정과 경제 발전은 1970년대에도 지속되었다. 그러나 1980년대 중반에 일본 금융계에 위기가 오면서 일본 산업은 성장이 지지부진하고 실업률이 높아졌다.

변화하는 제3세계: 신생 아프리카

아프리카 현대사는 유럽 지배로부터 벗어나는 해방의 역사였다. 제

> **아프리카 통합기구**
> 아프리카 통합 기구OAU는 1963년 아프리카 38개 독립국들이 결성한 국제기구이다. 이 기구는 "아프리카 문제는 아프리카에 의해서"를 기치로 하는 민족주의 운동의 결집체였다. 또한 아프리카의 통일을 촉진하고 독립 및 주권을 수호하며 아프리카의 분쟁을 중재하는 것이 목적이었으나 2002년 해체되었다.

2차 세계대전 후 독립한 아프리카 신생 독립국들은 잠재적인 '문제 지역'이 되었다. 1945년 이래의 아프리카 역사는 폭력이 난무하는 내란의 역사이기도 하였다.

여기에는 여러 가지 이유가 있으나 부분적으로 식민주의 유산 때문이었다. 유럽 제국주의 국가들은 경제적 요소와 민족 구성을 감안하지 않고 인위적으로 편의에 따라 아프리카를 분할하였다. 그 경계선 안의 부족·인종·종교·언어 등에 따른 내부 분열은 생각하지 못했기 때문에 독립 후 문제가 복잡하게 얽히게 되었다.

그리하여 아프리카 내부의 충돌을 사전에 방지하기 위해 1963년 32개국으로 구성된 아프리카 통합기구Organization of African Unity: OAU가 창설되었다. 그러나 가장 큰 문제점인 인위적인 국경선에 대해서는 아프리카 통합기구에서도 손댈 수 없었다.

20세기 후반 아프리카는 가난하고 싸움으로 얼룩진 대륙이 되었다. 수단Sudan과 차드Chad에서는 이슬람교의 북北과 그리스도교의 남南이 서로 다투고, 에티오피아에서는 마르크스주의 중앙 정부와 이슬람 에리트레아Eritrea가 대립했으며, 앙골라와 짐바브웨에서는 민족주의적 지역 혁명운동파와 정부 사이에 충돌이 일어났다.

모로코와 튀니지는 공식적으로 프랑스 식민지가 아니라 보호령이었기 때문에 탈식민화 과정에는 그다지 큰 고통과 갈등이 따르지 않았다. 1955년 프랑스 당국은 모로코 보호령에서 철수하였으며 1956년 3월 모로코는 프랑스와의 유대를 단절하고 독립 국가가 되었다. 이와 때를 같이하여 프랑스는 튀니지 보호령의 통치도 포기하였고 1956년 튀니지 역시 완전 자치를 실시하며 독립하였다.

아프리카 식민지 중 프랑스가 가장 늦게 철수한 곳은 알제리였다. 1940년대 중반 약 2백만 명의 프랑스계 이민이 8백만 이슬람 알제리인 속에 섞여 살고 있었다. 제2차 세계대전의 종식으로 알제리 민족주의 운동이 부활하고 프랑스로부터 독립하려는 현지인의 열망도 고조되었다. 알제리를 프랑스에 존속시키려는 프랑스계 정착민은 독립하려는 이슬람계 원주민과 갈등이 심화되었다.

1945년 프랑스 식민지 경찰이 알제리 민족주의 및 아랍 민족주의를 지지하는 평화 시위 군중에게 총격을 가하면서 문제가 시작되었다. 알제리인들은 분노하여 폭동을 일으켰으며 이 과정에서 8천명 이상의 알제리 무슬림과 약 1백 명의 프랑스인이 죽었다. 1954년 또 다시 알제리민족주의자들이 프랑스계 주민과 동등한 지위를 요구했으나 거부되었다.

알제리 해방 전쟁은 '민족주의 해방전선Front de Libération Nationale: FLN'의 주도 아래 일어났다. 해방전선은 수십 명의 프랑스계 주민을 살

▲ 프랑스에 저항하는 알제리 군인들 (1963)

해하였고 프랑스 당국은 군을 알제리에 파견하여 해방전선을 진압하려 하였다. 전쟁 과정에서 프랑스군에 근무하는 알제리인이 현지 알제리인을 살해하는 동족상잔의 비극도 나타났다. 사태가 이렇게 되자 유럽계 정착민은 평화적으로 문제가 해결되기를 희망하였고 프랑스 대통령 드골은 자결 원칙에 따라 1962년 알제리의 독립을 인정하였다.

영국은 점차 사하라 이남의 아프리카에서도 손을 떼었다. 먼저 가나(이전의 황금 해안)에 1954년 자치가 허용되었다. 가나의 계속되는 독립 투쟁에 영국은 가나의 개혁을 허용하고 정권 이양을 협상하여 가나는 1957년에 독립이 되었다.

케냐Kenya의 독립 운동은 폭력을 수반하였다. 1952년 케냐의 백인 정착민과 케냐 최대 종족 집단의 하나인 키쿠유Kikuyu족 사이에 심한 무력 충돌이 일어났다. 키쿠유족은 백인 정착민들에 의해 비옥한 농경지를 빼앗긴 것에 불만을 갖고 비밀결사 마우마우Mau Mau를 조직하여 폭동을 일으켰다.

1952년 영국은 케냐에 비상사태를 선포하고 마우마우를 공산주의자로 낙인찍었다. 1955년 영국 당국은 무장 봉기를 진압했으나 결국 케냐 민족주의자들이 승리하였다. 1963년 12월 케냐는 독립했으며 1964년 사회주의 주창자인 케냐타Jomo Kenyatta(1895-1978)가 대통령으로 선출되었다. 그러나 독립 직후 케냐는 정부의 부패와 비효율성, 정치적 암살, 정부의 전복, 그리고 1백만 명 이상이 전쟁과 기아로 고통을 받는 등 참담한 내란을 겪었다.

아프리카 식민지 중 백인 거주 지역에서는 소수 백인이 계속해서 인구의 절대 다수를 차지하고 있는 흑인을 지배하였다. 이 지역에서 일어난 흑백 간 충돌은 국제적인 긴장을 조성하였는데 그 대표적인 예가 로데시아Rhodesia와 남아프리카 연방이었다.

로데시아 백인 정부는 인구의 다수를 차지하고 있는 흑인들이 선거권과 평등을 요구했으나 1977년까지 흑인 참정권을 완강히 반대하였다. 그러나 게릴라 전술 등 흑인들은 지속적인 저항으로 1980년 자유를 성취했으며, 영국으로부터 독립한 짐바브웨Zimbabwe라는 국가를 수립하였다. 게릴라 지도자였던 무가베Robert Gabriel Mugabe(1924-)가 대통령이 되었으나 2000년 초 짐바브웨 정부의 경제적 실패로 짐바브웨는 정치적으로 불안한 상황에 놓이게 되었다.

남아프리카 연방은 영국 연방에 소속되어 있으나 독립국 지위를 가지고 있었다. 그러나 인구 2천2백만 중 절대 다수를 차지하는 흑인은 선거권이 없었다. 남아프리카의 반식민주의 운동은 독립 국가를 건설하기 위한 것이 아닌 기본 인권을 탄압하는 소수 백인 정권으로부터 시민권을 얻어내려는 운동이었다.

남아프리카의 풍부한 자원과 경제력을 포기할 수 없었던 백인들은 악착같이 백인우월주의를 고집하며 인종 간 격리 정책, 즉 '분리주의apartheid' 정책을 폈다. 그러나 분리주의에 반대하는 '아프리카 민족회의African National Congress: ANC'가 결성되어(1912년) 만델라Nelson Mandela(1918-)의 영도 아래 대항하였다.

1961년 영국 연방의 회원 국가들이 남아프리카의 인종차별 정책을 비난하자 남아프리카 연방은 독자적으로 공화국을 선언하고 영국 연방에서 탈퇴하였다. 그러나 '아프리카 통합기구OAU'는 유엔과 그 밖의 세계 여론의 힘을 빌려 인종차별 정책을 완화하도록 남아프리카 백인 정부에 압력을 가하였다. 만델라는

분리주의

1948년 흑인 운동을 억압하려는 목적으로 백인의 '아프리카 민족당Afrikaner National Party'이 조직되어 집권하였다. 백인 정부는 흑인을 강력히 통제하고 '분리주의apartheid'를 제도화하는 새로운 법을 제정하였다. 정부는 약 87%에 해당하는 국토를 백인 거주지로 할당하고 나머지 지역을 흑인과 '유색인종'(혼혈인, 인도인, '반투Bantu' 등)의 땅으로 설정하였다. 분리주의 정책은 흑인의 정치·사회·경제적인 예속 신분을 지속시키려는 제도였다. 백인 소수 정부는 분리주의 인종 정책을 완화하라는 각국의 호소를 계속 거부하였고, 결국 인종차별은 흑인의 무력 저항을 초래하였다.

신식민주의

아프리카의 해방과 함께 유럽은 다른 모습으로 아프리카에 개입하였다. 영국과 프랑스는 대외 관계, 경제적 이해, 공통어, 유사한 교육·사법·행정 제도를 통해 계속 아프리카 문제에 영향력을 행사하였는데 이를 '신식민주의'라 한다.

직접 행동을 통해 반反분리주의 운동을 전개하였는데, 저항 운동 중 붙잡혀 27년간 투옥되었다. 1992년 마침내 흑인의 참정권을 인정하는 법안이 통과되었고 2년 후 만델라는 남아프리카 최초의 흑인 대통령이 되었다.

한편 벨기에는 식민지를 유지할 생각을 버리고 의회 선거를 선포했으며 이에 따라 1960년 6월 콩고가 독립하였다. 초대 수상은 공산주의자인 루뭄바Patrice Lumumba(1925-1961)였다. 그러나 루뭄바가 갑작스럽게 죽고 1965년 모부투Mobutu Sese Seko(1930-1997)가 집권하였다. 모부투는 공산주의의 침투를 막으려는 미국과 유럽 여러 나라의 지원을 받았다. 그러나 루뭄바의 추종자들은 혁명 세력을 조직하여 1980년대까지 모부투의 중앙 정부에 저항하였다.

모부투는 국제적 지원으로 독재를 계속했으며 권력을 이용하여 개인 재산을 축적하였다. 1997년까지 집권한 모투부는 카빌라Laurent-Desiré Kabila(1939-2001)의 혁명으로 콩고에서 추방당하였다. 카빌라는 국가 명칭을 콩고민주공화국으로 바꾸고 정치 안정에 주력하였다.

1975년에는 포르투갈령 콩고가 앙골라Angola로 독립하였다. 그러나 앙골라는 독립 직후 미국의 지원을 받는 쪽과 소련의 지원을 받는 쪽으로 나뉘어 내전에 시달리게 되었다.

아프리카는 금광과 다이아몬드 같은 광물 자원, 석유와 천연 가스와 같은 에너지·원자재·농업 생산이 풍부한 곳이다. 그러나 자연 자원을 개발하는데 필요한 자본·기술·해외 시장·경영층이 부족하였다. 이러한 이유로 아프리카 국가들의 1인당 소득은 세계 최하위에 머물러 있다.

또한 급속히 증가하는 아프리카의 인구는 경제 발전을 저해하는 가장 큰 요인이다. 게다가 1960년대 말에서 1990년대에 이르기까지 반복된 한발旱魃은 거의 모든 아프리카 대륙 전역을 강타하여 북아프리카의 사하라 사막 이남 지역에서는 수만의 인구가 아사하였다.

아프리카의 신생 독립 국가에는 정치적 경험이나 자생적 정치 제도가 거의 없었으므로 불안정·유혈 사태·군사적 강자의 독재 등이 흔히 발생하였다. 여러 요인이 복합된 결과이긴 하지만 아프리카는 20세기 말에 이르러 빈곤과 내전으로 얼룩진 대륙이 되고 말았다. 소말리아, 라이베리아Liberia 등에서 내란이 일어났으며, 르완다Rwanda와 부룬디Burundi에서는 민족 간의 대학살로 약 1백만 명이 희생되었다.

전후의 라틴 아메리카

라틴 아메리카는 세계에서 가장 인구 증가가 빠른 인구 조밀 지역 중 하나이며 빈부 격차가 심할 뿐만 아니라 정치·경제·사회적으로 불안정한 지역이다. 제2차 세계대전 종료와 함께 20개의 라틴 아메리카 독립 국가들은 명목상 공화 체제를 채택하였다. 그리하여 쿠바와 니카라과처럼 공산주의나 사회주의를 추구하는 국가도 있었으나, 대부분의 국가는 식민지 시대 이래의 대토지 지주층·부르주아·직업 군인들의 이익을 대변하는 우익 독재 정권이 수립되었다.

1970년 칠레인은 투표를 통해 아옌데Salvador Allende(1908-1973)의 공산주의 정권을 택하였다. 그는 대통령 당선 직후 즉각 마르크스주의적 계획에 착수하였으나 과격한 경제 개혁은 파업과 기아를 유발하였다. 1973년 아옌데 정권은 미국의 개입으로 직업 군인들에 의해 전복되었으며 그 후 칠레에는 우익 군사 독재 정권이 들어섰다.

쿠바의 바티스타Fulgencio Batista Y Zaldívar(1901-1973)는 1933년 이래로 군사 독재를 지속했으며 오랫동안 미국의 지원을 받았다. 그러나

▲ 군중에게 연설하는 카스트로

1959년 바티스타가 좌익 혁명가인 카스트로Fidel Castro(1927-)에 의해 쫓겨나면서 미국의 쿠바 정책에 제동이 걸렸다. 카스트로 정권을 전복시키려는 미국의 시도가 실패로 돌아가자 쿠바는 소련으로부터 무기 공급을 받게 되었으며 공산주의 교두보가 되었다.

페론의 아르헨티나 통치

1946년 육군 대령 페론Juan Perón(1895-1974)이 대통령으로 선출되었고 그의 정권은 아르헨티나 국민의 큰 인기를 얻었다. 그는 산업화 정책, 노동 계급 육성, 외국 자본의 배제를 표방하는 민족주의적인 대중 정치를 내세웠다.

제2차 세계대전 후 아르헨티나는 목축과 농업, 활발한 도시 중산층 등을 기반으로 경제 발전을 이룩하여 라틴 아메리카의 주도적인 국가로 부상하였다. 그러나 제2차 세계대전 중 민족주의적 군부 지도자들이 세력을 장악하여 군사 정권을 수립하였다. 군부는 반대자들을 색출하고 처형하는 일이 빈번했으며 1976년부터 1983년까지 2만3천 명 이상이 실종되었다.

1980년대 라틴 아메리카는 풍부한 자연 자원은 개발되지 않았고 국민 대부분은 가난하고 문맹률이 높았다. 미국의 지원을 받는 라틴 아메리카의 우익 군사 정권은 국민을 도와주기보다는 자신의 권력 유지에 더 큰 관심을 기울였다. 결국 라틴 아메리카는 엘리트의 권력 독점이나 빈곤층을 위한 혁명으로 정치적 불안정·게릴라 활동·쿠데타·대중 시위 운동의 온상이 되었다.

중동의 아랍 내셔널리즘

20세기에 가장 폭발 가능성이 높은 지역 중 하나가 중동이다. 이집트에서 이란에 이르는 이 지역은 세계에서 가장 전략적 가치가 높은 지역이다. 20세기 초 유럽 강대국들이 중동 장악을 위해 경합하고 있는 동안 아랍 민족주의는 점차 고조되었다. 아랍 민족주의 세력들이 아랍에서 강한 영향력을 행사하고 있던 영국에 반발심을 키우자 영국은 지배의 강도를 완화하였다. 그리하여 제2차 세계대전이 끝날 무렵에는 키프로스·팔레스티나·수에즈 운하만이 영국 소유로 남아 있었다.

영국은 아랍과의 우호 관계를 원하였지만 영국과 아랍의 관계 개선에는 장애 요인이 많았다. 제2차 세계대전 이후 영국은 아랍의 반대에도 불구하고 팔레스티나 지역에 유대 국가와 이슬람 국가를 동시에 창설하려고 하였다. 그러나 양측 간에 테러가 점차 격화되자 영국군은 1948년 5월 완전 철수를 하였고 팔레스티나 문제를 유엔에 이관하였다. 유엔은 히틀러의 박해를 받은 유대인의 피난처를 주기 위해 이스라엘의 국가 수립을 지지하였다. 결국, 유엔이 이 지역을 두 개의 국가로 나누기로 결정하였고 1948년 유대인은 이스라엘국State of Israel을 선포하였다.

그러나 이집트·요르단·시리아·이라크가 중심이 된 아랍연맹은 이 조치를 거부하고 유대인 국가 말살을 목적으로 한 전쟁을 시작하였다. 이 전쟁은 그 후 수없이 반복된 아랍-이스라엘 전쟁의 시작이었다. 아랍인은 이스라엘에 침공했으나 수적 우세에도 불구하고 패배하였다. 유엔 중재로 휴전이 성립되었을 때 이스라엘의 영토는 늘어나고 약 50만의 아랍인이 쫓겨나게 되었다.

1952년 이집트에서는 나세르Gamel Abdul Nasser(1918-1970) 대령의 주도 아래 민족주

팔레스티나 문제의 배경

팔레스티나는 유대인의 옛 고향이었다. A.D. 70년 그들은 로마 제국에 의해 강제 추방되었고 7세기에 이슬람을 믿는 아랍인이 팔레스티나를 차지하여 20세기가 되기까지 1천 2백년 이상 거주해 왔다. 19세기 후반 시온 운동이 시작되었는데, 그것은 팔레스티나를 유대인의 국가로 부활시키려는 운동이었다. 히틀러 시대에 반유대주의적 박해를 피해 수천 명의 부유한 유대인이 팔레스티나로 몰려와 땅을 샀다. 영국은 밸푸어 선언에 따라 유대인의 팔레스티나 이주를 허용했으나 이미 땅을 소유하고 있던 팔레스티나 아랍인을 배려하지 않을 수 없었다. 제2차 세계대전 후 양측의 대립은 더욱 격화되었고 1947년 유엔 총회는 팔레스티나에 두 나라를 세우는 안을 선포하였다. 아랍인은 이 안을 수락하지 않기로 했으므로 이 지역에서는 아랍인과 유대인 사이에 전쟁이 발발하였다

의 장교들이 쿠데타를 일으켜 권력을 장악하였다. 나세르는 민주주의를 탄압하고 군국주의를 통한 국가 개혁에 착수하였다. 1954년 대통령이 된 나세르는 경제·군사적 발전을 시도하는 한편 이집트를 범아랍 민족주의의 중심 국가로 만들려고 하였다. 그 결과 나세르는 1954년 수에즈 운하에 대한 영국의 권리를 모두 박탈하고 운하를 점령하였으며 이스라엘의 운하 사용을 금지하였다.

영국과 프랑스는 아시아와의 주요 무역 루트를 수에즈 운하에 의존했기 때문에 이집트의 수에르 운하의 국유화를 그들의 경제적 안보에 대한 직접적인 위협으로 간주하였다. 그리하여 이스라엘과 함께 운하지대에 침공하여 군사 작전을 성공하였다. 그러나 소련이 나세르 편에서서 중동 문제에 개입하려 하자 미국은 침입 3개국에게 철수를 요구하였고 결국 그들은 철수하지 않으면 안 되었다. 수에즈 위기를 계기로 나세르는 아랍 민족주의를 드높이고 아랍 국가들은 소련으로부터 대량의 무기를 제공받았다.

아랍의 위기가 서방 국가의 이해관계와 교묘하게 얽혀 1967년 '6일 전쟁'과 1963년 '욤 키푸르Yom Kipur 전쟁' 등이 발발하였다. 이집트를 중심으로 한 아랍 국가들이 이스라엘과 전쟁을 반복하였으며 소련과 미국이 각각 아랍 진영과 이스라엘 진영을 지원하며 갈등을 심화시켰다.

> **6일 전쟁과 욤 키푸르 전쟁**
> 1967년 이집트의 나세르는 시리아·요르단 군대와 함께 이스라엘 국경을 침공하였으나 오히려 이스라엘의 기습으로 6일만에 패배하였다. 1973년 이스라엘이 유대교 성일인 욤 키푸르 휴일을 축하하고 있을 때 이집트를 중심으로 한 아랍군이 공격하여 큰 피해를 주었다. 그러나 몇 주 후 이스라엘군은 미국으로부터 지원을 받아 아랍 측에 대규모 반격을 개시하였다.

1967년 전쟁 이래 세계 대부분의 국가들은 이스라엘이 점령한 아랍 지역의 반환을 주장하며 아랍 측을 지지하였다. 한편 이스라엘은 이 지역이 국가 안보상 필수적임을 주장하면서 반환을 거부하였다. 아랍 측은 석유를 최대한 무기로 활용하였다. 그들은 석유 가격을 4배로 인상하고 이스라엘을 지지하는 미국과 네덜란드에 대해 전면적으로 석유 금수 조치를 취하였다. 이 조치는 오랫동안 자본주의 세계에 인플레이션의 요인이 되었으며 아프리카와 아시아의 빈곤 국가들은 더 큰 고통을 당하였다.

1977년 나세르를 이은 이집트의 사다트Anwar Sadat(1918-1981)는 돌연 이스라엘의 수상 베긴Menachem Begin(1913-1992)과 평화협정을 위한 교섭을 시작하였다. 그러나 이 교섭은 팔레스티나 난민 문제에 대한 양측의 입장 차이로 난관을 거듭하였다.

중동의 다른 나라에서도 문제가 생겼다. 1970년대 말 미국의 강력한 지원을 받으며 중동에서 반공 보루의 역할을 담당하던 이란 팔레비 왕Shah Mohammed Riza Pahlavi(1919-1980)의 정권이 자유와 보수 진영 양측의 공격을 받아 전복되었다. 1979년 이란의 정권은 강력한 반미·반소反蘇 및 반이스라엘 성향의 민족주의자 호메이니Ayatollah Ruhollah Khomeini(1900-1989)에게 넘어갔다.

1979년 이라크의 대통령이 된 사담 후세인Saddam Hussein(1937-2006)은 범아랍 민족주의의 영도적 위상을 차지하고자 이란을 공격하였다. 그러나 이란의 강력한 반격에 부딪혀 전쟁은 1988년까지 지속되었다. 이라크-이란 전쟁이 끝난 후 1990년 후세인은 다시 쿠웨이트를 침입하였고 중동의 석유 자원을 보호하고자 하는 미국과 서방 국가들이 개입하면서 1991년 걸프 전쟁Gulf War이 일어났다. 후세인은 이 전쟁에서 패배하였다.

한편, 그리스에서는 1960년대에 군사 쿠데타가 일어나 오랜 전통을 가진 군주제가 끝났

팔레스티나 해방기구 PLO와 이스라엘의 갈등

1948년 전쟁 후 피난한 팔레스티나인은 점차 늘어나 1975년에 2백만-3백만에 달하였다. 1964년 아라파트Yasser Arafat(1929-2004)가 팔레스티나의 권리 증진을 위해 창설한 '팔레스티나 해방기구Palestinian Liberation Organization: PLO'는 1975년에 이슬람 레바논인과 함께 그리스도교도가 우세한 당시 레바논 정부를 전복하려는 시도에 가담하였다. 이후 레바논에서는 이스라엘과 PLO를 비롯한 아랍 테러 단체의 전투가 계속되었고 레바논 전 국토는 황폐화 되었다. 그러나 1993년과 1995년 아라파트는 이스라엘 수상 라빈Yitzhak Rabin(1922-1996)과 회동하여 이스라엘이 점령한 영토 안에서 제한적이나마 팔레스티나의 자치를 허용한다는 내용이었다. 그러나 1996년 유대인 극렬 분자에 의해 라빈이 암살된 것을 계기로 평화협상은 침체 상태에 빠졌다.

다. 취약한 그리스 경제를 근대화하기 위해 탄압적 군사 정권은 서유럽에 접근할 필요를 느꼈으나 지지를 얻을 수 없었다. 1973년 민간 지도자들이 군사 독재를 끝내고 민주주의를 회복하였으며 그리스는 민주주의와 경제 성장을 지향하고 1981년 이 점을 인정받아 나토에 가입할 수 있었다.

2
냉전 체제의 전개와 변화

냉전과 공존: 국제기구의 기능

1945년 얄타 협정에서 국제적인 평화 기구로 국제연합UN 창설이 합의되었으며 그 해 10월 24일 정식 창설되었다. 국제연합의 기본 취지는 유엔헌장에 잘 드러나 있다. 유엔헌장에 따라 안전 보장 이사회Security Council, 총회General Assembly, 경제 사회 이사회Economic and Social Council, 신탁 통치 이사회Trusteeship Council, 국제 사법 재판소International Court of Justice, 사무국Secretariat 6개의 기관이 수립되었다.

국제연합은 국제연맹과 달리 국제 질서를 위배하는 국가에 대해 군대를 동원한 행동을

유엔

유엔United Nations은 미국 대통령 로우즈벨트가 창안한 것으로 1942년 26개국 대표들이 추축국과 싸울 것을 서약한 유엔 선언에서 처음 사용되었다. 1945년 4월 샌프란시스코 회의에서 51개국이 유엔 헌장을 기초하고 6월 서명하였다. 유엔이 공식적으로 출범한 것은 1945년 10월 24일로, 중국·프랑스·소련·영국·미국 등 대다수 국가들이 인준하였다.

취할 수 있는 권리를 가지고 있다. 물론 유엔군 파견을 결정하기 위해서는 안전 보장 이사회를 거쳐야 한다. 이 기관은 국제 평화와 안전의 유지를 책임지고 총회에 앞서 분쟁 문제를 다룬다. 유엔 가입국은 점차 증가해 현재 193개국에 이르고 있다. 유엔에 포함된 산하 기관들은 국제 분쟁과 과학 문화, 위생 보건에 이르기까지 다양한 사안들을 다루고 있다.

소련과 서방의 대립

제2차 세계대전 후 소련군은 아드리아 해에서 발트 해에 이르는 동유럽 일대를 점령하였다. 그리고 과거 독립국이었던 발트 3국도 소련의 일부가 되었다. 소련은 동프로이센 일부와 폴란드·헝가리·루마니아도 합병하였다.

패전 독일은 4개의 점령 지역으로 나뉘었다. 소련이 점령한 동독 내 베를린은 미국·영국·프랑스·소련 4개국이 공동으로 관리하였다. 소련은 동독의 사회민주당과 군소 공산당을 통합하고 서방과의 무역에 제한을 가하는 등 소련 지배 체제를 확립하였다.

1946년 소련이 이란의 내정에 간섭하자 제2차 세계대전 당시 같은 연합국 측에 속해 있던 서방 측이 상대방을 비난하기 시작하였다. 1947년에는 독일과 폴란드 국경선 문제와 한국의 장래 문제 등에 대한 대립이 심화되었다. 이에 영국 수상 처칠은 소련이 '철의 장막Iron Curtain'을 만들고 있다며 비난하였다. 그리하여 전쟁이 없는 가운데서도 외교적 갈등과 이념적 대립이 전쟁 못지 않은 심각성을 느끼게 하는 냉전 체제가 성립되었다.

냉전 시대의 가장 큰 문젯거리 중 하나가 바로 원자력이있다. 소련은 원자 폭탄을 보유하고자 하였으나 유엔은 이를 제한하려 하였다.

철의 장막

1946년 3월 5일 처칠은 미국 미주리 주 웨스트민스터 대학에서 세계적 주목을 받는 연설을 하였다. 다음과 같은 연설에서 표현된 솔직성은 충격적인 것이며 그것은 사실상 냉전의 시작을 예고하는 것이었다.

최근 연합국 승리로 환히 비추어진 무대 위에 그늘이 지기 시작하였다. 아무도 소련과 국제 공산 조직이 가까운 장래에 무슨 일을 저지를 지, 그들의 팽창주의적 공산화 경향의 한계가 어디가 될 지 모른다. 나는 용감한 소련 국민과 전시의 동지인 스탈린 원수에 대한 두터운 존경심과 찬탄을 아끼지 않는다…. 우리는 소련이 세계 지도적 국가의 정당한 위치를 차지하게 됨을 환영한다…. 그럼에도 불구하고 유럽 현 상황에 관한 특정 사실들을 당신들에게 설명하는 것은 나의 의무라고 확신한다.

발트 해 연안 스테틴에서 아드리아 해 연안 트리에스테에 이르기까지 유럽 대륙에는 철의 장막이 드리워져 있다. 그 선을 넘어선 배후에는 전통이 오래된 중앙유럽·동유럽 국가의 수도들이 있다. 바르샤바·베를린·프라하·빈·부다페스트·베오그라드·부카레슈티·소피아 … 이 모든 유명한 도시와 주민은 이른바 소련권에 살고 있다. 모두가 어떤 방식으로든 소련의 영향권에 속해있을 뿐 아니라 모스크바의 통제를 강하게 받고 있다.

1949년 소련에 대응하기 위해 미국의 주도로 캐나다·영국·프랑스·벨기에·네덜란드 등 10개 서방 국가들이 북대서양 조약 기구North Atlantic Treaty Organization: NATO를 창설하였다. 후에 1952년 그리스와 터키, 1955년 서독이 추가로 NATO에 가입하였다.

1947년 국제적 긴장이 계속되는 가운데 미국은 두 가지 방법으로 소련에 대응하였다. 트루먼 독트린과 마셜 안Marshall Plan이 그것이었다.

▲마셜

미국 대통령 트루먼은 공산주의의 침략을 받은 나라를 원조하겠다고 선언하였고 전쟁으로 피폐해진 서유럽 국가에서 공산주의 혁명이 일어날 것을 우려해 서유럽 경제 부흥을 원조하는 마셜 안을 제시하였다. 소련은 이런 미국의 행동이 독립 국가의 주권을 침해하는 것이라고 반발하였으며, 동유럽 사회주의 국가들과 함께 유럽 부흥안에 반대하는 '경제상호원조위원회Comecon'를 창설하였다.

트루먼 독트린과 마샬 안은 소련 세력의 팽창을 막기 위한 '봉쇄 정책Containment Policy'의 일환이었다. 1948년 2월 체코슬로바키아에서 군사 쿠데타가 일어나 소수파였던 공산당이 집권하였다. 그리고 같은 해 베를린 통로는 소련에 의해 봉쇄되었다. 미국이 유럽에서의 영향력을 넓혀가자 불안해진 소련은 동유럽 사회주의 위성 국가에 대한 지배력을 강화하기 위해 베를린 봉쇄를 감행하였다. 1년 후 봉쇄가 풀리긴 했지만 냉전은 더욱 격화되었다.

1950년 한국 전쟁 발발로 냉전은 더욱 심화되었다. 1945년 일제의 식민 통치에서 해방된 한국은 미국군과 소련군에 의해 남과 북으로 나뉘어 통치를 받았다. 그리고 1948년 총선거를 위한 유엔 감시단의 북한 입경入境이 거부되자 남한에서 선거가 실시되어 대한민국이 성립하였다. 이어 북쪽에서는 조선 민주주의 인민공화국이 세워져 분단되었다.

소련의 지원을 받은 북한군은 1950년 6월 남한을 공격하였다. 미국의 주도하에 유엔군이 파견되어 한국 전쟁은 미국과 소련으로 대변되는 자유 진영과 공산 진영의 전쟁이 되었다. 전쟁 초기에 북한군은 남한의 대부분을 유린했으나 9월 중순 맥아더 장군의 지휘 아래 인천 상륙 작전이 성공함

베를린 봉쇄(1948)

베를린 봉쇄란 서부 독일을 지원하는 미국에 대응하기 위해 소련이 베를린으로 통하는 모든 육상 통로를 봉쇄한 것이다. 이에 따라 미국과 영국은 비행기를 동원해 서베를린 주민들에게 생활 필수품을 공급하였다.

으로써 전세는 역전되었다. 그러나 1950년 말 유엔군이 38선을 넘어 압록강으로 육박해 갔을 때 신생 중화인민공화국이 대규모 군대를 투입하여 북한을 지원하였다. 중국군의 반격과 인해 전술로 유엔군은 후퇴를 거듭하였다.

1951년 1-3월 이후 전투는 38선 근처에서 교착 상태에 빠졌다. 이러한 상태가 계속되자 제3차 세계대전을 우려한 트루먼 대통령과 그의 보좌관들은 1951년 정전 협상을 시작하였고, 1953년 7월 정전 협정이 체결되었다.

한국에서의 국지전은 미국의 대對 소련 무장 계획을 강화하게 하였다. 냉전은 각각 상대방의 공격에 대비하기 위한 양대 진영의 군비 경쟁을 심화시켰다. 한국 전쟁이 종결되고 스탈린이 죽은 후 비로소 미·소 간에 평화 공존의 조짐이 나타났다.

1955년 주네브에서 미국의 아이젠하워, 영국의 이든, 소련의 불가닌, 프랑스의 포르 등 4거두 회담이 열렸다. 이 회담에서는 독일의 통일 문제, 군비 축소, 동서 간 통상 장애의 제거 등이 논의되었다. 이어 1959년 흐루시초프Nikita S. Khrushchev(1894-1971)가 소련 지도자로는 최초로 미국을 방문하여 미국 국민과의 친선을 도모하였다. 대체로 1960년대 이후에는 두 강대국 사이에 화해와 공존의 분위기가 유지되었다.

소련의 대외 정책

1953년 소련의 스탈린이 죽고 집단 지도 체제가 확립되었지만 그 이면에서는 정권 쟁탈이 심하게 벌어졌다. 1956년 정권 쟁탈에서 지배적인 지위에 올라선 것은 공산당 서기였던 흐루시초프였다. 당시 대부분의 소련인은 과거 스탈린 시대에 있었던 테러, 반유대주의 등의 가혹한

▲카스트로와 흐루시초프

탄압 정책은 중단되어야 한다고 생각하였다. 또한 5개년 계획의 과중한 목표를 달성하기 위해 희생된 국민의 생활수준 향상도 시급하였다.

1956년 제20차 공산당 대회 연설에서 흐루시초프는 스탈린 지배하의 개인 숭배를 공격하고 스탈린의 과도한 정책, 불신, 무력 개입, 1930년대 숙청의 책임을 거론하였다. 스탈린을 에워싼 신화의 진상이 적나라하게 폭로되었고 스탈린의 이름은 거리와 광장에서 사라지고 동상과 사진마저 제거되었다.

물론 흐루시초프는 반대 여론이나 비판을 억압했으나 과거 스탈린 시대와 같은 탄압과 경직성은 사라졌다. 또한 문화 활동에 대한 통제가 완화되고 소비품 생산이 촉진되었다. 대외 관계에 있어서도 흐루시초프는 중국과의 외교를 단절하고 서방 세계에 대한 접근 정책을 채택하였다. 그러나 흐루시초프 이후 크렘린 지도자들은 국력을 팽창하여 세력권을 유럽의 위성 국가뿐 아니라 아시아·아프리카와 같은 비동맹 국가 지역까지 확장시키려 하였다. 그리고 서방 민주주의 국가들을 군사적 위협, 정치적 긴장, 심리전 등을 통해 약화 또는 고립시키고자 하였다. 이러한 전략에 따라 소련은 동유럽 일대에 세력을 확장·침투하였고 폴란드·동독·루마니아·불가리아·헝가리·체코슬로바키아 등을 위성 국가로 만들었다.

집단 안전 보장 체제의 성립

유엔은 냉전 시대에 국제 여론에 호소할 수 있는 도덕적 힘을 가지고 있었으므로 어느 정도 중재 역할을 할 수는 있었으나 강력한 구속력을 가지지는 못하였다. 따라서 각국 정부는 지역 안전 보장 체제를 구축하고 상호 지원함으로써 집단적인 대책을 모색하게 되었다.

집단 안전 보장 체제는 비단 정치적인 분야에서만 이루어진 것이 아니었다. 급격히 변화하는 세계 경제의 현실에서 각국은 상호간에 유대를 확고히 함으로써 경제적 이익을 보호하고 증진시키려 하였다. 유럽 대륙에서는 군비 등 다양한 부분에서 상호 협력을 다짐하며 북대서양 조약을 체결하였고, 1949년 4월 집단 방위 체제로서 '북대서양조약기구'가 창설되었다.

서방 측의 집단 방어에 대비하기 위해 소련도 역시 위성 국가들을 비롯해 중공 등과 상호 원조 체제를 수립하였다. 소련은 서독의 북대서양조약기구 가입을 계기로 동유럽 국가들과 '바르샤바 협정'을 체결하여 공산주의 국가의 통합적 지휘 체제를 확립하였다.

가장 일찍이 경제적 이익을 위해 성공적으로 집단을 구성한 것은 중동의 산유국들이었다. 이란·이라크·쿠웨이트·사우디 아라비아·베네수엘라 등 석유 생산국들은 '석유수출국기구Organization of Petroleum Exporting Countries: OPEC'를 조직하였다.

카타르·리비아·인도네시아 등이 이러한 석유 생산국 카르텔에 추가 동참하였다. 대부분의 이슬람계 아랍 국가들은 석유 가격 조정 문제에서 협력하였으므로 1973년 아랍-이스라엘 전쟁 때 OPEC는 경제·정치적인 힘을 발휘할 수 있었다. 석유수출국기구 회원 국가들의 단합은 선진 산업 국가의 금융 체제를 좌우하며 동시에 정치적 압력을 가하였다.

선진 산업 국가는 모든 무역 장벽을 철폐하는 자유 무역 원칙을 강조하였다. 1947년 23개 국가들은 무역 제한을 폐지하라는 요구를 수용하기 위해 미국 주도의 '관세 및 무역에 관한 일반협정General Agreement on Tariffs and Trade: GATT'을 체결하였다.

회원국은 자유 무역의 장벽을 철폐하거나 완화하기 위해 상호 협상을 지속하였다. 점차 회원국이 늘어나 마침내 123개국이 되었으며, 1995년 '세계 무역 기구World Trade Organization: WTO'가 결성되었다. 처음 '세계 무역 기구'에서 공산주의 국가는 배제되었으나 결국 중국까지도 가입하게 되었다.

자유 무역 촉진은 세계적인 경제 상호 의존도의 심화를 가져와 어떠한 단일 국가도 전 세계 무역을 독점할 수 없었다. 결국 자유 무역 촉진은 지역적인 무역 동맹체를 통해 회원 국가 상호간 무역을 증진하고 경우에 따라서는 정치적 공조를 다지는 계기가 되었다. 그 결과 ASEAN, EU, NAFTA 등 집단적 지역 경제권이 형성되었다.

'동남아시아 국가연합Association of Southeast Asian Nations: ASEAN'은 1967년 타일랜드·말레이시아·싱가포르·인도네시아·필리핀 등의 외무장관들이 동남아시아에서의 공산주의의 확산을 막기 위해 결성한 집단 안전 보장 체제였다. 1992년 회원 국가들은 자유 무역 지역을 설정하고 15년간 산업 제품에 대한 관세를 줄인다는 데 합의하였다.

'유럽 경제 공동체European Economic Community: EEC'는 1993년 '유럽 공동체European Community: EC'로 명칭을 바꾼 후 미국의 경제적 영향권에서 벗어나려는 일단의 노력을 시작하였다. 이와 마찬가지로 북아메리카 전체를 통합하는 집단 경제권이 미국 주도로 구성되었다. 미국은 캐나다, 멕시코와 함께 1993년 '북아메리카 자유무역협정NAFTA'을 체결하였다.

서방 사회의 변화: 독일 문제

제2차 세계대전 후 유럽은 국제 정치에서의 주도권 약화와 세계 무역에서의 후퇴에도 불구하고 경제적 부흥을 이루었다. 1947-1957년 고도성장과 경제적 번영으로 각국 정부는 사회 복지를 위한 새로운 기준을 마련하는 사회 정책을 전개하였다.

제2차 세계대전 후 연합국은 독일을 매우 혹독하게 대하였다. 서방 측은 독일 점령지를 부흥시키고 독일을 우방友邦으로 만들려 했으나 소련은 노골적으로 이에 반발하였다. 그러한 갈등은 1948-1949년 소련의 베를린 봉쇄로 절정에 달하였다.

4D 원칙
연합국은 포츠담 회담에서 합의한 4D 원칙을 수행하기 위해 독일에 군정을 수립하였다. 4D원칙은 독일의 '무장해제to disarm', '비군사화to demilitarize', '나치의 해체to denazify', '민주화to democratize'였다.

소련의 베를린 봉쇄 사건 이후 서방 측(미국·영국·프랑스)은 소련의 동의하에 독일을 재통일하기가 어렵다고 생각하여 1949년 초 본Bonn을 수도로 하는 '독일연방공화국'(서독)을 창설하였다. 연합국은 곧 서독의 경제 활동에 대한 제약을 해제하였다. 그리스도교 민주당 당수 아데나워Konrad Adenauer(1876-1967)는 독일연방공화국의 초대 재상이 되어 민주주의의 구현과 전후 경제 부흥에 힘썼다. 그는 미국과 확고한 유대 관계를 수립하고 나토와 유럽 공동 시장에 참여하였다.

서독에 정부가 수립됨에 따라 소련도 1949년 점령하의 동부 독일에 '독일민주공화국'을 세워 위성국으로 만들었다. 동독은 중공업 중심의 산업 부흥을 시도하였으나 동독인의 생활수준은 떨어지고 불만이 누적되어 많은 사람이 서독으로 이주하였다. 1949-1961년 동독에서 서독으로 탈출한 난민이 3백50만 명에 달했기 때문에 동독은 1961년 8월 베를린 장벽을 쌓은 후 다른 경계선에도 장벽을 쌓기 시작하였다. 장벽 근처의 삼엄한 경계에도 불구하고 수많은 동독인이 탈출하였으며 탈출 과정에서 많은 희생자가 생기기도 하였다.

서독은 1982년 콜Helmut Kohl(재임: 1982-1999)이 수상이 되면서 번영을 맞았다. 콜 정부는 미국과 긴밀한 유대를 맺고 동시에 동독과 우호적인 관계를 유지하였으며 유럽공동체EC에서도 주도적 역할을 담당하게 되었다.

미국의 세계 정책

미국은 전후의 재건과 평화 유지를 위해 자유 세계의 주도적 역할을 담당하게 되었다. 제1차 세계대전 후 미국은 고립주의를 취했으나 제2차 세계대전 후에는 적극적인 국제주의로 전환하였다.

매카시즘

매카시즘은 상원의원 매카시Joseph R. McCarthy(1909-1957)의 이름에서 따온 것이다. 정부 관리 또는 군사 연구원 가운데 소련의 간첩과 관련이 있는 사람을 공산당 동조자로 규정하고 직장에서 추방하는 조치가 취해졌다. 매카시는 이러한 활동에서 세계적 명성을 얻었으나 그는 많은 무고한 사람을 공산주의자로 몰아 1954년 미국 의회 상원 청문회에서 공개적인 비난을 받고 그 후 정계에서 자취를 감추었다.

1952년 선거에서 공화당의 아이젠하워Dwight D. Eisenhauer(1890-1969)가 대통령에 당선되었으며 1956년 재선되었다. 그러나 의회에서는 민주당이 수적으로 우세하였다. 그의 집권기에 '매카시즘' 선풍이 일어났다. 매카시즘 열풍으로 인해 공산당 동조자로 의심되는 사람들을 직장에서 추방하는 과정에서 무고한 사람들이 공산주의자로 몰리기도 하였다. 두 차례에 걸친 아이젠하워의 재임 기간 미국은 팽창 경제와 안정된 달러화貨 때문에 비교적 번영을 누렸다. 1960년 선거에서는 케네디John F. Kennedy(1917-1963)가 미국 역사상 최연소 대통령으로 당선되었다. 그러나 케네디 정부는 대외 관계 문제로 곤란을 겪었다.

1959년 카스트로가 주도하는 혁명군이 쿠바의 독재자 바티스타 정권을 전복하였다. 카스트로가 미국 제국주의를 공격하고 외국 재산을 몰수하자 미국 정부는 즉각적인 보복 조치로 쿠바에서의 설탕 수입을 중지하고 미국 상품의 금수 조치를 내렸다.

미국과 쿠바의 외교 단절은 소련에게 절호의 기회를 제공하였다. 카스트로는 소련의 막대한 원조와 무기 반입을 승낙하였다. 케네디 대통령은 쿠바와 소련의 상호 관계를 끊어 버리기 위해 카스트로 정권 전복을 위한 쿠바 침공을 단행하였다. 그러나 무력 침공은 실패하였고 라틴아메리카에서 미국의 위상은 크게 실추되었다.

▲케네디

1962년에는 소련이 쿠바에 핵미사일을 배치하면서 미국과 대립하였다. 소련은 미국으로부터 카스트로를 보호한다는 명목으로 쿠바에 미사일을 배치하였고, 명백한 도발 행위라 느낀 케네디는 미사일 기지 철수를 소련에 요구하는 최후 통첩을 보냈다. 이어 쿠바에 대한 해상과 공중 봉쇄를 단행하였다. 소련과 미국 사이의 핵 전쟁이 일어날 수도 있다는 불안이 지속되었으나 결국 케네디와 소련의 흐루시초프가 극적으로 타협하면서 미사일 위기는 해결되었다.

1963년 케네디 대통령이 암살당하고 그 뒤를 이은 부통령 존슨은 베트남 전쟁을 일으켰다. 제2차 세계대전 후 프랑스의 식민지였던 베트남은 북부 베트남에 공산 국가 월맹이 서고 남쪽에는 프랑스가 후원하는 남베트남 정부가 들어섰다. 그러나 남베트남의 디엠 정부가 독재 체제를 강화하자 이에 불만을 품은 시민들이 북베트남과 연계하여 전쟁을 일으켰다. 미국은 반란군 베트콩을 진압하기 위해 지속적으로 디엠 정부에 대한 지원을 늘렸다. 그러나 베트콩의 저항은 계속되었고 1973년 미국은 베트남 전쟁의 실패를 인정하고 철수하였다. 미군이 철수 한 후 월맹은 남쪽 베트남을 침공하여 흡수 통일하였다.

1960년대 말 소련과 미국의 지도자들은 적대 행위를 줄이고 군비 경쟁을 중지하는 '데탕트détente 정책'에 합의하였다. 1970년대에 닉슨 대통령과 포드 대통령 아래에서 국무장관을 지낸 키신저Henry Kissinger(1923-)는 두 나라 사이의 잠재적인 충돌 위험을 제거하기 위해 협상을 지속하였다.

1972년과 1974년에 미국과 소련 지도자들의 상호 방문과 다양한 분야에서의 협력과 문화 교류의 확대를 약속하는 협정을 체결하였다. 또한 두 나라 모두 핵무기의 확산을 저지하고, 가능하다면 핵 보유량을 제한하려 하였다.

1972년 미국과 소련 대표들은 전략무기제한 회담Strategic Arms Limitations Talks: SALT을 열었으며 닉슨은 조약에 서명하기 위해 모스크바로 갔다. 두 번째 협정SALT II도 1979년에 체결되었으나 당장에는 미국 의회의 인준을 받지 못하였다.

미국은 중국과 1979년 국교를 정상화하고 1981년 중국에 무기 판매를 하였다. 그러나 소련이 아프가니스탄의 공산 정권을 지원하기 위해 개입하자 데탕트 관계는 악화되었다. 아프가니스탄 사태로 미국 의회는 제2차 SALT 협정에 대한 인준을 거부하였고 미국 정부는 소련에 경제 제재를 하였다. 1981년 취임한 레이건Ronald Reagan(1911-2004) 대통령은 고도의 정밀 무기를 생산하기 위한 군사 예산의 증액을 추진하였고 데탕트 관계가 냉각되기 시작했다.

전후의 영국

1945년 선거에서 영국민은 전시 지도자 처칠보다는 노동당을 택하여 전후 경제의 재건 업무를 맡겼다. 영국이 전후에 당면한 경제 문제는 120억 달러에 달하는 외국 차관으로 영국은 역사상 최초로 채무국으로 변하였다. 그럼에도 영국민은 전후 10년간 필사적인 노력을 기울여 부흥하는 데 성공하였다. 노동당 정부는 수출을 장려하고 많은 기업을 국유화하였으며 중과세와 소비물자의 배급제를 실시하고 국민에게 절약과 내핍을 요구하였다. 또한 '국민보건법National Health Service'이 도입되면서 국민 복지도 향상되었다. 그러나 1950-60년대의 영국 경제가 부흥하였으나 영국의 세계적 지위는 미국과 소련을 능가할 수 있을 정도로 회복되기는 어려웠다.

노동당은 30년간 영국 정치의 정책적 계속성을 유지하다가 기업의 근대화와 생산성 향상에 실패하여 1979년 실각하였다. 1979년 보수당의 대처Margaret Thatcher(1925-2013)가 수상이 되어 자유주의 경제 정책이 채택되었고 경제는 재건되었다. 1980년대에 생산성이 향상되고 실업률이 줄어들어 영국은 다시 경제적 번영을 누리게 되었다.

종전 후 영국의 위상 변화
제2차 세계대전이 종결되면서 파키스탄, 실론, 아일랜드 공화국 등이 영국 연방에서 탈퇴하였으며 미얀마와 수단도 영국으로부터 실질적인 독립을 하였다. 1920년 이래 영국의 신탁통치를 받은 팔레스티나는 1948년 팔레스티나 공화국으로 독립하였다. 제2차 세계대전 후 영국 연방의 성격은 그 이전에 비해 많이 달라졌다.

1990년 대처는 세 차례 선거에서 승리하여 연임하였으나 영국의 국가적 이익만을 추구하여 유럽공동체EC와 자주 의견 충돌을 빚었고 결국 보수당 내의 사퇴 압박으로 연말에 사임하였다. 그러나 대처 수상의 재임 기간은 영국 현대사에서 커다란 전환점이었다.

새로운 프랑스 공화국

프랑스는 미국과 소련의 양극 체제가 달갑지 않았다. 프랑스 정치가들은 초강대국의 양극 체제로부터 프랑스를 해방시키고자 하였다. 대통령 드골은 이러한 양극 체제에 도전하였다.

해방된 프랑스의 임시 정부 대통령 드골은 경제 회복을 위해 주요 산업을 국유화하고 군의 장비와 시설을 갖추었다. 1946년 새로 제정된 헌법에 따라 제4공화국이 선포되었다. 프랑스에서도 공산주의의 위협이 존재하였으나 미국의 경제 원조가 프랑스 경제에 활기를 불어넣었기 때문에 공산주의는 지지 세력을 잃고 말았다.

프랑스는 아시아와 아프리카 식민지에 대해 영국의 예를 모방하여 연방제를 채택하였다. 그러나 연방을 구성하는 국가들의 민족주의적 감정은 가라앉지 않고 독립에 대한 욕구는 더욱 증대하였다. 인도-차이나의 공산 세력은 7년간의 장기적인 저항 끝에 프랑스군을 물리쳤으며 북부 베트남은 프랑스 통치로부터 분리되었다. 튀니지와 모로코도 격렬한 민족주의적 운동으로 1955년과 1956년에 각각 자치가 허용되었다.

프랑스에게 가장 큰 타격을 준 것은 약 1세기 동안 프랑스 국토의 중요한 부분인 알제리Algeria에서 일어난 반反프랑스 봉기였다. 프랑스 정부는 시대의 흐름에 따라 알제리의 자치나 독립을 허용하고자 하였으나 알제리에 살고 있는 프랑스인들이 이러한 정책을 비난하며 알제리를 정치적으로 장악하였다.

그러나 드골이 제5공화국 대통령으로 집권하면서 알제리의 반란군은 약화 분산되었다. 드골은 민족 자결주의에 따라 국민 투표를 실시하고 알제리의 독립 안을 승인하였다. 그러나 이 안은 알제리 내 프랑스인의 기대에 어긋났으므로 이들은 프랑스와 알제리에서 테러 행위를 자행하였다. 드골은 1962년까지 반란군을 진압했으나 알제리는 독립 국가가 되었다.

드골은 미국과 소련의 양대 세력의 중간 역할을 담당하였으며 양극 체제에서 벗어나 독자 노선도 추구하였다. 1964년 프랑스는 사하라 사막에서 원자 폭탄 실험을 하고 세계의 네 번째 핵보유국이 되었다. 또한 동유럽과의 관계 개선을 강화하고 개발도상국가에 대한 원조를 늘렸으며 1964년 중공을 승인하는 등 미국의 세력권에서 벗어나 공산권과 접촉하였다. 이어 드골은 1966년 6월 소련을 방문하여 동·서 유럽을 화해시키고 프랑스-소련의 공동 선언을 발표하였다.

양극 체제의 종말: 소련의 붕괴

소련의 체제 붕괴는 점진적으로 이루어졌다. 1960년대 이후 소련은 경직된 스탈린주의에서 벗어나면서부터 정통적正統的인 공산주의 이념과 실천에서 점차 멀어지기 시작하였다. 전후 소련은 급속한 경제 성장을 이루어 1960년대까지 소련 경제는 미국에 이어 세계 2위의 생산을 자랑하였다. 이어 1961년 소련은 인공위성을 성공적으로 발사했으며 세계 최대의 철강과 석유 생산국이 되었다.

중공업 발달에 고무된 흐루시초프는 탈스탈린주의 운동과 함께 국민 생활의 질을 향상시키기 위해 소비재 생산과 주택 건설 분야의 개발을 선언하였으나 실제로 성공을 거두지는 못하였다.

흐루시초프를 계승한 브레즈네프Leonid Llyhich Brezhnev(1906-1982)는 1968년 이른바 '브레즈네프 독트린'을 선언하였다. 사회주의 국가가 위협을 받는 경우 소련은 이에 대한 침공 권한을 행사한다는 것이었다. 이 방침에 따라 브레즈네프는 체코슬로바키아의 개혁 운동을 진압하기 위해 침공하였다. 그는 동유럽 위성국에 대한 소련 지배를 다시 확립함과 아울러 코메콘 국가들의 경제적 유대를 강화하였다. 브레즈네프 하의 소련은 변화에 적응하지 못하여 제도적 실패를 거듭하였고, 유대인 탄압 정책으로 국제 여론의 비난을 받았다.

1982년 브레즈네프가 죽은 후 후계자들은 대개 노령이거나 병약

▲ 닉슨과 미국을 방문한 흐루시초프

하여 집권 후 곧 사망하였다. 그러므로 1985년 고르바초프Mikhail Gorbachev(1931-)가 공산당 서기장으로 임명되었을 때 그는 국내외의 기대를 모았다. 고르바초프의 등장으로 소련의 정치와 경제에 변화가 불어 닥쳤다. 그는 소련 체제의 비효율성을 대담하게 비판하였다.

고르바초프는 공산주의 국가들의 낮은 생산력과 낮은 삶의 질을 개선하기 위해 개혁의 필요성을 알고 있었다. 그는 결국 정책 결정 과정을 분권화하여 공산당의 역할을 줄이고 자유주의 경제 체제를 도입하기로 결정하였다. 그의 정책은 정치와 경제의 구조 조정을 목표로 한 '페레스트로이카perestroika'와 개방주의를 표방한 '글라스노스트glasnost'로 요약되었다.

고르바초프는 대외 정책으로 국제적인 명성을 얻었다. 그는 미국 레이건 대통령과 회담을 갖고 핵무기 감축 계획을 제안하였으며 아프가니스탄 전쟁을 종식시키려 노력하였다. 또한 개혁과 개방의 원칙을 동유럽 공산권 국가에게도 적용하였다.

1989년 독일민주공화국(동독)의 건국 40주년 기념식에 참석했을 때 고르바초프는 공개석상에서 브레즈네프 독트린이 더 이상 효력이 없음을 선언하고 각국은 스스로의 운명에 책임을 져야 한다고 주장하였다. 고르바초프가 시작한 페레스트로이카와 글라스노스트는 점차 소련 사회의 성격을 바꾸어 갔을 뿐만 아니라 동유럽 위성 국가의 정치·사회적 구조에 근본적 변화를 초래하였다.

새로운 소련의 정책 방향은 폴란드·불가리아·헝가리·체코슬로바키아·루마니아·동독의 체제를 차례로 붕괴 또는 전복시키는 도미노 효과를 가져왔다. 고르바초프가 시작한 정책은 결국 1990년대 초 역사적 지각 변동의 시작을 알리는 것이었다.

서유럽과 미국에서 영웅시된 고르바초프는 소련 국내에서는 인기가

▲ 레이건과 함께 한 고르바초프: 고르바초프는 모국인 소련에서보다 서방에서 인기가 더 높았다.

없었다. 시장 경제를 창출하려는 고르바초프의 노력은 실패하였다. 새로운 가격 구조는 인플레이션·불확실성·독과점의 원인이 되었으며 많은 공산당원과 군부는 권위 실추와 소련의 국제적 지위 약화에 불만을 터뜨렸다.

군부의 위협과 매스 미디어의 비판을 받은 고르바초프는 곤경에 처했다. 그의 반대자 중에는 모스크바 지역 공산당 책임자 옐친Boris N. Yeltsin(1931-2007)이 있었는데 그는 솔직한 말솜씨로 쉽사리 대중에게 접근하였고 고르바초프와 달리 대중의 인기를 얻는 데 성공하였다.

소련 연방이 해체되고 고르바초프는 사임하였으며 1991년의 선거에서 옐친은 소련 내 공화국들 중 최대 공화국인 러시아 공화국 대통령으로 선출되었다. 옐친 또한 자유 시장 경제 체제를 받아들였다. 그러나 체제에 적응해 가는 과정에서 많은 부작용이 나타났다. 실업률이 급증하고 루블화의 가치는 급격히 떨어졌다. 의회가 대통령에게 반발하고 그 과정에서 유혈 사태가 발생하기도 하였다.

1999년 옐친이 대통령직을 사임하고 47세의 푸틴Vladimir

Putin(1952-) 수상이 대통령 권한 대행으로 직무를 맡았다. 그는 2000년 3월 26일 실시된 선거에서 과반수를 넘은 지지를 받아 대통령으로 당선되었다. 젊은 푸틴의 등장은 러시아 현대사에서 매우 이례적인 것이었다.

동유럽 혁명

공산 국가 중 제2의 산업 국가인 동독은 1970년대 초 국내에서 몇 차례 폭동이 일어났다. 서방과의 문화적 유대를 유지하고 있던 폴란드·헝가리·체코슬로바키아에서는 변화에 대한 압력이 거세졌다. 마침내 1970년대 말부터 수년에 걸쳐 동유럽 국가들은 통제와 탄압을 완화하였고 일반 대중의 개혁 요구와 자유의 갈망이 드디어 폭발하였다.

폴란드에서는 1976년 폭동을 시작으로 민주주의 운동이 시작되었다. 이 운동을 지도한 바웬사Lech Wałesa(1943-)는 전례없는 공산당 정부의 양보를 얻어내 국민적 영웅이 되었다. 바웬사가 이끄는 폴란드 노동자 중심의 민주주의 세력은 1989년 자유 선거를 쟁취하며 선거에서 그가 이끄는 정당이 승리하여 내각을 구성하였다. 이 내각은 소련권에 처음으로 구성된 비공산당 정부였다.

다음 해 바웬사가 대통령으로 선출되어 시장 경제 체제로 전환하고 경제 부흥을 위한 노력을 계속하였다. 그러나 급격한 체제 전환으로 시민들의 고통이 컸고 경제 성장도 기대보다 부진하였으므로 폴란드에 다시 공산주의 세력이 복귀하게 되었다.

바웬사

1980년 폴란드 노동자들의 총파업은 '솔리다리티' 운동으로 진전하였다. 그것은 독립적 노동 운동과 민주주의 운동이 결합한 산물이었다. 이 운동의 지도자 바웬사Lech Wałesa(1943-)는 전공電工 출신으로 다년간 노동조합 조직에 헌신한 인물이었다. 그는 1980년 솔리다리티 운동을 이끌면서 자유 선거 등 공산당의 양보를 이끌어냈다.

헝가리에서도 1970년대에 자유주의적 폭동이 일어나기 시작하였다. 1989년 폴란드 혁명이 헝가리에도 파급되어 민주화 운동이 거세게 일어났고 결국 1990년 자유 선거를 통해 의회 민주주의가 도입되었다. 그러나 그 이후 민주주의와 시장 경제에 대한 험난한 과정이 시작되었다.

경제적 후진성을 면치 못하던 불가리아, 루마니아에서도 1990년대 공산주의 체제가 무너지게 되었다. 불가리아에서는 평화적으로 정권이 교체되었지만 루마니아는 유혈극 끝에 공산주의 정권이 물러났다. 루마니아의 지도자 차우셰스크Niclolae Ceauşcu(1918-1989)는 강경한 독재 정치를 펼쳤으며, 1989년에는 경제가 완전히 무너져 민중의 폭동이 빈번히 발생하였다. 차우셰스크는 폭동을 잔혹하게 진압하였으나 군중은 해산하지 않고 항거하였으며 결국 차우셰스크는 도망 중 군중들에게 잡혀 총살당하였다.

체코슬로바키아에서는 1968년 '프라하의 봄'이라 불리는 자유주의 운동이 일어났다. 집권한 공산당 서기장 두브체크Alexander Dubcek(1921-1992)가 자유주의를 도입하고 반스탈린 정책을 펼치면서 지식인들과 학생들의 환영을 받았다. 그러나 소련이 개입하여 바르샤바

▲ 1968년 봄 소련 침략에 항거하는 프라하 시민

조약에 속한 국가들이 체코슬로바키아를 침공하였고 결국 두브체크는 추방되며 '프라하의 봄'은 실패하고 말았다.

그러나 20년이 지난 1989년 폴란드와 헝가리 혁명이 체코슬로바키아에 전파되어 이른바 '벨벳 혁명'이 일어났다. 이 혁명으로 공산주의자들이 공직에서 밀려나고 민주주의가 회복되었다. 하벨Vaclav Havel(1936-)이 이끄는 '시민 포럼'은 이러한 민주화 운동을 주도하였으며, 1989년 벨벳 혁명에 의해 공산당 정부는 순순히 권력을 이양하였고 '시민 포럼'이 집권하게 되었다.

1990년 하벨이 대통령에 취임하면서 결국 공산당 통치는 무너지게 되었다. 그러나 1993년 시장 경제를 도입하는 과정에서 이견이 발생해 체코슬로바키아는 슬로바키와 체코의 둘로 갈라지게 되었다. 원래 독립국이었던 슬로바키아는 제2차 세계대전 당시 독일의 제3제국에 합병되었고, 전쟁 후에는 체코슬로바키아의 일부분이 되었다. 1993년 소련권 붕괴의 영향으로 슬로바키아는 체코와 갈라져 나와 독립국이 되었고 민주주의 체제를 확립하였다.

유고슬라비아 연방은 슬라브계 민족들이 주체가 된 6개의 공화국이 모여 성립한 연방 국가였다. 독일군과 싸운 독립 운동의 영웅 티토Josip Broz Tito(1892-1980)가 대통령이 되어 연방을 이끌고 있었다. 그러나 1980년 티토가 사망하자 정치적 혼란이 시작되었다. 유고슬라비아 중 경제적으로 가장 부유한 크로아티아와 슬로베니아가 유고슬라비아 정부의 정치와 경제 정책을 비판하기 시작하였다.

당시 대다수의 세르비아인이 유고슬라비아 정부를 구성하고 있어 연방에 포함된 민족들 사이의 감정이 악화되었다. 개혁 요구를 거부한 세르비아 공산당이 민족주의에 호소하자 1991년 크로아티아, 슬로베니아, 보스니아-헤르체고비나, 마케도니아가 각각 독립을 선언하였다.

이후 연방에 남은 세르비아와 몬테네그로는 유고 연방을 결성하였다. 그러나 크로아티아와 보스니아-헤르체고비나에 살고 있던 세르비아계 주민이 유고 연방의 지도자 밀로셰비치Slobodan Miloševic(1941-2006)의 지원을 받아 무력 봉기를 일으켰다. 이 과정에서 민족 간의 엄청난 학살이 일어났고, 결국 1993년 세르비아계 반란군은 크로아티아와 보스니아-헤르체고비나의 일부 영토를 탈환하였다.

독일 통일

서독 수상으로 빌리 브란트Willy Brandt(1913-1992)가 취임하면서 공산권에 대한 개방적인 태도를 취하였고, 이에 동독과 서독 사이에 평화적인 분위기가 조성되었다. 브란트는 1970년 소련과 우호조약을 맺은 공로를 인정받아 노벨 평화상을 받기도 하였다. 1972년 동독과 서독이 우호조약을 맺으면서 양국 관계가 정상화되었다. 그 후 1980년대 서독은 경제적으로도 러시아에서 독일·이탈리아·프랑스에 이르는 가스 수송관 건설 합의를 도출해내며 화해의 분위기를 한층 끌어올렸다. 서독과 동독은 국제연합에 동시 가입해 국제 사회의 인정을 받고 그 후 평화 공존 체제를 통해 상호 방문과 이산가족 문제 해결 등을 함께 추진하였다.

1980년대 말 소련 대통령 고르바초프는 폐쇄적인 사회주의 경제를 개선하기 위해 개혁·개방 정책을 도입하였다. 이러한 소련의 움직임에 동독 주민들도 동독 정부에게 이러한 개혁을 요구하였다. 그러나 강경파 수상 호네커Erich Honecker(1912-1994)는 공공연하게 고르바초프의 노선을 반대하고 스탈린주의에 집착하였다. 1989년 그는 군대를 동원해 개혁을 요구하며 시위를 벌이던 동베를린 시민을 폭행하고 체포하는 만행을 저질렀고 결국 사임하였다. 당시 많은 동독 시민들이 망명을 선택

▲레닌 동상 앞의 고르바초프

하였는데 대부분 헝가리로 탈출해 서독 대사관에 가서 비자를 신청하는 형식이었다. 서독 정부는 이들을 받아들였고 서독으로 탈출하려는 동독 주민들의 수가 급증하였다.

1989년 11월 9일 호네커의 후계자는 결국 베를린의 동서 경계선을 없앤다고 선언하여 베를린 장벽이 무너졌다. 동독 군중은 환호하며 냉전의 상징인 베를린 장벽을 부수기 시작하였다. 베를린 장벽의 붕괴는 동유럽 전체에 엄청난 충격을 안겨주었다.

서독 수상 콜은 미국·영국·프랑스의 지지를 얻어 소련이 독일 통일을 수락하도록 협상을 벌였다. 통일 독일에 대한 많은 우려가 있었으나 콜은 통일 후 독일이 완전히 EC에 융합될 것임을 다짐하였다. 소련은 NATO의 세력 증대를 우려했으나 결국 독일 통일을 찬성하였다. 그 결과 1990년 10월 서독이 동독을 흡수하는 형태로 독일 통일이 완성되었다.

유럽 연합

20세기 말 등장한 유럽 공동체는 사실 오랜 역사적 과정을 거쳐 만들어졌다. 일찍이 신성 로마 제국은 유럽을 하나로 묶으려는 통합 의지를 보여주었으며 20세기 두 차례의 세계대전을 겪으면서 유럽 국가들은 가치관과 문화를 공유하는 소속감을 가지게 되었다. 곧 마셜 플랜, 냉전 시대, 나토 등을 통해 이러한 공유 의식이 강화되었으며 제2차 세계대전 후 처칠이 의장이 되어 구성한 '유럽평의회'를 거쳐 유럽 통합의 움직임이 구체적으로 드러나게 되었다.

세계화의 흐름 속에서 과거 자국의 경제 발전에만 관심을 가지던 국가들이 인접 나라들과 자유 무역 협정을 체결하면서 경제 통합을 추구하기 시작하였다. 인접 국가와 경제를 통합하려는 시도는 유럽에서 처음 시작되었다. 1950년 프랑스의 경제학자 모네Jean Monnet(1888-1979)와 외무장관 슈망Robert Schuman(1886-1963)의 제안으로 프랑스와 서독이 석탄철강청을 설립한 것이 경제 통합의 첫 걸음이었다.

> **유럽의 역사**
> 본래 유럽이란 지리적 개념이지만 이제 문화적 개념이 되었다. 고대 그리스인이 헬라스 본토를 에우로파Europa라 부른 데서 유럽의 이름은 기원한다. 로마 제국 시대시기 유럽은 역사적으로 확대된 문화적 구성체가 되었다. 중세에 이르러 민족 이동으로 게르만 민족이 유럽 국가의 민족적 기반이 되었으며 그리스도교적 문화를 바탕으로 유럽 문화 공동체가 시작되었다. 특히, 프랑코 왕국을 중심으로 그리스도교가 수용되면서 정치적으로나 문화적으로 하나의 통일체를 이루었다.

프랑스는 철광, 독일은 석탄이 풍부하였기 때문에 석탄철강청은 양국의 자원을 함께 활용할 수 있는 길을 열어 주었다. 1년 후 이탈리아와 베네룩스 3국이 추가되어 '유럽 석탄철강 공동체European Coal and Steel Community: ECSC'가 구성되었다. 이를 바탕으로 '유럽 경제 공동체European Economic Community:EEC'가 창설되고 이는 다시 '유럽 공동체European Community: EC'로 발전하였다. '유럽 공동체'는 회원국 사이에 점진적으로 관세를 폐지하고 자유 무역을 촉진하는 대신 다른 나라들을 배제하기 위한 공동 관세를 설정하기로 하였다.

유럽 대륙으로부터의 고립주의를 표방하던 영국은 이런 통합을 반기지 않았다. 영국은 유럽공동체 대신 스위스·오스트리아·스웨덴·노르웨이·덴마크 등을 끌어들여 '유럽 자유 무역 협의체EFTA'를 만들었다. 이 기구는 회원국 상호 간 자유 무역을 하되 공동 관세를 부과하지 않기로 합의하였다. 그러나 오랜 교섭 끝에 영국·아일랜드·덴마크가 1973년 EC에 가담하면서 경제적 통합의 분위기가 무르익었다. EC는 집행위원회를 만들고 통상 업무와 정책을 결정했으며 환율 조정 기구를 설립해 유럽의 통화 정책에도 적극 개입하였다.

결국 EC의 의장 델로스가 1986년 '단일유럽법Single European Act'을 제정하는데 성공하면서 유럽의 경제·사회·문화의 통합은 더욱 가

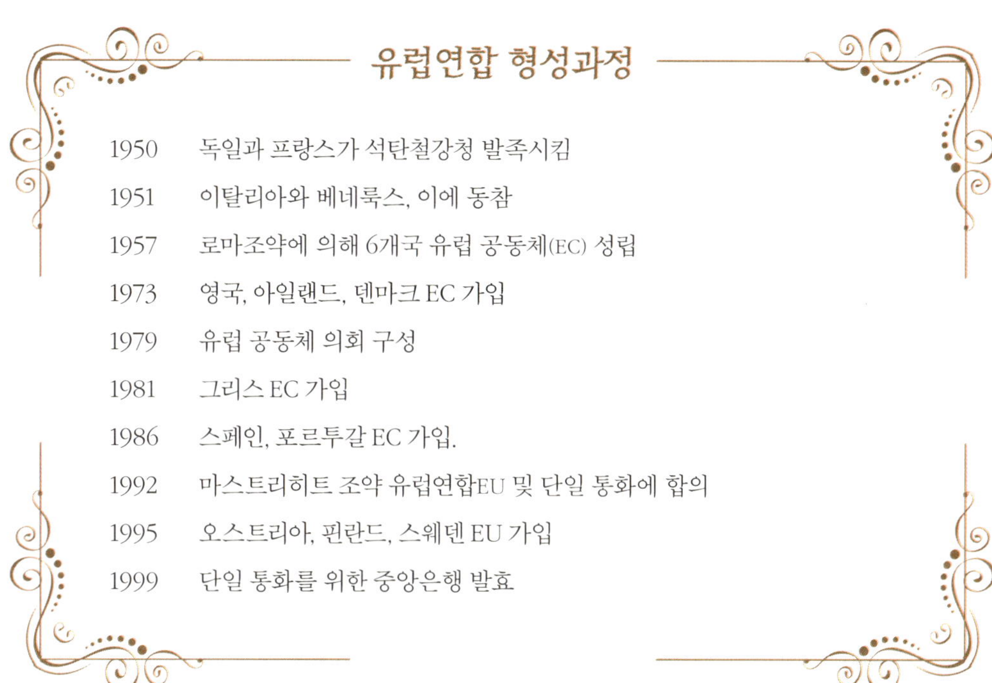

유럽연합 형성과정

1950	독일과 프랑스가 석탄철강청 발족시킴
1951	이탈리아와 베네룩스, 이에 동참
1957	로마조약에 의해 6개국 유럽 공동체(EC) 성립
1973	영국, 아일랜드, 덴마크 EC 가입
1979	유럽 공동체 의회 구성
1981	그리스 EC 가입
1986	스페인, 포르투갈 EC 가입.
1992	마스트리히트 조약 유럽연합EU 및 단일 통화에 합의
1995	오스트리아, 핀란드, 스웨덴 EU 가입
1999	단일 통화를 위한 중앙은행 발효

속화되었다. 이 법으로 유럽은 국경 제지선이 사라지게 되었다. 회원국의 모든 시민은 유럽 공동체 여권을 소지하면 제약없이 각 국의 국경을 드나들 수 있게 되었고 은행 업무와 의료 혜택, 면허와 대학 학위까지 EC 국가 어디서든지 받을 수 있게 되었다.

1992년 유럽 각국은 유럽중앙은행 설립과 유럽통화의 단일화, 공동 외교와 공동 방위 체계 구축 등에 합의하였다. 그 후 EC는 그 명칭을 '유럽연합European Union: EU'으로 바꾸고 한층 강도 높은 통합을 지향하였다. 현재 유럽은 단일 통화 '유로euro'를 사용하는데, 이 화폐는 달러와 같이 세계 금융계의 공인 통화로 사용되고 있다. 또한 유럽연합은 정치·경제 정책과 법안을 결정하는 유럽 의회를 통해 유럽의 통합을 한층 더 강화하고 있다.

3
현대 세계의 문화

새로운 문학

제1차 세계대전 후에서 제2차 세계대전 발발에 이르기까지 세계 문학은 사회적 현실에 관심을 갖고 인류 사회의 운명과 희망에 관해 성찰하였다. 문인들은 제1차 세계대전 때 벌어진 잔학성에 환멸을 느끼고 전후에 이상주의의 후퇴를 개탄하는 작품을 내놓았다. 동시에 그들은 경이적인 과학기술 발전의 영향과 함께 내적 세계의 심층에 파고드는 새로운 심리학의 영향을 받았다.

이러한 문인들 가운데 소설가 헤밍웨이, 시인 엘리엇T. S. Eliot(1888-1965), 극작가 오닐Eugene O'Neill(1888-1953) 등이 있었다. 이들은 전쟁의 어리석음과 야비함, 그리고 인간 본성에 대한 비관론을 작품을 통해 표현하였다.

> **토마스 만**
> 1933-1943년 토마스 만은 스위스와 미국으로 망명 생활을 하면서도 작품을 계속 발표하였다. 그는 구약 성서의 요셉 형제에 관한 이야기를 소설화하였다. 요셉에 관한 소설은 성서적 주제를 현대 이데올로기적 맥락에서 다룬 것으로 부르주아적 휴머니스트인 자신의 이미지를 담고 있는 소설이었다. 현대적 차원에서 표현된 신화적 인물을 통해 그는 나치가 유린한 인간의 가치 회복을 추구하고, 박해당하는 유대인과 개인적 유대를 강화하고자 하였다.

문화면에서 1920년대는 대담한 혁신의 시기였으나 문학에서는 냉소주의와 비관론이 지배적이었다. 그것은 전장에서 돌아온 젊은이들, 즉 '잃어버린 세대'의 고뇌를 대변하는 문학이었다. 헉슬리Aldous Huxley(1894-1963), 레마르크, 토마스 만 등이 1920년대에 중요한 문학 작품을 발표하였다.

특히, 1차 대전에 종군했던 독일 작가 레마르크의 『서부전선 이상 없다』(1929)는 전쟁의 공포와 무의미함을 생생하게 묘사하였다.

1930년대에 다양한 작가들에게서 이데올로기적 참여 성향이 나타났다. 특히, 토마스 만은 나치가 집권하기 이전에 이미 참여 문학에 큰 관심을 가지고 있었다. 토마스 만은 이미 『마魔의 산』(1924)에서 인위적이며 퇴폐적인 사회 때문에 가치 전도와 환멸을 일으키는 과정을 심리적으로 분석하였다. 독일의 가장 영향력 있는 비非유대인 작가였던 그는 나치에 의해 추방되었다.

사회 참여와 윤리 의식이 강한 작가 중에는 프랑스와 영국의 가톨릭계 작가들이 있었다. 여기에는 프랑스의 모리악François Mauriac(1885-1970)과 영국의 그린Graham Greene(1904-1991) 등이 주도적 위상을 차지하였다. 1930년대 영국의 젊은 시인 오든W. H. Auden(1907-1973), 스펜더Stephen Spender(1909-1983) 등은 사회적 주제를 다루는 것을 서슴지 않았다. 사회 고발적 성격을 띤 문학도 1930년대 큰 성과를 나타냈다. 역경 속에 있는 빈곤한 농민의 모습을 묘사한 스타인벡John Steinbeck(1902-1968)의 『분노의 포도The Grapes of Wrath』(1939) 등이 발표되었다.

1930년대와 1940년대의 독재와 전쟁, 전후의 좌절 등을 생생하게 묘사하는 이른바 신사실주의neo-realism가 유행하였다. 독일의 경우 브레히트Bertolt Brecht(1898-1956)의 연극, 뵐Heinrich Böll(1917-1985)의 소설이 동독이나 동유럽의 전쟁 체험을 표현하였다. 마르크스주의 극작가 브레히트는 나치가 지배하는 독일 상황을 날카롭게 풍자한 희극을 썼다.

전후 일부 예술가, 특히 초현실주의자들은 프로이트 정신분석 이론을 작품 활동에 직접 응용하였다. 인간 부조리를 탐구하는 경향이 산문과 시 분야에서도 나타났다. 프루스트Marcel Proust(1871-1922), 카프카Franz Kafka(1883-1924) 등이 이러한 작품을 발표하였다. 이중 카프카의 작품은 고뇌에 찬 현실을 환상적 수법으로 묘사한, 현대적 감각이 물씬 풍기는 소설로 평가받았다.

1930년대 경제적 붕괴와 파시즘과 전쟁의 위협 속에서 문인들은 창작 활동을 통해 건설적인 의미를 발견하고자 하였다. 여류 문인 버지니아 울프Virginia Woolf(1882-1941)는 소설 『자기 자신의 방』(1929)을 통해 여성의 가치관을 섬세하게 파헤치고 여성의 지적 예속감을 설명하려고 하였다. 미국 소설가 토마스 울프Thomas Wolfe(1900-1938)는 『시간과 강』(1935)에서 스스로를 의식하고 미국과 그 밖의 세계의 관계, 또는 파시즘·성·죽음 등에 대해 예리하게 묘사하였다.

좌파 작가인 영국의 오웰George Orwell(Eric Arthur Blair, 1903-1950)은 2차 대전 후 파시즘을 비판하고 반공산주의적 소설로 유명해졌다. 공산 혁명에 대한 신랄한 풍자 소설 『동물농장』(1945)과 전체주의 사회의 비인간화를 다룬 『1984년』(1948)은 일반 대중이 즐

카프카

카프카는 프라하에서 태어난 독일어 작가로 40세에 폐병으로 죽으면서 사후 자신의 원고를 불태워 버리라는 유언을 남겼다. 그러나 유언과 달리 그의 친구는 원고를 없애지 않았다. 그의 작품은 고뇌에 찬 현실을 환상적 수법으로 묘사한 소설로 극찬을 받았는데 대표작으로는 『변신』, 『성』 등이 있다.

겨 읽는 소설이 되었다.

제2차 세계대전 후 사회적 부정의에 대해 항의하고 현대 생활에서 무의미해지는 개인을 고발하는 작품도 발표되었다. 러시아의 파스테르나크Boris Pasternak(1890-1960)는 『의사 지바고Doctor Zhivago』(1958)에서 이 점을 잘 표현하였다.

새로운 예술

현대 회화의 근원은 19세기 프랑스의 전위 미술에서 찾을 수 있다. 이러한 미술에서 공통적으로 찾을 수 있는 성격은 사실주의에 대한 기피였다. 사진이 전파되면서 누구나 카메라로 사실을 재현할 수 있게 되었다. 그러므로 현대 미술은 야수파·표현주의·큐비즘·추상주의·다다이즘·초현실주의 등 다양한 명칭에도 불구하고 그 관심은 어떻게 하면 현실의 재현이 아닌 '현실의 창조'를 하는가에 모아졌다.

사실주의의 극복을 위해 미술가들은 아시아·태평양·아프리카 사회의 문화 유산을 과감하게 또 풍부하게 수용하였다. 일본 미술의 영향을 받은 드가, 중앙아메리카와 타이티Taïti;Tahiti에서 작품 활동을 한 고갱, 아프리카 미술의 영향을 받은 피카소 등이 대표적인 예이다.

1900년부터 제1차 세계대전 발발 시기까지 10여 년간 현대 미술은 프랑스의 야수파野獸派: les fauves에서 독일과 스칸디나비아의 표현주의에 이르기까지 혁명적 전환을 하였다. 예를 들면 마티스Henri Matisse(1869-1954)는 아름다움이란 화가 개인의 세계관에 따라 창조되는 것이라고 주장하였다. 이러한 미적 기준이 인정되면서 현대 미술은 점점 난해해졌다. 큐비즘과 표현주의 회화에서 주장한 미美·추醜 구분의 소멸, 폭력과 비도덕성의 자유로운 수용 등은 현대 미술을 난해한 것으로 만드는 근원이 되었다.

▲마티스 「삶의 기쁨」 (1905-1906)

▲피카소 「아비뇽의 처녀들」 (1907)

1930년대에 이르러 현대 회화의 경향을 일반화한다는 것은 거의 불가능해졌다. 그만큼 현대 회화의 범위가 확대되었다. 세잔이나 고흐가 시작한 미술 운동은 많은 화가에게 영향을 주었으며 특히, 작가의 주관적 세계를 표현하려는 표현주의Expressionism는 이로부터 발전하였다. 비평가들은 초기의 표현주의자를 '야수파'라 부르며 경멸하였다.

마티스의 선구적 활동에 힘입어 표현주의 운동은 많은 추종자를 낳게 되었다. 마티스는 아프리카의 원시 미술에서 형체를 따오는가 하면 동양 미술의 채색법을 모방하여 고도의 장식성을 띤 작품을 제작하였다.

회화에서 주제가 전혀 필요없다고 주장하였던 표현주의를 대표한 화가는 러시아 출신의 칸딘스키Wassily Kandinsky(1866-1944)이다. 독일의 그로츠Georg Grosz(1893-1959)도 전적으로 객관성을 부정하며 형체를 무자비하게 왜곡하고 풍자적으로 묘사하였다.

가장 극단적인 표현주의는 다다파 운동Dadaism이었다. 그들은 아름다움의 기본 원리 자체를 부정했다. 피카소에 의해 시작된 큐비즘Cubisme은 모든 인체나 대상은 기하학적 요소로 분해되며, 그 재배치는 실제와 다른 형태로 이루어질 수 있다는 것이었다.

▲칸딘스키 「까만색의 아취가 있는 그림」(1912)

제1차 세계대전 후의 비관주의·환멸·반발은 수많은 미술 운동에서 표현되었다. 1930년대 미래파 운동은 대전 전부터 일어난 미술 운동이었다. 미래파는 과학기술 시대의 새로운 예술을 수립할 것을 천명하였다. 이보다 더 극단적인 미술 운동은 초현실주의 Surréalisme였다. 이 운동은 1918년경 스페인의 달리Salvador Dalí(1904-1989)가 시작함으로써 표면화되었다. 자연계를 묘사하는 것보다 자연에 대한 인간 정신의 반응을 묘사하는 것이 목적이었다. 정신 분석학적 관점에서는 전통적인 아름다움과 추함의 개념이 문제되지 않고 인간의 심층 심리가 표현되어야 한다는 것이었다.

▲그로츠 「우울한 날」(1921)

1950년대에 새로운 운동이 일어났다. '추상적 표현주의Abstract Expressionism'라 할 수 있는 미술 운동으로 미국의 폴록Jackson Pollock(1912-1956), 클라인Franz Kline(1910-1962) 등이 이를 대표하였다.

1960년대 이후에는 신다다이즘Neo-Dadaism, 팝 아트Pop-art: Popular Art, 카이네틱 아트Kinetic Art 등 다각도의 실험적인 미술 운동이 일어나 주목을 받았다.

1930년대를 전후하여 독일·이탈리아·소련 등 세 나라의 예술은 정치적 목적에 종속되어 경직성을 나타냈다. 나치는 추상 예술과 실험 음악, 모더니스트 건축 양식과 정신 분석학 치료법을 거부하였다. 히틀러와 스탈린 역시 이해하기 힘든 실험 미술을 혐오하였고 건축은 반드시 전통 양식에 따라야 한다는 고전주의를 고집하였다.

제1차 세계대전 후의 음악도 환멸로 얼룩진 시대 정신을 반영하였다. 그러나 음악에서는 심미적 기준을 파괴하는 극단적인 실험이 이루어지지는 않았다. 고전적이며 낭만적인 음악에 대한 반기는 인상주의와 표현주의 등 두 운동에서 나타났다.

인상주의 음악은 느낌이나 이미지를 암시하기 위해 작곡된 음악이다. 빛·바람 등과 같이 부단히 변화하는 것들이 보여주는 자연의 환상적인 아름다움의 순간적 인상을 감각적인 음색으로 표현하고자 하였다. 인상주의 표현은 드뷔시Clause Debussy(1862-1918)나 라벨Maurice Ravel(1875-1938)과 같은 작곡가들의 곡에서 찾아볼 수 있다.

표현주의는 형식에 관심을 가지고 추상적인 것을 표현하려는 경향이었다. 표현주의는 삶에 대한 불안·공포·죽음·황홀·괴기한 환상 등을 주제로 하여 독자적인 감정 세계를 주관적으로 표현하였다. 표현주의 음악은 오스트리아의 쇤베르크Arnold Schönberg(1874-1951), 러시아의 스트라빈스키Igor Stravinsky(1882-1971) 등에서 가장 잘 대변되었다.

1950년대 이후 음악계에서는 많은 새로운 실험이 이루어졌다. '전자 음악electroacoustic music'은 진공관이나 트랜지스터를 사용한 전자 회로를 써서 음원音源을 얻어 변형·중복·재생하였다. 전자 음악은 과학 시대의 산물이며 20세기의 새로운 시대정신 즉, 모색과 방황의 정신을 예증하는 것이기도 하였다.

새로운 대중문화

20세기는 대중의 세기라 할 만큼 대중문화가 발전한 시기이다. 대중문화는 대중이 사회의 전면으로 등장하면서 시작되었다. 대중의 의식

수준도 많이 향상되어 다양한 매체를 통해 정보에 접근하기 쉬어졌고 의무 교육 제도의 실시로 모든 사람이 일정 정도 이상의 교육을 의무적으로 받을 수 있게 되었다. 이러한 요인들로 인해 사회에서 대중의 역할이 중요해졌다.

대중을 중심으로 한 대중문화가 형성되면서 사회 사상과 생활 양식도 크게 변화하였다. 문화적으로 다양한 매체가 출현해 대중에게 정보와 지식이 널리 보급되었고, 발달된 대중문화는 다양한 영역에서 그 모습을 드러냈다.

20세기 대중문화를 지배한 것은 미국이었다. 일반 대중에게 호소력을 가진 영화가 만들어지면서 영화산업이 발달하였다. 영화 관람객은 모든 사회 계층의 사람들을 망라한 대중이었다. 1920년대에는 중산층과 노동 계급의 가족들이 영화의 주인공이었고 일상적인 이야기들이 영화로 만들어졌다.

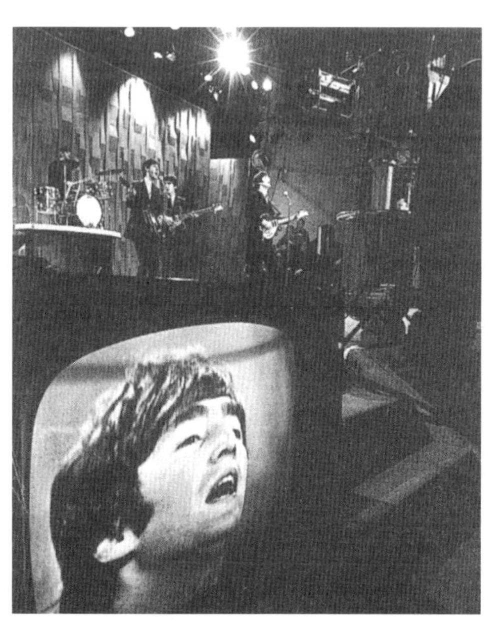
▲비틀즈

1930년대에는 무성영화가 유성영화로 바뀌며 한 층 더 큰 산업으로 영화 산업이 부상하였다. 특히, 미국 영화 산업은 제2차 세계대전 이후 현저히 발전해 유럽 시장을 장악하였다. 텔레비전이 보급되면서 미국의 프로그램과 문화의 유입이 더욱 증가하였는데, 이것은 미국 가치관이 확산됨을 의미하기도 하였다. 이러한 현상으로 청소년 문화의 국제화가 이루어졌다. 1950년대 전 세계 청소년들은 로큰롤에 열광하였고 영국의 비틀즈나

롤링 스톤즈는 1960년대 청소년들의 열광적인 사랑을 받았다. 대중문화 형성에 대중음악의 역할은 실로 컸다.

대중문화의 등장으로 예전에는 소수 상류층의 고급문화와 일반 대중들의 문화 사이에 괴리감이 있었지만 이제 그 폭은 줄어들었고 모든 사람들이 함께 공유할 수 있는 문화적 영역이 확대되었다. 그리고 문화의 국제화도 이루어졌다. 그러나 대중문화에 따른 문제점도 생겼다. 대중 사회가 개인을 규격화시키고 획일화시키면서 개인의 특유한 개성이 사라지고 있다. 또 대량 생산 시대는 대중 매체를 통해 대량 소비를 강요하면서 물질적 요소들이 중요시되었고 인간 소외 현상을 가져왔다. 게다가 생활 방식이나 가치관이 점점 획일화되어 대중 통제 가능성이 높아지고 있는 것도 현실이다.

현대 사상의 발달

제1차 세계대전 이후 전쟁의 잔혹함은 전쟁 이전의 진보에 대한 낙관주의를 철저히 파괴시켰다. 이제 유럽이 정치·사회·문화 전 영역에서의 우월하다는 지식인들의 믿음에 금이 가기 시작하였다.

이 '잃어버린 세대'의 지식인들의 사상은 전쟁 후의 불안과 환멸을 반영하고 있다. 그러나 1930년대 경제 공황과 파시즘의 출현으로 지식인들은 더 이상 무관심이나 객관성을 유지할 수 없었다. 사회적 부조리와 정치적 탄압을 끝장낼 수 있는 사회 정의와 이상적 사회가 이들의 성찰 대상이 되었다.

제2차 세계대전 후의 철학 사상은 비합리주의와 논리적 경험주의란 두 개의 커다란 조류를 형성하였다. 비트겐슈타인Ludwig Wittgenstein(1889-1951)과 화이트헤드Alfred N. Whitehead(1861-1947)의 영향을 받은 논리적 실증주의는

▲러셀

▲샤르트르

러셀Bertrand Russell (1872-1951)이 주도하였다. 그는 모든 가치와 이념을 과학적이고 경험적으로 입증해야 하며 만일 그러한 방식으로 증명되지 않을 경우 그 가치는 '무의미한 것'이라고 주장하였다.

반면, 비합리주의는 전쟁을 겪으며 직면한 부조리의 세계와 직관적인 영역에 관심을 가지면서 형성되었다. 비합리주의는 합리적이라 믿었던 인간이 잔혹한 전쟁을 일으키는 데에서 인간의 지성은 진정한 실재를 파악할 수 없다고 생각하였다. 이에 따르면 인간에게는 오히려 비합리적인 직관이 중요한 것이다. 비합리주의는 그 동안 칸트에서 이어지는 이성 철학과 합리주의에 대한 비판이라고 할 수 있다.

현대의 비관주의를 가장 잘 드러내는 철학은 바로 실존주의이다. 지금까지 철학자들은 인간이 지닌 본질에 대한 논의를 중요하게 생각했다. 그러나 대표적인 실존주의 철학자 샤르트르Jean-Paul Sartre(1905-1980)가 '실존이 본질에 앞선다'라는 말로 인간이 운명의 주인임을 주장하였다. 샤르트르의 철학은 이미 헤겔에 반대하며 인간의 자유 의지를 강조한 키에르케고르와 하이데거Martin Heidegger(1889-1976), 야스퍼스Karl Jaspers(1883-1969) 등에게서 찾아볼 수 있다.

하이데거는 전통적인 형이상학을 거부하고 인간의 자의식에 관심을 가졌다. 그는 대중문화와 과학기술이 인간 스스로의 존재를 망각하게 만든다는 점에서 비판을 가했던 철학자였다. 반면, 야스퍼스는 나치에 대한 비판자로 독일 사회를 날카롭게 분석하였던 철학자였다. 샤르트르는 이들의 영향을 받아 실존주의를 더욱 심화하였다. 그에 따르면 인간은 최악의 환경에서도 어떤 선택을 할 수 있는 자유로운 존재이며 자유로운 개인으로서 인간의 '실존'이 삶의 기본 사실이라는 논리를 전개하였다. 실존 철학에 따르면 인간이 절망에서 벗어날 수 있는 유일한 길은 인간사에 적극적으로 참여하는 것뿐이다.

20세기 들어 실용주의도 발달하였다. 듀이는 1918년 이전에 이미 실용주의 철학으로 유명해졌다. 그는 현대 철학자들과는 달리 인간 지성이 건전하다는 믿음을 바탕으로 인간이 이성과 경험을 통해 얻은 지식을 활용한다면 어떠한 도움없이 자신의 문제를 해결할 수 있다고 주장하였다. 듀이의 실용주의가 미국에서 큰 인기를 끌면서 미국의 초·중등 교육에 듀이의 철학이 적용되기도 하였다.

20세기 중반 이후 관례와 교과서적인 원리를 깨고 변화하려는 여러 가지 시도가 행해지면서 인간이 세계를 인식하는 방법도 많이 달라졌다. 규칙성, 논리, 자연이나 인간에 대한 제어 등과 같은 근대성을 거부하는 포스트모더니즘이 등장하게 되었다. 이것은 근대에 형성된 사상체계를 부정하고 탈근대화를 추구하는 사상을 의미한다.

현대 학문의 발달

20세기 전환기에 정신분석학을 창시한 오스트리아의 프로이트 Sigmund Freud(1856-1939)는 인간의 무의식과 비합리적인 정신세계를 연구하였다. 그는 여러 환자들을 치료하면서 신경과민 증상의 근원에는 의식과 무의식의 갈등이 있다는 것을 알아냈다. 프로이트는 인간의 행동이 무의식에서 비롯되었으며 의식과 무의식의 갈등은 고통스러운 기억이나 위험한 일을 의식 속에서 지워버리려는 억압 작용 때문에 발생한다고 주장하였다. 그의 이러한 정신 분석학은 의학·심리학·철학 등에 큰 영향을 끼쳤다.

▲프로이트

슈펭글러의 『서양의 몰락』

슈펭글러의 『서양의 몰락』은 인류 문명을 생물학적인 유기체로 생각하였다. 그는 삶이 주기를 가지고 있듯 문명에도 주기가 있다고 주장하였다. 만물이 봄에 탄생하고, 여름에 절정기를 이루다 가을에 쇠퇴하며 겨울에 사멸하는 과정처럼 문명도 주기가 있다는 것이다. 그는 1차 대선으로 서양 문명은 미지막 단계를 시작했다고 주장하였다.

블로흐

아날 학파의 창시자 중 한 사람인 블로흐 Marc Bloch(1888-1944)는 독일이 프랑스를 점령한 시기에 레지스탕스에 가담한 현실 참여적 지식인이었다. 결국 1944년 나치에 붙잡혀 사형당하고 말았다.

역사학에서도 새로운 흐름이 생겨났다. 제1차 세계대전에 따른 심리적 불안과 불경기 및 파시즘이 대두되면서 유럽인들은 도대체 현대 사회가 어디로 향해 가는가를 역사를 통해 알고자 하였다. 이 때 등장한 슈펭글러Oswald Spengler(1880-1936)와 토인비Arnold J. Toynbee(1889-1975)는 문명론을 제시하였다. 그들은 국가와 민족을 초월한 '문명'을 역사 서술의 대상으로 삼았다.

제1차 세계대전의 종전에 맞추어 독일에서 출판된 슈펭글러의 『서양의 몰락』은 제1차 세계대전이 서양 문명의 몰락을 보여준다고 주장하였다. 영국 역사가 토인비는 그가 저술한 『역사의 한 연구』를 통해 도전과 응전의 관점에서 주기에 따른 세계 문명의 흥망성쇠를 분석하였다. 그러나 토인비는 슈펭글러와 같이 현대 문명을 비관하지는 않았다. 그는 모든 문명은 도전에 직면하게 되는데, 그에 대해 성공적으로 응전한다면 그 문명은 성장하게 되고, 응전에 실패한다 해도 또 다른 문명이 다시 성장하게 된다고 생각하였다.

1930년대 전체주의 국가의 폭압에 저항했던 역사가들도 있었다. 이탈리아의 철학자 크로체Benedetto Croce(1866-1952)는 파시즘에 대한 저항을 담아 인류 문명사를 서술하였다. 그는 탄압과 폭정은 단지 역사의 막간극에 불과하며 아무리 희미하다 하더라도 자유는 역사의 등대로 남아 있다고 주장하였다. 독일의 역사가 마이네케Friedrich Meinecke(1862-1954) 역시 히틀러가 독일의 지적인 전통을 무너뜨린 파괴자라 비난하였다.

한편, 프랑스 역사가들을 중심으로 『인류의 진화』라는 책이 공동으로 저술되었다. 이 책은 역사 이해에 대한 여러 접근을 종합한 것으로 경제사·사회사·문학사·종교사 등을 총망라 하고 있다. 이렇듯 '사회 전체'를 역사의 대상으로 삼으며 블로흐Marc Bloch(1888-1944) 등이 아날학파를 창시하였다. 이 학파는 개별적 사건이 아닌 사회의 전체 구조를 바라봐야 한다고 주장하였다. 다양하고 개별적인 사건들 안에 그 사회를 장기적으로 지속시키는 힘이 있고 그 장기 지속 구조를 그려내는 것이 역사라고 생각한 것이었다.

20세기 중반 이후에는 굵직한 사건이나 위인이 아닌 평범한 개인을 다루는 역사가들도 등장하였다. 그 동안 사회나 국가 중심의 역사 서술로 인해 그 시대를 살아간 개개인이 사라져 가고 있다는 것을 지적한 것이다.

제1차 세계대전을 전후한 시기에 사회 과학 연구가 활성화되면서 위대한 사회학자들에 의해 현대 사회학의 기반이 확립되었다. 그들이 바로 프랑스의 뒤르켐Émile Durkheim(1858-1917)과 독일의 베버Max Weber(1864-1920)이다.

마르크스는 전 세계가 보편적인 자본주의의 발전 단계를 걷는다고 주장하였다. 베버와 뒤르켐은 마르크스의 주장을 비판하며 국가와 자본주의가 발전하는 데 종교가 중요한 역할을 했음을 강조하였다. 특히, 막스 베버는 『프로테스탄트 윤리와 자본주의 정신』을 통해 근면을 강조하는 프로테스탄트 윤리가 자본주의적 기업을 발전시키는데 끼친 영향을 정리하였다. 그는 경제적 요인과 함께 법·종교·정치 등 많은 요인이 역사 과정을 결정한다고 믿었다.

경제학에서는 케인즈John Maynard Keynes(1883-1946)가 자유방임 원칙을 비판하면서 수정 자본주의 이론을 제시하였다. 그에 따르면 자본주의 경제는 정부의 적극적 경영 참여로 발전할 수 있다는 것이었다. 그는 정부가 공공사업을 시행하여 직업을 창출하고 과세 정책을 통해 소득을 재분배해야 한다고 주장하였다. 그는 이러한 사업의 결과 실업이 줄고 소비와 수요를 늘릴 수 있다고 생각하였다. 이러한 케인즈의 이론은 세계 공황 당시 미국이 시행했던 뉴딜 정책의 이론적 바탕이 되었다.

현대 과학기술의 발전

20세기는 이론 과학과 기술 발명이라는 두 측면에서 획기적으로 발전한 시대이다. 이론 과학의 발달은 일반인이 도저히 이해하기 어려운 단계에 이르렀다. 20세기 자연 과학의 중심은 물리학이었다. 20세기 초 원자 물리학의 이론적 토대가 세워지고 원자력을 평화적 목적으로 활용하는 시대가 열렸다. 발명의 성과와 기술의 향상은 산업화에 연결되어 인간의 생활 조건 향상에 영향을 끼쳤다. 특히 두 차례의 세계대전은 기술 발전의 계기로 작용하였다.

20세기에 들어와 대중 매체·오락·통신·교통도 크게 발전을 보았다. 가장 획기적인 전환점은 새로운 에너지원으로 전기와 석유가 실용화되었다는 점이다. 1920년대에 이르러 전기는 모든 분야에서 일상화되었으며 전기 시설이 되어 있지 않은 도시 건물은 보기 어렵게 되었다. 여기에 혁명적인 것은 석유의 활용이었다. 석유는 석탄이나 전기와 같은 에너지원이었고, 후에는 방대한 석유 화학의 소재가 되었다.

19세기 말 과학의 비약적 발전

오늘날 문명의 부산물이라 간주되고 있는 실생활의 평범한 물건 대부분은 1867-1881년 15년 사이에 나타난 것들이다. 곧 내연기관·전화·마이크·전축·무선 전신·전등·기계화된 공공 교통·공기 타이어·자전거·타이프라이터·대중 일간지·합성 섬유·인조견·플라스틱·베이클라이트 같은 것들이다.

상대성 이론

▲아인슈타인

20세기 자연 과학의 중심은 물리학이었다. 과학의 신기원은 아인슈타인Albert Einstein(1879-1955)의 상대성 원리와 플랑크Max Planck(1858-1947)의 양자 이론에 의해 열렸다. 아인슈타인은 1905년과 1915년 과학적이면서도 고도의 철학적 의미가 담긴 획기적인 논문을 발표하였다. 그것은 바로 시간·속도·공간에 대한 새로운 관념을 제시한 상대성 이론이었다. 그는 우주를 4차원으로 보았는데 이 우주관에 따르면 공간·시간·운동은 상대적인 상호 관계를 갖는다는 것이었다. 1902년 플랑크는 양자론을 통해 우주의 에너지는 연속적 파동이 아니라 측정 가능한 단위 입자에 의해 전달된다고 주장해 학계의 주목을 받았다. 이 발견으로 물질과 에너지는 호환적이라는 사실이 알려졌다.

원자탄

미국 국방성에서 일하던 과학자들은 원자핵의 분열과 폭발 원리를 이용해 1945년 원자탄 제조에 성공했다. 그 해 뉴멕시코 로스 알라모스에서 최초의 폭발 실험에 성공했고, 1945년 8월 6일 인류 역사상 처음으로 원자폭탄이 전쟁무기로 사용되어 일본 히로시마에 투하되었다.

이어 아인슈타인은 양자론을 바탕으로 어떤 물질에는 그 질량에 집중된 에너지가 있다고 주장하며 그 에너지의 량을 계산할 수 있는 $E=mc^2$이란 공식을 만들어냈다. 예를 들어 라듐이나 우라늄과 같은 방사능 물질은 굉장한 속도의 입자를 발산하고 막대한 에너지로의 전환이 가능한 것이다. 이러한 원리를 토대로 원자력이라는 엄청난 에너지가 사용되기 시작하였다. 원자력을 이용해 핵무기도 만들 수 있지만 발전소를 설치해 전기를 얻을 수도 있고 질병 치료에도 이용할 수도 있게 되었다.

우주 공학의 발달

20세기 새롭게 등장한 과학 영역은 바로 우주 공학이다. 1950년대 말부터 소련과 미국은 막대한 예산을 우주 공간을 탐험하기 위한 우주 공학에 투자하였다. 드디어 1957년 소련은 세계 최초의 인공위성 '스푸트니크'호를 쏘아 올렸다.

또 1961년에는 우주선 보스톡을 궤도에 진입시켰으며 이 우주선에 탑승한 가가린Yuri Alexeyević Gagarin(1934-1968)이 1시간 반 가까이 궤도에 머물러 있는데 성공했다.

미국에서도 소련을 추격하며 우주 공학 개발에 열을 올렸다. 1962년 글렌John Herschel Glenn Jr.(1921-)이 탑승한 우주선이 발사되어 지구를 세 바퀴나 돌았다. 뒤이어 미국은 달 탐사를 위한 아폴로 계획을 통해 1969년 닐 암스트롱Neil Alden Amstrong(1930-2012)이 탑승한 아폴로 11호를 달에 착륙시키는 데 성공하였다. 1981년에는 우주왕복선 컬럼비아호 발사에 성공함으로써 미국은 우주 개발의 선두주자가 되었다. 최근에는 통신, 기후, 연구용으로 위성을 발사하기도 하는데, 우주 탐험과 우주 산업은 인류의 미래에 매우 중요한 산업이라 할 수 있다.

▲달에 미국기를 꽂은 암스트롱

의학 및 생명 공학

20세기 초에 이르러 의학·위생·영양 분야는 화학과 같은 밀접한 분야가 발전하면서 엄청나게 진보하였다. 천연두 백신의 발견이나 소아마비 예방 접종이 마련된 것은 비약적인 발전이라 할 수 있다. 그러나 암, 심장병, 후천성 면역결핍증AIDS 등의 치료를 위한 효과적인 치료법은 아직 발견되지 않았다.

정신병에 대한 화학적 원인이 밝혀지면서 항우울제 및 항정신병 약제도 만들어졌다. 그러나 무엇보다 질병 치료의 큰 전환은 항생제의 발명이었다. 1930년경 플레밍이 페니실린을 발견하였고 이후 이것을 추출하는 데 성공하면서 폐렴, 매독 등 치명적이었던 여러 가지 질병들을 치료할 수 있게 되었다.

제1차 세계대전 이후에는 천연두와 감기에 이르는 수많은 병의 병원체인 바이러스를 발견하였고 유전 공학의 발전으로 DNA 구조를 밝혀내 난치병 치료의 방법을 모색하고 있다. 또한 DNA 조합과 동물 복제 또는 인간 세포의 인위적 배양 등과 관련해서 생명체와 생명 현상을 연구하는 생명 공학이 시작되었다. 1997년에는 스코틀랜드의 과학자들이 양을 복제하는 데 성공하기도 하였다.

정보 혁명 시대

20세기 후반 가장 경이적인 과학기술의 발달은 정보 통신 분야에서 일어났다. 그것은 정보 기술information technology; info-tech; IT 혁명이다. 그 결과 정보와 통신으로 '연결된 사회networked society'가 현재 진행 중이며 미래에는 정보통신의 중요성이 더욱 커질 것으로 전망된다. 지금은 전 세계가 즉각적인 정보망Info Pipelines으로 연결되는 세상이 되었다. 정보 통신 혁명은 전자 공학과 '자동화' 시스템이 발전됨으로써

제2차 세계대전 이후 전자 기기 사용의 확산
제2차 세계대전 이래 다양한 분야에서 전자 기기의 사용이 매우 빠르게 확산되었다. 예를 들면 미사일 궤도 측정 기기, 미사일이나 비행기 접근에 대한 경보 장치, 비행기의 '자동' 착륙을 가능케 하는 기기, 전기 신호를 저장 또는 방출하는 장치, 빛과 소리에 의한 이미지 전달을 확대 또는 통제하는 기기, 자동화 기계를 작동시키는 광전자 축전 전지 등이 있다.

비로소 실현되었다.

2차 대전 이래 다양한 분야에서 전자 기기의 사용이 매우 빠르게 확산되었다. 자동화는 라디오 수신 전자 기기의 사용에서 비롯되었다. 자동화는 감지 장치와 통제 시스템의 통합을 의미하는데 감지 장치는 인간 감관感官과 같은 기능을 하며 일어나는 일을 관찰하고 측정하여 얻은 정보를 통제 시스템으로 보내는 것이다. 한편, 통제 시스템은 감지 장치로부터 받은 정보를 프로그램상 요구되는 정보와 비교하고 조정하는 것을 말한다.

19세기 세계는 철도에 의해 연결되었으나 20세기 세계는 전 세계가 전신 전화·무선 통신·인터넷Internet으로 연결되었다. 20세기 말에 이르러 휴대 전화cellular-phone가 전 세계적으로 도시와 농촌에서 일상화되고 있으며 사막이나 북극과 같은 오지에서도 사용되고 있고 광섬유 케이블은 그 전달 속도와 효능을 배가시켰다.

정보 통신 혁명의 주도적 역할은 컴퓨터와 인터넷에 의해 이루어졌다. 1980년대가 개인 컴퓨터 시대라면 1990년대는 인터넷 시대였다. 인터넷에 의해 인류 문명은 지식·정보가 가장 발달된 단계로 돌입하였다. 컴퓨터와 인터넷은 시·공간을 극적으로 단축시켜 놓았고 전 지구적인 네트워크를 통해 즉각적인 의사소통이 가능하도록 하였다.

인터넷 역사는 불과 40년 정도에 불과하다. 1969년 미국 국방성은 아르파넷Arpanet 데이터 네트워크를 편성했는데 이것은 1980년대의 인터넷으로 발전했고 1990년대 초에는 월드 와이드 웹World Wide Web: WWW으로 확대되었다. 이에 따라 인터넷 이용자 수는 혁명적으로 증가하였으며 인터넷은 과학기술의 첨단 지식에서 쇼핑에 이르기까지 모든 생활 분야에서 전 세계의 가정과 개인을 연결해 주고 있다.

과학기술의 역기능: 환경과 인구 문제

20세기 과학기술은 경이적인 발전을 이루었다. 그러나 그 역기능 역시 증폭되었다. 지난 한 세기 동안 인류는 엄청난 기술 혁신과 산업 발전을 이루어왔다. 인간 생활은 물질적으로 풍요로워졌고 편리해졌으며 생명 연장 기술 발달의 혜택을 누릴 수 있게 되었다.

그러나 이러한 발전은 인류의 미래를 위협하는 환경 훼손과 생태계 파괴를 가져왔다. 대기오염·수질 오염의 증가, 열대림의 감소, 지구 온난화와 사막화, 오존층의 파괴 등 다양한 환경 문제는 이제 세계적인 문제로 다루어지고 있다. 또한, 1986년 체르노빌Chernobyl 핵발전소의 폭발과 같은 화합물의 누출과 독성 폐기물, 특히 핵폐기물의 처리 등도 새로운 환경문제로 등장하고 있다.

각 국은 환경 파괴가 전 인류에게 가장 위협적인 것임을 알고 환경 문제 해결을 위한 국제회의 등을 구성해 문제를 해결하기 위해 노력하고 있다. 1992년 '지속가능한 개발' 원칙을 확립한 '환경과 개발에 관한 리우 선언'이나 온실가스 배출권에 대한 '도쿄 의정서' 등이 그러한 노력이라 할 수 있다.

꾸준한 인구 증가는 자연 자원 고갈뿐 아니라 환경 파괴에 작용하고 있다. 역사상 여러 시기에 걸쳐 완만한 곡선을 그리면서 증가한 세계 인구가 20세기에 이르러 갑작스러운 상승 곡선을 그리면서 급증하였다. 이러한 인구의 폭발적 증가는 식량·자원의 고갈과 함께 폐기물 방출로 인한 환경 파괴를 초래하였다. 그리하여 20세기 첫 해 15억이던 세계 인구가 거의 반세기만에 2배로 증가하여 1960년 30억이 되었다. 37억(1970), 50억(1987), 58억(1997)으로 급증한 세계 인구는 1999년

9월 유엔 추산에 따르면 60억이 되었다. 2050년 최대 예상 인구는 107억이다.

빈곤과 기아

20세기에 이르러 인류 사회는 산업 혁명을 통해 경이적인 물질적 풍요를 이룩하였다. 그러나 빈부의 격차는 세계적으로 심각해지고 끼니조차 해결하지 못하는 절대 빈곤에 처한 다수의 사람들이 존재하고 있다.

현재 산업 선진국에서는 풍요로운 삶을 누리고 있는 반면, 후진 지역은 영양 실조와 굶주림에 허덕이고 있는 사람들이 엄청나게 많다. 풍요 속의 빈곤이라는 패러독스를 도처에서 목격할 수 있는 것이다. 산업 선진국들이 대부분 고위도, 즉 지구의 북부에 위치한 반면 빈곤과 저소득 문제에 시달리고 있는 아시아, 아프리카, 라틴 아메리카 등은 저위도, 즉 지구의 남부에 위치해 있다.

1998년 약 13억 인구가 절대 빈곤에 처해 있었으며 전문가들에 따르면 이 수는 계속 늘어나 20억에 이를 것으로 예상되고 있다. 이러한 빈곤과 기아의 해결을 위해서는 국제적인 협력이 필요하다. 유전 공학 등을 통해 식량 생산량을 늘리고 생산된 식량이 공평하게 공급될 수 있도록 국제적인 노력이 필요할 것이다.

현대 세계와 하나의 지구촌

20세기에 이르러 절정에 달한 세계화는 국경의 의미를 퇴색시키고 개인과 기업의 행동범위를 전 세계적으로 확대시켰다. 세계화가 급격하게 진전된 것은 무엇보다 경제적 상호 의존성이 증대해기 때문이다. 자본과 상품의 이동에 대한 국가 대 국가의 규제가 완화되어 경제활동의 세계적 교류가 용이하게 되었다. 세계는 어느 때보다 과학기술적으로도 상호 의존하게 되었다. 정보통신의 발달은 범세계적 네트워크를 형성하면서 시·공간적 한계를 극도로 단축시켰다.

그러나 세계화에 대한 저항도 존재한다. 세계화에 대한 저항 요인은 두 차원에서 생각될 수 있다. 하나는 내셔널리즘으로 민족 개념은 제2차 세계대전 후 다시 부활되었다. 제2차 세계대전 후 세계에서 국민국가nation-state와 내셔널리즘은 더욱 큰 활력을 얻었다. 1970년대부터 민족과 문화는 국제 정치의 새로운 이슈로 등장하였다. 이 점에서 세계화란 결코 '획일화' 또는 '동질화'와 같을 수 없으며 도리어 지역(민족) 문화의 활성화와 문화적 다양성을 촉진시킬 가능성이 있다. 세계화에 대한 다른 저항 요인은 지역 집단 체제이다. 유럽의 EU, 북아메리카의 NAFTA, 태평양 지역의 APEC 등이 그것이다.

다가오는 세기는 공통된 가치관으로 통합되는 세계화가 계속 진행되면서 동시에 지역 문화의 특징이 유지되는 시대가 될 것이다. 이는 보편 문화와 지역 문화의 조화, 문화적 다원주의를 의미한다.

■ 찾아보기

ㅊ

ㅋ

ㅎ

기타

바로 읽는 서양 역사

초판 1쇄 발행/2013년 11월 30일

편저자/장득진, 박병욱, 오선정
감 수/차하순
펴낸이/홍정수
펴낸곳/탐구당
등록/1950. 11. 1 서울 제 03-00993호
주소/서울특별시 용산구 한강대로 62 나길 6
대표전화/02-3785-2211
팩시밀리/02-3785-2272
홈페이지/www.tamgudang.co.kr
전자우편/tamgudang@paran.com

값 25,000원

ISBN 978-89-6499-013-1 03900

이 도서의 국립중앙도서관 출판시도서목록(CIP)은e-CIP 홈페이지(http://www.nl.go.kr/ecip)와
국가자료공동목록시스템(http://www.nl.go.kr/kolisnet)에서 이용하실 수 있습니다.
(CIP제어번호: CIP2013024909)